ポスト政治の政治理論

ステークホルダー・デモクラシーを編む

Ryusuke Matsuo
松尾隆佑

法政大学出版局

ポスト政治の政治理論／目次

序文　なぜデモクラシーか

本書は、デモクラシーの新たなヴィジョンを求める政治理論的な考究である。すなわち、現代社会が直面している課題を分析しながら、あるべき民主政治の姿を描出し、その実現の方途を検討しようとする。ここでは導入にあたって、本書の企図に対して向けられうる最も根本的な疑義に応答しておこう。それは、「なぜデモクラシーなのか」という問いである。

この問いからは、少なくとも三つの異なる含意を引き出しうる。まず些細なようだが、なぜ「民主主義」ではなく「デモクラシー」という語を用いるのか、という表現上の疑問は無視できない。政治学を専門としない人びとの多くが日常的に用いる語は前者であろうから、予め本書の用語法を簡単に説明しておきたい。第1章第3節で詳述するように、本書はデモクラシーを、理念的・制度的・運動的な諸側面にまたがる「社会構成原理」と理解しており、いずれかの側面だけでは言い尽くせない複合性によって特徴づけられるものと捉える。そのため、政治理念を想起させやすい「民主主義」、政治体制・政治制度を想起させやすい「民主政」ないし「民主制」は、本書が論じようとする対象を表現する上で適切でない。議論を進めるなかで社会構成原理としてのデモクラシーが適用されるべき現実の政治現象を経験的に記述する必要がある場合には、「民主政治」という語を用いることにしたい(1)。

一つの「原理（principle）」と捉えられたデモクラシーには、自ずと規範性が伴う。そこで第二に、そもそもデモクラシーは望ましいのか、望ましいとすればその理由は何か、といった疑念に向き合うべきであろう。望ましいか否かは、特定の宛先（誰か／何か）にとっての評価を通じてしか判断できないが、ここでは私たち一人一人にとって、他者とともに社会を構成するにあたり、デモクラシーが果たす役割を考えよう(2)。

私たちは、それぞれ固有の利害関心に従いながら自律的に行為する存在として、他者との持続的な相互作用のなかで自らの生を営んでいく。利用できる諸資源が限られた環境下で、異なる利害関心を持った自律的存在が絶えず相互作用する集団の内部には、程度や水準の差こそあれ、不可避的に衝突が生じる（see Hume 2007: 311ff.=2012: 39ff.; Rawls 1999a: 109–112=2010: 170–174）。集団内部の対立を決定的な亀裂とすることなく、相互作用を一定の協働として保つためには、集団の構成員により集合的な意思決定を為すとともに、決定に何らかの正統性（legitimacy）を調達することで、集団の秩序化を図らねばならない。正統化された集合的決定は、決定への違背を不当な行為として制裁の対象とすることを同時に正統化するため、拘束的な決定となる。集団内部の対立は、拘束的決定を通じて、暫定的にでも調停されるであろう。このような特定形式の諸決定を通じた集団の秩序化こそ、「政治」と呼ばれる営為にほかならず、したがって私たちの社会では、政治から逃れて生きることはできない（杉田 二〇一三：一四八も参照）。

さて、集合的決定を正統化する手段は多様でありうるが、集団の構成員相互の「政治的平等」と、これら構成員を指す「人民」の意思を決定権力の唯一かつ究極の正統化根拠とする「人民主権」に拠って立つデモクラシーは（Dahl 1956）、集団の秩序化を集合的な自己決定（self-determination）に基づかせる原理である。「下された決定は決定する者自身にとってのみ妥当する」という、このデモクラシーの特質は、「治者と被治者との、支配者と被支配者との同一性、国家の権威の主体と客体との同一性、国民と議会における国民代表との同一性」、そして「量的なるもの（数量的な多数、または全員一致）と質的なるもの（法律の正しさ）との同一性」などといった「一連の同一性」として理解されてきた（シュミット 二〇一五：二一―二三、またハーバーマス 二〇一二：一五九以下も参照）。むろんデモクラシーは、多数者による専制と少数者への抑圧を引き起こす危険性を、絶えず伴う。とはいえ、相互におおよそ似通った諸能力しか持たない個体である私たちにとっては（Hobbes 1991: 86–87 = 1992: 207–208）、一人または少数のエリートに決定権力への独占的なアクセスを許す独裁政治（autocracy）と比べ、集合的な意思決定過程を通じて決定権力へとアクセスしうる対等な権利を集団内の各構成員に認めるデモクラシーは（see Christiano 1996: 70）、自らの利害関心を追求しうる余地がより大きく、相対的に望ましい社会構成原理であると言えよう。[3]

残る第三の問いは、本書の企図に直接かかわる。なぜデモクラシーを研究対象とするのか、という懐疑がそれである。特に、世界各国で市民の自由が狭められる傾向が続き、民主化よりも「権威主義化（autocratization）」、ないしはリベラル・デモクラシーの「後退（recession）」や「脱定着（deconsolidation）」が注目を集めている近年の現実に照らせば（Freedom House 2019; Lührmann et al. 2018; Diamond 2015; Foa and Mounk 2016; 2017）、デモクラシーの新たな姿について検討しようとする本書の姿勢は、あまりに悠長なものと映るかもしれない。しかし実のところ、民主的な政治体制の動揺が国際的に共通の現象であるかは、慎重な判断を要する（川中 二〇一八）。また現段階では、デモクラシーが危機または機能不全に陥っていると誰もが語る一方で、デモクラシーそのものを破棄しようとする主張は、きわめて例外的にしか見られない。世界中で民主政治が実践されているとは決して言えない現実を前にしながらも、デモクラシーが概して「正しい」という信念は、ほぼ一致して受け入れられているのである（see Sen 1999）。[4]ならば、デモクラシー研究の存在意義について過度な恐れを抱く必要はあるまい。

しかしながら、誰もがデモクラシーの望ましさを疑わないとしても、その解釈や現象形態は多様でありうるため、どのようなデモクラシーが望ましいかについての検討を欠かすことはできない。そこで本書では、現代的課題に即した新しい理論的立場を、望ましいデモクラシーの一つのモデルとして提示してみたい。日本語で利害関係主体（利害関係者、利害関係人）を意味する「ステークホルダー（stakeholder）」の概念を用いた政治主体の捉えなおしを通じて構想される、「ステークホルダー・デモクラシー（stakeholder democracy）」がそれである。

一九世紀から二〇世紀にかけて定着したリベラル・デモクラシーの伝統は、決定権力の正統化根拠を被治者の同意に求めてきた（Held 1995a: 102=1996: 150）[5]。だが、高度に発達した資本主義経済と科学技術によって緊密に結びつけられた現代世界においては、国民をはじめとする法的に境界を定められた被治者を意味する「デモス（demos）」と、実際に決定権力の影響を被るために事実上の被治者と言えるステークホルダーの範囲は、不一致の度を大きくしている。デモクラシー理論においては、治者と被治者の同一性に照らして、ある権力の影響を受ける者は誰でも当の権力を規律する意思決定過程に参与できなければならないとの原理的要請が知られてきたが（Dahl 1990: 49–51; Goodin 2007）、第1章で述べるように、現代ではこの要請に応えることが一層困難になっている。政治的決定の影響が法的に予定されている境界線を越えて波及する場合、その決定の民主的正統性は、どのように確保するべきなのだろうか。本書の目論見は、ステークホルダー・デモクラシーのモデルを体系化・洗練化することで、こうした古くて新しい難問に答えられるのではないかというものである。

本書の構成を簡単に示しておこう。第1章では、本書全体の背景や問題意識を明らかにする目的から、現代政治が置かれた状況を整理し、政治の「断片化」および「ポスト政治」として特徴づける。また、デモクラシー理論における支配的潮流である熟議デモクラシーがこの現状への十分な対応を導けないことを指摘し、ステークホルダー・デモクラシーの意義を明確化する。その上で、本書が取り組むモデル構築という作業の指針と方法を示す。

権力の民主的な構成母体（constituency）たるべきデモスを適正な範囲へと再編成するためには、法的境界を越えて分布する多様な「利害関係（stakes）」を探索し、デモスに包摂すべきステークホルダーを画定することが重要となってくる。そこで第2章では、誰がどのような意味でステークホルダーであるのかを把握する「ステークホルダー分析」の方策を扱い、ステークホルダー概念を通じて政治主体を捉えるための認識枠組みを明らかにする。

人びとが政治社会のステークホルダーとして対等かつ実質的な政治参加を為すためには、その条件を制度的に整備する施策が必要とされる。第3章では、こうした条件整備が基づくべき原理を「ステークホールディング」に求め、その基本理念は、政治社会の再生産を担う政治主体の自律を支援することにあると論じる。そして、この理念から導かれる憲法上の基本権秩序、福祉ガバナンスの制度体系、親密圏や教育における自律の確保などについて、検討を加える。

ステークホルダーを政治主体に据えることは、主権国家に限らない多様な「公共権力」を、それが影響を及ぼすステークホルダーによって民主的に統御すべきであるとの視座をもたらす。第4章では、特に重大な政治的影響力を持つ非国家主体としての私企業を念頭に、公共権力の民主的統御を為すための手段となる「マルチステークホルダー・プロセス」のあり方を論じる。

ステークホルダー・デモクラシーは、既存のリベラル・デモクラシーや代表制デモクラシーの不足を乗り越え、超え出るものであるかもしれないが、それらに取って代わろうとするものではない。第5章では、標準的な代表制デモクラシーの特徴と比較しながら、ステークホルダーたちによる民主政治の姿を描き出す。また、各章での検討の成果と総合することで、最終的なステークホルダー・デモクラシーのモデルを提出したい。

註

（1）　ただし、引用文中においては、ここで示した方針の限りではない。
（2）　「私たち」が誰を指すのかは重要な論点であり、第2章第1節で改めて採り上げる。
（3）　本書では、デモクラシーそのものの規範的正当化をめぐる議論に深くは立ち入らない。私たちが自らの利害関心を追求する可能性にとって重要な議論は、ここでの指摘をもって足りるだろう（ただし、追加的な議論として第5章第1節(1)も参照）。
（4）　長期的に見れば民主的な体制の国は増加しており、権威主義体制に分類される諸国家においても、特に一九九〇年代以降、複数政党制、競争的選挙、議会政治など、一見して「民主的」な制度を採用するケースが多くなっている（Higashijima and Kasuya 2016: 11–12; 今井 二〇一七：三二―三五）。その目的が体制の維持・強化にあるとしても、リベラル・デモクラシーへの制度的な接近は明確な傾向として確認できる。また、現代世界の「権威主義化」を象徴するような政治指導者（たとえばトルコのエルドアン大統領、ハンガリーのオルバーン首相、ロシアのプーチン大統領、アメリカのトランプ大統領）は、いずれも選挙を通じて選出されており、人民の代表を自認する。現代では、権威主義的と見なせる政権であっても、民主的な価値の重要性を公式に否定することは難しいか、得策でないと考えている場合が多いだろう。その背景には、世界各国の市民がデモクラシーへの高い支持を幅広く共有している事実がある。世界価値観調査では、民主的な国に住むことの重要度に関して、「全く重要でない」を一点、「非常に重要である」を一〇点として評価を尋ねているが、権威主義諸国を含む五七の調査対象国すべてで回答の平均値は六点を超えており、ほぼすべての国で七点、日本を含む三分の二以上の国では八点を超えている（池田編 二〇一六：二五二―二五三）。また、望ましい政治形態に関する同調査の問いでも、「民主的な政権」が「非常に好ましい」との回答は、「強力なリーダーによる政治」「テクノクラートが考える政治」「軍事政権」それぞれが「非常に好ましい」との回答に比べ、各国共通に高い割合を示している（同：二六七―二七二）。

（5） 同意（consent）の概念と機能に伴う理論的諸問題を検討することは、本書の眼目ではない（see Plamenatz 1968; Pateman 1985; 1989: chs. 3–4; Held 2006: 155=1998: 247–248）。ただし、民主的政治社会における統治権力と被治者人民の関係については、第3章第1節で論ずる。

第1章　なぜステークホルダー・デモクラシーか

本章では、現代の民主政治がどのような困難に直面しており、本書が提起するステークホルダー・デモクラシーがなぜ、どのような対処方針を示すことができるのかを論じる。

第1節では、本書の問題意識を形成している背景を明らかにするため、現代政治が置かれている社会的諸条件を整理する。まず、社会の個人化のもとで政治の「断片化」が生じていることを明らかにする。次に、断片化が民主政治の過程にもたらす「ポスト政治」と呼びうる諸局面について論じる。そして、ポスト政治において台頭する「統治」を民主的に統御（control）することの必要と困難について述べる。

第2節では、先行研究を整理しながら本書が取り組む課題を設定する。まず、デモクラシー理論における研究動向を整理しながら、熟議デモクラシー（deliberative democracy）の立場が広範な支持を獲得するに至った文脈を確認した上で、この立場の問題点を指摘する。次に、本書が注目するステークホルダー概念の特質を整理し、従来の政治主体像を刷新するポテンシャルが見出せる点を明らかにする。それを踏まえ、ステークホルダー・デモクラシーの基本的な着想と先行研究について述べることで、ステークホルダー・デモクラシーが熟議デモクラシーの抱える問題点を乗り越える意義を持つことを示したい。

第3節では、ステークホルダー・デモクラシーの体系的なモデルを構築しようとする研究プロジェクトが、どのような方法論的意識に沿って進められるのかを論述し、本書の分析視角と研究枠組みを明らかにする。まず、政治の断片化に伴って政治学が主張しうる固有の地位も変容していることを指摘し、社会内に遍在する政治一般を対象とする新たな学問的展開へ向けて、政治システム内外の多様な政治的契機に共通して適用すべき「社会構成原理」としてのデモクラシーのモデル化が、一定の役割を果たしうることを示す。次に、モデル構築における現実・理念・制度の諸関係を整理する。そして、民主的統治を実現するための規準を提示することで、モデル構築を為すための指針を得たい。

第1節　背景——ポスト政治の時代

(1) 断片化する政治——諸仮説の検討

個人化の両義性　二〇世紀末以降、数多くの政治理論家の手によって、政治（的なもの）を再考し擁護する著作が刊行されつづけている（Gamble 2000; Mouffe 2005; Stoker 2006; Hay 2007; Flinders 2012; 川崎 二〇一〇、杉田 二〇一三、森 二〇一四）。この事実は、政治（的なもの）をめぐる強い危機意識が広く共有されていることを示唆している。それでは、政治をめぐる危機とは何であり、そこでは何が、どのようにして脅かされているのだろうか。また、そのような危機はなぜ、何によってもたらされたのであろうか。本節では、こうした諸点を明らかにすることで、本書の問題意識を生み出している社会的背景を描き出したい。

　現代の政治を取り巻く社会環境を最も端的かつ適切に表現するのは、「個人化（individualization）」である。ウルリッヒ・ベックの言葉を借りれば、個人化とは、近代化の延長線上に先進資本主義経済下の福祉国家体制において出現した「制度化された個人主義（*institutionalized* individualism）」により、国家が諸個人を単位として教育や雇用、福祉にかかわる権利を保障するようになるにつれて、人びとがそうした権利に基づいて「みずからを個人としてかたちづくるように求められ」ると同時に、自らデザインした生における失敗については「みずからを責めるように求められていく」社会条件を指している（Beck 1999: 9=2014: 14–15; see also Beck 1986: 116=1998: 138; 1997: 95–96; Beck and Beck-Gernsheim 2001）。[1]

「社会の近代化が進めば進むほど、行為の担い手（主体）は、みずからの存在の社会的諸条件に省察をくわえ、こうした省察によってその条件を変える能力を獲得していくようになる」と言われるように（ベック 一九九七：三一八）、制度化された個人主義は家父長制や農村共同体などに見られる前近代的な身分秩序からの離脱を容易にし、従来は自明性を疑われなかった伝統や共同性を自発的な選択の対象へと変容させたことで、諸個人が選ぶことのできる生活様式の幅を広げ、多様な生き方を可能にしてきた。これは紛れもなく個人化の成果であり、私たち一人一人の生を豊かにしてきた肯定すべき変化である。しかしながら、諸個人が自由に選択しうる行動の余地が拡大していくことは、同時に絶えず「リスク（risk）」が増幅しつづけることをも意味している。

ここで用いるリスクは社会学的な概念であり、「危険（danger）」の概念とは区別される。将来発生しうる損害を、自らの選択や決定とかかわりのない外部要因（環境）の帰結と見なすゆえに外部帰責的な性質を持つ危険概念に対して、リスク概念は、将来発生しうる損害を各主体の選択や決定の帰結と見なす自己帰責的な性質を持つ（ルーマン 二〇一四）。社会が複雑化して為しうる選択が豊富化していけば、人びとは意図するとせざるとを問わず、ありえた他の選択肢を排して特定の選択肢を自ら選んだことになる。そうなると、かつては「自然に」生起するものであると考えられてきた多くのことが、いまや特定の主体による選択の帰結として把握されるようになる。たとえば自然災害も可能な予防措置を怠っていた場合には人災と見なされうるように、その社会にとって為しうることが増えるほど、従来は単に外的な危険と捉えられていたものも、特定の意思決定の帰結であるリスクとして意味づけられやすくなる。個人が採りうる選択肢の増大は、豊かで多様な生き方を可能にしてくれる一方で、「他でもありえた」選択や決定に伴う責任を、自らで対処すべきリスクとして否応なく突きつけるのである。

このような個人化の両義性は、現代政治の性格を強く規定している。第二次大戦後の経済成長による生活水準の上昇は、西側諸国の多くで階級対立の相対的重要性を低下させるとともに、平均的な教育水準の上昇や脱物質主義的価値意識の拡大をもたらし、政治システムを通じて実現が目指される要求を増加・多様化させた（Lipset 1981; Bell 1988; Inglehart 1977; 1990; Kitschelt 1994）。だが一九七〇年代に経済成長が鈍化すると、加速度的に進む少子高齢化と不可逆的に拡大する福祉国家財政による国家資源の先細りが明らかとなり、「民主政治に対する諸要求が増大する一方で、民主政治の諸能力は停滞する」ことを「統治能力／統治可能性（governability）」にとっての「主要なジレンマ」と受け止め、民主政治に固有の働きが国家機能への「過重負担（overload）」を課していると論ずるような危機論が現われるようになる（Crozier et al. 1975: 7–9=1976: 8–10; 関連するものとしてハーバーマス 二〇一八、Offe 1984; 2015; シュトレーク 二〇一六：二七も参照）。これは、民主政治が内在的に抱えたリスクへの注意を促す議論であったと言えよう。

また、第3章第2節(1)で改めて触れるように、工業化経済における正規雇用型の男性稼ぎ主モデルに基づいた戦後福祉国家では、諸個人のライフステージにおけるリスクは均質性の高い「社会的リスク」として、社会保険をはじめとする集団主義的な連帯を通じて縮減・安定化することが可能であった。福祉国家体制のもとで人びとは安定した生活を長く送ることができるようになり、社会的な不平等の克服や私的な諸自由の享受を相対的に実現してきたが、その結果として、福祉国家そのものの持続を脅かしかねない高齢化や晩婚化・非婚化、少子化が生じた。さらに経済の脱工業化とグローバル化は、より豊かな消費をもたらした一方で、雇用の流動化を促進させ、ライフステージ上のリスクの均質性を破壊した。このような「新しい社会的リスク」への対処もまた、個人化が民主政治に突きつけているリスクである（Bonoli 2006; 田中 二〇一七）。

政治の遍在化と脱領域化　個人化のもとで現代の政治が有する性格を明確にするため、しばしば議論されてきた重要な捉え方を、四つの代表的な仮説に整理して採り上げよう。[2] 以下の仮説はいずれも、二〇世紀末以降の経済的・社会的・文化的諸変化を前提にしており、相互に密接な関連を持つ。

・政治の遍在化（universalization）
・政治の脱領域化（de-territorialization）
・政治の周辺化（marginalization）
・政治の中立化（neutralization）

第一に、政治の「遍在化」仮説が意味するのは、私たちが飽き飽きとしている*あの*政治、政党、選挙、議会、官僚制などの特定の組織・制度によって表象される単一の社会領域に排他的に結びつけられた「大文字の政治（Politics）」とは異なる、あらゆる集団や社会的諸関係に現われうる「小文字の政治（politics）」が顕著に活性化されたということである。小文字の政治（小政治）は、一九六〇年代末以降に隆盛した非制度的な社会運動のなかで問われたような（Melucci 1989; Offe 1985）、人種差別、男性支配、環境汚染、消費者問題など、従来の大文字の政治（大政治）においてアジェンダとされにくかった政治対立を明るみに出したと考えられ、[3]「サブ政治（sub-politics）」や「生活様式の政治（lifestyle politics）」などとも呼ばれてきた（Beck 1986; 1997; Giddens 1994）。

小政治は、主権国家における統治機構を中心に構成されたフォーマルな政治システム内部の正統化手続きを経ずに、[4]家庭や学校、職場、結社、集合住宅、地域コミュニティなど、政治システム外の市民社会において行使される多種多様な決定権力を通じた、日常的な社会生活の秩序化のあり方をめぐって争われる。小政治への関心が高まった背景には、「中央の政治や政党の役割と、現実の市民社会が持つ課題との間に大きなズレ」が生じているとの感覚があった（篠原 二〇〇四：五五）。今や政治的なものの多くは、政治システムから漏れ出て、「かたちを変え」、「一般化され」、「他のあらゆる社会領域において再登場」しているのである（Beck 1999: 91=2014: 158; see also Micheletti 2003: 5）。

次に政治の「脱領域化」仮説は、一九九〇年代以降に急増した一連の「グローバル化」論に類する言説を指している（e.g. Held et al. 1999）。グローバル化とは、とりわけ冷戦終結後に顕著な、科学技術や交通・物流・情報通信手段、国際貿易・金融取引の高度な発達を背景として、主権国家に限られない多元的な行為主体間の相互依存のネットワークが、国境横断的（transnational）な規模で形成・強化されることを意味する。相互依存とは選択の自律性を制約するような影響を与え合う関係であり、一方の行為主体における変化が他方の行為主体に費用（cost）を伴った反応を引き起こす早さである敏感性（sensitivity）と、一方の変化に適応するために他方が被らざるをえない費用の大きさである脆弱性（vulnerability）とによって定義される（Keohane and Nye 2001: 10–12=2012: 14–17）。

グローバルな相互依存は、異なる次元や単位を容易かつ迅速に連結させることを通じて問題を越境させるため、安全保障上のリスクや金融危機、環境汚染や感染症への対応など、国境を越えて波及する地球的課題に適切に対処する能力を必要とする。だが、その能力を国家が備えているとは限らない。むしろ国際連合や世界銀行、国際通貨基金（IMF）などの国際機関や、欧州連合（EU）などの地域機関、さらには多国籍企業や非政府組織（NGO）などの超国家的・非国家的な諸主体こそ有効な問題解決能力を有していることがあり、国家は少なくとも、これら多元的な諸主体のネットワークとの協働なしには、地球的課題に対処することが困難になっている。こうした認識の変化により、国家のような特定の組織ではなく、多元的主体により形成される緩やかな制度を通じて越境的課題に対処しようとする「グローバル・ガバナンス」が台頭してきたのである。

政治の周辺化と中立化　三つ目に挙げた政治の「周辺化」仮説は、遍在化および脱領域化についての認識を前提としながら、政治システムを通じて決定可能な事柄が縮小していると主張する。遍在化仮説の受容は、政治システム外にも存在する政治の重要性を指摘するにとどまらず、それら多種多様な小政治の機能にあたっては、政治システムと結びつく必然性があるわけではないとの認識を導く。これは大政治に固有と考えられてきた社会統合の機能を相対化しかねない認識である。現に、多くの主権国家を上回る経済規模を持ち、国境横断的にさまざまな事業を展開する一部の企業の意思決定は、公的に正統化されることもないまま、私たちの社会生活に次々と変化をもたらす（Beck 1986: 302=1998: 378–379）。大政治が諸々の小政治群と並列的な機能しか持たなくなったと見ることは未だできないにせよ、多くの人びとの生活に大きな影響を与えるような「機能において政治的＝公的な事柄」であっても、それが私企業のような非国家主体の意思決定に基づくために「政治という正統化を求めるチャンネルを迂回」して暗黙のうちに決定されることが許されている現状に正対するなら（川崎 二〇一〇：二二、六三―六四、see also Wolin 1989: ch. 9）、大政治の特権的な重要性が相対的に低下していることは否定しがたい(5)。

また、グローバルな相互依存の深化とグローバル・ガバナンスの台頭を指摘する脱領域化仮説を受け入れることは、今や主権国家が単独で為しうる政治的選択の余地は著しく狭まっているとの考えに結びつきやすい（e.g. Strange 1996）。むろん経済的な相互依存が深まったからといって、政治的な自律性が完全に損なわれると考えるのは正しくない(6)。相互依存は不均衡な依存を内包した関係を常態としているため、政治的な駆け引きの余地は存在しつづける（Keohane and Nye 2001: 9=2012: 13）。とはいえ、国際的な経済協定やグローバル・ガバナンスについて多国間で合意された枠組みは、国内の異議によって再交渉にこぎつけることが難しいため、明らかに国内政治における選択肢を限定する効果がある（Poguntke and Webb 2005: 8=2014: 11）。越境的課題への対処のために強化される国際機関や地域機関の権限は、限られたグローバル・エリートが主権国家から実質的な決定権力を吸い上げることを許し、「民主主義の赤字（democratic deficit）」を積み上げていると批判されてきた（Norris 2011）。周辺化仮説は、主権国家がまるで無力になってしまったとの主張ではなく、遍在化と脱領域化により、ある社会にとって共通の重要事について

表 1-1　現代政治をめぐる諸仮説

		含意	妥当性
断片化	遍在化	・政治システムが応えきれない諸要求の増大 ・市民社会における多様な小政治群の活性化	認められる
	脱領域化	・グローバルな相互依存の深化 ・地球的課題に対処する枠組みの制度化	認められる
	周辺化	・非国家主体の意思決定による影響の増大 ・政治システムの相対的な重要性の低下	概ね認められる
	中立化	・実質的な政策選択可能性の大幅な減少 ・政治的な敵対性の喪失	留保を要する

の一元的かつ最終的な意思決定を行ないうるような「中心」に政治システムを位置づける想定が、もはや保ちがたくなっていることを意味している。

第四の仮説である政治の「中立化」は、周辺化と密接に結びつくものであり、政治システムを通じて為しうることへの制約が強まっているなかで、政党政治における政策的な選択肢が明確に分化せず、理念的な対立軸も曖昧となって政治的な敵対性が失われつつあるとのストーリーを描く。(7) 冷戦の終焉により経済体制の選択可能性が事実上消失するとともに、資本主義経済の脱工業化が雇用の流動化と労働組合組織率の低下をもたらしたことから、左右対立の社会的基盤は弱体化した。また、脱領域化によりグローバル市場への適応圧力が強まったことは、福祉国家が抱える財政制約の効果を大きくする（Schäfer and Streeck eds. 2013; シュトレーク 二〇一六）。財政再建を図るために要請される「成長戦略」は、金融資本のグローバルな投資戦略に応えるべきものとされるため、多くの国々では政権交代によっても政策的な方向性を大きく転換することが難しくなっている。

このような中立化の進行によって対立が失われることは、政治の終焉を意味するだろう。それゆえ政治の周辺化や中立化を語ることは、しばしば特定のイデオロギーに基づいて展開された自己成就的な言説にすぎないと見なされ、グローバルな相互依存のもとでも主権国家は依然として重大な役割を保持しており、政治的対立軸は消え去っていないとの批判に遭遇する（Gamble 2000; Hay 2007; Mouffe 2005）。確かに、今日では経済分野の争点についての「新自由主義的合意」が成立していると認めながらも、文化的争点をめぐって左右対立を再構成する可能性を示す議論があるように（新川 二〇一四）、現段階で政治の中立化が相当に進んでいると見るべき根拠は十分ではなく、中立化仮説の受容は留保を要する。

その一方で、遍在化仮説や脱領域化仮説を否定する材料は乏しく、周辺化仮説もまた一定の妥当性を持つと考えられる。したがって本書では、これら遍在化・脱領域化・周辺化を、既に進行が認められる政治の「断片化（fragmentation）」と総称した上で、断片化の果てに中立化が実現することを警戒する立場を採る（表1-1）。この警戒を裏づけるため、実際に起こりつつある政治から「統治」へのシフトを次に見ることで、今後は中立化が力強く前に進みかねないとの状況認識を示すことにしたい。

(2)　ポスト政治の諸相――政治から統治へ？

反政治的局面　現代の民主政治の過程には、「反政治的（anti-political）」な感情の発露が共通して観察される。自国の政府に民意が反映されていると考える有権者の割合はほとんど全世界で低下しており、多くの国で政党は有権者の過半数から信頼を失い、政治家は最も信用されない職業の一つとなっている（Pharr and Putnam eds. 2000; Putnam ed. 2002; Stoker 2006: 1=2013: 1; 善教 二〇一三：二七）(8)。既成政党から遠のく無党派層が増加することで、政党は社会的基盤を失いつつある（Van Biezen et al. 2012）(9)。政党による動員の効果が弱まると選挙へ足を運ぶ人が減少することもあり、戦後の国政議会選挙における投票参加率は、スウェーデンとデンマークを除く先進資本主義諸国で、おしなべて低下している（Franklin 2004; 善教 二〇一三：一〇五―一〇六）。

よく知られたことであるが、反政治的であることは非政治的（non-political）であることを意味しない。反政治的感情が浸透した社会においても、政治への批判的な関心は幅広く保持されうるからである（Norris 1999）。実際に、無党派層や投票棄権者は、決して社会的な問題に無関心であったり、無知であったりするわけではない。[10]「今ある政党は支持できない」「どの政党も支持したくない」という明確な政治的意思の現われとして、支持政党を持たない人びとも少なくない。多くの国では、具体的な政治家や政党、官僚などへの信頼（特定支持）が低下を続ける一方で、民主的な政治体制・政治制度そのものへの信頼（一般支持）は高く保たれている（Norris 2011; 善教 二〇一三：七二）。また、典型的手法による政治参加が減少する一方で、消費行動など非典型的（unconventional）な手法を通じた政治システム外の政治参加は拡大する傾向にある（Stoker 2006: 89–92=2013: 133–135; Stolle et al. 2005）。つまり、反政治的感情は主に、既存の政治システムに向けられた不満から発していると言える。

この点で重要なのは、自らが政治システムに影響を与えることができるという信念を意味する政治的有効性感覚（political efficacy）が著しく失われている事実である。たとえば日本では、一九九〇年代後半から二〇一二年頃にかけて、政策に民意が反映されていると考えない人の割合が八割前後で推移している（善教 二〇一三：二七―二八）。[11]では、なぜ政治的有効性感覚は減衰してしまったのであろうか。その答えを有権者の側の「期待過多」に求める見解によれば、政治システムへの不満の増大は、市民が政治システムに実現を期待する要求の水準が上昇したことと、市民が不平を表明しやすくなったことによって説明しうる（Stoker 2006: 45=2013: 65）。ここには、やはり個人化がもたらした民主政治のリスクを見出せるだろう。個人化は政治システムへ入力される政治的な需要（demand）の量的増加と質的多様化をもたらすが、政治システムの側は政治の断片化を通じて機能を低下させる傾向にあるため、市民は政治的有効性感覚を持てず、要求を満たすことができない政治システムに対する不満と反感を強めていくのである。

過政治的局面　反政治的局面においても維持される政治への批判的関心をテコとして生み出されうるのが、「過政治的（over-political）」な局面である。「ポスト代表制」が語られるように（山崎・山本編 二〇一五）、既存の代表制デモクラシーへの不満の高まりは、デモや住民投票・国民投票など、議会外で市民が直接に政治的意思を表明することを活発化させている。それ自体は否定的に評価すべき動きではないが、ここで敢えて政治的に過ぎると表現する理由は、そうした動きの尖鋭化が招くような、政治システムの安定性を脅かす急進的な政治動員へと帰着しかねない、敵対性の過剰表出によって特徴づけられる状況を意味するためである。

過政治的局面に顕著な政治現象であるポピュリズムは、立場の左右を問わず、特定の敵対性へと糾合された大衆的な支持を通じて、政治システムの機能不全を解決できるとの期待が表明されるところに見出される。ポピュリズム現象の一般的諸特徴は、次の三点に整理できるだろう（大嶽 二〇〇三、吉田 二〇一一、水島 二〇一六、Müller 2016; Mudde and Kaltwasser 2017）。第一に、善良な一般大衆に仮託された道徳性である。本来は「ふつうの人びと（ordinary people）」のための政治が行なわれるべきなのに、行なわれていない。それゆえに「ふつうの人びと」が苦しんでいるとの前提から、是正すべき「悪」、利己的であり、強欲であり、腐敗した存在が措定される。第二に、この悪と分かちがたく結びついた体制内権威（establishment）への敵視である。安定して高い社会的地位を占めてきた政党政治家、官僚、大企業や頂上団体の幹部、マスメディア、学者などが政治を歪める大衆の「敵」と見なされるにつれて、従来の権威を批判する対抗的な言説が（その内容の真理性にかかわらず）強い支持を獲得するようになる。第三に、憎むべき敵との二項対立を情緒的に演出する劇場性である。政治勢力の配置が善良な「われら（us）」と俗悪な「やつら（them）」へと単純化され、対立勢力への非妥協的な攻撃が英雄的に称揚される一方で、宥和的な言説が敵を利するものと指弾されることにより、味方勢力の内部では多様性が失われやすい。

ポピュリズム現象は、下からのポピュリズム運動と上からのポピュリズム戦略が結びつきながら生み出される。ポピュリズム運動の母体となり、ポピュリストの支持基盤を生み出す社会的条件となるのが、前述した政治信頼や政治的有効性感覚の低下である。しばしばポピュリズムは、外国人労働者が自分たちの雇用や福祉を奪うことへの恐怖に導かれる福祉ショービニズムや、「体感治安」の悪化に導かれる刑罰ポピュリズムなど、人びとの不安と強く結びつくことで台頭すると考えられている。だが直接には、こうした不安に由来する「ふつうの人びと」の声（移民排斥や難民受け入れの拒否、警察権力の強化、厳罰化など）、すなわち主権者であるはずの人民の意思が、旧来の政治システムのもとで保護されてきた既得権益のために反映されていないという不満ゆえに、硬直した利益媒介構造を是正しようとすることが、ポピュリズム運動の駆動力となっている。(12) ポピュリズムの現象形態は地域や経済発展の水準によって多様であるものの、硬直した利益媒介構造の破壊と再編を図る政治運動としての性格は世界各国で共通している。

次に、ポピュリズム戦略の採用を促進する統治構造の変容と、そこにおけるポピュリストの行動様式・政治手法はいかなるものであるか。有権者の政党からの離脱が拡大するにしたがって、議院内閣制の諸国においても、政党リーダーの個人的な声望を頼みにして、議会外の大衆支持に政治的資源を求める「大統領制化（presidentialization）」が見られるようになった（Webb and Poguntke 2005）。自らの支持基盤として非組織大衆を動員しようとするポピュリスト政治家は、政治システムが市民の期待に応えられない理由を、硬直した利益媒介構造による既得権益の保護に求め、自らがその構造のアウトサイダーであることを演出しながら、組織化された既成勢力への敵対的態度を強調する。そして、強い政治的リーダーシップに基づくトップダウン型の手法を用いれば抵抗勢力を排して利益媒介構造の改革を断行できるとして、政党執行部や執政府への集権化を求める。こうしたポピュリストの言説戦略は、マスメディアやソーシャルメディアを媒介装置として、それが動員を図る支持基盤と結びつき合うことで、ポピュリズム現象を拡大させていく。

ポピュリズム現象の機能は、敵対性をかたちづくる空虚な記号的言説を通じた疑似的連帯の創出によって権力の凝集を図ることにあり（Laclau 2005; 鵜飼 二〇一三）、敵視される体制内権威やその保護対象に応じて、個別の現象は左右どちらの志向性をも持ちうる。ポピュリズムに民主政治の活性化や政治的対立軸の再構築などの積極的意義を見出す立場も存在するが（Laclau 2005; Mouffe 2018; 吉田 二〇一一、山本 二〇一二）、その性質上、定型を持たずに流動性が高く、熱しやすく冷めやすい刹那性が顕著なポピュリズムは、政治システムの機能回復を持続的に担いうるものではない。本章第3節で後述するように、政治の重要な機能は秩序化にあり、秩序の安定性・持続可能性は「良き統治」にとって重要な規準の一つであるが、ポピュリズムはこれにかなわない。また、ポピュリストは反多元主義的傾向を持つゆえに、政権を掌握した場合は立憲主義的諸制度を毀損しやすく、政権奪取に至らずとも政治的分極化を促進させやすいため、デモクラシーそのものの破壊をもたらしかねない（Müller 2016; Levitsky and Ziblatt 2018; また本書第3章第1節(2)も参照）。既成政党に自己刷新を迫るなど、ポピュリストが野党勢力にとどまる限りは民主政治に好影響を及ぼす面が大きいと期待する向きもあるが、そのように都合よくポピュリズムを「飼い馴らせる」保証などない。したがってポピュリズム現象が頻出する過政治的局面では、統治能力は不安定化しやすくなり、民主的正統性が剝落する危険性も高まる。

脱政治的局面　個人化は国家機能への期待を肥大化させるが、周辺化した政治の機能低下ゆえに期待が裏切られることで有効性感覚の減衰がもたらされる。そこで人びとの不満を吸収することにより、現代のポピュリズム現象は隆盛する。だが、ポピュリズムによる成果の乏しさへの失望が高まれば、ポピュリズム型の政治動員さえ訴求力を持たない「ポスト・ポピュリズム」状況も現出しうる。それは、反政治的局面や過政治的局面において保持されていた政治への批判的関心さえも放棄されてしまう、「脱政治的（de-political）」な局面であると想定される。

脱政治的局面は、反政治的局面と共通する社会条件のもとに準備されている。矛盾したことを述べるようだが、人びとが政治的有効性感覚を低下させているのは、一面では政治への失望の現われであり、他面では政治に対する期待の小ささを示すものでもある。それは、社会を変える決定は、「もはや議会での話し合いや行政府の決定によって決められるのではな」く、「どこかわからないところから無言で匿名で下される」ようになったとの感覚に由来する。つまり、政治に対する不快感や不全感は、「公権力を委ねられた政治と、社会の広範囲にわたる変化との

表 1-2　現代政治の諸局面

局面	特質	現象
反政治的	・既存の政治システムに対する不満 ・民主的な諸制度への信頼は保持 ・政治に対する批判的関心の維持	・政府や政治エリートへの信頼の低下 ・無党派層の増加や投票率の低下
過政治的	・分極化した社会における大衆動員 ・道徳的色彩が濃い二項対立の強調	・投票外参加の活性化（ポスト代表制） ・ポピュリズムの隆盛
脱政治的	・民主的な諸制度への信頼が減衰 ・経済的・技術的合理性の優先	・政治的無関心の拡大 ・新自由主義的改革や専門家支配の推進（脱政治化）

間に不均衡が生じていることから生じたもの」である（Beck 1986: 303–306=1998: 380–383）。決定権力が社会の側に移行しているのならば、フォーマルな政治過程に参加することの意味や必要性が乏しいと感じられるのも当然である。

新自由主義的な政治プロジェクトとしての「脱政治化（depoliticization）」をめぐる研究は、既に多い（Hay 2007; Flinders and Wood 2014; Fawcett et al. eds. 2017）。経済的・技術的な合理性を優先する観点から民主政治を非効率と見なし、反政治的感情にも訴えながら、政治システムが決定可能な領域を狭めることで積極的に周辺化を進め、統治をデモクラシーによる過重負担から解放しようとする試みは、二〇世紀末以降おなじみになったものである。脱政治化された統治の拡大は、政治の中立化を力強く前進させるだろう。

そもそもデモクラシーにおいては、統治を通じて被治者に降りかかる事態が被治者一人一人による選択の集合的・間接的な帰結と（擬制的にでも）見なされるため、政治システムの機能不全がもたらす不利益は、被治者自身に帰責されるリスクである。したがって本来、民主化の進展はリスクの増幅と不可分であり、被治者が問われるべき責任を絶えず強化しつづける。しばしば英雄的なポピュリストを戴きながら隆起するポピュリズムは、政治システムの不全を頑として自己の外部に帰責されるべき危険と捉えることを許してくれる「神話」として、デモクラシーに内在的なリスクを拒もうとする人びとを惹きつける。これに対して脱政治化もまた、民主政治のリスクを引き受けることを異なる仕方で断念させる。「決められない政治」への失望から政治の中立化を経た統治は、「この道しかない（There is no alternative）」という一種の「宿命論」によって、被治者を自己帰責から解放してくれる。[13] 統治とその帰結は、自然環境と同様に、私たち自身の選択とはかかわりのない外部帰責の対象となるが、これを歓迎する人は少なくないだろう。個別の政治エリートに対する特定支持の衰えが抑止されなければ、民主的な政治体制・政治制度そのものへの一般支持も低下しかねない。序文で触れた権威主義化の懸念も、この点と関係している。だが、政治が周辺化しつつあることを認めるとしても、脱政治化を受け入れるべき必然性はない。

断片化（遍在化・脱領域化・周辺化）した政治は、反政治的、過政治的、脱政治的な諸局面を経ながら、統治へと変容しつつある（表1-2）。反政治・過政治・脱政治は、決して直線的・段階的に移行するわけではなく、従来の政治システムの機能不全に応じて並行的・流動的に経験されうる諸局面の性格である。一般的には、反政治的な基調のもと、過政治的局面と脱政治的局面が流動的に現われると言えるであろう。過政治的局面と脱政治的局面は振り子の両極のようでありながら、同時期に両立することもある。[14] 本書では、このような現状の特徴を捉えて「ポスト政治」と呼ぶ。この表現は、基本的に政治の断片化（post-Politics）を受容する認識を示すものであるが、同時に、政治の中立化を成就した無政治的（apolitical）な統治（post-politics）への危惧を含んでいる（大竹 二〇一八も参照[15]）。

(3) 民主的統治の隘路

ガバナンス論の出現　政治の断片化が進むなかで、一九九〇年代以降の政治学・行政学では、垂直的・階統的な「ガバメント（government）」から、地方分権や官民協働に基づく水平的・ネットワーク的な「ガバナンス（governance）」へと、統治モデルの転換が謳われるようになった（Rhodes 1996; 1997; 2000; Hirst 2000）。利用可能な行政資源が財政的理由で限定されるなか、政府は拡大かつ多様化する行政需要とのギャップを埋めるために、民間企業やＮＧＯ、非営利組織（ＮＰＯ）などの非政府主体にも行政サービスの供給を担わせるようになったのである。こうしたガバナンス論の特徴は、政治システムへ諸要求を入力する市民社会が成熟し多様化したために低下しつつあった政府による統治能力を、統治対象であった市民社会のなかから台頭してきた非政府主体との協働によって補完しようとする点にある（宮川・山本編 二〇〇二：四―五）。

一般に政府は、民主的な諸制度を用いるか否かにかかわらず、一連の拘束的決定を通じて社会の秩序化を図り、政治的諸対立を緩和・抑制して、一種の均衡状態へと導く役割を果たすと考えられる。これが統治と呼ばれる機能であるが、秩序化は公共財の提供を伴うため、ここに非政府主体が参与する余地が生じる。[16] 国家のみが公共的役割を担う主体ではないと捉えるガバナンス論は、政府の役割・能力および政府と社会の関係を再考させるものであり、「少なくとも可能性としては、民主主義の成り立つ空間や、その主体、受益者、権利義務関係などを根本的に考え直す契機を含んでいる」（森 二〇〇六：五四、また森政稔 二〇〇八：四章も参照）。だが一方でガバナンス論は、政治・行政を経営と同一視して脱政治化を企図するイデオロギーであるとも目されてきた（e.g. Brown 2015: ch. 4）。

統治モデルをガバナンスへ転換させることは、しかし、国家の役割を失わせるわけではない。国家の主要な役割は、「ガバナンスの生成・変化を可能とするメカニズム」としての「メタ・ガバナンス」に移行するからである（城山 二〇一〇、see also Jessop 2002; 2011; Sørensen and Torfing 2009）。すなわち、「公的セクターと市民セクターの関係は、前者が小さくなれば、その分後者が大きくなるという単純なものではない」（仁平 二〇一一：九三）[17]。市民の要求に応える最終的な責任を持つのは政府であり、組織的・集中的な資源投下を可能にする政府の役割は決して消えないとしても、個別多様な場面での需要によっては、政府よりも非政府主体の方が必要ないし適切な諸能力を備えている場合がある。したがって今や統治において重要なのは、単純な政府規模の大小ではなく、対応すべき需要が何であり、どのようなガバナンスの形態であれば最も効率的かつ効果的に当該需要へ対応できるのかを判断し、政府主体（中央政府、地方政府）と非政府主体（企業、ＮＧＯ、ＮＰＯ、ボランティア、地域コミュニティなど）の協働をどのようなバランスで形づくるかという、ガバナンスのガバナンスなのである。

メタ・ガバナンスと国家権力の再編成

とはいえ、ガバナンスにおいて国家の地位は弱体化するのではなく変形されるという認識は、かえって国家権力の再編成を通じた狡猾な支配、すなわち、「距離を置いた統治（governing at a distance）」と呼ばれる統治術への警戒と結びつく面がある（Miller and Rose 2008; see also Kickert 1997）。二〇世紀半ばに成立した福祉国家は、形式的な法秩序を維持すること（夜警国家）から、実質的な社会正義をもたらすことに国家役割の重心を移動させたが、それは必然的に行政権限と官僚制の膨張へと帰結した。さらに二〇世紀末以降の先進資本主義諸国では、国家官僚制の非効率を批判する行財政改革が進められながらも、個人化により上昇した社会の流動性と不確実性への対応を通じた国家権力の強化が同時に行なわれた。その顕著な例は、二〇〇一年のアメリカ同時多発テロに前後する一九九〇年代から二〇〇〇年代にかけて、テロリズム対策を名目とした出入国管理の厳格化、通信傍受などの警察権限の強化、街路へのカメラ設置をはじめとする監視の促進など、安全の確保を理由とした自由の制限が各国で受け入れられやすくなった傾向に見られる。(18) 法理論的に言えば、安全を「個人の権利自由の行使の前提」として位置づけながら、個人が有する「基本権」としての安全を確保することが「国家の義務」であると見なして「自由の制限は安全の確保のために行われる」のだから正当化できると主張する、「安全の中の自由」論が、この時期に大きな説得力を持つようになったのである（大沢 二〇〇七：五、白藤 二〇〇七：五五、テッティンガー 二〇〇二）。これを、実現すべき社会正義を安全の確保に求め、福祉に代わって安全を指導理念とする「安全国家（safety state）」の台頭と見なすこともできよう（Lyon 2007: 183–184=2011: 296）。

安全国家を支えているのは、近代化の果実たる個人化が含意する、個人を制度的単位とした権利保障の定着による権利意識の向上であり、私たちが共有するセキュリティへの需要である。社会保障（social security）の充実を図る福祉国家が官僚制を通じて市民を管理するように、安全国家は、国外からの脅威を防ぎつつ（national security）、国内の治安を維持することで（public security）、市民を保護するためにこそ、市民の自由を制限する（森英樹 二〇〇八：六四）。もっぱら自由を抑圧するために市民を監視する専制的な存在として安全国家を捉えることは正しくない。

現代の監視は「社会全体に拡散」しており（Lyon 2001: 33=2002: 61）、国家という単独の特権的主体（big brother）だけでなく、民間の多様な主体（little brothers）によって担われている（監視社会）。そして私たちは、活発に移動し、娯楽に興じ、思うままに消費することで、自ら進んで個人情報と生活記録を提供して回っているのである。むろん安全国家は広範な分野にわたって監視データ（ビッグデータ）を利用するために、営利企業と密に連絡し（Lyon 2007: 184=2011: 296–297）、地域コミュニティを動員する。ただし、安全国家と監視社会の官民協働により構造化されたネットワークが実現するマス・サーベイランスは、基本的には市民の欲望への奉仕を通じて再生産されるのであり、そこで働いている権力は、個々人に合わせたきめ細かい配慮（care）を怠らないような、明らかに積極的・生産的な側面を有している。[19]

さらに、私たちの欲望が安全だけでなく安心へも向けられるとき、安全国家は「予防国家（precautionary state）」の相貌を持つようになる。従来の安全は事後的な手法で危険を除去することにより確保されてきたが、安心を確保するために将来のリスクも回避しようとする場合、「リスクは常に存在するために事前の配慮が国家に求められる」（大沢 二〇〇七：五）。テロリズムや犯罪のみならず、環境汚染や感染症など、グローバル化が招き寄せる日常的なリスクは市民の不安を喚起するものであり、特に食品などグローバル市場が提供する必需品への最低限の信頼を掘り崩すリスクが高まることは、社会生活を困難にする。こうして、不確実な将来にわたるセキュリティの確保を新たな主題とする予防国家には（大沢 二〇〇七：五―六、白藤 二〇〇七：五二）、予見されるリスクを排除して市民の不安を解消するため、さまざまな分野で規制の強化や基準の創設が求められることになる。

だが、事前にリスクを抑制しようとすれば、商品の生産から流通を経て廃棄に至るまでのきわめて広範な過程が規制の対象となりうるため、ますます国家機能は肥大化する。また、現前していないリスクの排除を任務とする予防国家は、リスクの不在を主張する側に挙証責任を求め、立証できなければ介入を拒むことはできないとする（白藤 二〇〇七：五三、また西原 二〇〇八：七六も参照）。たとえば近年の犯罪学の一部は、犯罪が起こる前に「人びとに犯罪を起こす機会を与えないような障壁」を設けることに関心を向け、「違法であるかどうかを問わずあらゆる反社会的行為を対象」として、「ただリスクを最小にすることだけ」を目指すようになっている（Young 1999: 45-46=2007: 118-119）。予防国家は、市民のセキュリティ確保を名目とした国家の強権を、一時的・限定的に発動されるものではなく恒常的に機能するものへと再規定し、「緊急事態」や「例外状況」をルーティン化してしまうのである（Lyon 2007: 118-119=2011: 190; また中山 二〇〇八も参照）。

安全国家や予防国家への移行は、政治の周辺化がささやかれる現代においても、国家権力は弱体化するばかりではないことを示している。さらに、国家権力の再編成をメタ・ガバナンスと結びつけるのは、現代国家のもう一つの顔である。たとえば軍事および治安分野における市場と地域コミュニティへの外注は、国家の負担と責任を軽減しながら、何を・誰に・どこまで許すかの権限が持つ意味を大きくし、結果として「小さくて強い政府」をつくり上げる（萱野 二〇〇七：六九―七二）。国家は評価・規制に十分な専門性を備えているとは限らないが、目標を設定し、権限・責任の委譲（分権化・市場化）と、出力（output）および成果（outcome）の検証・評価を行なう。そして、評価に基づく財源配分を通じて、多元的な主体の活動を制御するのである。このように、直接介入からの選択的撤退を遂行し、福祉、教育、治安、行刑、軍事といった諸分野を民間部門に開放しつつ、競争に参加する主体の資格や能力を評価するかたちでの影響力行使に傾いていく現代国家の特徴は、「評価国家（evaluative state）」と呼ばれる（Neave 2012; 町村 二〇一六）。[20]

ガバナンスの民主化は可能か

評価国家の出現は、政治の断片化により実質的な秩序化の機能が政治システムから漏出している状況を反映している。個人化による社会の流動性上昇と脱領域化による国民国家の相対化は、象徴的な次元での社会統合を困難にする。それゆえ、周辺化が進むフォーマルな政治システムの影響力は、法的な許認可・処罰の権限と、経済的な資源の配分といった、より形式的・物理的な次元へと縮減／凝縮されつつある。とはいえ一般的に言えば、ガバナンスにおいて国家のみが担いうる／担うべき役割を問いなおすことで垂直的な統治の適用領域を縮小し、政府主体と非政府主体との協働による水平的な統治の適用領域を拡大して市民社会を活性化させること自体は、肯定的に評価できる傾向である。逆に言えば、国家は最低限担うべき責任と役割を手放すべきではないし、市民社会の活性化や水平的統治の実現によって新たに生じるメタ・ガバナンスの役割を担うとすれば、国家権力が単に縮減されるのでなく再編成されることは、自然な帰結と言える。それを新たな形態の脅威と捉えることも可能だが、少なくとも一概に否定的な評価を下すべきではない。

むしろガバナンスについて指摘すべき重要な問題は、統治能力を追求するガバナンスと、その民主的正統性とのあいだで生じるジレンマである（Dahl 1994; see also Rodrik 2011）。行政サービスの供給主体が多元化すると、政府は外部から供給主体を統御する必要性に直面する。そこでは政府と供給主体のあいだでエージェンシー問題が発生するため、数量的目標を設定するなど、観察が容易な成果による統御がなされることになる。統治を担う諸主体の責任を問うためには必然的に評価が要請されるものの、「多くの主体が資源の受託と委託関係に関与するほど、また、階層的な関係からはずれ、多くの過程を経るほど、権限・責任が分散し、責任の所在が不明瞭になる」（山本 二〇一三：七四）。統治主体が拡散するほど、その責任を問うことで民主的統御を実現することは難しくなっていくのである。また、評価の基準をめぐっては価値選択の問題が生じるはずであるが、行政需要への機能主義的対処が主題化されがちなガバナンスにおいては、テクノクラートにより技術的・非政治的に基準が設定されやすく、課題設定権力が見えにくくなる。さらに、越境的課題へ効果的に対応しようと国家機能を拡大したり、超国家的な機関の権限を強化したりすればするほど、市民社会内部の自由は制約され、民主主義の赤字も拡大する。(21)

ガバナンス論では公共的需要への対応は政府のみが担うものではないとされたがゆえに、「公共的」とされる問題の範囲は、政府がこれまで対応してきた領域を超えて拡張されうる。その帰結として、非政府主体が個別に行なっている業務と公共的問題の解決を区別する基準は見失われ、伝統的なガバメントのモデルとの対比で統治の優劣を測る場合に、そもそも実現すべき状態が何であり、何が「よりよい」解決であるのかの客観的基準は自明でなくなるとの指摘もある（砂原 二〇〇五：七三—七四）。だが、何が公共的であるのかが自明でなくなることはガバナンス論の帰結ではなく、政治システムの外で非政府主体によって行使される事実上の権力が増大した周辺化の帰結である。公＝官の一対一対応を外すことで、解決すべき公共的問題そのものを、市民社会を巻き込みながら定義しなければならなくなることは、いわば現実の追認に過ぎない。公共的な影響力を持ちうる多元的な主体を民主的に統御するための枠組み整備こそが急務である。すなわち、「もしも問題が、政治的正統性を迂回して脱政治化された権力を、再び政治的コントロールの回路へと乗せることだとすれば、求められているのは、公共性、さらには政治権力の再構成だということになるだろう」（川崎 二〇一〇：一二三）。

では、政治的なものの遍在を追認することは、経済的・社会的な事業体への規制を強化し、社会内において影響力の大きい事実上の決定契機を既存の政治システムへと包含していくかたちで行なうべきなのだろうか。答えは二重に否である。まず、法的規制を強めた国家から資本を移動させやすいグローバルな市場経済のもとでは、規制の効果は限定的であり[22]、既に行財政の諸資源への制約に苦しんでいる国家の機能を、市民社会の全体を統轄可能なまでに再拡大することは容易でない。また、よしんば国家機能の回復が可能であるとしても、それは個人の自律への脅威としての国家の地位を再強化することを意味しており、法的な監視と介入が可能な領域をいたずらに拡大することで、市民社会の隅々にまで国家権力を染み渡らせる事態は望ましくない（川崎 二〇一〇：六五—六六）。したがって事実上の決定権力の民主的統御は、国家的な公共性の全面化を招きかねない統治権力の再統合ではなく、各事業体における事業の決定・実施過程で実現されるべきである。この方策の検討が本書全体の大きな目的の一つであり、特に第4章以下で取り組む課題となる。

第2節　問い——いかなるデモクラシーを、何のために

(1) デモクラシー理論の分岐と収斂——熟議的転回以後

諸モデルの競合　本節では、ガバナンスの民主化へ向けて求められる解決の方向性を、デモクラシー理論のなかに探ってみたい。ガバナンスの民主的正統性を確保するためにしばしば主張されるのは、熟慮と討議を意味する「熟議（deliberation）」を通じた合意形成である。熟議の意義を確認するためには、その理論史的位置を振り返っておく必要がある。熟議モデルが提起される以前のデモクラシー理論においては、異なる複数のモデルが競合を続けてきたからである（Macpherson 1977; Held 2006）。

一九五〇〜六〇年代の英米圏で有力であったのはアメリカ多元主義論に見られる集計モデルである。このモデルは全体主義への警戒が強く、大衆の政治参加は政治的安定性を危うくするとの想定から、エリート間の競合や利益集団間の均衡を重視した（Schumpeter 1975; Almond and Verba 1989）。集計モデルの特徴は、個人であれ集団であれ、自己利益が何であるかを既に知っている主体を前提とし、選挙を通じて所与の選好を集計（aggregation）することで多数者の意思を反映した統治が可能になると考えた点にある。

これに対して、新しい社会運動が盛り上がりを見せた一九六〇年代末以降には、参加デモクラシー（participatory democracy）の潮流が、多元主義論を批判して現われた（Macpherson 1973; Pateman 1970）。参加モデルは、貧しい労働者や女性、マイノリティは、選挙によって自らが代表されているとは感じられず、政治的に疎外されているとの認識から、選挙以外での市民の広範な政治参加を重視した。また、参加の教育的機能を強調し、市民が職場や地方自治のレベルから参加を重ねていけば、政治主体として陶冶され、より適切な能力を発揮しうるようになると主張し

た。

さらに冷戦終結後、一九九〇年代以降の政治において、階級的・階層的な対立の存在感が相対的に後退し、代わってジェンダーやエスニシティ、宗教など多元的な価値の対立が前面に押し出される機会が増加すると（Hirschman 1994: 212–213）、フェミニズムや多文化主義など、多様な立場からデモクラシー理論を捉えなおす動きが現われる。そこでは、一元的な経済的利益の配分から多元的な価値の共生へと、課題認識の変容が生じた。予め定まった選好の集計ではなく、熟議による公共的価値の共同探求が主題化されるようになったのである。

熟議的転回　そして一九九〇年代半ば以降のデモクラシー理論においては、人びとの選好を所与として集計することで政治的決定が導かれるとする集計モデルへの批判が高まり、熟議を通じた選好の変容を重視する熟議モデルが盛んに主張されるようになった（Cohen 2009: ch. 1; Habermas 1994; Benhabib 1994; Gutmann and Thompson 1996）。いわゆる「熟議的転回（deliberative turn）」と呼ばれる研究動向である（Dryzek 2000: 1; 2010: ch. 1; Goodin 2008）。転回後さらに二〇年ほどを経た現在、熟議モデルのパラダイム化は著しく、今や誰もが（多かれ少なかれ）熟議民主主義者であると言って大過ない。

熟議モデルから集計モデルに向けられる批判は、主として次の二点である（田村 二〇〇八ａ：一三—一四、三五—三六）。第一に、「利益集団自由主義」における公益の私益への還元に対する道徳的批判である（Lowi 1979）。第二に、集合行為問題の存在から（Olson 1965）、社会内の利益を完全に集計することの不可能性を指摘する技術的批判である。すなわち、政治を私的利害の集計に還元しようとする立場は、望ましくないと同時に、不完全にしか成り立たないとされる。これに対して熟議モデルは、各々の政策や政治的立場を正当化する公共的な理由の検討（reasoning）を重視する。また、自らの主張や立場への反省（reflection）による私的選好の変容に期待するとともに、そこで人びとの環境・文脈そのものが変容する再帰性（reflexivity）ももたらされるという二重の「反省性」を想定している（田村 二〇一七：九一―九二）。参加モデルは二元的な利益対立を色濃く反映していたが、熟議モデルは冷戦後の多元的価値対立を背景にしており、異なる価値が共存するための共通基盤を対話に求めているのである。

熟議モデルへ激しい批判を向ける立場としては、異質な価値やアイデンティティを有する者同士の政治的敵対性を重視する闘技デモクラシーが知られている（Mouffe 1993）。闘技モデルは、理性的な討議を通じた合意の形成を重視する熟議モデルでは、理性的とされるコミュニケーション形式を踏み越える情念（passion）は無視され、理性的でないとされる者を排除する危険がある上に、価値対立は合意に至りうるとの想定が討議を抑圧的なものにしかねないと批判する。だが、そもそも熟議モデルにおいても不合意の可能性は想定されており、熟議における排除の問題が広く認識されるとともに（Young 2000）、情念の重要性やコミュニケーション様式の多様性も部分的に採り入れられるに至って（田村 二〇〇八a、二〇一七：四章、齋藤 二〇〇九、二〇一〇a、二〇一〇b、二〇一二）、熟議モデルと闘技モデルの対立は緩和されていると言えるだろう。さらに、闘技モデルでは根源的な「敵（enemy）」ではなく、民主的な諸制度への基本的な支持を共有する「対抗者（adversary）」を念頭に置くところから、もともと熟議モデルとの距離はそれほど大きかったわけではない（Mouffe 1993: 4=1998: 8; 2000: 74, 101–102=2006: 116, 157–158; 田村 二〇一八b：五）。

熟議モデルに基づく研究が進むにしたがい、「討論型世論調査（deliberative poll）」や「熟議の日（deliberation day）」など、世論や投票の熟議的な性質を向上させるための方法が提示されるようになり（Fishkin 2009; Ackerman and Fishkin 2004）、熟議モデルは集計モデルを単に批判するというより、これを乗り越えようとしている。熟議モデルの強みは、熟議による選好の変容（反省性）に着目することで、集計・参加・闘技といった他のモデルにおける核心的要素を、熟議的に再解釈して取り込むことができる点にある。こうした利点により、今や経験的研究においても熟議モデルを背景にすることが一般的になりつつあり、デモクラシー理論における規範的モデルは収斂を迎えつつあるように映る。

それでも私益を擁護する　確かに、民主的統治を実現する上で、熟議の重要性は疑うべくもない。とはいえ、熟議モデルが拠って立つ理論的前提には容易に受け入れがたいものが多く、その正当化根拠や現代的意義には疑問が大きい。まず、デモクラシーをあくまでも諸個人の自律的な生に資する手段として捉える立場にとっては、熟議モデルによる集計モデルへの批判のうち、第一の道徳的批判が抱くような、集合的私益に還元しえない公益の想定を共有することは困難である。(23) 本書も採るこの立場によれば、人びとが政治に携わるのは、何よりもまず自らの利益を保護・拡充するためにほかならず、政治参加そのものは一次的な目的とは見なされない。(24) 私的な利害関心(interest)はむしろ、人びとを政治へと動機づけるために不可欠の要素なのであって、デモクラシーにとって核心的な重要性を持つものと考えられる。ところが政治における私益の追求を批判し、(25) 公共的理由の検討のみを強調する熟議モデルは、熟議への動機づけを担保できず、多くの人びとが政治システムへの接触に消極的になるポスト政治の条件に適したモデルではない。

次に第二の技術的批判は、確かに集計モデルを退ける理由を提供しているものの、それだけでは私益をよりよく実現するための討議を退ける理由とはなっておらず、熟議モデルの正当化には十分でない。すなわち、道徳的批判を共有しない立場にとっては、集計的でない利益政治の可能性はなお残されているのである。選好が変容しうることを考慮しない集計モデルは確かに失当だが、道徳的に正当化しやすい公共的選好への変容ばかりを偏重する熟議モデルにも問題がある。熟議の意義は、他者とのコミュニケーションを通じた学習や反省により、自らにとって最も有利な選択肢を明確化する点にもあるからである。第2章第1節(2)で詳述するように、私たちは完全な合理性を持っておらず、自分自身にとって最も有利な選好をいつも形成できるわけではない。それゆえ、自らの利害関心をより的確な自己利益の実現を導くようなものへと洗練させる上で、理由の検討、熟慮や討議を通じた反省と学習、情報取得は「役に立つ」。私たちは熟議を通じてこそ自分が本当に望んでいるものを知るかもしれないし、自らの利益を実現するためのもっとよい方法に気づくかもしれない。反省性は、各主体の利益のためにこそ確保されるべきである。[26] したがって、熟議の認知的機能は私益の追求にも資するものであり、集合的私益に還元しえない公益を想定しない政治観によっても、熟議の意義は肯定的に評価しうる。

もっとも、このように肯定された熟議は相当に希薄化された概念であり、熟議モデルが当初想定していた熟議とは、少なからず性格を異にしている。そこで、この希薄化された熟議が意味するところを考えてみたい。もとより何らかの紛争を解決するための合意を導く上では、「利害関係に縛られない自由な対話」を通じて「公共的な価値観を創生していくこと」を重視する本来的な熟議だけでなく、「各当事者の価値観や利害関心は不変であることを前提に、それぞれの利害関心を満足させる最適解」を模索するような「利害調整に主眼」を置く「交渉（negotiation）」が不可欠である（松浦 二〇一〇：一五五—一五八）。ここでは熟議と交渉が、価値観の変容までを視野に置くかどうかで区別されているが、両者は「どちらも「何を為すのか」という実践的問いを中心に据えた集合的意思決定手続きである」ために、実際のコミュニケーション行為のなかでは区別が容易でない（Ihnen Jory 2016: 146）。

熟議モデルは対話にあたって「自分の考えを変える準備ができていること」を重視するが（山田 二〇一〇c：三九、see also Dryzek 2009）、こうした変容可能性は、あくまでも参加者が事前に示す了解である。実際に変容が生じたかは事後に観察されるのであり、必ずしも事前の了解とは因果的に結びつかない。したがって、公共的価値観の協働的創出に向かうのか、利害調整に徹することになるのかは、予め決定されるものではない。熟議の参加者は、本音では自分の考え方まで変えるつもりはないかもしれないし、あるいは変える準備があり、熟議の過程で変えるべきだと感じながらも、結局は変えられないかもしれない。こうした場合には、熟議とされていた対話は、交渉の性格を強める。他方、交渉においても、外形的には熟議に近似する熟慮と討議を通じて、既存の選好がより利害を満足させるようなかたちへと変容することがあるし、変えるつもりのなかった価値観が交渉の過程で予想外に変わってしまう場合も、ありえないわけではない。このように公共的価値への志向性を事前に共有しない熟慮と討議を、「道具的」な熟議と名づけることにしよう（see also Hendriks 2011: 211–215）。交渉において用いられる道具的熟議と、規範的志向の強い本来の意味での熟議——「熟議的熟議」——とは、価値観の変容可能性への事前了解によって区別されるが、上記のように対話の性質は道具的な方向と規範的な方向のあいだで揺れ動くものであるから、両者の違いは相対的なものでしかない。

そもそも私益に基づいて行動する主体が表面上は公益の実現に訴えるように、私的利害の調整と公共的価値の探求とは、相互に不可分な政治の両側面である。政治が人びとの関心を喚起し、公共的理由の検討への確かな動機づけをもたらすためには、私益から切り離された人びとを参加させる無色透明の熟議ではなく、それぞれの私益と明確に結びついた参加者が異なった立場から共有可能な公共的理由を検討する、多彩で濃密な熟議こそが必要とされる。求められているのは、熟議の私的理由なのである。

(2) なぜステークホルダーか——ポスト政治の政治主体像

民主的統治へ向けた熟議とその主体　ガバナンスを民主的に正統化する方策として熟議が主張されるのはなぜであろうか。個人化により、日常生活に遍在するさまざまなリスクへの恒常的な不安が高まる現代社会においては、リスクの現実化に伴う損害の規模や波及効果について正確な評価を下すことが難しく、専門家間でも鋭く意見が対立しうる。そのため、不確実な影響を脱領域的に及ぼすかもしれない政治的諸決定の正当性（justifiability）は確立しがたくなっている。したがって政治的諸決定は、単純な費用便益分析に基づくだけでなく、リスクにさらされる人びと、影響を被る可能性のある市民、すなわちステークホルダーによる価値評価を含み込んだ様式に立脚するものでなければならず、ステークホルダー間の合意に基づくことで手続的な正統性を担保すべきであると考えられる（Beck 1986; 中山 二〇〇九：一三〇—一三一、大塚 二〇一〇）。

ステークホルダーとは、株主、従業員、取引相手、消費者、地域社会、政府機関など、広く企業に対する利害関係主体を意味する語として一九八〇年代半ば以降のアメリカで普及し、経営学やビジネス倫理学の領域を中心に概念的発展を遂げてきたものであり、九〇年代以降に他分野での使用も拡大した（Freeman et al. 2010; 水村 二〇〇四、二〇〇八）。[27] ステークホルダー概念が領域横断的に用いられるようになったのは、経済的・社会的な諸変化によって既存の意思決定過程の正統性や有効性が動揺していることを背景とする。緊密な結びつきを強める世界では、あらゆる問題は広範囲に拡散する上に、そこに伴うリスクは予測困難なものであるため、無数の個人や集団・組織を巻き込んだ強い公共的関心の的となることを避けられない。ガバナンスに見られる公共セクターの変容により、企業・NGO・NPOなど非政府主体が影響を及ぼしうる範囲が拡大するとともに、その影響が及ぼす予測不可能なリスクも増し、意思決定に伴う不確実性はますます拡大している。今や、政府や企業におけるいかなる政策形成主体も、問題を「封じ込める」ことはできない（Bryson 2004: 23）。それゆえ意思決定過程に何らかのかたちでステークホルダーを包摂することは、手続的正義を実現し、決定の正統性を確保するために不可欠であるという倫理的認識が一方で存在する。また、どのような組織・集団であれ、主要なステークホルダーの利害関係を考慮しない決定は政策・事業の実現に困難を伴わせ、失敗するか貧しい結果しか生み出せないという戦略的認識が普及するにつれ、ステークホルダーとの対話や協働は、決定の有効性を高める上でも不可欠と見なされるようになっている（Bryson 2004; 谷本編 二〇〇四）。

こうした認識の一般化に伴い、国連やEUなどでは、政策形成過程に多様な非国家主体を参画させ、ステークホルダー対話を通じた合意形成を行なう「マルチステークホルダー・プロセス（MSP）」が多く用いられるようになっている（Hemmati 2002; Willetts 2006; Bäckstrand 2006a; Raymond and DeNardis 2015）。一九九二年の地球サミットで採択されたアジェンダ21は、持続可能な発展の実現のために各国政府が産業界、農業従事者、先住民、地方政府、NGO、科学技術コミュニティ、労働組合、女性、若者といった「主要集団（major groups）」と協働することを呼びかけた。国連は一九九九年から持続可能な開発に関する委員会におけるマルチステークホルダー対話を制度化しており、二〇〇二年の持続可能な開発に関する世界サミットでは、多様なステークホルダーとのパートナーシップが強調された。この点は二〇一二年の持続可能な開発に関する国連会議（リオ＋20サミット）でも再確認されている。EUでは二〇〇二年に企業の社会的責任（CSR）に関するマルチステークホルダー・フォーラムを設立し、産業界、労働組合、NGOなどから参加者を得ている（European Commission 2011）。同様に、日本政府も二〇〇九年から「社会的責任に関する円卓会議」を実施している（佐藤 二〇一〇、古谷 二〇一五）。

MSPにおいて、各ステークホルダー団体には対等な責任に基づく参加が求められる（Hemmati 2002）。多様なレベルや分野で実践されているMSPに参加するのは、無作為に抽出された一般市民ではなく、明確な社会的属性や利害関心と結びついたステークホルダーであるから、そこでの対話は交渉の性格が強くなるとの見立てもありうる。確かに専門家やステークホルダーによる熟議は、一般市民による熟議とは多少なりとも性格を異にしており、道具的熟議としての側面が、より強く現われるであろう。しかしながら、ステークホルダー概念が多分に規範的な含意も有していることは知られてよい。この点を次に見よう。

ステークホルダー概念の由来と特質　語彙としての stakeholder は、少なくとも一六世紀から存在している。もともと stick と同源で「杭」を意味していた stake は、一四世紀前半から、「杭で土地に印をつける」や「杭を打って土地の権利を主張する」などを意味する動詞として用いられていた(28)。アメリカ開拓民が杭を打って囲い込んだ土地の所有権を主張したことから、こうした権利主張者を「ステークホルダー」と呼ぶようになったとされる（Julius 1997: 454）。開拓民が同じ杭の上でポーカーに興じたことからステークが「賭け事」「賭け金」、ステークホルダーが賭け金の保管人を意味するようになったという説も、併せて語られるところである（Goodpaster 1991）。現在では、むしろ賭け事の参加者を意味してステークホルダーの語が使われる場合が多く、投資者や出資者を意味するようにもなっている。ステークは、出資等に伴う「持ち分」や「分け前」の意味も持つようになった。

経営学においてステークホルダー概念が初めて登場するのは、一九六三年にスタンフォード研究所で行なわれたセミナーの配布資料であると言われる（水村 二〇〇四：四三—四四）。ただし、六〇年代から七〇年代にかけてのアメリカにおけるステークホルダーの語は、人権団体や消費者団体、環境保護団体などを指して、直情径行かつ急進的な団体といった否定的なニュアンスを示すために使われることが多かった（同：一六—一七）。これらの団体を含む多様なステークホルダーが、企業経営上無視できない存在であり、戦略的・倫理的に配慮すべき主体として広く認識され始めるのは、八四年にR・エドワード・フリーマンの記念碑的著作『戦略的経営』が現われ、経営学における「ステークホルダー理論（stakeholder theory）」が確立されるに至って以降のことである（Freeman 1984）。同書でフリーマンは、ステークホルダーとは「組織の目的達成に影響を与えることができるか、組織の目的達成によって影響を受ける個人または集団」であると規定した（*ibid.*: 46）。これは現在でも広く共有されている、ステークホルダーについての古典的定義である。

以上の語源や由来、文脈を念頭におきながら実際の使用例を見ていくと、ステークホルダー概念の特質を三つほど剔出することができる。まず、権利主体性である。もともとこの語は権利主張（者）の意味を持っていたが、経営学における使用例では、スタンフォード研究所資料に登場した時点から、株主（stockholder/shareholder）との対比が強く意識されている。企業に対する法的権利を持つ株主との対抗上、株主以外の多様なステークホルダーが持ちうる道徳的権利が強調されたのである。フリーマンによる定義の曖昧さを克服しようとする論者は、具体的な「契約、取引、法的所有権、法的権利、道徳的権利、危険に脅かされた地位、企業行動によって生じる損害と利益への道徳的利害関心などに基づいた要求の正当性を強調する」ことで、ステークホルダーの要件をより厳格に定めようと試みた（Mitchell et al. 1997: 862）。ステークホルダーの地位は、権利か少なくともそれに準ずる道徳的正当性の存在と結びつけられる傾向にある。ロバート・フィリップスが「不当なステークホルダーとは矛盾かもしれない」とまで述べたのは、このような事情による（Phillips 2003: 121）。とりわけステークホルダー理論の「カント主義」アプローチでは、ステークホルダーは手段として扱われない権利を有していると考えられ、経営者はステークホルダーが持つ固有の権利と利益を等しく目的として扱わねばならず、企業の究極的な目的はステークホルダーの利害調整であると主張される（Evan and Freeman 1988）。ここにおいてステークホルダーは、ただ企業に配慮・尊重される受動的な対象から、能動的に活動を為す（可能的な）権利主体として明確に認識されることになった（宮坂 一九九九：一一五―一一六、水村 二〇〇八：一三一―一三五）[29]。

第二の特質として、公民性が挙げられる。ステークホルダーを能動的な権利主体と捉えることは、その積極的な発言と行動への期待をもたらしやすい。ステークホルダー概念が「受け身的な存在」ではなく「当事者としての存在」を強調するコトバ」としての性質を持つことは（宮坂 二〇〇三：二二）、しばしば自律した主体による責任ある選択と決定を求めるために活用される。また、ステークホルダーを道徳的な権利と結びつけようとする論者ほど、ステークホルダーが負う義務や責任についても敏感になる傾向がある。たとえば「不当なステークホルダー」の形容矛盾を指摘したフィリップスは、「企業がステークホルダー集団に責務（obligation）を負っているとき、ステークホルダー集団もまた企業に対して責務を負っている」と述べる（Phillips 2003: 92）[30]。権利を承認され便益を得る以上、一定の責任を負うべきであるとの期待は、ある集団や組織の構成・運営に積極的にかかわる公共的な主体であるとのニュアンスを、しばしばステークホルダー概念に含ませる[31]。近年では、市民を単なるサービスの受け手や顧客ではないガバナンスの担い手、自発的・能動的にアドボカシーを担う主体と捉える観点から、市民をステークホルダーと見なす用法もある（山本 二〇一四：一五三）。この場合には、ステークホルダーは市民や公民と互換的な言葉として使われている。

第三の特質として、意味範囲の不確定性が存在する。ステークホルダーとは、可能的な権利主体と認められると同時に、責任ある公民として振る舞うことを期待される、規範的な地位身分の一種である。したがって、ステークホルダーと認められる主体は常に限られた範囲にとどまる。経営学のステークホルダー理論においても、企業はあらゆるステークホルダー（たりうる存在）を無限に配慮すべきとされているわけではなく、企業が戦略的・倫理的な観点から配慮すべきステークホルダーの優先順位を定めるための理論枠組みが検討されている。しかし他面で、同概念の本質的な不確定性が重要な含意を持つことも見逃してはならない。フリーマンによる古典的定義は、影響を及ぼしうるか及ぼされうるという、抽象性の高いものであった。ステークホルダー概念の意味範囲には常に曖昧さが付きまとっているために、より具体性を伴った定義が検討されてきたのだが（Mitchell et al. 1997）、この曖昧さこそがステークホルダー概念に固有の意義でもある。予め特定の集団と結びつかない不確定性を持つ概念を用いたからこそ、株主が持つような法的な権利義務関係に限定されない多様な利害関係の実態に即して、意思決定過程のあり方（決定への参加者、決定が応答すべき範囲）を再解釈に導く理論が提出可能になったからである。既存の境界線をいったん外部に開くという意味で、同概念には確かに社会全体への応答要求が含まれている。その開放は、多様なかたちで分布する利害関係に正しく基づいた決定を模索する途上での、いわば手段であり、それ自体が目的であるわけではない。したがって、ステークホルダー概念が含意するのは決定が応答する範囲の無限拡張ではないとしても、応答範囲の再定義ではある。同概念の不確定性は、その範囲の画定が逢着せざるをえない政治的な契機を示唆している。

政治主体像の刷新　本書では、以上のような特質を持つステークホルダーを、新たな政治主体を導き出す概念であると捉える。すなわちステークホルダー概念は、少なくとも二つの意味で、従来の政治主体像を刷新する。第一に、主体の脱領域化である。現代では、社会内の各主体が影響を及ぼしうる範囲の拡大と人びとの利害関心の多様化・複雑化によって、誰が政治主体であるのかも一意に決定することができない。このように適正なデモスの範囲を予め画定しがたい現代社会において、意味範囲の不確定性を本来的特質とするステークホルダーは、最適な政治主体像である。ステークホルダー概念は、決定の正統化手続きに包摂されるべき政治主体を抽象化し、越境的な決定権力が応答すべきデモスを探索可能にする点で、その意義を主張しうるのである。

たとえば、地方政府の「代理人（agent）」として行政サービス供給の一端を担う市民団体・NPOと地方政府とのあいだに見られるような、「本人（principal）」であると同時に「代理人」でもある関係を的確に捉えるため、予め特定の主体と結びつくことがないステークホルダーの語を、「本人」に替えて用いることに意義を見出す見解がある（伊藤・近藤 二〇一〇）。市民・有権者と、首長・議員、そして行政職員・行政機構のあいだに成り立つ「プリンシパル↓エージェント＝プリンシパル↓エージェントという単線的な図式には収まりきれない輻輳した関係」としての「相互行為的なネットワーク」に基づく現代のガバナンスを把握するため（同：二九―三〇）、民主的問責主体をステークホルダーへと拡張し、「stakeholder の利益のための agent の規律付け」の観点からガバナンスのパフォーマンスを測ろうとするアプローチが必要とされているのである（河野 二〇〇六：一三、see also Hill and Jones 1992）。そこでは、ステークホルダー概念に伴う一種の曖昧さが意義として見出されている（河野 二〇〇六：一三、伊藤・近藤 二〇一〇：二七）。

第二に、その機能的な性格ゆえに自己内部の多声性に応じた政治参加を可能にする、主体の分人化（dividualization）である。鈴木健が提起した「分人民主主義（divicracy）」の立場によれば、分割不可能な個人（individual）に内的な矛盾を認めず「過度に人格の一貫性を求める」近代の社会制度は、「人間が認知的な生命体としてもつ多様性を失わせ」るものであり、人びとに過度の自己合理化を強いている。したがって、政治主体の単位を分割可能な「分人（dividual）」へと転換することで、人間を「個人という仮構」による統合から解放することが望ましい（鈴木 二〇一三：一三四―一三五、本書第5章第2節(2)も参照）。第2章第1節(1)で改めて述べるように、自己は、個別の文脈で遭遇する他者との関係のなかで示差的に形成されるものであり、文脈ごとに異なる利害関心は、必ずしも統合されなければならないものではない。このように前提するならば、一人の自己が持つ多声性に伴う多様な利害関心は、それぞれ異なる文脈を通じて政治的な代表を獲得することが望ましいと考えられるため、個別の決定ごとの政治主体

を意味するステークホルダーは、きわめて有望な概念である。(32)

(3)　ステークホルダー・デモクラシーの構想

影響を受ける者が決定せよ　ステークホルダー概念を政治主体に据えようとする構想は、本書以前にも存在する。少なくとも一九九〇年代半ばには、企業統治の民主化をめぐって stakeholder democracy という言葉を用いた文献が登場しており、その後も同様の用法が見られる（Turnbull 1994; Matten and Crane 2005; Blount 2016）。また、第3章第2節(2)で触れるように、九〇年代後半のイギリスでは、市場志向的な公開性や競争を市民の参加や包摂と両立させようとする「ステークホルダー資本主義」の立場と結びついた用例がある（Barnett 1997）。日本でも二〇〇〇年代末頃から、産業デモクラシーやコーポラティズムの刷新を意識した用法が見られる（毛塚 二〇〇八、濱口 二〇〇九）。二〇〇〇年代に国連やEUなどでMSPが多く用いられるようになると、MSPを通じた民主的ガバナンスを意味する用例が現われる。たとえばカリン・ベックストランドは、各国政府の代表だけでなく、対象となる政策分野・政策争点のステークホルダーであるさまざまな社会集団の代表を参加させた熟議を通じてグローバル・ガバナンスの民主的正統性を高めようとするモデルを、ステークホルダー・デモクラシーの名で示している（Bäckstrand 2006b）。政治理論では、同様の動きを踏まえたテリー・マクドナルドが「グローバル・ステークホルダー・デモクラシー（GSD）」論を提起するに至って、広く知られるようになっている（Macdonald 2008a; see also Schmitter 2009; Marchetti 2012; Macdonald 2012; Erman 2013b; 高橋 二〇一五）。

異なる文脈を横断して用いられるステークホルダー・デモクラシーの語には、必ずしも共通の定義が与えられてきたわけではない。しかしながら、集合的意思決定の過程に幅広いステークホルダーを参加させることにより、決定の民主的正統性を高めうるとの核心的主張は共有されていると言えよう。このような主張を正当化する民主的な規範が、ある政治的決定の影響を受ける者は誰でも、当の決定の作成過程に参加する権利を持つべきだとする「被影響利害原理（the principle of affected interests）」である（Dahl 1990: 49–51; Goodin 2007）。被影響利害原理に基づくなら、集合的な自己統治（self-rule）としてのデモクラシーの主体は、既存の主権国家秩序に沿った法的なデモスではなく、異なる決定ごとの被影響性（affectedness）を根拠として構成される機能的なデモスであるべきことになる（Whelan 1983: 19）。現にＧＳＤを提唱するマクドナルドは、「諸個人に集合的な意思決定における役割を割り当てるにあたって、政治的なメンバーシップではなく（特定の決定ないし一連の決定による）政治的な被影響性に基づく」のが自身の立場であると述べている（Macdonald 2012: 47; see also Macdonald 2008a: 85）。さしあたりステークホルダー・デモクラシーは、このような被影響性に基づいて観念される機能的デモスとして、問題となる決定ごとのステークホルダーをデモクラシーの正統な主体と見なす立場であると考えられる[33]。

被影響利害原理は、決定の影響を受けるにもかかわらず決定過程に参加できない者を残す「過小包摂（underinclusiveness）」と、決定の影響を受けないにもかかわらず決定過程に参加できる者を許す「過大包摂（overinclusiveness）」の双方を不公正な事態として想定することで、デモスの境界が包摂／排除すべき範囲を探索しようとする（Goodin 2007; Koenig-Archibugi 2012）[34]。集合的な自己統治（自己決定）としてのデモクラシーへのコミットメントを否定しないのなら、この原理の規範的な望ましさは明らかであるように思われる。そもそも自己決定が望ましいと言えるのは、「私」が顕著な影響を受ける「私の事柄」を「私」抜きで決定するべきではない（Nothing about us without us）と考えられているからであろう。「私の事柄」についての意思決定に「私」が参加できないことは過小包摂であり、同様の意思決定に大きな影響を受けない他者が参加できることは過大包摂である。

また、被影響利害原理を単なる非現実的な理想と見なすべきでないことは、地方自治の妥当性が広範に承認されていることから理解できる。一般にデモクラシーをめぐる議論は、デモスを構成する各市民への平等な尊重に基づき、集合的意思決定過程における発言権を平等に配分しようと考えがちであるが、それは各市民の有する利害関係がおおよそ等しいと想定しているからである（Brighouse and Fleurbary 2010: 141; see also Erman 2013b: 862）。だが実際には、地理的条件などにより特定の意思決定をめぐる利害関係が不均等な場合は珍しくないため、地方自治がその例であるように、利害関係が乏しい者を含む全市民によって決定するよりも、利害関係の大きい部分集団に自律的な決定権限を認める方が、より高い水準の平等な尊重を実現できると考えられる（Brighouse and Fleurbary 2010: 142）[35]。そして現実に、国家、都道府県、市区町村、その他の行政単位によって政治的な意思決定過程が区分されているのは、明らかに、「ある地域に影響を及ぼす諸決定は当該地域の市民によって作成されるべきである」との考えと無関係ではなく（*ibid.*: 139）、被影響性に基づいてデモスを分割することの妥当性が部分的に受け入れられていることを示しているだろう。

ただし、決定の影響を受ける者すべてが決定の作成過程に参与できなければならないとする被影響利害原理には、いくつかの論点において複数の解釈がありうる（Dahl 1990: 49–51; Shapiro 1999; Goodin 2007; Cavallero 2009; Näsström 2011; Karlsson Schaffer 2012; Owen 2012; Fung 2013）。解釈の余地を許す第一の点は、原理が指示する影響、あるいは「被影響性」の意味である。どれほどささやかな被影響性でも決定過程に包摂されるべき理由になりうるとは考えにくいから（Young 2000: 23）、多くの論者は、何らかの基準にしたがって包摂の条件を「重要な」被影響性へと限定しようとする（遠藤 二〇一一：一九四、Eisenberg 2015: 139; Gould 2004: 178; Cavallero 2009）[36]。そこで、重要性を判断する妥当な基準が何であり、誰がどのようにして適切な判断を行ないうるのかが問題となる（Shapiro 2003: 223; Fraser 2008: 40=2013: 56–57）。また、原理が適用される（重要な）被影響性に非国家主体の決定によるものを含むべきかについても、立場の違いが出てくる（Näsström 2011: 124; Fung 2013; Cavallero 2009: 57）。

第二に、影響の不確定性（indeterminacy）をどのように考慮するのかをめぐって、解釈が分かれうる。ある政治的決定による影響が誰に及ぶのかは、実際に決定が為され、その帰結が明らかになってからでなければ分からない（Goodin 2007: 52）。したがって、「現に影響を受ける（actually affected）」ことを包摂の条件とする解釈は、デモスの画定に役立たない。他方、「影響を受けるかもしれない（possibly affected）」ことを条件とする解釈は、きわめて多様な可能性の考慮を許し、過大包摂を帰結する恐れが強い。そこで、考慮すべき影響可能性の程度について、「おそらく影響を受ける（probably affected）」ことや、「たびたび影響を受ける（regularly affected）」ことなどを条件とする解釈も提示されている（Goodin 2007: 59–62; Fung 2013: 249）。

第三に、決定による被影響性を根拠として決定過程へ包摂された者に対し、集合的意思決定にあたっての発言力（influence）をどのように配分するのかについても、解釈が分かれうる。影響を受ける人すべてに発言権を認めることは、必ずしも、あらゆる発言が平等な重みで扱われるべきだということにはならないからである（Shapiro 1996: 232）。したがって、決定による被影響性の程度に応じて決定過程における発言力を配分すべきとする、「比例的（proportional）」な解釈がありうる（Brighouse and Fleurbary 2010）。他方、これを所与の選好に基づく集計として退け、決定過程へ包摂される者の発言力は相互に等しい程度にとどめた上で、熟議による合意形成を重視する立場もありえよう。

公共権力の民主的統御　諸個人の「自律の保護（逆に言えば専制への抵抗）」をデモクラシーの根本目的と解するような、民主的正統性についてのとりわけリベラルな構想」（Macdonald 2008a: 36）に拠って立つマクドナルドは、諸個人の自律を脅かしうる「公共権力（public power）」は、その行使主体が主権国家であれ、企業やＮＧＯのような非国家主体であれ、自律を脅かされうるステークホルダーによって民主的に統御されなければならないとする（*ibid.*: 22–23）。ここでの公共権力は、自律へ与える影響という負の基準と、共通の利益を達成する役割を担うという正の基準によって見出される（Macdonald 2008a; Hurrell and Macdonald 2012）。

これまで被影響利害原理の最大の難点として、決定による被影響性を根拠とする場合、個別の決定ごとに異なるデモスが構成されねばならないが、それは非現実的であるとの指摘が為されてきた（Dahl 1990: 49–50; Whelan 1983:

19; 遠藤 二〇一一：一九五)。これに対してマクドナルドは、のちに見るように（第4章第1節)、多様な政策分野・政策争点ごとに共通の利害関心を有する「ステークホルダー共同体（stakeholder community)」を想定し、これを被影響性に基づいて多元的に成立しうる統治権力の構成母体と理解することにより、法的に一元化された管区としての従来のデモスを、より機能的な性格を持つものへと捉えなおそうとする（Macdonald 2008a: 97)。そして、国境横断的に活動する各種のNGOが、分野・争点ごとのステークホルダー共同体への十分な答責性（accountability）を確立することにより、機能的デモスに基づく脱領域的な代表性が確保されうると期待するのである（*ibid.*: 142; 高橋 二〇一五)[37]。

GSDの構想を、前述した被影響利害原理の解釈上の論点に沿って見てみよう。第一にGSDは、包摂の根拠となる（重要な）被影響性をどのように判断しようとするのだろうか。マクドナルドにおいては、影響の重要性はそれが自律（自己決定）への脅威を及ぼすか否かにかかっており、非国家主体による決定の影響も視野に入れてはいるものの、判断基準そのものは「自律」の解釈に委ねられ、依然として明らかとは言えない（Macdonald 2008a: 85)。マクドナルドが述べるところによれば、ある公共権力のステークホルダーが誰であるかを見定めるための「単純かつ非論争的な哲学的定式はありえない」のであって、問題の文脈や関連する経験的事柄については一定の合意が可能であるとしても、ステークホルダーの画定は、最終的には政治的論議に基づかせざるをえない（*ibid.*: 92)。

次に、影響の不確定性をどのように考慮するべきだろうか。GSDにおいて諸個人は、（たとえば環境、ジェンダー、人権といった）利害関心の「クラスター」ごとに、大まかな価値への合意に基づき、特定のNGOに代表されうると考えられる（*ibid.*: 145)。したがって、あるステークホルダー共同体の一員となることが示す被影響性は、決定がかかわる分野・争点へ向けられた一定の持続的な関心を前提にしており、個別の決定により「影響されるかもしれない」というアドホックな可能性の水準ではなく、一連の決定により「たびたび影響される」といった蓋然性の水準にあるものと解すべきであろう[38]。ただしGSDは、諸個人が自身の多様な利害関心に応じて同時に複数の異なるステークホルダー共同体に帰属すると想定するため、各共同体への帰属はあくまで「部分的」なものにとどまる（*ibid.*: 91）。同一の個人が複数の機能的デモスにまたがって帰属し、分野・争点ごとに異なる代表を持つ一方、公共権力の側でも分野・争点ごとに異なる機能的デモスに責任を負うことで、デモスと公共権力が従来の主権国家秩序のように一対一の対応をしない点に、ＧＳＤの特徴がある（*ibid.*: 142）。

最後に、デモスに包摂される者が決定過程で行使しうる発言力についてはどのように捉えられているだろうか。この点についてＧＳＤは、被影響利害原理の比例的な解釈を採っていない。マクドナルドによれば、個人間で選好の強度を比較することは困難であるから、ステークホルダー同士は、共通の公共権力に服するという地位に基づく平等な重みの発言力を持つことが望ましい（*ibid.*: 132）。そして、多様なステークホルダーの利害関心は直ちに集計を通じた決定に結びつけられるのではなく、ステークホルダー共同体の代表間での熟議過程に付されるべきである（*ibid.*: 143）。熟議においてステークホルダー代表は、彼ら自身の利害関心だけではなく、他の代表が主張するような対立する利害関心についても考慮することを求められる。その上で、ステークホルダー代表間での熟議を通じた合意形成がかなわなかった点については、集計型の決定過程に委ねられることになる（*ibid.*: 162）。

国際ＮＧＯの活動を通じて政策争点ごとの利益媒介が可能になり、脱領域的な代表性を実現しうるとするマクドナルドの議論は、本書が取り組むステークホルダー・デモクラシーに関する、数少ないまとまった先行研究である。しかしながら彼女は、誰がステークホルダーなのかを見出す認識枠組み（ステークホルダー分析）や、ＮＧＯを統御すべき諸個人の政治的主体化（ステークホールディング）を可能にする条件についてはほとんど検討しておらず、熟議モデルなど他のデモクラシーのモデルとＧＳＤとの関係も十分に明らかにしているとは言えない。これらの欠点を補い、より体系的なモデルを描出するために、本書では第2章でステークホルダー分析、第3章でステークホールディングをそれぞれ論じた上で、第4章で改めてＧＳＤの検討に立ち戻ることにしたい。

分割して統治させよ

ステークホルダーによる合意形成を重視し、大政治よりも小政治を焦点化しようとする本書の立場は、一人一人の生活に直結するゆえに身近な関心を持ちやすい小政治こそが、人びとの政治的有効性感覚を回復する経路になりうるとの考えから導かれている。諸個人の利害がますます多様化・個別化している現代では、一元的な決定権力を前提とする政治システムは利益代表機能を低下させており、むしろ社会内に遍在する多元的な決定権力のそれぞれを、個別に民主化する制度枠組みが必要とされている。ステークホルダー・デモクラシーはこの課題に、民主的統御の主体を分野・争点ごとに再構成するというアイデアによって解決を与えようとするものである。ステークホルダー・デモクラシーの視座からすれば、現代における代表制の「危機」は、政治過程が正しく分割されていないことを一因とする。すなわち、政策争点ごとの利害関心に応じて決定権力や政治単位、政治主体が適正に再編成されるなら、問題とすべき「民意」そのものが捉え直されるはずであり、民主的正統性をめぐる競合のかたちは変貌しうるだろう。

政治過程を分割することで、強い利害関心を有する分野・争点に限って集合的意思決定に深く参与できるようになれば、政治参加への動機づけは高まり、人びとの政治的有効性感覚を回復させるために役立つと考えられる。(39) 意思決定権限をステークホルダーに担わせることは、社会のありとあらゆる問題にわたると考えられてきた市民の責任を限定的に捉えなおすことで、デモクラシーに内在するリスクを低減し、ポピュリズムの不安定性を防圧することに役立つだろう。多様な利害関心の所在が的確に把握され、多元的な敵対性が適切に代表される回路を確保することができれば、実質的な利害関心から超然としたポピュリストが台頭する条件は失われる。また、小政治への参加可能性を拡大し、市民社会内の自律的問題解決能力を高めることは、経済・社会の政治化でありながら公権力の肥大化を招かず、政治の周辺化に対応しながら多元的な統治主体の民主的統御を図る、最善の方策であると考えられる。本書の以下の作業は、この仮説を彫琢し、ステークホルダー・デモクラシーを、集計モデルとも熟議モデルとも異なる新たなモデルとして提示すべく行なわれる。

第3節　方法――ポスト政治の政治理論を求めて

(1)　政治理論の存在証明

棟梁失脚後の政治学　デモクラシー理論におけるモデル構築という方法について論じるに先立ち、本書が取り組む課題の意義を、政治学および政治理論という学問分野そのものが直面している現代的困難に即したかたちでも述べておきたい。しばしば指摘されるように、他分野から借用した研究方法に頼るところが大きい政治学は、フォーマルな政治システムと、それが内包する政治主体・政治過程・政治制度といった自明な研究対象を離れては、内的連関性を保つことが難しい（大嶽 一九九四：二〇八―二一五）。政治システムを研究対象とするだけでは、他の学問分野と異なる政治学の固有性を主張できるわけではないが[40]、確立された特定の社会領域への密着は、「学としての存在根拠の不安定要因を取り除くという大きな効果」を持ってきた（川崎 二〇一〇：五九―六〇）。

そもそも政治学が固有のアプローチを持たず、「トピック主義」と呼ばれる体系性の乏しさを示してきたことの背景には（大嶽 一九九四：二一三）、この学問が認識しようとする対象の特殊性がある。政治は、社会の存立にあたって不可欠とされる象徴的な統合や正統化された秩序をもたらす「作為」として、何らかの経済的・社会的な実体へと還元されない固有性を持つ活動と見られてきた。こうした社会に対するメタ的な立場に伴い、政治（学）は一種の「棟梁性」を獲得するが、そうした営みの性格上、政治学は政治が面する何らかの実体についての理論への寄生を余儀なくされる（川崎 二〇一〇：四三―四五）。政治学は、ディシプリンとしての自己完結性を放棄すると引き換えに、棟梁性を獲得することで満足してきたと言ってよい。

だが二〇世紀末以降の政治学は、もはや棟梁であることもかなわなくなった。たとえば労働や消費、教育、家族、性愛、生殖、身体などをめぐって争われうる個別の小政治を超えて、それら諸々の小政治群を一元的に統括する大政治を描き出せると想定することは、既に困難になっている（同：五―六）[41]。その暴露は、経済的・社会的・文化的な諸活動・諸現象を秩序づける棟梁的な営みとしての政治の役割を否定し、政治学・政治理論の存在意義を脅かしうるインパクトを持つ（同：四〇―四五）。むろん、社会内のごく限られた部分領域として制度化された政治システムに対象を特化し、そこだけで研究内容を完結させることを肯定する立場もあろう。だが政治学の全体がこのような姿勢で研究を進める場合、政治システムの外にあって、必ずしも政治システムへと媒介されることのない多様な小政治は、この学問の研究対象からこぼれ落ちることになる。それでもなお政治学は、従前と同じだけの存在意義を社会的に弁護できるだろうか。本書は、社会学者ベックの次のような言葉を、政治学への痛烈な一撃として受け止めている（Beck 1999: 91=2014=157）。

たとえフォーマルな政治システムの影響力が小さくなろうとも、政治家や政治学者はフォーマルな政治システムのなかに、ただそのシステムのなかだけに政治的なものを探し求めつづける。

学問分野のアイデンティティを構成する基礎である固有性は、単なる経験的な対象や研究方法ではなく、規範的な対象である共通の主題によってこそ供給される[42]。政治学の共通主題となるべきは、社会内の特定領域に存する政治システムで展開される政治に限定されない、より本質的な「政治的なもの（the political）」である。したがって、求めるべきは大政治にとどまらない「拡散した政治的諸現象の核心にあるものは何かという問い」に答える「政治の機能的な一般理論」であり（高畠 二〇一二：五五一）、抽象化された政治的なものをめぐる検討こそ政治学の統合を左右すると言えよう。

政治の一般理論へ　政治的なものと「全体性（totality）」を結びつけようとする立場は根強い。だが、今や政治的なものが公私を横断して社会内に遍在しているとすれば、その「全体を監督し、他の形態の活動を指示し統御する」ようなシステムや（Wolin 2004: 259=2007: 334）、それを支える理論の出現に期待を抱くことは、現実的でないばかりか望ましくもない。かつての棟梁的な地位を政治学に取り戻すことは、断念されるべきであろう。現代の政治理論に求められているのは、あたかも丘の上から都市全体を見下ろすような仕方や、全体を秩序づけようとする「本質的に建築家的なヴィジョンの形式」ではない（Wolin 1968: 322=1988: 16–17; 2004: 19=2007: 22）、新たな形式によって政治的なものを見通すことである。

新しいヴィジョンの形式がどのようなものでありうるかを明らかにするため、政治の定義を省みておきたい。政治現象は一般に、集団内部に存在する異なる利害関心に基づく摩擦や紛争（conflict）の発生と、それらを抑制・調停して暫定的にでも解決を図ることとの循環運動の過程である（Easton 1971; 丸山 二〇一四b、小野 二〇一二）。紛争解決過程としての政治現象には、それが辿る循環に沿って、闘争としての政治、協働としての政治、統合としての政治、といった多面的性格を見出せる。[43] 政治的なもの、すなわち単なる現実政治の推移に還元されない批判的準拠点を求めて交わされてきた論争は、多面的な政治現象のどこに光を当てるかの違いから引き起こされたものである。

第一に、闘争としての政治の局面では、政治的なものは敵対性として理解される（シュミット 一九七〇、Mouffe 1993）。第二に、協働としての政治の局面では、政治的なものは（言語的コミュニケーションを通じた）対立の調停や妥協、あるいは共通目的の達成として理解され、その前提となる集団の共同性が強調される（Arendt 1958; Crick 2005）。第三に、統合としての政治の局面では、政治的なものは（抑圧を内包する）再帰性として理解され、象徴や擬制を通じた作為的な秩序化の機能が強調される（有賀ほか 一九九四、福田 一九七一、森 二〇一四：九章、川崎 二〇一〇：四三）。政治はこれら複数の局面を循環するプロセスであり、暫定的な統合へ向けて「可能性の束」

のなかから特定のものを選び出していく作業であることから、他でありえた可能性の領野をも同時に示し、次なる敵対性を準備する。ある解決は次の対立の条件を準備するものであり、「価値の権威的配分」は、同時に次なる紛争の構成でもある。不可逆性の高い決定はありえても、真に終局的な決定や最終解決などは存在しない。

もし仮に政治（的なもの）が当該社会の構成員すべてに共通する何かを扱うという意味で全体性を持ちえたとして、その政治（的なもの）が社会の外部を含んだより広い範囲において帯びる部分性を同時に見ないのは、いかにも一面的である。むしろ政治は、ある対立・紛争の生起において、あるいは話し合い、協働しようとするメンバーの同定において、そして対立・紛争の暫定的解決としての決定（新たな対立の産出）において、常に特定範囲をより広い範囲から分節化するという意味で、きわめて部分性を特徴とする営みであると言えよう。政治と結びつく全体性は、あくまでも分節化された各単位の内部における統合としてあるにすぎない。

ただし、敵対性は、それ自体が政治的に構築されるものであり（Mouffe 2000; 2005）、政治は闘争としての側面を持つ一方で、どこに闘争の対立軸を見出すかにおいて、再帰的な作為としての政治の側面を現わしている。すなわち政治の真価は、既存の境界線を追認するにとどまらない創造性にある。なんとなれば、政治が生起するのは、「官僚が与えられたさまざまの規定に従って書類の束を処理する場合」や、「裁判官が、ある事件をある判例に当てはめて裁決する場合」、「工場労働者がねじを規格どおりの手順でつくりだす場合」のような計算可能な過程を超えた、「非合理な活動の余地」にほかならないからである（マンハイム 二〇〇六：二〇七―二〇九、またデリダ 一九九九：五五―五七も参照）。こうして政治は常に、「未来性（futurity）」をその本質的特徴に持つと考えられてきた（丸山 二〇一四 a：三〇）。

私的領域における非政治的な活動とされる経済や宗教は、特殊な歴史的文脈のなかで公的領域としての「政治」から分節化されたが、特定の単位に閉じ、その内部にさまざまな対立や紛争を含む点で、「政治」と本質的に異なるものではない。政治と非政治をそれぞれ特定の社会領域に割り振ろうとする二元論は、近代における国家と市民社会の分化に応じた歴史的な区分であり、理論的には政治と非政治のあいだに明確な境界線を引くことは困難である（杉田 二〇一五c：二一八）。今や棟梁的な政治の機能を想定できず、社会全体にわたる小政治群を統括することはかなわないとしても、それら個別の小政治に共通する政治の形式を見通し、語ることはできる。棟梁失脚後の政治学における政治理論の意義は、広く社会内において、何にどのような政治を見出し、その解決をいかなるかたちで展望するかにある。ポスト政治期における政治理論の働きは、「監督」「統括」を通じて社会を階統的に秩序づけるような全体性の実現よりも、多様な個別のトピックを共通の政治性によって結びつけ、ネットワーク的に節合していくような営為に求めるべきだろう。

社会構成原理の探究　政治が持つ未来性という特徴ゆえに、政治理論の歩みは、先を見通すヴィジョンや想像力と結びつけられてきた（Wolin 2004: 17–20=2007: 20–24）。たとえば松下圭一は、政治学の本来のあり方としての「ポリティクス」は「つねに政治の全体状況についての政治構想・理論構成をくりかえしてはじめて、社会・政治変動を先取りする実効性・予測性をもちうる」のであり、個別的な実証研究としての「ポリティカル・サイエンス」は、この実効性・予測性の前提たる情報を提供するにとどまるとした（松下 一九九五：二七五―二七六）。こうしたポリティクスの本来的役割は、「ビジョン構想」としての「ポリティカル・セオリー」に割り振られる（松下 一九八七：二八八）。松下によれば、二〇世紀に確立したポリティカル・サイエンスが分析技術の発達とともに進歩するのに対して、古代から存在するポリティカル・セオリーはあくまでもヴィジョンであるゆえに、進歩する性質を持たない。彼の考えでは、その時々の時代状況や社会的条件に即した問題を設定し、その解決・打開に向けたヴィジョンを提示することが政治理論の役割であり、それによってはじめて政治学の任務である政策論や制度論の構成が可能になるのである。

しかし、ヴィジョンとセオリーを等置するなら、政治と政治学の区別は消し去られてしまうから、ヴィジョンとサイエンスのあいだでセオリーが占める位置を確認すべきであろう。川崎修は、「解釈の学」たる政治理論の意義を規範理論に限定せず、実証科学の操作可能な問いに完全には翻訳しきれないような、全体社会モデルの提起と政治的なもののあり方への問いかけに、政治理論にとって最重要の課題を見出す（川崎 二〇一〇：八一―八二）。この見解は、事実に対する解釈的な洞察と規範的なコミットメントが一体になった構想の提示という意味で、実証科学へ還元不可能な学問的役割にこそ政治理論の本領を求めるものと言える(44)。

ここから、理論はヴィジョンを獲得するための視座であり、現実を「見る」ための一つの足場と見なすことができよう。セオリーはいわば、サイエンスとヴィジョンの敷居にあり、ヴィジョンの獲得に向けて政治学内部を結びつけると同時に、ヴィジョンの提示において政治学と現実政治を結びつける。現実の解釈は理論を通じて「見る」ことによってしか得られないため（Wolin 1969: 1073=1988: 127）、理論が複数的（plural）である限り、そこから語られる解釈は多様でありつづける。「見る」ための方法は共有可能だが、「見る」こと自体は、特定の時間的・空間的・社会的な位置において、一回的・単独的に行なわれるほかない。いかに理論化の営みが既存の政治科学の知見を縦横に用いたとしても、それが不確定な未来に延びる政治を対象として、同時代の有意な疑問に見通しを与えるべく行なわれる限り、政治理論が何か確固たる達成や安定した基盤を得られるわけではない。部分的な完結性を求めて特定の経験的対象やアプローチに固執することは、政治理論の任務に背く振る舞いである。政治理論に可能なのは、特定の視座から一定の見方をすると何が見えるのかについて、それぞれ内的に整合性のあるストーリーを成り立たせることで、ヴィジョンの複数性にかたちを与える作業である。

既に述べたように、ポスト政治期の政治理論に必要とされているのは、単一の社会領域のみに政治を結びつける見方にとらわれず、多様な領域での集合的意思決定や紛争解決の過程に現われる個別的な政治を通観できるようにするヴィジョンの形式である。今や「すべては政治的」であり、政治学が国家＋市民社会の権力を全面的に視野に入れるとすれば、それは「社会の新しい構成原理」の模索を意味するほかない（川崎 二〇一〇：二二五）。そこでデモクラシー理論が重要な位置を占める。デモクラシーは、単に統治機構を規律するにとどまらず、社会を分節＝節合し、ある種の部分性＝全体性における秩序の形成を正統化する「社会構成原理」であるため（福田 一九七一：iv、一九七七：三二、一九〇）、その理論化は本来、大政治のみならず、社会内に遍在する個々さまざまな小政治にも共通して適用される原理を提示するべきである。[45] それは政治理論の任務を第一に体現する作業のはずであり、政治理論は、社会構成原理としてのデモクラシーについての一貫したモデル構築を通じた、新たな政治ヴィジョンの提示によってこそ存在意義を示せるだろう。それは同時に、政治学の共通主題に一層明瞭な描像を与えることにもなるはずである。

社会構成原理は、作為的な秩序化を通じて社会を成立させる政治的諸決定の様式に特定の方向づけを与え、これを規律する働きを持つものであり、主として「価値原理」と「機構原理」から成る。そのためデモクラシーのモデルは、価値原理（理念）についての特定の理解と、その理解と整合する機構原理（体制・制度）についての構想を併せて、体系的な仕方で提示されるだろう。[46]

(2) 方法としてのモデル構築——その意義と課題

現実に対する態度　ここでは、デモクラシー理論におけるモデル化が持つ意味を考えてみたい。このアプローチを用いた主要な業績として、C・B・マクファーソンによるものと、それを踏まえたデイヴィッド・ヘルドによるものがある。彼らによれば、モデルとは「研究しているもろもろの事象のあいだ、あるいは内部にあって潜在している実際の関係を示し説明することを目的とする理論的構成」を意味しており（Macpherson 1977: 2-3=1978: 4）、「これをもって、ひとつの民主的形態の主要な構成要素とその基本的な諸関係の構造を明らかにし、説明しようとするもの」である（Held 2006: 6=1998: 10）。また、「公的生活の一側面ないし一連の諸制度は別の社会諸現象と関連づけることによって、はじめて適切に理解され得るものである」から、モデルは「諸概念の複合的「ネットワーク」であり、政治領域の諸側面の一般化であるとともに、経済的・社会的条件を含めて、政治領域の主要な確定条件でもある」(*ibid*.: 6=10–11)。ステークホルダー・デモクラシーのモデルを描き出そうとする本書の方法は、以上の理解に則る。

モデルはなぜ重要なのだろうか。経験科学における一般的な意味での理論とは、現象の背後にあって現象を生み出す因果メカニズムを説明するものを指しているが、特に人間の行為については、真の因果関係なるものを確定することはできないのであって(大嶽 一九九〇:四二)、推測するしかないために、理論が重要な役割を果たすことになる。そして、未だ実験の活用が普及の途上にある社会科学においては、「研究対象である現象の最も重要な特徴と思われるものに焦点を合わせるために、現実世界に生起する殆ど全ての事象を除外した抽象化の産物」としてのモデルを用いた思考を通じて、理論が構築される(McCubbins and Thies 1996: 22=1996: 20)。したがって、このモデルの選択こそが現象の解釈を規定することになる(大嶽 一九九〇:四二―四六、see also Macpherson 1977: 3=1978: 4–5)。

特に政治理論におけるモデルは、「政治システムや政治社会とは何であるのか、それはどのように作動するか、あるいは作動しうるか」について説明する命題だけでなく、「なぜそれがよいことなのか、または、それを持つことやより多く持つことがなぜよいことになるのか」について正当化する命題からも成っている(Macpherson 1977: 3–4=1978: 6)。すなわち政治理論は、経験的事実にかかわる経験理論と、規範的命題にかかわる規範理論とにまたがって存立する。経験理論が主に因果関係を説明することで現実を理解しようとするのに対して、規範理論は、望ましい判断規準の整合関係を描き出す。正義、自由、平等、権力など、定式化された諸概念を用いて、人間の行為や環境、制度などと、規範、あるいは規範と規範のあいだの関係を整合的に説明することができる(47)。規範理論を特徴づけるのは、そこでのモデル(人間像、社会像、諸概念)が、現実を理解するにとどまらず、規律・変革する目的でも用いられる点である。規範理論における諸概念の考察は、たとえば「正義」という概念(concept)がいかなる意味を持つのかにとどまらず、その内容を示す構想（conception）がどうあるべきかについての主張をも含むために、研究の遂行を通じて社会的な現実に介入することを本来的に予定している。規範理論におけるモデルは、望ましい理念と、その理念から導かれるべき制度や政策を描き出すことで、現実とのあいだに存在するズレを焦点化させ、モデルの修正可能性と現実の変革可能性を視野の両極とする思考の展開を促すものと言えるだろう。

理念に対する態度　モデル化における価値原理の役割は、実現すべき諸価値を明示することでモデルが想定する特定の人間像や社会像を正当化する点にある。それは、政治的諸決定を為すにあたって、どのような制度や手段を用いるべきかを導くとともに、具体的な制度の運用や政策の実施を通じて適切に価値が実現されているかを評価して改善を図る際に、最も根本的な指針（guideline）となる。

理念は現実を規律するものであるから、現実を追認する内容であっては無意味であり、当然に現実との不一致を伴う。しかしながら、理念は同時に実現可能性を備えなければならない。「問題状況を認識し、現状についての吟味と省察を可能にする理念の存在意義」は疑うべくもないものであり、「たとえ社会的価値の完全な実現が不可能であると判断できる場合ですら、その判断は、必ずしもかかる価値の無効を意味しない」との言は正しい（木部 二〇一五：三三―三四）。ただし、「スポーツにおいて理想的なフォームやチームについて考える」際に人間離れした身体能力を想定することに実りが少ないように、交通事故による被害を最小化しようとする場合にも、「死亡者数ゼロという究極的な理想」（同）を掲げるべき理由は必ずしもないし、実現不可能な理想の追求はかえって有害にすらなりかねない。事故や災害は決して絶えることがないのであるから、社会が目標とするべきは減災である。同様に、犯罪や戦争が不正義であるとしても、それらが完全に消え去ることは期待しにくい以上、犯罪や戦争のない世界を目指すのではなく、犯罪や戦争を許さない世界を目指すべきなのである。

実現不可能な理想の追求は、その過程で人間や社会に歪みを生じさせやすいため、不幸や不正義は撲滅ではなく縮減の対象と捉えなければならない。モデルの評価もまた、それが批判的に準拠する現実や、他の既存モデルのうちで最良の部分と比較した上で、「より良い（マシ）」と言えるものであるかを吟味する態度に基づくべきである（see Ganghof 2013）。このような本書の立場は、究極的な理想としての「来るべき」デモクラシーを掲げることで現実批判の準拠点とする立場とは明確に異なる、一種の改良主義であり、（お好みならば）プラグマティックな漸進主義とも呼びうるものである。

ところで丸山眞男は、「民主主義というのは理念と運動と制度の三位一体」とした上で、これを「永久革命」として性格づけている。すなわち、「どんな制度になっても民主主義がこれで終わりということはな」く、それは「絶えざる民主化としてしか存在しない」と主張する（丸山 一九九六 c：六九―七〇、また丸山 一九九六 a：八九も参照）。その背景には、「政治社会はどんなに民主化されても、依然として権力現象であり、組織的強制力を行使できる治者と、然らざる者との関係は不平等なものである」との認識がある（丸山 一九九六 a：八九）。したがって「民主主義の理念は、本来、政治の現実と反するパラドックスを含んでいる」のであるが、それゆえにこそ「政治における少数支配と権力関係の介在を不可避のこととして、その前提のもとに権力を不断にコントロールしてゆこうとするところに民主的なものが生まれてくる重大な契機がある」とされる（同：八九―九〇）。

こうした丸山の主張は、理念と運動とを十分に分節化できているかに疑問を残すものの、社会構成原理としてのデモクラシーが、理念にかかわる価値原理、制度にかかわる機構原理と並んで、「過程原理」とでも呼びうるような、運動にかかわる側面をも内包している可能性を浮かび上がらせてくれる。すなわち、デモクラシーが不断の民主化を要請しているということを、抽象的な理念や特定の制度に還元できない政治現象の全体に適用して考えるなら、望ましい理念を具体化するまでの諸主体の行為を含む広範な政治過程を規律し、制度の適切な形成や運用を指示し、状況に応じて価値原理・機構原理の本旨に適合的な改革を促す役割を、過程原理に割り振ることができる。それは丸山自身が「政治形態（democratic government）」に限定して論じている射程を超えて、むしろそれ以外の民主主義概念の対象とされている「社会機構（democratic society）」や「生活ないし行動の様式（democratic way of life）」とも密接に結びつくことになるように思われる（同：八七）。

したがって、社会構成原理としてのデモクラシーは、単に理念を提示し、制度を導出するのみならず、望ましい理念や制度を実現し、維持し、より望ましいものへと変革していくための「民主的行動（democratic action）」をも求めるものであり、民主的行動を通じて「民主的社会（democratic society）」へ近づくことまでを要請しているとの解釈が可能である。特に政治的分極化の度が高まった状況下では、たとえば対立する他者の人格や権利の尊重といった、民主的行動を求める声はかき消されやすくなる。過程原理の検討は本書の射程外であるが、理念と現実とのあいだで適正な均衡を実現するために重要な視点であることを指摘しておきたい(48)。

制度に対する態度

モデル化における機構原理の役割は、価値原理が示す大まかな指針に沿いつつ、現実の諸条件を踏まえて実現可能な具体的諸制度の望ましい体系を指導することにある。モデルは現実にそのまま適用されるわけではないし、望ましい制度を実現できたとしても、常に望ましい帰結が得られるとは限らない。したがって制度改革は万能ではないが、制度が重要でないとか、制度よりその運用が重要であるなどと考えることはできない。「ゲームのルール」たる制度の確立は、その運用可能性を一定範囲に限定し、各行為主体の資質に依存することなく政治過程に特定の枠づけ・方向づけを与えるものであるから、望ましい制度さえ実現できない場合には、望ましい帰結に近づくことは困難を極める。制度を通じた政治現象の規定を重視する「政治工学」（憲法工学）への過信は制度の限界を見失いやすくするが、ステーツマンシップや政治的判断力、シヴィリティなどの「政治技能」に多くを期待する態度もまた、一種のエリート主義に陥ったり市民に過重な要求を寄せたりしやすいという欠点を抱えている。制度の役割を過大評価することも過小評価することも避けるべきなのである。

なお、広義の「制度（institution）」は、単に法規に定められたルールそれ自体を指すのではなく、むしろ当該のルールに対する各行為主体の解釈と、解釈に基づく相互作用がもたらす一定の均衡状態を意味しており、「人々のあいだで共通に了解されているような、社会ゲームが継続的にプレイされる仕方」が存在するなかで、「自分が違ったプレイの仕方をしようとしても、他の人々がしきたりに従っている限り、得にならないような状態」を指す（青木 二〇〇八：二七二）。たとえば、ミシェル・フーコーの影響下に進められてきた一連の「統治性（governmentality）」研究は、いわゆる「新自由主義（neo-liberalism）」を、二〇世紀末以降の新しい統治性と理解してきた（Burchell et al. eds. 1991; Barry et al. eds. 1996; Miller and Rose 2008; Brown 2015; see also Walters 2012）。だが、そうした把握は、新自由主義の外部を想定しにくくする迷宮をこしらえてしまったようにも映る。むしろ世界各国に浸透した新自由主義的合意は、共通の経済的・社会的変化に対する最善の適応戦略についての特定の了解が広範に成立したものであって、それ自体を一種の制度と考えた方がよい。一般に新自由主義と呼ばれているのは、この了解から典型的に導かれる一連の政策パターンを唱道し、適応を迫る立場である。

むろん制度は変化する。制度変化は、ある均衡状態から別の均衡状態への移行である。「均衡は多数ありうるのだから、人々が新しい行動戦略を模索しているあいだ、何らかの方向性が他の可能性に比して、人々の予想の共通の注目点となる必要がある」（青木 二〇〇八：二七八―二七九）。規範理論におけるモデルの提示は、同様の諸条件に対する異なる適応の可能性を示すなど、特定の制度から逸脱するための標識として役立つことができる。デモクラシーやガバナンス、資本主義について現在のところ有力になっているモデルを「宿命」として受け入れることなく、制度変化をもたらすオルタナティブな可能性を拓くことは、規範的な政治理論におけるモデル構築が持つ意義の一つであると考えられる。

(3) モデル構築の方法――規準・機構・条件

民主的統治の諸規準　モデルを構築するためには、価値原理と機構原理を結びつけ、制度の形成と運用を評価する規準（criteria）を明らかにする必要がある。統治は、特定の公共権力が一連の政治的決定に基づき一定の均衡状態を実現しようとする過程であり、良き統治（good governance）の規準や指標は多様でありうる。たとえば世界銀行による一九九二年の報告書は、国家の経済的・社会的な諸資源の管理にあたって権力が行使される方法をガバナンスと定義しており、社会経済的なパフォーマンスを良き統治の規準としている（World Bank 1992）。これに対して、ＥＵによる二〇〇一年のガバナンス白書では、ガバナンスは諸権力が行使される仕方に影響を及ぼす諸々の規則、手続き、および行動であり、とりわけ公開性、参加、答責性、有効性、一貫性の五つの原理によって評価されるべきものとされている（European Commission 2001）。ここには民主的価値が反映されており、デモクラシーによって規律される民主的統治であることが、良き統治であるための要件の一部とされている。

政治体制の民主化程度を測る主要な理論的尺度として用いられてきたのは、政府に対する公的な異議申し立ての自由が許容される程度（競争性）と、公的な意思決定過程に参加可能な権利が認められる範囲（包摂性）である（Dahl 1971; Munck and Verkuilen 2002; 高田 二〇〇一、鎌原 二〇一二）。既存指標における競争性は、政党間の競争が実現している選挙を意味する「自由選挙・複数政党制」、競争的な選挙の過程や結果が不正な手段によって歪められていない「自由で公正な選挙」、選挙の結果として複数政党が活動する議会が成立していることを示す「最大政党の獲得票数や議席数」、「政権交代」、各種の「政治的自由」といった下位要素に基づき操作化される。次に包摂性は、国家に属する全成人が選挙権を有する「普通選挙権」、選挙権が実際に行使された結果としての「投票率」、市民の一票が等しいことを意味する「票の等価性」といった下位要素から測られる（鎌原 二〇一一：一二一－一二六）。

これらを踏まえ、本書が想定する規準を以下に述べよう。統治の最も包括的な規準である広義の正統性（一般的正統性）は、統治が安定的な均衡を達成している程度を意味する。[49] 一般的正統性が高い水準にある場合には、政治社会の内部における潜在的な敵対性が尖鋭化しにくい状態にとどめられており、相対的に高い統合が実現されているために、大規模な政治変動が起きにくく、小規模な変化への予測可能性が高い。一般的正統性の評価は、統治の手続的正統性、有効性、正当性という三つの規準に分けて行なわれうる。このうち前二者はそれぞれ、入力志向の正統化（input-oriented legitimization）と出力志向の正統化（output-oriented legitimization）、ないしは民主的統治における「人民による政府」および「人民のための政府」という観点に対応する（Scharpf 1999）(50)。

まず手続的正統性（procedural legitimacy）は、狭義の正統性である。民主的統治に手続的正統性を確保するための要件としては、主体性、代表性、応答性の三つがある。このうち主体性（independency）は、公共権力の統御に携われるべきステークホルダーに政治活動の条件が具備されている程度を意味しており、たとえば市民的・政治的な自由を保障する憲法上の基本権や、最低限の経済的基盤を保障する福祉国家の諸制度によって高められる。次に代表性（representativeness）は、ステークホルダーの政治的意思が公共権力の統御にかかわる集合的意思決定過程に伝達・反映される程度であり、たとえば、競争的な選挙や多様な利益集団の活動を通じて高められる。幅広い代表性は、統治を手続的に正統化するのみならず、帰結的にも統治の一般的正統性を高め、社会の安定性を確保するだろう。三つ目の応答性（responsiveness）は、決定の実現過程がステークホルダーの意思に違背することなく統御されうる程度であり、統治機構内部の権力分立と抑制均衡を通じた拘束性（restrictiveness）の確保、情報公開や会計監査の諸制度を通じた透明性（transparency）の確保、法的・社会的・経済的な制裁可能性を通じた答責性（accountability）の確保といった手段により高められうる（第5章第3節(1)参照）。

第二に有効性（effectiveness）は、統治の機能を測る規準である。その要件は、実行可能性、効率性、実効性の三つに分けられる。実行可能性（feasibility）とは、決定されたことを行なう能力があるか、目的が実現可能なものかを意味する。いかに手続的に正統な決定で、その目的が正当なものであったとしても、明らかに実現不可能なものであっては、有効とは言えない。効率性（efficiency）とは、目的を実現する上での費用対効果を指す。実行可能性があるとしても、莫大な費用を要するならば、統治が高いパフォーマンスを実現することはできない。これらに対し

表1-3　民主的統治の諸規準

一般的正統性（広義の正統性）	手続的正統性（狭義の正統性）	主体性
		代表性
		応答性
	有効性	実行可能性
		効率性
		実効性
	正当性	

て実効性（workability）は、異なる多数の課題に対して同時かつ整合的な対処を為しうる程度や、予期しない事態への迅速かつ柔軟な対処を為しうる程度など、統治の総合的な適応可能性にかかわっている。いわゆる脆弱国家や破綻国家は、官僚制、物理的強制力、法秩序、徴税能力などを欠くために、統治の有効性を確保できない状態を意味する。

最後に正当性（justifiability）は、統治の働きが規範的に望ましいものであるかを問う、実体的な規準である。いかに手続的に正統化され、機能的に有効な働きが観察される統治であったとしても、それが著しく反道徳的な目的に奉仕するものであったとするなら、これを正当化することはできない。また、被治者の抵抗可能性や内的破綻、外的介入による倒壊などの変動可能性が高まることが予想されるため、一般的正統性も低く評価されることになるだろう。あるいは、手続的正統性と機能的有効性を備えた統治が、認知的・科学的な真理性に反するかたちで働く場合もありうる。手続的正統性の水準が高く民主的だが、明らかに「誤っている」決定は、正当性の観点から問題視されうる。

民主的統治の質は、こうした規準から評価できる（表1-3）。ただし、デモクラシーが過程原理を内包しており、不断の民主化を要請するものであることから、それは「連続的な概念」と理解されるべきであり、民主化は常に「程度の問題」でしかない（Bollen and Jackman 1989; Dahl 1971）。一定の制度体系が実現されれば直ちに民主化の完成を意味するわけではないし、国によって民主化の程度は異なる。また、権威主義体制においてさえ、その内実は多様であり、必ずしも民主化の程度がゼロとは言えない。したがって「民主化（democratization）」は体制転換を指すのではなく、社会構成原理としてのデモクラシーの現実適用における実現の過程と水準を意味すると考えるべきであろう。

制度的特徴と適用条件　本書では、デモクラシー理論史における諸モデルを整理した代表的業績にならって、正当化の諸原理（principles of justification）、鍵となる諸特徴（key features）、一般的諸条件（general conditions）の三つの側面からモデルを特徴づけることにしたい（Held 2006; see also Macpherson 1977）。まず正当化の諸原理は、「人間の政治的な諸能力についての基本的な理解と、自らの見解や選好を正当化する方法」と言われるように（Held 2006: 7=1998: 12）、そのモデルが拠って立つ理念を指しており、デモクラシーの価値原理としての側面にかかわっている。既に明らかにしたように、ステークホルダー・デモクラシーは被影響利害原理に基づき、多元的な公共権力は民主的に統御されるべきであるとの理念を有している。

次に鍵となる諸特徴は、主にデモクラシーの機構原理としての側面にかかわっており、理念を実現する目的から必然的ないし蓋然的に導かれる諸制度の提示によって描写することができる。この点に関連しては、主要な政治的諸制度に関する特徴の対比を通じて、多数者の支配を正当化原理とする多数主義（majoritarian）モデルと、より多くの人びとの合意を正当化原理とするコンセンサス・モデルとを対照的に描き出した、アレンド・レイプハルトの古典的業績がよく知られている（Lijphart 2012）。また待鳥聡史は、主に議院内閣制の諸国を念頭に置いたレイプハルトに対し、大統領制の諸国を視野に収めるとともに、選挙制度の比例性（多様な民意を反映する程度）と執政制度における権力分立の程度に着目することで、さらに四つの類型を区別している（待鳥 二〇一五：一六六以下）。これらの業績は、いずれも経験的な多国間比較に基づき、主に代表性（民意を反映する形態と程度）と応答性（統治権力を分割・制約する程度）の観点から、リベラル・デモクラシーのありうる姿を類別したものである。[51] 本書が提示しようとするステークホルダー・デモクラシーのモデルは、必ずしもフォーマルな政治システムにおける個別の諸制度を特定しようとするものではないが、代表性・応答性に主体性を加えた手続的正統性の規準に依拠することで、理念が要請する大まかな制度体系を描き出したい。

最後に一般的諸条件は、「デモクラシーが埋め込まれているか、埋め込まれうる社会の性質についての諸々の想定」と言われるように（Held 2006: 7=1998: 12）、特定のモデルが意義あるものとして現実への適用可能性を持つ環境を示す。すなわち、特定のモデルの提示は、「民主的な政治システムがその内部で作動するはずの社会全体についてどのような想定をしているのか」、また、「システムを作動させるはずの人びとの本質的性格についてどのような想定をしているのか」といった疑問に応えなければならない（Macpherson 1977: 5=1978: 9）。

序文で述べたように、ある決定から影響を受ける者こそが当の決定を行なえるべきことがデモクラシーの核心的理念であるという理解は、いつ、どこであっても普遍的に妥当する。したがって本書が示そうとするモデルは、資本主義経済であるか社会主義経済であるか、キリスト教国家であるかイスラーム国家であるかを問わずに適用されるべき社会構成原理の、定式化された解釈を意味することになる。しかしながら本書は、ステークホルダー・デモクラシーのモデルが、単に普遍的に実現されるべき政治の姿を指示するだけではなく、高度に発達した資本主義経済と一定程度世俗化された主権国家の存在を前提とする地域で人びとが直面する困難に、最適な対処方針を示しうると主張する。(52) また、本書が想定する政治主体がどのような存在であるのかについては、第2章第1節で明らかにできるだろう。

作業仮説としての暫定的モデル　ステークホルダー・デモクラシーにおける正当化の諸原理と一般的諸条件については、本章の論述のなかで明らかにしてきた点が少なくない。したがって以下での検討は、主としてステークホルダー・デモクラシーの鍵となる諸特徴の解明を目的とすることになる。

そのためには、先行研究が大きく扱っていない論点を詳しく検討する必要があるだろう。本書では以下、第2章

表 1-4　暫定的なステークホルダー・デモクラシーのモデル

暫定的モデルの要約：ステークホルダー・デモクラシー
正当化の諸原理 政治社会は，自律的存在たる諸個人により，彼らの自律を共通に脅かしうる公共権力のもとで構成される。各人が自律を妨げられず多様な利害関心を最大限に追求しうるため，公共権力の行使は，個別の争点にかかわる決定ごとに，決定の被影響性に応じて認識されるステークホルダーの意思に従って統御されるべきである。
鍵となる諸特徴 ・公共権力のステークホルダーによる民主的統御 ・政策分野・政策争点ごとのデモスの再編成
一般的諸条件 ・科学技術と資本主義経済の高度発展に基づくグローバルな相互依存 ・ポスト福祉国家における制度化された個人主義 ・政治の断片化（遍在化・脱領域化・周辺化），ポスト政治（反政治・過政治・脱政治） ・ネットワーク型ガバナンスを通じた統治能力の追求

でステークホルダー分析、第3章でステークホールディング、第4章でマルチステークホルダー・プロセスをそれぞれ扱う。ここでは、次章以降で検討を進めるにあたっての作業仮説となる暫定的なモデルを示しておくことにしたい（表1-4）。より詳細かつ洗練されたモデルを最終的に描き出すことができれば、本書の目的は達せられることになる。

註

(1) 以下では特に断りのない限り、引用文中の傍点は原文による強調を示す。ただし引用にあたっては、書式を統一する観点から、強調方式や、句読点を含む各種記号の表記などを改変している場合がある。訳語・訳文は、既訳を参照しつつ適宜改めた。

(2) このうち、脱領域化・周辺化・中立化については、杉田敦による整理を下敷きにした（杉田二〇一五a：一〇章）。

(3) 本書では「大文字の政治」「小文字の政治」を便宜的に「大政治」「小政治」と表記するが、これは政治現象の規模を含意するものではない。地理的な活動範囲はもちろんのこと、経済規模で見ても、二〇一七年の世界トップ一〇〇位までが三一の国と六九の企業で占められているように（Global Justice Now 2018）、多くの主権国家は一部の民間企業より「小さい」。大文字の政治が小文字の政治よりも広範な影響をもたらすとは限らない点には、注意が必要である。

(4) 本書で政治システム（political system）と呼ぶのは、ある社会集団の構成員すべてに共通して影響を及ぼす（と想定される）集合的意思決定を行ない、この決定が含意する「政策（policy）」を実施し、実施過程における違背への十分に強力な制裁可能性を準備することで決定に拘束的性格を与えるような、制度化された社会的相互作用の体系である（cf. Easton 1965; 山口 一九八九：五―一〇）。政治システムは単に立法・行政・司法の諸機関によって構成される統治機構を指すだけでなく、これら諸機関との恒常的な入出力の関係を取り結ぶ利益集団、メディア、有権者などを内包する。また、国際関係がそうであるように、ある政治システムは他の政治システムとの恒常的な相互作用を取り結ぶために、これらは上位の政治システムの構成要素として内包されると見なせる。

（5）国家が無力になったわけでないとしても、民間部門の成長が国家の統治能力（社会の統治可能性）を相対的に引き下げる面は認めなければならない。たとえば、ほとんどの国で一九八〇年代以降に政府の所有する財産が民間へと大規模に移転されたことは、経済格差の是正に取り組む政府の能力に制約をつくりだしたとされる（Alvaredo et al. eds. 2018: 14–15=2018: 9）。

（6）たとえば福祉政治研究では、グローバル化の進展が福祉国家の縮減といった一様な政治的変化を生じさせるわけではないことが知られている（新川 二〇〇二b、田中 二〇一七：四―五、Steinmo 2010: ch. 5）。また、グローバル資本主義に適応するなかでも、異なる行為主体間の政治的相互作用を通じて、各国の市場経済には制度的多様性が残されている（Hall and Soskice eds. 2001）。

（7）周辺化仮説が大政治の相対的な機能低下を問題にしているのに対して、中立化仮説は、大政治における公的議論に上る政策的選択肢の幅が狭まっていることを主張しており、それ自体では、中立化した政治システムが社会に占める地位の重要性とはかかわりがない。

（8）日本で行なわれた一九九五～二〇一〇年の世界価値観調査では、政府を「全く信頼しない」か「あまり信頼しない」と回答した人の割合は、一貫して六割以上を占める。政党を信頼しない人はさらに多く、いずれの調査年でも七割を超えている（池田編 二〇一六：二三二―二三四）。

（9）一九九〇年代末以降の日本では、「支持政党なし」の割合が半数程度で推移しており、政党支持に関する調査では、無党派層が最多割合を占めることが通常になっている（NHK放送文化研究所 二〇一五、田中 二〇一二、池田編 二〇一六：二三九）。

（10）無党派層は、「既成の方法による政治参加には懐疑的である」ものの、「日本への貢献意欲、社会的支援に対する意欲は多数の人がもって」おり、「社会や政治には関心がある人たちである」（NHK放送文化研究所 二〇〇四：一一三）。またコリン・ヘイは、「選挙には参加するものの、それが完全な習慣となっており、政治的な選択を意識的に行っていないケース」を「非政治的な参加」と呼ぶ一方で、「公式的な政治プロセスに参加しないことを意識した政治的な意思決定」を「政治的な非参加」と名づけている（Hay 2007: 74=2012: 100–101）。

（11）内閣府の世論調査による。この割合は自由民主党が政権に復帰して以降は減少し、二〇一九年二月の調査では六九・二％である（内閣府 二〇一九）。ＮＨＫ放送文化研究所の世論調査では、「私たち一般国民の意見や希望は、国の政治にどの程度反映していると思いますか」との質問に対して、世論が大いに反映されていると感じている人は減少傾向にあり、特に九〇年代後半以降には、世論が全く反映されていないと感じている人が急増した。また、「国会議員選挙のときに、私たち一般国民が投票することは、国の政治にどの程度の影響を及ぼしていると思いますか」との問いに対しては、政治的有効性感覚の減退傾向がより顕著に認められる。こうした傾向は二〇〇〇年代半ば以降に緩和したが、大幅な回復が見られるわけではない（ＮＨＫ放送文化研究所 二〇一五：三章）。

（12）移民排斥や定住外国人への差別的言動・政治活動は、単純なナショナリズムの発露と見るべきではない。第一に、愛国心やナショナル・プライドの高まりと、排外性の高まりとは同じではない（田辺 二〇一〇、二〇一一）。前者が常に後者を伴うとは限らないのであり、後者の背後に必ず前者が見られるというわけでもない。関連して第二に、一九八〇年代以降の西欧に見られる右翼ポピュリスト政党の躍進が示唆するように、現代における排外的政治勢力の降盛は、ナショナリズムの高揚が単体で生み出したものではなく、ポピュリズム型の戦略および運動を通じてこそ可能になったのである。排外的なナショナリズムの高まりは、ポピュリズム現象のなかに特徴的な二項対立図式における敵の措定と、敵を標的にする攻撃性の現われとして理解される。排外的ナショナリズムはポピュリズムを生み出す母体ではなく、逆にポピュリズム現象を通じて構成されるのであり、本来的に敵対性を帯びるポピュリズムの一環としてのナショナリズムであるからこそ、排外的性格が強まる。ここにおいてナショナリティは一つの表象でしかない。グローバルな相互依存の深化により、ネーションの地理的・文化的な流動性が高まり、国民国家の自明性もまた相対化されつつある現代では、もはやポピュリズムによる疑似的な構成なしでナショナリズムを成り立たせることは困難と思われる。

（13）この宿命論は、批判者アンドリュー・ギャンブルによって次のごとく描写される。「われわれのこの時代の運命は、グローバル化とテクノロジーに発する巨大な非人間的諸力のつくりあげた鉄の檻、反政治的であると同時に非政治的でもある社会、もう一つの未来を想像したり推進したりする希望や手段のない社会に生きることである」（Gamble 2000: ix=2002: v–vi）。

（14）「政治的熱狂と政治的無関心とは、正反対のように見えて、実はウラハラの関係にある」（丸山 一九九六ａ：九〇、また丸山 一九九六ｂ：三八五、四一二も参照）。

（15）したがって、本書における「ポスト政治」の意味内容は、政治的な対立の相対化や不可視化への批判を伴う「ポスト政治的（post-political）」なるラベルとは異なる（Mouffe 2005: ch. 3. see also Mouffe 2018: 4–5, 16–17=2019: 16–17, 31）。本書は、このラベルに込められた、政治の中立化を促進せんとする立場への警戒を共有できる。だが同時に、このラベルの用法に見出せるような、政治的なものを従前の大政治における（集団的な）対抗性のみに回収しようとする姿勢については、明確に退ける必要があると主張したい。本章第3節で示すように、政治理論が追究すべきは、何らかの統一的な「ヘゲモニー」の獲得可能性などではない。

(16) ガバナンスは、特定の「公共権力」（本章第2節で後述）が一連の政治的決定に基づき一定の均衡状態を実現しようとする過程としての統治を、従来の垂直的なアプローチ（ガバメント）とは異なるアプローチで行なおうとする。したがって従来の「統治」概念とは差異があるものの、目的は同じであるから、本書では以下、「統治」と「ガバナンス」を互換的に使用する。

(17) たとえば災害時に未組織のボランティアが被災地へ多数入っても、主に行政職員などが担っているボランティア・センターによる適切なコーディネーション（対応すべきニーズへのボランティアの割り当て・振り分け）がなければ、存分に機能することはできない。政府のみがメタ・ガバナンスの役割を担えるとは限らないとしても、相対的に大規模の資源を投下可能であり、市民の要求に応えることを本来的任務とする政府が担当することは最も自然であろう。

(18) 日本では、一九九五年に地下鉄サリン事件が発生したことでテロリズムへの認識が浸透した。これに先立つ九四年には警察法改正により警察庁が生活安全局を設け、以降いわゆる「生活安全条例」が各自治体で次々と制定された。二〇〇二年の『警察白書』は「安全・安心まちづくり」を謳い、官民協働での防犯運動により体感治安の悪化に対応する姿勢を示している。

(19) 「人々の諸力を最大限に引き出す」ような近代の統治権力が市民社会を対象化したように、「全員と各人とを同時に目標とする」現代の「生権力」が対象化しているのは、制度化された個人である（フーコー　一九八六：一七一―一七五、二〇〇七a：二四一、二〇〇七b：一五九）。統治者は、データの集積としての被治者群を知るだけではなく、私たち一人一人の「個別の欲求を知らなければならない」（フーコー　二〇〇六b：三一三―三一四）。こうした「全体的かつ個的な」統治可能性は、情報通信技術の発展を通じて上昇しつづけている。情報環境の制御のように、主体が位置する環境への事前の介入による管理は、「支配されているという被支配者の意識を必要とせず」、相手に不自由を感じさせないままに特定の行動へと誘導することができる（大屋　二〇〇四：二一九）。そこでは、主体に課せられた制約そのものの認識可能性が奪われているため、他なる可能性を想像することが不可能になる。高度に発達した情報技術を通じた欲望の実現は、私たちの望み通りのものを私たちが望むより速く与えてくれるが、その一方で私たちに「それ以外の未来があり得たこと」を考えさせなくさせる（鈴木　二〇〇七：一六）。そのような未来は、「はじめからなかったことにされる」のである（同：五三）。私たちが自然の恩恵に逆らう理由がないように、こうした配慮の権力がもたらしてくれる自由は、私たちから抵抗の理由を奪っていくかもしれない（関連するものとして藤田　一九九七、森岡　二〇〇三も参照）。この潮流に棹差すように、近年では、強制を伴わずに人びとの行動を一定の方向へと導く政策手段を「ナッジ（nudge）」と呼んで唱道する「リバタリアン・パターナリズム」の立場が、力強く主張されている（Thaler and Sunstein 2009）。

(20) 次のような齋藤純一の指摘が示唆的である。「統治は、人びとの自発的かつ能動的な自己統治を積極的に促しながら、かつ、その自己統治のパフォーマンスを捕捉し、それを監査・評価するというモードに変わりつつある。言いかえれば、それは、個人や集団（アソシエーションを含む）による多元的な自己統治に広範な活動領域を与え、しかも、その活動に対する評価そのものをも多元化しながら、同時に、自己統治がそうした評価システム（audit system）をつねに参照しつつ行われるように方向づけるのである」（齋藤 二〇〇五：八八）。現代社会における監査・評価の膨張と、監査・評価の条件がその「本質的なあいまいさ」にある点を指摘するものとして、Power（1997）を参照。

(21) したがって危機に瀕しているのは、（必ずしも国家と結びつくわけではない）主権ではなく、主権を統御すべき主権者（人民）の方である（鵜飼 二〇一三：九四—九五、また大竹 二〇一八も参照）。

(22) ただし、多国籍企業といえども通常は特定の国家との緊密な関係を保持しており、ほとんどの貿易には明確な地域的重点が存在する。脱領域的活動の結節点としてのグローバル都市に政治的介入の余地を求めることには、一定の妥当性があろう（Sassen 1998）。

(23) たとえば、次のような認識は重要である。「社会とは本来人間一人一人の集合体としてのみ理解されうるもの」であり、社会における公的なものを自覚的に形成する担い手は「いかなる意味でも構成員個々人をおいてほかには考えられない」以上、「究極的には、個々人の利益・福祉が増大するとされることによってしか、私的なものに対する制限の正当性を主張することは不可能」であり、「政治における強制力の正当性も、最終的には、個々人の利害にとってプラスであるかマイナスであるかに、還元されざるをえない」（有賀ほか 一九九四：八—九）。ここに見られる方法論的個人主義については、第2章第1節(2)を参照。

(24) 本書は、政治を何よりも避けては通れない現象として捉え、政治それ自体が持つ内在的な目的を想定しない点で、その手段的価値に還元して政治を理解する立場を採る。この立場は、批判理論における道具的理性批判や、ハンナ・アーレントによる「制作」批判（千葉 一九九六）を共有しない。政治は諸個人の自律に奉仕する二次的役割にとどまるべきなのである。

(25) ただし、熟議における利益の重要性を認める立場も存在しないわけではない（Johnson 1998; Mansbridge et al. 2010; see also Steiner 2012: ch. 3）。

(26) この指摘が重要だと思われるのは、熟議モデルに基づき反省性を追求する論者は、それが何を目的とした反省であるのかを、あまり明確にしていないからである（たとえば田村 二〇一七を参照）。ただし、豊富で多面的な情報に触れながら熟慮と討議を経ることは、主体にとっての情報処理負荷を高めることであるから、熟議による反省はかえって人びとを迷わせ、自らにとって何が最善であるかを見失わせ、何も決められなくさせてしまう可能性がある。逆に、人びとが反省に先立って経験する直感ないし直観に基づく判断は、たとえ啓発されない頑迷な私益に囚われているように思えたとしても、むしろ反省を経た判断よりも現実に即した最善の期待効用を算出させる可能性がある。実際のところ人びとの直感／直観は、特定の刺激に対して、関連する膨大な無意識下の情報や言語化・体系化されていない経験知を背景に導かれる反応であり、多くの場合に正しいことが知られている（Wilson 2002; Gladwell 2005; Simon 1983: 26=2016: 51; see also Bortolotti 2014: 97ff.）。むろん直感／直観は誤っていることも多いのであるが、熟議が私益追求に寄与する可能性に多少の留保が必要とされることは認めておくべきである。

(27)　ProQuest社が提供する学術データベース（http://search.proquest.com/、二〇一九年五月三日最終閲覧）での検索によれば、stakeholderの語をタイトルまたは要旨に含む全分野の学術論文・学位論文・書籍は、一九六〇年代に七件、一九七〇年代に二四件、一九八〇年代に五三六件、一九九〇年代に七二〇九件、二〇〇〇年代に三万一九一五件と推移している（二〇一〇～一八年は六万二八九件）。政治学分野に限定すると、一九八〇年代に一九件、一九九〇年代に七三七件、二〇〇〇年代に四九九四件である（二〇一〇～一八年は八四五六件）。日本では、経済同友会が企業の社会的責任への取り組みを本格化させた二〇〇〇年以降になって急速に普及が進んだとされる（谷本編 二〇〇四）。朝日新聞の記事データベース「聞蔵IIビジュアル」(https://database.asahi.com/、二〇一九年五月三日最終閲覧）での検索によれば、「ステークホルダー」の語を含む記事数は、一九八五～八九年に〇件、九〇～九四年に二件、九五～九九年が一件であるのに対して、二〇〇〇～〇四年に二二件、〇五～〇九年に七八件、二〇一〇～一四年に四三件であり、二〇〇〇年代に入って急増したことを確認できる。

(28)　Oxford English Dictionary, 2nd ed., on CD-ROM version 3.0, Oxford University Press, 2002.

(29)　ステークホルダー理論には、カント主義的アプローチに限られない多様な立場が含まれる。特にフリーマンの画期的業績から三〇年以上を経た現在では、この理論に基づくとする研究はきわめて多角化しており、今や「ステークホルダー理論は単一の理論ではなく、いくらかのテーマ群を共有した諸理論から成る一つのジャンル」を呈していると指摘されるほどである（Barney and Harrison 2018: 2）。とはいえ本書は、この理論の形成プロセスが、企業に対して「権利を主張する者たち」を、実際に権利を有しうる主体として捉えなおす概念的作業によって進められたことを重視し、ステークホルダー概念の権利主体性を否定する材料は乏しいと考えている。

(30)　ただし、ステークホルダーが一定の責任を有すると主張される際には、株主資本主義における短期的利益を追求する株主行動を念頭に、株主も企業との長期的な関係を前提にした責任ある姿勢で経営に関与するよう求める含意があることに注意を要する（Fassin 2012）。第3章第2節(2)で見るウィル・ハットンの論調も、この文脈に位置している。

(31) 二〇〇六年四月二〇日、中国のフー・チンタオ国家主席(当時)をホワイトハウスに迎えたアメリカのジョージ・W・ブッシュ大統領(当時)は、首脳会談に先立つ演説において、中国はアメリカと多くの戦略的利益を共有した「国際システムにおけるステークホルダー」であると語り、両国が共通の課題に責任を持って取り組む意思を表明した。中国の大国としての権益を承認する一方で、その地位に伴う責任ある行動を一層強く要求しようとするアメリカ政府の意図が、「ステークホルダー」の語によってこそ伝達されうると考えられた事実は、注目に値する。首脳会談に至るまで複数のアメリカ政府高官が同趣旨の発言を相次いで行なっているが、その端緒は、二〇〇五年九月にロバート・ゼーリック国務副長官(当時)が民間団体の会合でスピーチを行なった際、中国を responsible stakeholder と表現したことである(Zoellick 2005; see also Etzioni 2011)。

(32) 政治主体の分人化に意義を見出す立場は、デモクラシー理論において特異な位置を占めるかもしれない。たとえば、従来の参加モデルや熟議モデル、闘技モデルといった立場は、いずれも「自ら公共圏に参加し、意見と利害を表明する強い意志を有した」政治主体像を共有していると指摘する山本圭は(山本 二〇一六:一八九)、人びとの諸利害が不分明化し、アイデンティティが不安定化している現代においては、そうした「強い主体」への成長を促す卓越主義的前提は維持できないとして、明確な要求が伴わない不安を抱える「弱い主体」でも「情動的に同一化しうる対象――神話――を提示し、そこから集合的アイデンティティを構築する」動員を通じたポピュリズムに期待を寄せる(同:二五三―二五四)。しかしながら、全人的な発展を理想とする卓越主義が妥当でないとしても、人びとは家庭や地域、職場、その他の多様な文脈において異なる活動に関する異なる役割を担っていることが通常であり、その活動や役割に応じて一定の専門性や限定的なアイデンティティを備えていることが多い。したがって、自らが少なからず知見を有する分野・争点に限れば、人びとがそれほど「弱い」主体であるかは疑問である。また、「弱い主体」に政治へのアクセスを担保するために語るべきは動員ではなく、主体性を下支えするような制度体系であろう(第3章を参照)。他面で、山本の議論においては、多様な文脈や分野・争点にまたがって統合された不可分の個人を民主政治の主体と観念する、なお「強い」前提が疑われていないように思われる。

(33) 決定によって影響を被るすべての者が包摂されるべきであるとの要請は、熟議モデルの淵源である討議倫理に含まれている(ハーバーマス 二〇〇二、Bohman 1996: 16; Benhabib 2004: 112=2006: 103)。だが、熟議デモクラシーを唱道する者の多くは、ここに定式化されたような被影響利害原理への明確な支持を避けていると言わざるをえない(第4章第1節を参照)。

(34) したがって、決定の影響を受けないと判断された者は、原理に基づき、当該決定の作成過程への参加を可能にする既存の権利を、剝奪ないし制限されうる(López-Guerra 2005; Macdonald 2012: 48)。被影響利害原理は、デモスの境界を適正に画すために準拠すべき規範として解される。それゆえ、この原理が持つような、既存の境界を大きく変動させうるラディカルな含意が、「排除の原理的正当化」に資する側面があると認識することは正しい(Eisenberg 2015: 139)。

(35)　なぜなら、「私」にとって利害関係が乏しく、影響を被ることのない決定は、「私の事柄」ではなく、平等な尊重に基づく発言権を認められるべき「自己決定」の対象とは考えられないからである。

(36)　第4章第1節(2)で後述するように、包摂の条件は被影響性だけでは不十分であり、法への服従、すなわち「被支配性(subjectedness)」が求められるべきだと考える論者は、異なる原理を主張する(Erman 2013a)。

(37)　本書では詳細に検討できないが、GSDと関連する議論として、各国が他国民へも参政権を配分するべきとする「曖昧なシティズンシップ(fuzzy citizenship)」(Koenig-Archibugi 2012)や、機能的デモスの多元的な討議に基づく「デモイクラシー(demoi-cracy)」(Besson 2006; 土谷 二〇一三)などがある。

(38)　マクドナルドは民主的手続きによって正統化されるべき公共権力を、人びとの生に対して、問題のありうる仕方で体系的に(systematically)影響を及ぼすあらゆる権力と定義している(Macdonald 2012: 49)。

(39)　ジェリー・ストーカーは次のように言う。「多くの人は政治に関心を持ちつづけており、自分に直接関係する問題だと思ったら参加したいと考えている」(Stoker 2006: 160=2013: 237)。

(40)　研究対象が経験的なあり方を変化させる以上、学問分野の統合性は、研究対象の経験的な共通性ではなく、認識における主題の共通性に拠って立つと考えるべきである。教育、学校、労働、企業、結婚、家族などといった同じ対象を研究するとしても、各対象のそれぞれどういった側面を見ようとするかは経済学と社会学で異なっているだろう。また、経済学と社会学はほぼ同じ統計手法を使うことがあるかもしれないが、そうであるからといって両者の差がなくなるとは考えられていない。対象と方法が同じでも、認識しようとする側面(問題意識)が違えば、学問の位置取りは異なってくるのである。「研究主題の共通性」ではなく「方法にこそ、あらゆる科学の基本的な統一性がある」との宣言のもとに企図された、方法による社会科学の統一(政治学の行動科学への合流)は、あえなく失敗に終わっている(イーストン 一九七一：二二一―二二三、大嶽 一九九四：二一六―二一七)。

(41)　ポストモダニティの顕在化を提起する議論の核心は、社会の全体性なるものへの信頼が共有されなくなっているとの認識にある(東 二〇〇七：七六八―七六九)。個人化による共通前提の喪失は、社会の象徴的な統合が不全を来たすことであり、社会全体を単位とする大政治＝作為が機能すると信じられることを困難にする。これは政治の周辺化を別面から捉えた議論である。

(42)　学問分野について「本質論的に「〜とは何か」を問うこと」の「空疎・不毛さ」を主張する真渕勝は、「その場限りの約束」として立てられる機能的な定義が「さらに多くを把握でき、説明することのできる」新たな定義へと更新されていく暫定的な性格を持つことに学問の発展を見て、それに先立とうとする本質論的な定義を退ける(真渕 二〇〇九：i―iv)。だが、機能的な定義を更新していく際には、それによって何を把握・説明したいのか、するべきなのかを確認するための参照点として、何らかの抽象的な定義が必要とされる（あるいは暗黙の前提とされている）。本質論的な定義は機能的な定義を有意に更新していくためにこそ意味を持つものであり、「〜とは何か」の問いを放棄することは、学問分野としての反省を欠くために、かえってその発展を阻害するであろう。研究対象の経験的なあり方は、環境によって変容する。行政資源の制約下における政府主体の行政サービスと、社会的影響力を増した非政府主体による事業が、公共経営（public management）やガバナンスの名のもとに距離を縮めていることは、その一例である。制度化された学問の体系は、現実社会の変動とともに有意性を問い直さざるをえないものであり、対象とする「政治」や「行政」そのものの変容を捉える反省的な視座を必要とする。学問分野としてのアイデンティティを問うことは、こうした視座を獲得しようとする不可欠の作業であり、そこでは抽象的な対象の「本質」を問わざるをえない。

(43) ここでの整理は、政治の多面的性格のうち、どの側面を強調したかに拠っており、それぞれの理論家の政治観を単純化して理解する意図はない。たとえば、敵対性としての政治的なものについての代表的理論家であるカール・シュミットが、論敵との対抗関係のなかで政治における理念の重要性にこだわっていたことは（大竹 二〇〇九：一三一—一七）、むしろ再帰性としての政治的なものへの洞察を示す事実として注目される。

(44) 実証科学の方法的な要請に従う限り、経験的な問いにすべて答えることは困難になる。したがって、経験的な問いを扱う理論をまるごと実証科学に対応させることは誤りである。経験理論には、そうした実証科学の「余剰」に残される、理解へのニーズを伴った疑問に（少なくとも実証可能性が準備されるまでのあいだ）応えようとする営みが含まれる。

(45) 職業政治家を中心とする「大政治ないし大きな政治」と、「ヒラの国民」が日常的に経験するような「小政治ないし小さな政治」の共通性・連続性を指摘するものとして、京極（一九八七）を参照。

(46) デモクラシーをめぐる価値原理と機構原理の区別は、福田歓一の議論に示唆を得たものである（福田 一九七七：二章）。

(47) 規範理論と経験理論の区別は、価値と事実のどちらに研究対象を見出すかによっており、研究手法が実証科学的要請に忠実であるか否かによるものではない。規範理論においても、概念の意味を解明する概念分析や、規範的命題をめぐる論理関係の検証などは、実質的な規範的主張と距離を置いて研究を進めることができる（たとえば松元 二〇一五：一—三章を参照）。これらは倫理学においてメタ倫理学と呼ばれる研究領域と相似型にあり、実質的な規範的主張に踏み込む狭義の規範理論とは区別できる。また経験理論においても、注44で述べたように、必ずしも実証科学的要請に応えなくとも意義を持つ研究は行なえる。したがって政治理論は、少なくとも、①規範を哲学的ないし実証科学的に研究するが実質的な規範的主張の提出を目的としない「メタ規範的政治理論」、②規範の研究を通じて実質的な規範的主張を提出しようとする狭義の規範的政治理論、③事実を実証科学的に研究する狭義の経験的政治理論、④事実を研究するが実証科学的要請に十分応えるものではない非実証的経験的政治理論、の四つに分類できる。

(48) こうした視点は、民主的な政治体制が維持される重要な条件として、民主的規範の共有という、個々の政治制度に還元できない一種の政治文化（それはマクロな政治制度の一形態とも捉えうる）の存在に着目する立場にも通ずるであろう（Levitsky and Ziblatt 2018）。

(49) 広義の正統性は、支配が服従を引き出しうる可能性の高さであり、被治者による抵抗が生じにくく、均衡が変動しにくい状態を指すとも言えるし（ウェーバー 一九七〇：三―一〇、一九六〇：一巻六―一一、ヴェーバー 一九七二：八六―八七）、現存する政治的諸制度が社会に適合したものであるとの信念を生じさせ、維持するシステムの能力を指すとも言える（Lipset 1981: 64=1963: 74）。

(50) 規範的なデモクラシー理論の主たる関心は手続的正統性に向けられやすいが、いかに手続的な正統化を経た民主的政府であっても、被治者の関心が高い政治課題への有効な対処を為しえなければ、信頼を失い、体制転換や革命、内戦などの政治変動へとつながるような一般的正統性の低下を導くことがありうる。均衡が不安定であり、いつ、どのような秩序の変動が生じるか予測が困難であるような不確実性の高い状態は、諸個人の行為選択に伴う費用を著しく増大させるため、耐えがたい社会生活上の不利益をもたらす。したがって、民主的観点から追求される手続的正統性の底上げが、いつも良き統治を意味する一般的正統性へと結びつくわけではない。逆に、独裁など手続的正統性が乏しい権威主義体制においても、被治者の利害関心に応える施策を巧みに打ち出し、目立った不満が噴出することのない安定的な均衡を保っている限り、その統治が一定の正統性を備えた支配であることを認めないわけにはいかない。

(51) ただし、特にレイプハルトの議論は規範的関心も多分に含んでいる（田村 二〇一八b：二一―三）。

(52) 本書における多くの記述は、このような条件が当てはまる地球上の一部の地域を主に想定しているという意味で、限界を有している。本書が理解するところのデモクラシーが他の地域においても実現されるべきであることは言を俟たないが、原理が実際の制度や実践として具現化されるにあたっての環境が著しく異なる社会において、同じモデルが容易に適用可能であるとは考えていないし、異なる環境にある社会が将来的に近似的な環境に至るであろうといった直線的・段階論的な見通しも有していない。

第2章　ステークホルダー分析

民主的統治主体の定位

民主政治の主体を分野・争点ごとのステークホルダーに見出すステークホルダー・デモクラシーにおいて、決定が必要とされる分野・争点をめぐる利害関係の性質や程度を調査する「ステークホルダー分析（stakeholder analysis）」は、意思決定過程に包摂すべき主体を明確化する役割を果たす。分野・争点ごとのステークホルダーを的確に把握することができなければ、過小包摂や過大包摂が生じ、ガバナンスの民主的正統性は欠損を回復できないだろう（Goodin 2007: 58; Macdonald 2012: 52–53）。だが先行研究においては、わずかにステークホルダー間での相互承認の有用性への言及が見られるのみで（Macdonald 2008a: 92–93）、ステークホルダー分析の具体的方策がほとんど検討されていない。

本章の検討課題を整理するにあたって、原子力施設の立地と稼働に伴う紛争を例に挙げたい。日本の原子力法制では原子力施設の規制権限は国が一元的に有するものとされているが、実際には、事業者は施設が立地する市町村および道府県を中心とする関係自治体と「原子力安全協定」を締結し、施設の運転再開や一定の方針変更に際して、地元とされる自治体の同意を求めてきた（菅原 二〇一〇）。このような事実上の「地元同意制」においては、「地元」の内実はほとんどの場合で立地自治体に限られ、近隣の市町村が協定の締結主体に含まれることは例外的であった。ところが、二〇一一年三月に福島第一原子力発電所事故が発生すると、原発から五〇キロ程度の圏内まで年単位の長期避難が引き起こされうることが明白となる。日本政府は原発事故を踏まえ、避難計画の策定などを義務づける「緊急時防護措置準備区域（UPZ）」を稼働する原発の半径一〇キロ圏から三〇キロ圏に拡大したが、原発の立地・再稼働にあたっては、条件となる地元同意の範囲を立地自治体に限定する姿勢を維持した。また、国の交付金の対象地域は事故前と変わっていない。こうした条件のもと、各地域では深刻な問題が生じている。

九州電力は二〇一四年九月、川内原発が立地する薩摩川内市と鹿児島県に対し、原発再稼働への同意を求めた。県は、薩摩川内市長・同市議会・県知事・県議会の四者が地元同意の範囲であるとの認識を示しつつ、同市とともに再稼働への同意を与えたが、市の全域が三〇キロ圏内に入るいちき串木野市と北半分が入る日置市は、両市を地元同意の範囲に加えるよう知事に求めた。特に、いちき串木野市は川内原発からの最短距離が五・四キロであり、原発立地による「受苦」の程度は薩摩川内市と大きく変わるものではない。その一方、「受益」の程度には開きがある。薩摩川内市は一九七四年から二〇一四年四月までに国から二五〇億円以上の交付金を受け取っており、一四年度には約一四億円の電源立地地域対策交付金と、約四億円の使用済み核燃料税が入った。原発の定期点検期間に訪れる技術者や作業員が市内にもたらす経済効果も、数十億円に上る。ところが、いちき串木野市が一四年度に受け取る交付金は一億円に満たず、累計でも数十億円の交付にとどまる。

他方、北海道函館市は、津軽海峡の対岸にある青森県大間町で電源開発が建設を進める大間原発から最短約二三キロの距離にあり、避難計画の策定等の対策を講じる義務がある。電源開発が立地環境調査を始めた一九八三年から二〇一四年度までに大間町が受け取った交付金は約一三六億円に上っており、原発が稼働すれば、年間約四〇億円の固定資産税収入も見込まれる。これに対し、受益のない函館市は、二〇一四年四月に差し止め訴訟を起こし、国の建設停止命令または市が同意するまでの建設停止命令などを求めている。

地元同意制では、近隣市町村は立地道府県の一部として間接的に配慮されてきた。しかし川内原発の例に見られるように、立地市町村と近隣市町村のあいだで受苦の程度に大きな差がないにもかかわらず、「地元」の範囲を立地自治体に限定してよいかは問題である。近隣市町村の意向を道府県が代弁することの妥当性は、両者の利害が一致するという成り立ちがたい想定に依拠している。[1]また、大間原発のように道府県の境界を越えた影響が問題になる場合には、そのような代弁自体を想定しえない。さらに国境を越えた影響を問題にするなら、「地元」定義をめぐる紛争は一層深刻化する。

原子力施設の立地・稼働の条件とすべき地元同意の範囲をめぐる紛争には、意思決定過程に包摂すべきステークホルダーを画定する際の困難が、顕著に現われている。それは、ステークホルダーの過小包摂、過大包摂、硬直化の三つに整理できる。地元同意制には、受苦を被りうる地域という相対的少数者に同意権（拒否権）を認めることにより、その重大な利害を保護しようとする側面がある（金井 二〇一二：一六―一七）。そこでは、「地元」の範囲が限定されるほど、実際には受苦を被りうるにもかかわらず保護されない主体が増える（ステークホルダーの過小包摂）。[2]他方、逆に「地元」の範囲が拡大されるほど、その外部との差異は相対化され、受苦を被る可能性が低い主体も包摂されやすくなって、少数者保護の機能は損なわれていく（ステークホルダーの過大包摂）。このようなジレンマのなかで、既に地元としての地位を確立している主体は、自らの既得権益を守るために「地元」範囲の拡張に抵抗しがちであり、その結果、「地元」の再定義は難しくなる（ステークホルダーの硬直化[3]）。

過小包摂と過大包摂のジレンマは、しばしば政策決定者によって意識的に持ち出される。たとえば、原発のステークホルダーは論理的には無限に拡がりうるのであって、すべての声を聞くことはできないのであるから、まずは立地自治体の意向を優先すべきであるとして、硬直化したステークホルダー定義を維持する根拠とされる。また、ステークホルダーの範囲はどのようにでも切り取られうるのであるから、どこかで政治的決断が必要であるとして、政策決定者の決断主義的な自己正当化にも援用されがちである。[4]過小包摂にも過大包摂にも陥らないよう、適切なステークホルダーの範囲を画定するためのステークホルダー分析の基準や方法論が必要とされる所以である。

またステークホルダーの硬直化は、コーポラティズム型の利益媒介に対して向けられる典型的批判、すなわち少数のステークホルダー団体間での合意形成に基づく決定を閉鎖的な寡頭支配と指弾するポピュリズム型の主張が力を得る背景となる(5)。ステークホルダー分析を通じたステークホルダー分布の把握と包摂範囲の画定が行なわれない場合には、ステークホルダーの包摂は、組織化された少数の団体との接触を通じて行なわれがちになる。それはインフォーマルな聞き取りに限らず、審議会の構成や、地方の住民協議会への団体推薦などに現われる。だが、そのような顕著なステークホルダー団体だけでは代表しきれないほど利害関係が分散ないし多様化している場合、既成のステークホルダー団体間での合意が持ちうる正統性への批判が強まることになる。分析によってステークホルダーとされた主体に一定の授権が為されるとすれば、その範囲が絶えず問い直される可能性を制度的に担保し、ステークホルダーの硬直化を防ぐような仕組みが不可欠であろう。

そこで本章では、ステークホルダー分析が依拠すべき認識枠組みや具体的手法を再考するとともに、分析が行なわれる政治的・制度的環境をも検討の対象とし、ステークホルダー分析の実施にあたって整えられるべき一般的条件を描き出したい。

第1節では、まず本書が想定する基本的な主体像を明らかにした上で、その彫琢を図る。さらに、未来世代や自然環境など、自らの利害関心を表明することができない者たちをステークホルダーと見なすとき、どのような対応が可能であるのかを検討する。

第2節では、まず公共政策分野における既存手法の検討を通じて、その問題点を指摘し、企業経営分野における知見を踏まえることで手法の改善が可能になることを論じる。次に、ステークホルダーを認識する根拠となる利害関係概念の妥当な定義を再検討することにより、認識枠組みの精緻化を図る。さらに、分析過程の分節化を通じて、分析が特定の政治的文脈に拘束される事実を確認し、分析者の限定的役割を明示化した分析過程のモデルを新たに示す。

第3節では、まず分析に先立って設定されている課題・争点そのものを問いなおす視座を得るために、事業の環境影響評価や科学技術の社会影響評価の取り組みを参考にしながら、政策立案段階での「政策影響評価」の一環としてステークホルダー分析を位置づけることを主張する。その上で、専門的知見の対立を乗り越えた政策形成のために、どのような制度設計が望ましいのかを検討する。さらに、政策影響評価をステークホルダーや一般市民によるミニ・パブリックスにおける熟議を通じて行なう場合に、特定の小集団に限定されたミニ・パブリックスと市民社会全体とをどのように接続すべきなのかを、併せて検討したい。

第1節　ステークホルダーとは何か——主体像の導出

(1)　主体の境界

政治の起源　本節では、次節で政治主体たるべきステークホルダーは「誰」かという認識をめぐる問いに取り組む前段階の作業として、ステークホルダーとは「何」であるのかという存在をめぐる問いに回答しておきたい。この作業は、本書が想定する主体像を明らかにするものでもある。(6)

そもそも権力の民主的統御が論ずべき問題となるのは、統御主体となる諸個体が、権力によって自律（自己決定）の追求を脅かされるべきではない平等な存在として前提されているからである。個体の自律追求が脅かされるべきでないのは、規範的政治理論を求め、編み上げる私たち一人一人が自律的な存在であるゆえに、自らの基底的な利益への脅威を許容しえないからにほかならない。(7) 自律は、各個体が自身に固有の利害関心に従って行為することを前提とする。政治現象は多様な利害関心の対立により発生するのであり、政治理論もまた、究極的には個々の利害関心から生み出され、各個体の自律実現に奉仕すべく錬磨される用具である。したがって、本書が想定する政治主体像は、自律的な存在たる自己の生を営もうとし、そこにおける障害の回避や除去を望むことにおいて政治的契機に臨み、自らの利害関係を意識するようになる、利己的行為の単位であると言える。

もっとも何をもって利己的行為とするか、その「己」を定義する単位をどのように分節化すべきかは、決して自明ではない。自然界においては、一つの受精卵に由来するクラゲの群体、アリやハチのコロニー、地下茎で結ばれた草原など、どこまでが個であり、どこからが類なのかを定めにくい例に事欠かないし（真木 二〇一二：四四―四八）、「私」ではなく「私」の遺伝子や細胞こそ利己の単位にほかならないと考える立場もありえよう（同：三一―三二）。また、政治主体と見なしうる範囲をヒトに限定し、その他の動物や植物、自然環境、無生物などを排除するとすれば、その根拠も問題となる(8)。

利己的行為の前提となる利害関心は、自己および自己利益への意識が存在しなければ持たれることはない。したがって利己的行為主体として想定しうる範囲は、自己意識を持つと考えられる一部の存在に限定される。「産卵死する宿命を拒否し、大海にひとり悠然と游ぶ紅鮭はいるか」と言われるように、生殖という遺伝子の要請に逆らって「個体の自己目的性を獲得する」ことは、生物にとって高等な能力であり、この能力の獲得こそが、自律する主体の誕生を意味する（同：三五、八九）。そのため、利己的行為主体の単位は遺伝子や細胞ではなく、自己意識を伴う生物個体のレベルに見出すべきである。

それでは、自己意識がなく利害関心を持たないと想定される存在は政治理論において無価値なのであろうか。確かに、道徳的配慮の理由として快苦を覚えることができるような感覚能力を挙げる立場からは、「もしある存在が苦しんだり、喜びや幸福を感じたりできないとすれば、考慮に入れるべきものは何もない」として、利害関心を持ちえない存在に対する道徳的配慮を無意味とする主張も示されている（Singer 1993: 57–58=1999: 70）。だが、自己意識を持たないことが直ちに道徳的配慮の対象になりえない理由になるとは考えられない。本節でのちに述べるように、未来世代のような現に利害関心を持たないであろう対象への道徳的配慮が問題にされることは一般的になっている。道徳的な主体として想定されることがなくとも、配慮の対象とはなりうるからである。

さて、利己的行為主体を平等な存在と見なし、その自律追求を尊重するべき理由は何であろうか。人間であるゆえの尊厳を根拠として平等を唱える立場（たとえば木部 二〇一五を参照）は、非人間の道徳的地位を劣等的水準にとどめるのみならず、「人間」の境界をめぐる定義の困難に直面することを避けられない。もし、人間が尊厳を持つ理由を理性など何らかの能力に求める場合には、脳機能のような客観的尺度により、そうした能力を持たないと判断できるヒトは人間ではない（人格を持たない）との主張に抗しにくい。動物と共通の身体性に着目しつつ人間の社会性を強調する立場もあるが、身体性への着目は人間だけが尊厳を持つと考えるべき必然性への懐疑を深める上に、社会性の強調はアリやハチなど一定の社会性を持つ動物との差異を見出しにくくする。

実のところ、人間の尊厳が自律尊重の根拠たりうると考える立場は、人間である私たち自身が互いに尊厳を認め合うことを通じて政治社会が維持されているという事実を、暗黙のうちに支えとしている。したがって理論的には、自律を保護するべき主体の範囲が人間に限られる理由の最も基礎的な部分には、政治的な相互承認があると言わなければならない。この相互承認は、各主体の平等な地位を尊重することがお互いの利益になる互恵的関係の有無にかかわらず、お互いを「平等な者（equals）」と見なす仮想的な合意だけに拠って立っている。平等な者として認められるか認められないかの境界は、究極的には道徳的正当化が困難なものでしかありえず、政治的に画定されるにすぎない（第3章第2節(3)も参照）[9]。ここには、最も根源的な政治の契機を見出すことができよう。

このように考えると人間の尊厳は二次的な概念でしかないことになり、「人間」の境界や人間／非人間の別を厳密に問題とすることなく、平等なメンバーシップの範囲を拡大する可能性が開かれる。自律、すなわち利己的に行為する意思を持ちうるとの判断は、相互承認による。相手が権利を持つ主体だと考えられるのは、彼が人間だからというよりも、自分と同じように「心」を持っていると思われるからである（see Giddens 1991: 53=2005: 58）。何をもって個体と把握するかは、自己意識が存在しているとの想定に準じた「思い為し」を通じて行なわれる（大屋 二〇〇六、森岡 二〇一〇）。したがって、自己意識を持つ（とされる）個体として認められうる存在がヒト種に属している必然性はない。ヒト以外の動物に人間同様の権利を認めるべきだとする立場は現にあり、将来的には、人工知能や地球外生命体を人間同様の権利主体として認める可能性すら全く考えられないとは言えない（Donaldson and Kymlicka 2011; 稲葉 二〇一六）。自律可能性を保護するべき対象の範囲は、政治社会の広範な合意の関数である。何を主体と見なすかは社会の選択によるため、主体の範囲をヒト種に限定する想定は、将来的に変動する可能性を含んでいる。(10) ただし現在のところ、ヒト以外の動植物の保護は政策的に選択されうるとしても、これらをヒトと対等な主体と見なす社会は存在していない。そのため、さしあたり本書においては、主体はヒト種に属しているものと想定する。

自己産出的な自己　しかし利己的行為主体を想定する場合、自己の通時的な同一性はいかにして前提できるのか、ということが難問になりうる（Parfit 1984）。二〇歳の私と三〇歳の私、昨日の私と今日の私、朝の私と夜の私が、連続性を持ちながらも間違いなく変容しており、ある程度まで別人であるとすれば、行為の企図であるはずの利「己」は、厳密な意味では、決して達成されないのではないか。実在するのは今のこの私だけであると考える「現在主義」によれば、「時点切片としてのわれわれは厳密に言えば持続しない」（安藤 二〇〇七：二三四）。すなわち、「実在しない未来や過去の諸意識主体についてそれらの集合（の有機的統一）として「人格」を語ることをやめるとすれば、結局のところそれらはいまこの「私」の記憶と予期に同定される他はない」とされる（同：二三五）。このような立場からは、現在の利益のみを求める「利今主義」の主張も導き出されうるが（永井 二〇一一：二四一）、この主張は破綻している。もし実在するのが時点切片としての今の私だけだとすれば、今の私による利己（利今）を企図した行為から現実に利益を得るのは、近未来の別の私でしかありえず、今の私は決して利己を為すことができない。「いや、その行為もまた今の私がそうしたいと考えたために為されたのだから、利己的動機に基づくものであった」との反論は、妥当でない。「近未来の私」を利する行為を為しえたという満足を覚える私もまた、既に

「近々未来の私」になってしまっており、そうしたいと考えた時点の「今の私」とは別人だからである。

現在主義が極端すぎるとしても、[11]「未来の自分は現在の自分と部分的にしか同じではない」以上は、現在の私の利益を未来の私の利益よりも重視することには、十分な理由がある（森村 一九八九：一〇二）。だが同じ地点から、ある程度まで別人であるからこそ、現在の私の利益のために未来の私の利益を犠牲にすることは、全くの他人の利益を踏みにじるのと同様に不当でありうる、と考える向きもある。「今のうちに歯医者に行って治療を受けなければ虫歯が悪化して将来ひどく痛むようになるとわかっているならば、今歯医者に行かないことは、単に自己利益の上で無思慮（imprudent）であるだけでなく、未来の自己に対して不正（unjust）でもありうる」といった具合である（同）。しかしながら、現在の私は、歯医者に行くことの機会費用を他の何かに振り向けることができる。それによって生み出される利益は未来の私が享受しうる一方、全くの他人を身代りにする場合にはそうではないから、未来の自己を犠牲にすることと全くの他人を犠牲にすることは同一視できない。痛みを先送りすることが「自己の安楽のために他者を苦しめるようなもの」であるわけではない。[12]

同様に、「人格の同一性が程度の問題である以上、他の人々と遠い昔や将来の自己との間の相違は、普通考えられているよりもはるかに小さいものだから」、「経験の主体が誰であるかよりも、経験そのものを重視すべき」であるとの前提に立つなら（森村 一九八九：一二六）、ある種の分配的正義を一層強力に正当化できると考える立場がある。確かに、「異なる人生の間の人格の別個性は論理的なものではなく、事実上のものにすぎない」（同：一一九）。また現在主義が言うように、「我々はいまこの瞬間の私と心理的に連続し、類似する将来の意識主体に愛着を持ちがちであるが、それは基本的には偶然的な事柄である」（安藤 二〇〇七：二三四―二三五）。だが、自他の区別を論理的に相対化しえたからといって、分配的正義の正当化に役立つわけではない。[13] 論理的な必然性がどうあれ、決定的に重要であるのは、現に愛着を持ってしまっているという偶然的な事実そのものである。

未来の自己のために犠牲を払う現在の自己の「利他心」は、個体内の通時的同一性の相対的な大きさに由来している。そして現在の自己は未来の自己に対して、全くの他者に対するのと比して圧倒的に大きな影響力を及ぼしうるために、連続する異なる自己を統合的な自己として想像し、利己の対象としがちになる。[14] このとき、たとえ今この瞬間における私と次の瞬間における私とが厳密には別人であるとしても、今の私が著しく強い利害関心を有し、その選択によって現に大きな影響力を及ぼすことができる次の私は、今の私と強い連続性を持つゆえに、同じ私であると考えて差し支えない。人格が通時的に同一性を保つことがない以上、利己的主体は利己の対象である自己が誰／何を指すのか、いつからいつまでの、どのような性質を持った、いかなる存在であるかを、くりかえし解釈しつづけなければならない（see Giddens 1991: 53=2005: 57）。各時点における「この私」が、過去の私から離脱しつつ未来の私へと向かうなかで、どのような自己でありたいかを反省する契機において、自己は再想像され、自己利益への意識も成立可能になる。[15] 利己の対象がイメージされることによって、自己が構成されるのである。このような自我像は、その時々の私によって解釈＝想像され、再生されていくような自我であり、自己産出的な自己であると言いうる。[16]

分割された自己の統治　主体の地位が政治的な相互承認に拠って立つことを反映するように、各主体はそれぞれ一つの人格を、制度的に割り当てられている。制度的な人格秩序は、個体間の差異が大きい事実こそを根拠として、個々の人格を相互に独立のものとみなしている。個体内の通時的な相違と個体間の相違が「普通考えられているよりもはるかに小さい」としても、依然として前者より後者の方が著しく大きいことは誰の目にも明らかであるから、各個体を独立した人格として区別することには、道理性がある。この点を省みず、人格秩序を支える政治的・法的な擬制を暴いて人格の別個性を否定することは（安藤 二〇〇七）、現に独立した人格として認められた主体の地位を脅かすものであり、私たちを利するものではない。諸個人は自らが相対的に関係性の強い個体の自然的人格を表象（代表）するのであり、個体の中身は変わっていたとしても、表象の持続によって同一性は承認されつづける。法はこれに単一の制度的人格としての地位を与えることで、人格秩序を安定化させるものであり、地位付与の根拠は単なる自然的人格でも実在でもなく、政治的な合意ないし黙契である（石川 二〇〇七：一八六も参照）。もっとも第１章第２節(2)で述べたように、現実の個人は内的に矛盾を抱える「分人」であり、文脈ごとに異なる利害関心と役割、アイデンティティによって「分割された自己（divided self）」を持つ（Walzer 1994: ch. 5）。したがって主体には、自己の内的な多声性を「聴取する自己（listening self）」、あるいは対話的な自己であることによって（Hermans and Kempen 1993）、制度的に単一と見なされる人格に応じた一定のまとまりを維持することが求められる。このような内的調整の機能を要請されるために、個人は統治の最小単位であると言えよう。

本書が想定するような自律的な自我観が、近代化とともに生み出された歴史的構成物の一種であることは否定しようもない（フーコー 一九九七、Rose 1999）。自己を単一の主体として組織し、統治するにあたっては、他者や社会との相互作用を通じて形成される世界観や価値観が主要な指針となるため、自己統治が孤立的に行なわれることはない。また、個人化により自己の統治が強迫的な要請になることは、多くの論者が指摘する通りである（Giddens 1991; Rose 1999; Young 2007; また第１章第１節も参照）。個人を統治の最小単位と位置づける点において、本書が現代社会に充溢する「統治への意志」（第４章で後述）を少なからず共有する姿勢を持つことは明らかだろう。次章で見るように、個人化が進んだ社会のもとで絶えざる選択を強迫される私たちにとって、自らが統治の主体たることの拒絶ではなく、普遍主義的なシティズンシップ保障による多様な生の下支えこそが重要であるという点に、本書の主張がある。

(2)　主体の輪郭

心理的利己主義　本書が想定する政治主体像は、それが誰のどのような行為であっても、究極的には「利己的

（egoistic）」な動機へと還元して理解可能と考える「心理的利己主義（psychological egoism）」に基づいている。この立場は、一見して利他的と映るような振る舞いであっても必ず利己的動機に基づいていると考えるため、たとえばその人の良心や信条から導かれた一種の「自己犠牲」でさえも、精神的な快楽の実現（ないし苦痛の軽減）を求める行為として利己的な側面を持っていることに着目する。[17]このような捉え方はあまりにも一面的であるとして拒絶されがちだが、「一見して利己的（selfish）」な行為と「一見して利他的（unselfish）」な行為のあいだに通常想定される質的差異を相対化し、両者の質的共通性を強調する単純化によって、人間社会における行為一般の包括的把握に資する意義がある。

利己的行為は自らの利益の増大（不利益の縮小）を企図している。ここでの「利益（benefit）」は、ある行為が行為主体にもたらす「効用（utility）」を指しており、行為主体ごとに固有の尺度に基づいて主観的に評価される。効用概念の意味をめぐっては異なる立場が対立しているが、本書では「効用を快楽とみる伝統的な立場」、「身体的な心地よさ、精神的な満足感、目標の達成感、深く静かな幸福感など」実体的な快楽享受を効用の発生と見なす立場を採用する（塩野谷 一九八四：三八〇、鈴村・後藤 二〇〇一：一八〇）。[18]効用を快楽と同一視する立場には、「快楽以外のものが欲求される」ことはありうるのであり（塩野谷 一九八四：三八七）、人は欲求の充足によって快楽ではない何らかの感覚を得ることができる、との批判が直ちに寄せられる。だが、そうした考え方は「快楽（pleasure）」の意味を狭く解釈しすぎている。

各主体が抱く選好は、「個人的利害関心に基づくか、その他の何かに基づいて、その人が実際に選好するもの」を示す「主観的選好」と、「非人称的な社会的考慮だけに基づいて」、「自分自身に対しても特別に公平かつ無私的な態度をとるような、稀にしかないであろう場合にのみ、その人が選好するもの」を示す「倫理的選好」の二つに区別できる（Harsanyi 1955: 315）。主観的選好には、一見して利己的な選好以外に、「他者の喜びを自らの喜びとし、他者の苦痛を自らの苦痛とする」ように、「他者への関心が自分自身の厚生に直接影響を及ぼす」ことを意味する

「共感」に基づく選好が含まれる（Sen 1977: 326=1989: 133）。ここでの「厚生（welfare）」は快楽とほぼ同義であると考えられるから、主観的選好は、最終的に自らの快楽に根拠づけられる。他方、倫理的選好の一例に挙げられる「コミットメント」は、「他者の苦痛を知ったときに、自らの個人的な境遇が悪化したとは感じないけれども、他者が苦しむことを不正であると考え、それを止めるために何かをする用意がある」場合など、「選択可能な他の選択肢よりも低い水準の個人的厚生をもたらすだろうと本人が考えているような行為を選択する」ことを意味する（Sen 1977: 326–327=1989: 133–134）。したがってコミットメントは、自らの快楽とは無関係な次元で抱かれる何らかの義務感や使命感に基づいた行動であるとされる。

だが人は、社会全体に貢献すべく公平無私な態度によって形成された選好が実現されることから喜びを感じ、満足感や達成感を得るであろう。それは快楽以外の何物でもない。あるいは、自らが不正と考える状況を認識しながら放置することによって、後ろめたさややり切れなさ、罪悪感や無力感を味わうであろう。それを避けるべく正しくあろうとすること、義務や責任を果たそうとすることは、不快の回避以外の何物でもない。人は、自らが受け入れている道徳や倫理に従うことに快を見出しうるし、従わないことによって不快を感じうる。倫理的選好の実現やコミットメントがもたらすものは、決して「快楽ではない何らかの感覚」などではない。「自らの味覚（および個人的福祉への関心）に従って紅茶かコーヒーを選ぶことと、さまざまな考慮事項のなかでもとりわけ他者への義務を考慮した上でストライキに参加するか否かを決定すること、あるいは共感やコミットメントに基づいて懸命に働いたり慈善を行ったりすることとのあいだに」本質的な差異を見出さないのは、なるほど「はなはだ勇敢な単純化」であるかもしれないが（Sen 1985: 19=1988: 33）、妥当な単純化である。私たちの行為の究極的な根拠には、常に自己の快楽への欲求が据えられていると見なせる。

利己的な愚か者

利益を効用と、効用を快楽と同一視する立場を採用するからといって、さまざまな種類の効用が「一元的に数量的に通約可能」であると考える必要はないし、「異なった種類の効用も、効用である限り、相互に置換することができ、一方の減少を他方の増大によって補償することができるとみなす」必然性もない（塩野谷 一九八四：三八一―三八三）。どちらも等しく快楽であるとはいえ、コーヒーを飲むことで得られる効用と、デモに参加することで得られる効用とのあいだには、一般に質的差異が存在しており、一方を他方で埋め合わせられると考えることは明らかに誤りであろう。人は、どんなにコーヒーを飲んで効用を得ることができるとしても、時には紅茶も味わいたいと考えるものであり、ましてコーヒーがもたらす効用とデモがもたらす効用とが互換可能であることはまずない。効用を快楽の意味に一元化することは、効用の質の多様性を否定することを決して意味しないのである。

効用は、財の消費など行為の帰結から得られる快楽であり、各行為主体の主観的な価値である。ある行為主体にとって、何をどれほど行なえば効用の水準がどこまで高まるかという対応関係を示すのが効用関数（utility function）であり、ある行為から得られる効用水準の期待値が期待効用（expected utility）と呼ばれる。各行為主体は、一組の選択肢のなかからある選択肢を採用したとき生じるすべての結果のもたらす効用を、それぞれの結果の生じる主観的な確率を重みとして加味しつつ平均した主観期待効用（subjective expected utility）の最大化を理想として選択を行なうという意味で、合理的に行為する。ただし、あらゆる行為に主観的合理性があると捉えることは、人が間違いを犯さないという意味ではない。人間は誰しも限定合理性（bounded rationality）を持つのみであり、あらゆる情報を完備することも、あらゆる情報を徹底的に吟味して最適の選択肢を判断することも、決して望めない（Simon 1997; 1983; Tversky and Kahneman 1974）[19]。したがって私たちは、自ら選好した選択肢であっても効用を得られないことがあるし、逆に予め期待した以上の効用を得たり、思いもよらない方面から欲求充足ではないかたちで効用を得たりすることがある[20]。主観期待効用は常に不完全でしかありえないのであり、しばしば利己を企図した行為が損失をもたらす結果を生む。私たち行為主体の一般的性格はいわば、「利己的な愚か者」として規定すべきであろう。

方法論的個人主義　究極的に利己的な目的意識に基づいて行為する自律的存在を主体像に据える本書は、現代の政治理論家がしばしば示すような、方法論的個人主義（methodological individualism）や合理的経済人（homo economicus）モデルへの敵視を共有しない。方法論的個人主義は、個人を拘束する社会的諸関係の存在を否定してしまうとか、均質的・抽象的な人間像に陥るなどとして批判されることがある（野崎 二〇一四、木部 二〇〇一）。だが、方法論的個人主義に立つことが社会的な関係や構造、組織、制度を考察できなくするわけではない。方法論的個人主義は、社会現象を説明する際の最も基本的な単位に個人を据えた上で、個人を超えて存在しているように思えるものであっても、さかのぼっていけば個人間の意思決定や行為が積み重なった相互作用を通じて形成されたのであり、その意味で社会は究極的に個人へと還元して説明することができると考える。だからといって方法論的個人主義は、社会的制度や構造によって個人の意思決定や行為が規定され、拘束されることを否定するわけではない。いったん確立された制度を個々人の行為から直接に説明することができないとしても、制度の発生過程は個人に還元して理解できるのである。個人が他者との関係性のなかでしか存在しえないことは確かだが、関係性は個人に先立って存在することはできない。また、社会を個人に還元できると考える方法論的個人主義を採ることと、その個人をどのような存在として捉えるかという個人像の想定は、同じではない。第3章第1節(2)で改めて述べるように、方法論的個人主義を採りながらも、多様に異なった諸関係により非自発的に規定・制約された個別的・具体的な個人像を想定することは可能である。

(3)　主体の外部？

声なき者たちへの応答　既に述べたように、道徳的・政治的な論議においては、自己意識を持つ存在だけが配慮の対象になるとは限らない。それら主体の外部に位置するように思える存在は、いわば「声なきステークホルダー（silent stakeholder）」である。声なきステークホルダーは、ステークホルダー分析では捉えがたいために、仮に利害関心を持ち政治的選好を有していたとしても、代表されにくい。こうした存在を、どのように位置づけるべきだろうか。

声なきステークホルダーとしては、意思決定の時点で存在しているが自らの意思を示すことに困難を抱える「語りえないステークホルダー（voiceless stakeholder）」と、意思決定の時点で明示的な主体として存在していない「不在のステークホルダー（absent stakeholder）」という二つの類型を想定することができる。ここでは、それぞれの性質について簡単な考察を加えた上で、採るべき対応を示すことにしたい。

語りえないステークホルダー　まず語りえないステークホルダーは、構造的に発言（voice）を為しえない者たちであり、ヒト以外の動物、植物や自然環境のほか（Goodin 1996）、物理的に声を発せられるか否かにかかわらず、自らの意思を表現・伝達する能力を持たないか、表現・伝達することを許されていない人びとを含む。第3章第1節(2)で触れるように、政治主体としての自律を追求するにあたっての能力的な阻害条件は、制度的支援によって除くことができる。だが、声を発しても聞いてもらえず、そこにいるのに「見えない」ことにされる（ゆえに選好に気づかれにくいか、選好を考慮してもらえない）人びと（invisible stakeholder）は、むしろ動植物や自然環境に近い構造的位置に追いやられていると言えるだろう。(21) こうした、しばしば「サバルタン」と呼ばれる人びとについては、その構造的位置の是正を可能にする感応的な環境をつくり出すための、個別具体的な実践を検討する必要があろう。その作業は本章の目的を逸脱するものであるため、ここでは、構造的位置が短期的には動かしがたいことを前提に、より一般的に適用可能な把握への言及のみにとどめたい。

第一に、動物の境遇への配慮や生物多様性の保護、自然環境への配慮は、共感やコミットメントとして、私たちの利害関心の一部を構成することがある。自らの利害関心として動植物や自然資源の保護を求める人びとは、語りえない動植物や自然環境の「声」を実際に傾聴した上で代弁できるわけではないが、彼らの利害関心が反映された決定によって、動植物や自然環境の仮想的な「利益」が保護されることは十分に考えられる。このような把握に徹するなら、決定過程において特段の対応は必要とされない。語りえないステークホルダーの存在は、語りうる者たちの利害関心に摂取されることを通じて、いわば自動的に考慮の対象にされていると言えるからである。だが、こうした見方は否定するべきでないものの、明らかに不十分だろう。

これに加えて重要となる考え方は、語りえない者たちは自ら代表者を選ぶことはできないが、「言説的代表（discursive representatives）」を持つことができる、というものである（Dryzek 2000: 153–154; Eckersley 2004; see also Dryzek 2010: ch. 3; 田村 二〇一八 a：七四―七六、二〇一八 b：一七―一八）。ハンナ・ピトキンによって実体的代表観として定式化されたように（Pitkin 1967; 本書第5章第1節(1)も参照）、現われていないものを現わす代表という営為においては、代表する側と代表される側とのあいだに明示的なコミュニケーションが存在しない場合でも、代表する側が代表される側の「利益」に貢献する働きをするとの考えに決して根拠がないわけではない。実体的代表観においては、たとえ非人間や無生物であっても、代表される可能性があると考えられる。代表することや代表を選ぶことはできない存在でも、代表されることにおいては、平等な地位を持ちうるとされるのである。

ジョン・ドライゼクはこの考え方に従い、「現実に、または文字通りに存在しないものを、それにもかかわらず何らかの意味で存在させるようにすること」というピトキンによる代表概念の規定に触れた上で（Pitkin 1967: 8–9＝2017: 11）、このように代表されうる地位は、人間にも非人間にも平等に認められるとする。もとより人間のなかにも、幼い者や精神的な病を抱える者、知的な障碍を抱える者など、自らを代表して物語ることが困難な人びとは存在しているが、彼らは等しく代表されるに値しないと考える論者はほとんどいない。したがって、発話する能力を持たない非人間・自然環境とのあいだにも、「代表されうる地位における平等」は見出せると主張するのである（Dryzek 2000: 153–154; see also Goodin 1996; Saward 2006; Eckersley 2004）[22]。

このような理解に基づけば、語りえないステークホルダーはそれ自体として独立した考慮の対象となる。語りえないステークホルダーの代表に多大な困難や著しい恣意性が伴いやすいことは明らかだが、代表関係が常に不十分性を伴う点は、明示的なコミュニケーションが可能な者同士においても変わらない。したがって、語りえないステークホルダーに代表される可能性を認め、何らかのかたちで代表された「声」を決定過程において考慮することは、妥当性を持ちうるだろう。

不在のステークホルダー　次に不在のステークホルダーへの応答は、複数世代にわたる決定の正統化（不）可能性や世代間衡平の問題にかかわっている。一方では、「過ぎ去ったステークホルダー（gone stakeholder）」である過去世代があり、他方では、未だ成育途上のために政治的意思能力が未発達にとどまっているか、未だ社会的・物理的に存在が認められていない未来世代という、「来るべきステークホルダー（coming stakeholder）」がある。このうち未来世代は、課題・争点に対する影響力行使や選好顕示こそ為しえないが、その将来的な誕生・成育による利害関係の獲得を容易に想定しうるため、ステークホルダーとしての顕著性が認められる。しかし分析時点では自ら意思表示を行なえないため、その利害関係をどのように想定しうるのか、想定しうる利害関係に対してどのような配慮を行なうことが適切であるかについて、判断に困難が伴う。民主政治においては主に現在世代の利害関心を考慮することで集合的意思決定を行なうため、公的債務の膨張に明らかな例が見られるように、未来世代が相対的劣位に置かれ、現在世代にとって受忍しがたい不利益が未来世代へと転嫁される場合が少なくない。また、現在世代の内部においても、老年世代よりも壮年世代、若年世代の方が相対的劣位に置かれやすい。

もし未来世代に対する責任の重要性については総論的な合意が得られたとしても、個別具体的な政策レベルで何が責任を果たすことになるのかは、解釈の余地が大きい。たとえば高レベル放射性廃棄物の処理をめぐっては、原子力利用の受益者である現在世代のうちに最終処分を実行に移すことと、回収可能性を残すことで未来世代による決定を可能にすることのどちらが望ましいか、争いがある（Johnson 2008: 35–36=2011: 75–77）。放射性廃棄物の回収可能性において目指されているような、未来世代による決定可能性の確保が望ましいとしても、その立場の多義性はなお大きい。残すべき決定可能な余地の程度や範囲は、どのようにして判断できるのだろうか。非決定もまた未来を規定する一つの決定である以上、現在世代が何も決定しないことはできず、さらには連続する世代のなかで「最終的決定」が許される特権的な世代が存在するわけでもないとすれば、決定が全面的な可逆性を有することはありえない。

そもそも未来世代が代表を持てないのは、放射性廃棄物処理の問題に限った特質ではなく、多かれ少なかれ政策決定には避けられない性質である。放射性廃棄物の処理は数十万年にわたって影響が波及しうる政策課題であることから、極端に長い時間的視野を必要とするが、年金や公債など複数世代間の公平性が焦点となる政策課題は少なくないし、将来に対する不確実な影響自体は政策決定一般に伴うものである。どのような政策決定においても未来世代は代表を送り込めず、どの世代においても過去世代による規定性からは逃れられないとすれば、現在世代のうちに何ができるかを考えるべきであろう。

環境保護政策においては、拡大生産者責任（extended producer responsibility）の応用としての、世代継承責任が提案されている（長谷部 二〇一二）。拡大生産者責任の考え方では、製品のサイクル全体がもたらす汚染を最小化するために、リサイクル責任を生産者に課し、製造能力・情報を持つ者が責任を負うとする。同じように、行動を制御する能力のある現在世代に、世代継承責任として、将来にわたる環境影響の負担を求める可能性が考えられる。現在世代が負う世代間責任を応能負担の一種と捉えられるとすれば、その負担実現のために取りうる具体的措置はさまざまに存在する。

第一に、分析および決定過程における情報の記録・保管による透明性・応答性の確保である。数十万年の単位では情報の伝達可能性が大いに脅かされざるをえないとしても、現在世代による決定の経緯を事後的に検証するための材料を最大限残しておく努力は可能である（第5章第3節(1)も参照）。そのためには、多様な形態の公文書等をできる限り包括的に集成させ、長期間にわたって保存させることを可能にする制度・環境の構築と、アーカイブズの適切な管理および公開を担うアーキビストの養成が必要とされる（久保・瀬畑 二〇一四）。

第二に、言説的な代表者の設置による代表性の補完である。分析時点から想定する利害関係に基づかせる点で限界はあるとしても、未来世代の立場を仮想的に体現し、現在世代に対して弁護する役割を設けることはできる。合意形成の参加者に仮想の未来世代を組み入れることで議論内容に小さくない変化が生じることは既に知られており、政策過程に未来世代の弁護者・代表者を制度化する可能性も提起されている（西條編 二〇一五）。未来世代の具体的な利害関心は知りえないとしても、現在世代と共通する一般的利益を確保するために必要な施策を考えることはできる（第3章第3節参照）。ただし、その措置が妥当であったかどうかは未来世代に委ねられる判断であり、その判断自体に過去世代が介入することはできない[23]。

第2節 ステークホルダーとは誰か――分析の方法

(1) 既存手法の批判的検討

分析の目的と段階 本節では、ステークホルダー分析の具体的な手法について検討を行ない、適用分野を問わずに依拠可能な一般的理論枠組みの提示を目指す。政治的決定過程にステークホルダーを包摂しようとする立場に対しては、決定に伴う不確実な影響範囲にある主体をすべて包摂しようとすれば、膨大な費用が必要となり、決定は不可能になるという批判が寄せられうる。だが、ステークホルダー・デモクラシーが主張するのはデモスの適正な範囲への再編成であり、過小包摂のみならず過大包摂も望ましくない以上、包摂範囲を限定する必要は、もとよ

表 2–1　意思決定過程の 6 段階 PASCAL

1	利用可能な選択肢と，それらの短期的・長期的含意についての認知（Perception）または事実の収集
2	これらの含意について，決定に影響される関係者と，意思決定者の目標，目的，価値，責任などへの特別の配慮に基づきながら行なわれる**分析（Analysis）**
3	これら構造化された情報について，何であれ，意思決定者の観点において確立されている基本的な優先順位に従った**総合（Synthesis）**
4	総合に基づき，利用可能な選択肢のなかから行なわれる選択（Choice）
5	特定の個人または集団に対する一連の具体的要求，資源の配分，動機づけ，統御，フィードバックなどを通じて為される，選ばれた選択肢の実行（Action）ないし履行
6	上述の段階によって採られた方法の（将来の決定に向けた）補強ないし修正をもたらすべく行なわれる，決定の帰結からの学習（Learning）

出所：Goodpaster（1991: 56）に基づき作成。

り議論の前提である。検討すべきは、誰が対話や協働を行なうべきステークホルダーであり、そう判断すべき根拠は何であるのか、明瞭な回答を導くために用いるべきステークホルダー分析の手続きである。ステークホルダー分析に関する研究は、企業経営にはじまり、公共経営、都市計画、地域医療、経済開発、天然資源管理など、多岐にわたる分野で積み重ねられているが（Mitchell et al. 1997; Brugha and Varvasovszky 2000; Cenek and Částerk 2015）、上記の必要に応える共通の理論枠組みは、未だ確立されているとは言えない。

ステークホルダー分析とは一般に、「システムのなかで鍵となる主体やステークホルダーを同定し、システム内部での彼らの個別の利害関心を評価することによって、システムについて理解するためのアプローチおよび手続き」を意味する（Grimble and Chan 1995: 114）。ここでは、既存手法に伴う問題点を検討するに先立ち、企業経営における意思決定過程を段階的に整理した「PASCAL」図式から（Goodpaster 1991）、ステークホルダー分析過程において何が行なわれているのかを理論的に分節化しておこう。

PASCALにおける狭義の「分析（analysis）」は、表2–1に示したように、利用可能な選択肢によって影響を受けると捉えられる関係者を同定し、各ステークホルダーに対する肯定的・否定的影響を究明する作業を指す。これは意思決定者が重視する道徳的価値を適用する以前の段階であり、したがって、道徳的に中立（morally neutral）とされる。これに対して「総合（synthesis）」は実際の意思決定とその遂行を含んでおり、ステークホルダーの同定（identification）から実際的な対応や決議に移行している。可能なすべてのステークホルダーに優先順位が付けられ、主要なステークホルダーとして扱うべき行為主体が選択される。総合段階で行なわれるのは、同定されたステークホルダーから重要なステークホルダーや十分に配慮すべきステークホルダーを定義・限定し、明確化していくこと（definition）である。こうした分節化に基づくと、広義の分析過程は、事実収集段階の「認知（perception）」に始まり、価値中立的なステークホルダー同定としての狭義の「分析」――広義の「分析」との混同を避けるため、以下では「同定」と呼ぶ――と、最終的に主要なステークホルダーを確定する「総合」の一部を含むことになる。

意思決定過程へのステークホルダーの包摂が決定の有効性と手続的正統性の向上に結びつくと考えられていることから、[24]分析の目的は、「決定を下すときに誰の利害関心が考慮に入れられるべきなのかを指示すること」に求められる（Crosby 1991: 1; see also Grimble 1998）。したがって、あらゆる（可能的な）ステークホルダーが、最終的に（主要な）ステークホルダーとして認められるわけではなく（Goodpaster 1991）、分析は、決定過程に包摂すべき主体を提示する規範的評価を一つのゴールとして進められることになる。分析によって異なるステークホルダーの利害関係を評価することは、政策・事業についての協力や妥協の可能性を探るものであると同時に、政策・事業が及ぼすと予測される帰結と突き合わせながら、異なる目的および手段のあいだでの優先順位を問うものである。ステークホルダー総合は、誰を決定過程に包摂することが決定の有効性・手続的正統性の確保に資するかという観点から行なわれる。

分析過程における問題点　では、実際の分析過程はどのような手続きを踏んで進められているのだろうか。公共政策分野での合意形成（consensus building）に広く用いられている紛争評価（conflict assessment）の手法では、まず所与の情報や認識、ないしは文献調査などに基づき、主要なステークホルダーが暫定的に選定される。この段階で把握されたステークホルダーの範囲を、「第一の輪」と呼ぶ。続いて、彼らへの聞き取り調査に基づき、さらに聞き取りを行なうべき対象を発見すること――「第二の輪」――や、分析作業の周知により自ら意見を聞いてもらおうとする人の動きを促すこと――「第三の輪」――を通じて、利害関係の分布が把握される。その結果、各々の主体が当該争点のどの側面にどのような利害関係をどの程度持っているのかが整理・分類され、ステークホルダーが特定される（Susskind and Crukshank 2006; Susskind and Thomas-Larme 1999）。

ここでは、文献調査などによって既存の情報を整理する「第一の輪」をステークホルダーの「一次同定」、可能的ステークホルダーへの接触により情報を追加収集・修正して再整理する「第二の輪」「第三の輪」の過程を、ステークホルダーの「二次同定」と呼び替えることにする。分析の端緒となる一次同定においては、①分析対象となる課題・争点、②接触対象となる主要なステークホルダー・カテゴリ[25]、③ステークホルダー同定の基準となる利害関係概念が、必然的に、分析に先立って規定されることになる。たとえば、日本で実施されたエネルギー・環境技術の導入に関する分析では、問題となる「技術」（①）を文献調査から分類し、技術への「関与」（③）に基づいて、企業、政府、消費者などいくつかのステークホルダー・カテゴリ（②）を抽出した上で、聞き取り調査によって、技術導入を左右する環境要因を特定している（松浦ほか 二〇〇八）[26]。

このような手続きは、それ自体として妥当性を欠いているわけではない。ある課題・争点に対するステークホルダーには、リスクの現実化によって影響を被りうる対象としての主体と、課題・争点に対して何らかの影響を及ぼしうるリスクそのものとしての主体が、同時に含まれる。そのいずれもが将来の可能性に基づいて認知されることから、ステークホルダー概念に内在する不確定性を消去することは不可能である（第1章第2節(2)参照）。したがって、ステークホルダーの同定は本来的に暫定的な把握とならざるをえない[27]。

ステークホルダー概念のこうした不確定性を補うため、分析者は一次同定までの分析を依拠させる一定のカテゴ

図 2-1　既存手法によるステークホルダー分析の過程

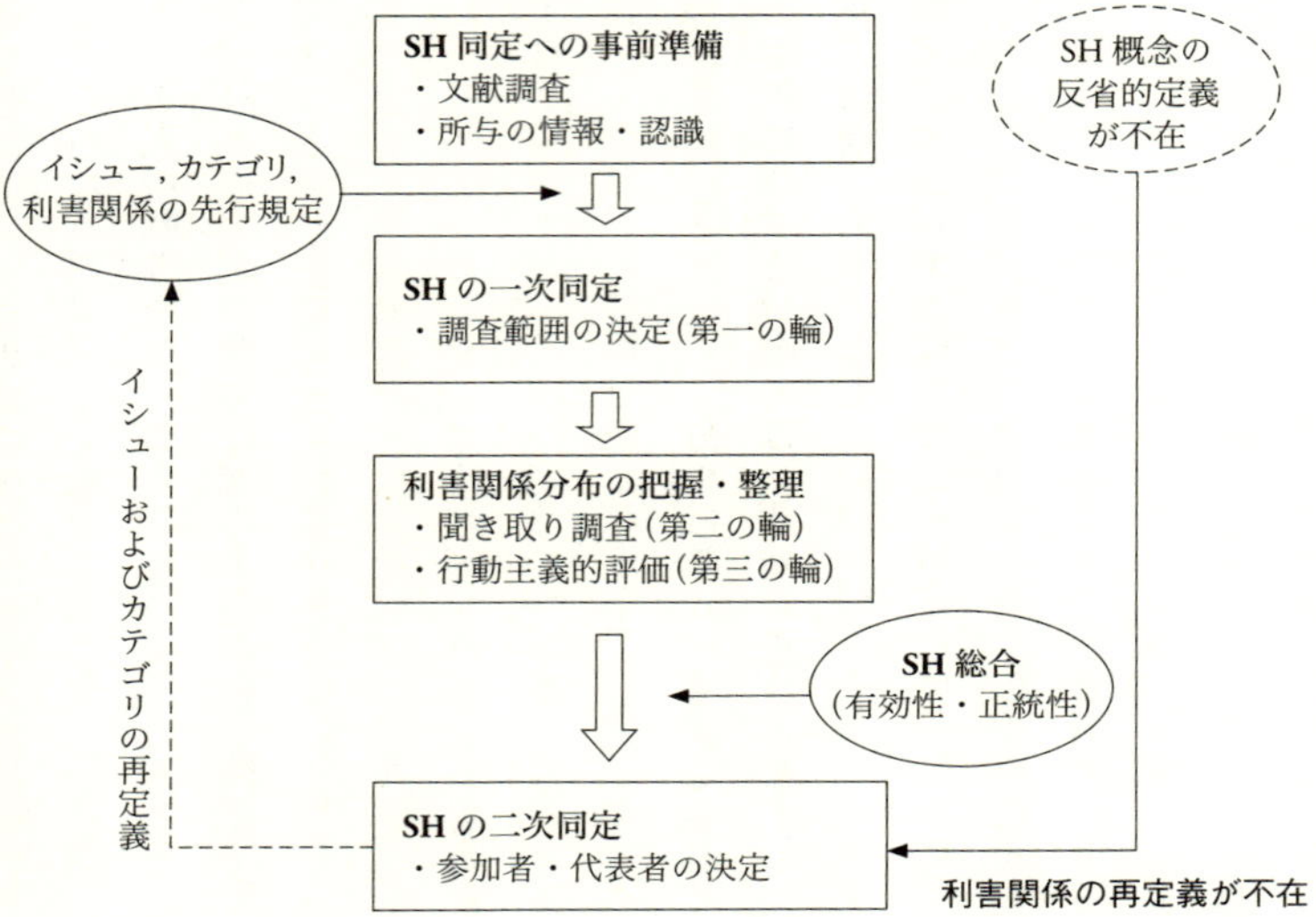

りを、先行的に設定することになる。実際の分析過程を通じて利害関係の分布が捉え直され、問題状況の構造化によって、当初前提としていたカテゴリが再定義＝明確化されるフィードバックが働くなら、ステークホルダー同定の暫定的性格は補完できる。所与のカテゴリ認識の暫定的な使用を方法的に正当化できるのは、この分析上の用具に基づく分析過程の進行自体が、用具の精度を高めると了解されうるからである。既存手法のステークホルダー分析過程が持ちうる妥当性は、このような再定義による事後的正当化の可能性を条件とする。前述の分析においても、①争点（技術）と②ステークホルダー・カテゴリ（企業、政府、消費者など）は一連の過程を通じて再定義＝限定を与えられ、最終的にある程度まで明確化されている。だが、②を導く③利害関係概念、すなわち技術への「関与」が何を意味していたのかは、分析終了段階においても明らかにされていない。既存手法の問題点は、この点に現われていると見るべきである（図2-1）。

ステークホルダーの認識枠組みにおいては本来、ステークホルダーの把握根拠となる利害関係とは何を意味するのかが、真っ先に問われるべきである。しかしながら、フリーマン以来の「影響」や、既存の分析手法で用いられる「関心」「関係」「関与」などは、日常的な語意に依拠した表現でしかなく、その意味内容が十分明確化されているとは言えない（Freeman 1984; Susskind and Cruikshank 2006; 松浦ほか 二〇〇八）。ステークホルダーを分析的に捉えるためには、反省的な定義を経た概念が必要とされる。[28] 反省的定義を経ずに用いられる「関心」「関係」「関与」の認識は、ステークホルダーを条件づける利害関係の先行規定に基づいているはずであるが、分析者が依拠した先行規定は分析過程を通じた再定義を十分に経ることもなく、不分明なままにされていることが多い（たとえば馬場ほか 二〇一五、馬場・松浦 二〇一六を参照）。分析開始段階においてステークホルダー・カテゴリを抽出する際の理論枠組みが不在であり、ステークホルダーの概念的意味内容が予め明確になっていない結果、次に示すような問題が生じる。

第一に、分析者の主観によるバイアスがもたらされやすい。文献調査に基づいて暫定的なステークホルダー（カテゴリ）を抽出する場合にも、抽出の理由となる「関心」「関係」「関与」についての理論枠組みが未発達であれば、分析の精度は実施者ごとにバラつきの多いものとなってしまいかねない。アドホックな把握を避け、分析者ごとの情報・知識・認識の差異にかかわらず、分析に一定の安定性と信頼性を確保するためには、ステークホルダーを一次同定する際に利用可能な理論枠組みが必要とされる。

第二に、「声の大きいステークホルダー」が過度に重視される一方、影響力に乏しいステークホルダーは包摂への優先順位が低くなる危険性がある。分析者は通常、何らかの政策形成者（ないしその関係機関）からの委託を受けて分析を行なうため、暫定的なステークホルダー・カテゴリを抽出・選定するにあたっては、決定の有効性を左右する影響力の大きさへの想定に依存しやすい。聞き取り調査に基づく「芋づる式サンプリング」が行なわれる場合（馬場ほか 二〇一五、馬場・松浦 二〇一六）、初期に聞き取りの対象とする範囲に偏りがあれば、新たに抽出されるステークホルダーの拡がりも限定されてしまう。決定の有効性のみならず手続的正統性にも適正な配慮が払われるよう、分析過程を規律する一定の規準が共有されなければならない。

第三に、組織化されているゆえに目につきやすいステークホルダー・カテゴリを前提とした把握に陥りがちとなり、所与のカテゴリには収まらない潜在的なステークホルダーを見逃がしやすくなる。たとえば、政策分野ごとの国際NGOが国境を越えた機能的デモスを代表しうると論じるマクドナルドは、事実上、現に存在するNGOの活動内容に人びとの利害関係が反映されると想定しているが（Macdonald 2008a）、そのような特定の事業主体を介した把握に頼ることは、前述した声なきステークホルダーなどが有する、争点化されにくい利害関係を切り捨てることにつながり、政治的排除を不可視化してしまう。

以下では、これらの問題点を克服し、分析の精度を高めるための認識枠組みを検討したい。既存手法におけるステークホルダーの把握は、聞き取りを通じた主観的評価と、情報開示を通じてステークホルダーの自発的な接近を促すような行動主義的評価によって行なわれている。そこで、ステークホルダー概念の反省的定義を通じて、一次同定が前提とするステークホルダー概念についての認識を理論的に整序することができれば、主観的・行動主義的評価を補完するような客観的評価に基づく把握を可能にする枠組みが得られることになる。むろん理論的な枠組みが整備されたとしても、先行的に想定される利害関係によるステークホルダーの同定が不確定性を含み、暫定的なものであることは変わらない。だが、その認識枠組みは、聞き取りなどを行なうべきステークホルダー・カテゴリを選定する一次同定のみならず、調査結果を整理しつつステークホルダーを特定していく二次同定においても利用できるため、分析過程を通じて、争点についての利害関係の再定義を可能にするだろう。

認識枠組みにおける問題点　ステークホルダーをカテゴリによって把握することには、異なる集団間での重なり合いを考慮しにくくなり、各集団の内部の不均質性や、利害関係の複数性を無視してしまうなどの問題点も指摘されている（Grimble and Chan 1995; Currie et al. 2009）。こうした問題への一つの対応策としては、細かな差異に基づきカテゴリを分割していく選択が考えられる。細分化に唯一妥当な基準はないため、これを徹底しようとするなら、各個人が異なるステークホルダーであると結論するに至るだろう。だが、個々の意思決定に投下できる資源が限られている以上、際限のない細分化は避けるべきである。

そこで、利害関係概念をいくつかの下位概念に分節化し、それらに反省的な定義を付与して利害関係が意味する内容を明確化した上で、各下位概念による指示可能性に基づいて利害関係の存在を把握するような方法が重要になる。複数の下位概念が指示する異なる利害関係の要素を掛け合わせながらステークホルダーを分類・明確化できる枠組みは、カテゴリに依存しないステークホルダーの捕捉を可能にする（水村 二〇〇四）。カテゴリ内部の多様性は聞き取りに先行して把握しやすくなり、一次同定において調査対象とすべきセクターやカテゴリを選ぶ際にも、その理由づけを利害関係の要素から明確に説明できるようになるだろう。

利害関係要素に基づく分析手法としては、企業経営分野から生まれた「ＰＬＵフレームワーク」が広く知られている（Mitchell et al. 1997）。これは、潜在的なステークホルダーのなかからその存在が相対的に明確なものを特定するため、利害関係概念の三つの中核的要素の重なりからステークホルダーの類型化を図るものである（図２-２）。各要素は以下のように定義される。また、各類型は、表２-２に示すような性格づけがなされる。

・権力（power）：強制力などの物理的資源や物質的・経済的資源、または信望、尊敬、愛、承認などの象徴的資源に基づき、さもなければ相手が為さなかったであろうことを為さしめること
・正当性（legitimacy）[29]：規範や価値、信念といった何らかの社会的に構築されたシステム内部で、望ましく、妥当で、適切だとされる主体の振る舞いについての一般的な認識または想定
・緊急性（urgency）：即時の配慮を求めるステークホルダーの請求の程度であり、請求や関係への配慮における管理上の遅れが受け入れられない程度（時間への敏感さ）と、請求や関係の重要性（決定性）の二つに基礎づけられる

図 2-2　PLUフレームワーク

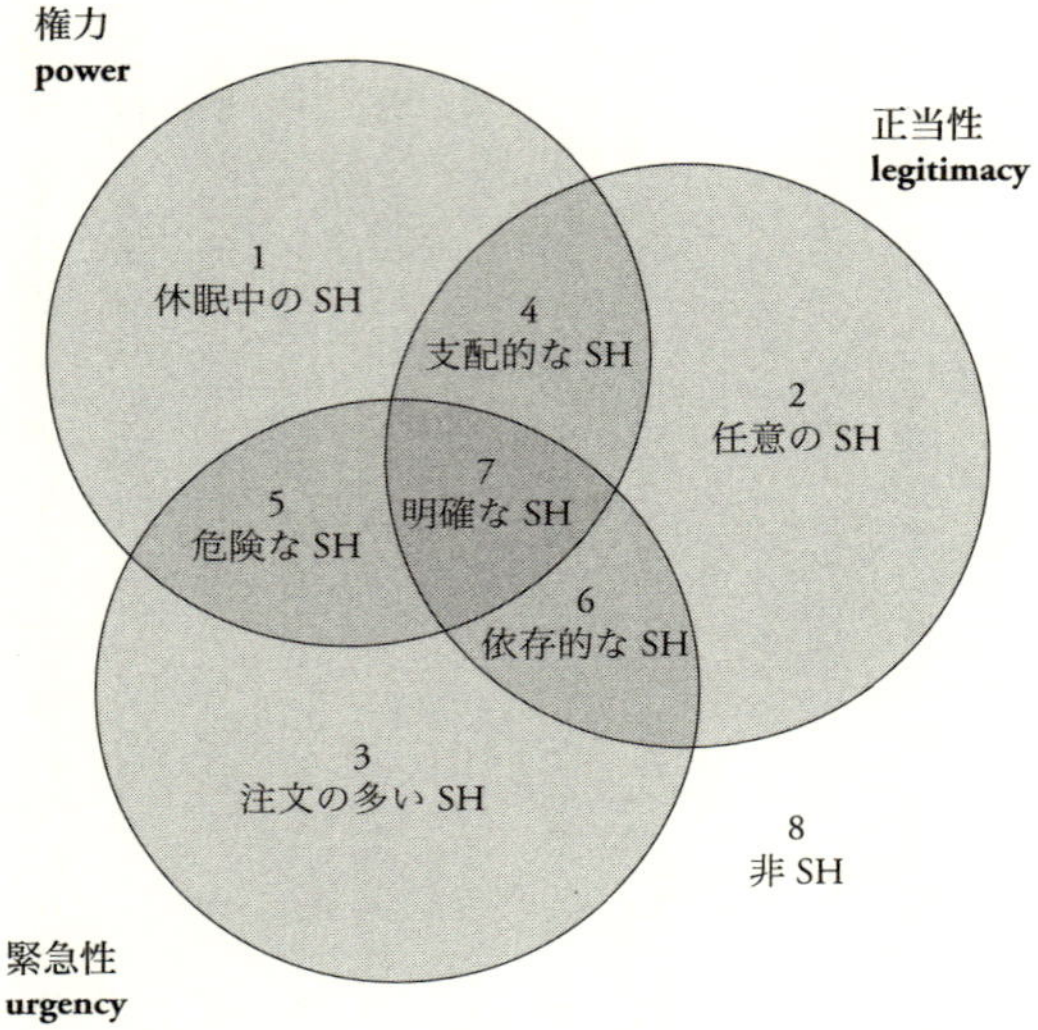

出所：Mitchell et al.（1997: 874）に基づき作成。

ただし、PLUフレームワークが用いる三つの要素が妥当であるかについては、議論の余地がある。PLUフレームワークでは権力と正当性の区別が強調されるが、正当性の定義は契約、法的権利、道徳的権利などの存在を前提としており、こうした規範的に保護される地位が、権力の前提となる諸資源とどこまで区別可能なのかは明らかでない(30)。他方で、緊急性の基礎に挙げられている請求や関係の重要性は何によって判断され、正当性とどのように区別されるのかも確かとは言えない。ステークホルダーを把握するために必要なのは、こうした正当性や緊急性・重要性を評価する指標にもなりうる利害関係要素の概念化であり、正当性や緊急性そのものではない。正当性の基礎となる諸権利などが保有されるにとどまり、特定の請求と結びつかないのならば、それは権力要素に含めて考えるべきであり、特定の請求を伴って現われるのならば、緊急性の前提となる請求とともに、それらの背景にある「利害関心（interest）」を利害関係の要素として捉えるのが適切であろう。

実際に、権力と利害関心の両面からステークホルダーを捉えようとする手法は、数多くある。PLUフレーム

表 2-2　ステークホルダーの分類

	権力	正当性	緊急性	ステークホルダーの性格
1 休眠中の（dormant）	○	×	×	企業に自らの意思を強いる力を持っているが，正当な関係や喫緊の要求を持たない
2 任意の（discretionary）	×	○	×	企業に対して正当性を持つけれども権力や差し迫った要求があるわけではない
3 注文の多い（demanding）	×	×	○	切迫した要求だけを持ち，企業にとって厄介だが危険性はない，「耳障りな蚊」
4 支配的な（dominant）	○	○	×	権力と正当性を備えているため，その影響は保証されている
5 危険な（dangerous）	○	×	○	正当性を欠くけれども，差し迫った要求と権力を持つため，威圧的に振る舞いうる
6 依存的な（dependent）	×	○	○	正当かつ緊急の要求の実現を他者に頼るしかない
7 明確な（definitive）	○	○	○	明らかに企業が活発な関係を取り結ぶべき相手
8 ステークホルダーでない（non-）	×	×	×	企業にとって無視してよい存在

出所：Mitchell et al.（1997）に基づき作成。

ワークは、複数の利害関係要素の有無から包摂すべきステークホルダーを焦点化するが、各要素の強弱は考慮されない。他方、権力と利害関心の二要素からステークホルダーを分類・明確化しようとするアプローチでは、利害関係の強度（intensity）を連続的に捉えることが可能になる（Bryson 2004; Grimble and Wellard 1997; Eden and Ackerman 1998; Johnson and Scholes 2002）。その一例が、図2-3に示す「権力／利害グリッド」である。

さらに、権力と利害関心だけには還元できないような要素も考えられるとすれば、第三の要素として「関係性（connection）」を設定できる。そこで本書では、当該の課題・争点に対して次のような利害関係（stakes）の要素を有していると見なされるときに、人びとをステークホルダーとして把握しうると考える。次項では、これらの下位概念の妥当性を順に論じていくことにしたい。

・権力（power）：主体ないし構造が、別の主体ないし事象に対して何らかの影響を及ぼす能力／

図 2–3　権力／利害グリッド

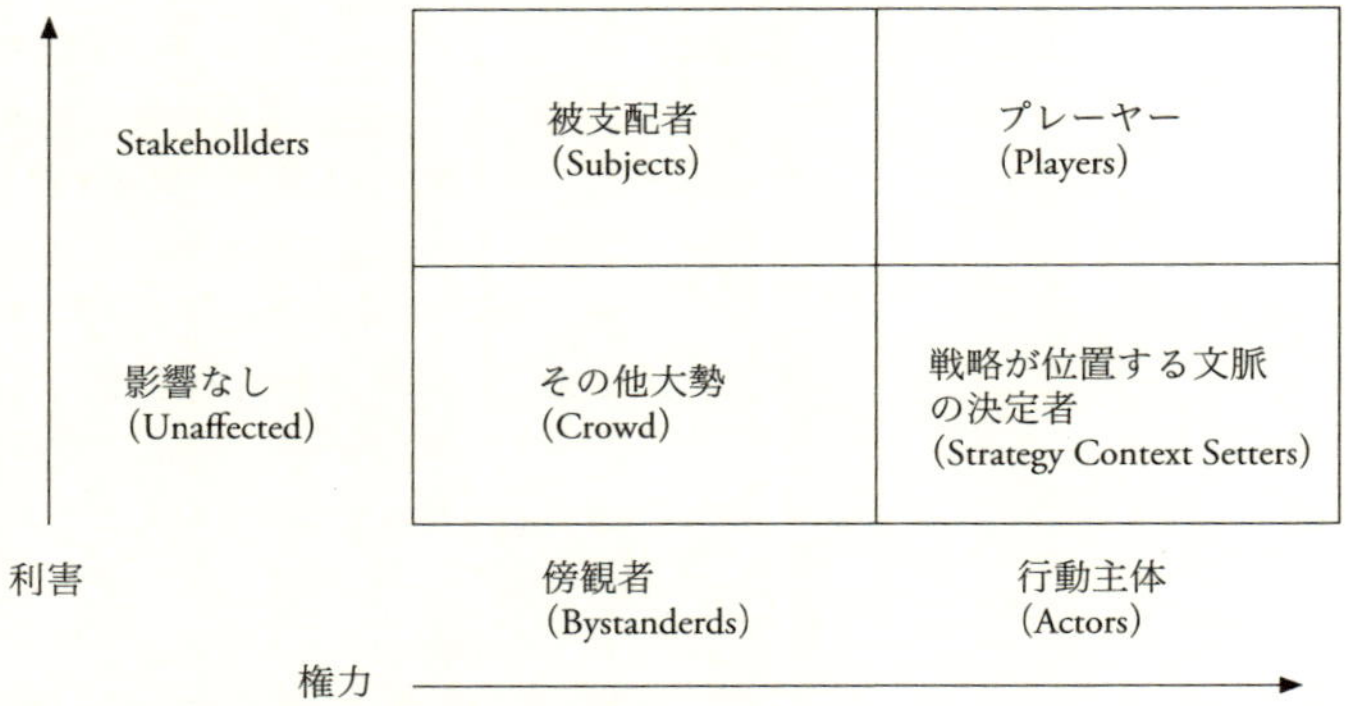

出所：Eden and Ackerman（1998: 122）に基づき作成。

可能性

・利害関心（interest）：主体が自らにとっての利益ないし不利益を変動させうる要因に対して向ける意識

・関係性（connection）：主体が別の主体ないし事象に対して有する何らかの客観的な結びつきのうちで、利害や権力に還元されないもの

(2) 利害関係概念の再構成——政治の賭け金

権力　マクドナルドはステークホルダーを決定の被影響性によって定義づけるが、これまでの主要なステークホルダー理論やステークホルダー分析の枠組みにおいては、当該決定の影響を受けうる者、すなわち当該決定に利害関心を持つ者だけでなく、当該決定に影響を及ぼしうる者、その意味で権力を持つ者をも決定過程に包摂することが求められてきた。すなわちステークホルダー概念は利害関心と権力の両面から捉えられてきたのであり、厳密に言えば、決定の影響を受けうる者のみを決定過程に包摂しようとする被影響利害原理とのあいだには重要なズレが存在する。決定の影響を受ける蓋然性（probability）によってデモスに包摂すべき範囲を決定することを求める被影響利害原理では、決定権力が構成されるべき対象としてしか捉えられておら

ず、既に存在する決定権力が視野外に置かれてしまう。だが、デモクラシーは社会構成原理として既成の権力を規律するものであるから、これを被影響性に応じて営んでいくにあたっては、影響を受ける者だけでなく影響を及ぼす者を交えて決定権力の規律に取り組んでいかなければならない。ステークホルダー概念が影響を受ける者と影響を与える者の双方を含み込んでいるのは、この点で妥当である。

権力をめぐる膨大な議論の整理は他に譲ることとして（杉田 二〇一五b、盛山 二〇〇〇、川崎 二〇一二）、ここではいくつかの有力な立場を踏まえ、本書にとって適切な意味範囲を簡潔に画定したい。本書では権力の概念を、主体ないし構造が、別の主体ないし事象に対して何らかの影響を及ぼす能力／可能性、と定義する。この定義は、ある主体が他者の抵抗を排して自らの意思を貫徹するために用いる手段こそが権力であるとの古典的理解と（ヴェーバー 一九七二：八六、Dahl 1957: 202–203）、次の三つの点で異なる。第一に、権力が明確な意図や選好を有する主体間で行使されることを前提とせず、権力は無意識的にも行使されうると捉えている。第二に、権力は個人や集団など特定の主体によって行使されるだけでなく、社会的・物理的な構造を通じて非人格的にも作用しうると捉えている。第三に、権力の存在は、単に客観的な作用の観測によってのみならず、その影響を経験する主体の主観を通じても把握されうると捉えている。なお、権力の行使や作用が、権力の影響を及ぼされる側の利益に資する可能性は否定されない。

権力の作用可能性は、権力媒体への接触可能性（accessibility）によって蓋然的に把握される。権力媒体は、権力行使の手段となる権力資源および権力作用の条件となる権力構造を含む（高畠 二〇〇九も参照）。したがって権力は、さまざまな形態をとりうる権力資源および権力構造の分布の調査や、主観的認識の表明などを通じて把握できるだろう。

利害関心　しばしば政治理論家は、私的な利害関心を経済的・物質的な意味へと狭めて理解した上で、そうした限定的な利害関心には「還元しえないもの」を語ることに情熱を燃やす。だが、近代以前における interest の概念は、精神的・非物質的な意味を含む人間の関心や願望の全体を指していたのであり（Hirschman 1997）、現代でも利益集団論など経験的研究においては、公益（public interest）やイデオロギーへの関心を含む多種多様な利害関心が想定されている（辻中 一九八八：一五）。[31] したがって本書では、利害関心の意味内容を予め特定の性格に切り縮める立場を退け、この概念によって幅広い内容を意味して用いる。

すなわち本書では、利害関心の概念を、主体が自らにとっての利益ないし不利益を変動させうる要因に対して向ける意識、と定義する。利害関心は、私たちが享受する実際の利益とは区別されなければならない。利害関心という言葉で一般に意味されているのは、既存の利益・不利益そのものよりも、その布置状況が変動する可能性に向けられた意識の方だからである。利害関心と利益を区別しない場合、利害関心の概念は、ある一時点における固定した利益・不利益の布置状況をしか記述できなくなってしまうだろう。[32] 前節で述べたように、利益は効用から説明を与えられるため、利害関心の意味内容は期待効用に近づく。

では人びとの多様な利害関心を把握するためには、どうしたらよいだろうか。個々の主体が有する能力や特徴、置かれている社会的諸関係は多様である。他方で、少なくともヒト種に主体の範囲を絞って考える限り、多様な主体間にはかなりの程度の一致する性質が認められ、必要とされる条件の共通性は大きい。[33] そこで利害関心の把握は、主観的認識の表明と客観的測定の併用によって行なえる。

効用は主観的な性格を持つため、何から効用を得るかは主体ごとに異なっており、同じ財を消費したとしても、得られる効用の大きさは異なる。利害関心が利益および不利益の変動可能性、つまり効用および不効用の変動可能性に従って現われるとすると、利害関心の分布状況を厳密に記述するためには、各主体が何によってどの程度の効用を得るかについての完全な情報を入手していなくてはならないことになる。それはあまりに非効率的であるために追求すべき目標ではない。そこで、利害関心の分布を効率的に記述するために、一般的な利益の存在を示す客観的指標として、「機能（functioning）」および「ケイパビリティ（capability）」の概念を用いることが考えられる。ある主体が「行ないうること、なりうること」を意味する機能は、その達成を通じて各主体が実際に得ている効用とは無関係に、各主体の状態について比較可能な客観的な指標を提供できる（Sen 1985: 10=1988: 22; 後藤 二〇〇二：四五—四六）。機能の達成が主体に効用すなわち利益をもたらすとするなら、ある主体が「達成できる機能（状態と行為）のさまざまな組み合わせ」（Sen 1992: 40=1999: 59–60）を意味するケイパビリティは、主体が自らの利益に供することが可能な範囲を意味することになる。ケイパビリティはあくまでも主体の「自由」であるから、その拡大がそのまま結果としての利益の増大を意味するわけではないが[34]、利益を生む能力としてのケイパビリティの変動可能性が利益の変動可能性と強く結びついていることは明らかである。したがって、利益の変動可能性に付随する利害関心の存在は、ケイパビリティまたは機能といった概念を用いることで、かなりの程度まで説明を与えることができる。

機能が利益をもたらしうる以上、一般的な機能のリストを用いることで、一般的な利益についての記述がひとまず可能になる。ここでの「一般的な利益」とは、それが有する何らかの価値について当該社会における広範な合意が成立している行為や状態から得られると想定される利益のことである。これを便宜的に「客観的利益」と呼ぶとして、社会的な合意が何らかのかたちで多数の主体による主観的評価を収斂したものに基づくと仮定するなら、客観的利益を生むと想定される機能が達成されるときに利益が生じやすく、その機能の達成を可能にするケイパビリティが変動するときに利害関心が生じやすいと推論することは、妥当であろう。

客観的利益にはいくつかの分類を設けることが可能である。客観的利益をもたらす機能のリストを作成する際、機能は「重要なものと些細で無視できるものとに分け」られるが、どの機能を重要であると見なすべきかは自明ではないため、「適切な機能や重要なケイパビリティとしてどのような機能を取り上げるべきか、という問題が常に存在している」（Sen 1992: 44=1999: 64）。最終的には、社会的合意や政治的決定によって機能の序列が決められるが、この時、その達成が正当である（その未達成は不当である）と社会的に認められた機能を達成するためのケイパビリティは、「必要（need）」と見なされることになる。「社会的に認められたもの」（三浦 一九八五：五九）としての必要が具体的に何を指すかは、歴史や文化、政治体制や経済状況などの諸条件において差異を有する社会単位で定まるのであり、最終的には「政治的に決定されるしかない」（山森 一九九八：六〇、see also Doyal and Gough 1991）(35)。ただし、機能またはケイパビリティという基準そのものは絶対的な指標であるから、「ある社会構成員の「必要」は、各々の社会的文脈で定められた参照基準に対する」、諸個人のケイパビリティの「絶対的な不足として定義される」ことになる（後藤 二〇〇二：五二）。

必要は、最低限の衣食住や身体的自由、治安、医療へのアクセスや公衆衛生など、物理的な生存の可能性を左右するような基底的な水準における「一次的必要」と、経済的安定や教育機会、政治的・経済的・社会的活動にかかわる基本的諸自由、親密圏における承認など、社会的・文化的な生活の可能性を左右するような基本的な水準における「二次的必要」に分けることができる。客観的利益には、一次的必要に対応する機能がもたらす利益、二次的必要に対応する機能がもたらす利益のほかに、必要とまでは見なされない発展的な機能がもたらす利益を含めることができる。発展的機能とは、たとえば大食や美食、高価な服飾、嗜好品の頻繁な消費など、当該社会において、その達成は生存や生活の基本的な部分にまでは左右しないが、生活をより楽しむことを可能にすると考えられている機能である。ここでは必要に含まれるべき機能のリストを網羅的に示すことはできないが、機能概念とケイパビリティ概念を用いれば、当該社会における客観的利益のリストを作成することは不可能ではない。このリストを用いることで、私たちは各主体が何に対して利害関心を抱くのかについて、蓋然的な基準を得ることができる(36)。また、一次的必要、二次的必要、発展的機能を分けることで、各主体が蓋然的に抱く利害関心の程度についても、一定の範囲内で分析が可能になるだろう。

ただし、利害関心はあくまでも主観的な評価に基づくものであるのに対し、機能およびケイパビリティによって説明可能な利害関心の客観的分析は、あくまでも社会的に合意された価値評価に基づくため、それがそのまま各主体の利害関心に重なるわけではない。したがって各主体が持つ厳密な意味での利害関心に接近するためには、機能およびケイパビリティを用いたアプローチでは洩れざるをえない主観的な利益評価を、何らかの方法ですくい上げていかなければならない。ここで問題になる主観的な利益評価には大きく分けて二種類ある。その第一は、客観的利益を示す機能リストに対する主観的評価の差異である。各主体は同じ機能から得ることができる利益（効用）の程度がそれぞれ異なるから、利益をもたらす機能についての主観的評価と客観的評価には不可避的にズレが生じる。第二に、特定の機能からは得られない利益についての評価がある。これには、先に述べた共感や、その対概念として他者が効用を得ることによって自らが不効用を感じる心理状態を意味する「反感」（Sen 1977: 327=1989: 134）、何らの選好も伴わない純粋な関心など、特定の他者や社会の状態から得られる利益および不利益が含まれる。[37] 利害関心の正確な記述に接近するためには、客観的な分析に加えて、これらの主観的な利害関心認識を含み込む必要がある。

ただし、利害関心認識は主観期待効用のほかに、利益の変動可能性についての予測（変動予測）に基づいており、二重に主観的な認識前提を有している。前節で述べたように主観期待効用は常に正しいわけではないし、同じように変動予測も誤りうる。したがって、利益の評価基準が主観的だからといって、主観的な認識が実際の利害関心を完璧に把握できるわけではない。不完全情報と限定合理性に基づく主体を想定する限り、主観的な認識は自らにとっての利益が変動する可能性を正確に捉えられないことがあるし、そもそも自らにとっての利益を錯誤する可能性もある。[38] そうである以上、利害関心についての客観的な分析が主観的な認識と完全に取って代わることができないのと同様に、主観的認識も客観的分析に一定の意義を認めなくてはならない。[39] 利害関心についての客観的分析も主観的認識も、ともに実際の利害関心からの一定のズレを伴っている。それゆえ、両者は利害関心の把握において相補的な関係にあると考えなくてはならない。

関係性　ステークホルダーの認識根拠として、利害関心や権力に加えて第三の要素を主張することは、通例とは言えない。ここで関係性と呼ぶ要素は、利害関心や権力とも重なるが、それらだけでは説明しきれない部分を指すことができる意義を持つ。

たとえば、権力資源としての権利が承認されるためには、一定の事実が前提とされる。民法上の所有権の獲得事由や、法定相続による権利承継がそうである。法的・道徳的な義務が観念される場合も、何らかの事実が前提に置かれる。目の前で溺れている子どもを見つけたら救助する義務があると考えることも、子どもの状況を把握でき、助け上げられる位置関係にいることを前提の一部としている（e.g. Singer 1993: 229=1999: 276）。主張の妥当性はさておき、グローバルな分配的正義にかかわるネーションの特権性をめぐる議論でも、家族や友人といった特別な関係に基づく責務の存在は、前提として疑われないことが多い（Miller 1995; see also Caney 2005: 133–135, 269–270; 瀧川 二〇一七：二一—四章）。

これらはいずれも、主体が対象とのあいだに有する一定の関係性に立脚して規範が形成・共有されている例である。主体が有するこの関係性は、主体の利害関心とは区別されるものであり、権利の根拠として規範化される段階以前のそれ自体では、権力資源とも異なる。それでいて、権利（または義務）を構成するにあたって保護されるべき利益（利害関心）とは別に必要とされる事実であり、主体をある争点へと結びつける、利害関心にも権力にも還元されない第三の利害関係である。関係性は、たとえば「この問題はあの人抜きには決められない」などといった規範的な感覚の根拠となっている事実を指しており、当人が及ぼしうる影響や被りうる影響の程度とは独立に把握される。

本書では関係性の概念を、主体が別の主体ないし事象に対して有する何らかの客観的な結びつきのうちで、利害や権力に還元されないもの、と定義する。関係性は、主体が対象の生起や変動の原因の一部として何らかの寄与があることを指す「功績（desert）」、主体が対象に相対的な親近性・連接性を持つことを指す「紐帯（bond）」、主体が置かれた一定の立場それ自体が対象とのあいだに何らかの結合を生み出すことを指す「役割（role）」に類別できる。関係性の把握は、当該社会における一般的観点に基づく客観的認識によって行なうことができるだろう。

(3) 新手法の開発――PICフレームワークと限定化モデル

認識枠組みの精緻化　PLUフレームワークに権力（P）・利害関心（I）・関係性（C）の各概念を適用し、各々の程度からステークホルダーの分布を見定める新たな認識枠組みを、「PICフレームワーク」と呼ぼう（図2-4）。PICフレームワークの意義は、既存手法が依拠しているカテゴリ先行型の分析からの転換を迫る点にある。たとえば原発事故後の住民への補償・支援策を立案するにあたって、政府が定めた「避難者」の範囲を前提とし、そのなかで「移住者」であるか「帰還者」であるかを判別していく発想に立つなら、区域外避難者（いわゆる「自主避難者」）は視野の外に置かれてしまう。他方で従来の生活基盤の欠損・回復という利害関心の観点から分析に着手したなら、そのようなカテゴリ依存的な評価の別は最初から生まれてこない。それだけでなく、自明視されがちなステークホルダー・カテゴリの妥当性を問いなおすことにもつながる。

ただし、図示した限りのPICフレームワークは利害関係の程度を連続的に評価する認識枠組みではないため、実際の分析では他の手法を組み合わせた多面的認識が必要となる。PICフレームワークは利害関係の布置を認識し、類別し、解釈するための枠組みであり、分析の過程においては、統計調査やインタビュー調査などによって具体的利害関係を把握する必要がある。得られた調査結果を解釈し、各々の利害関係を特徴づけ、不足している観点を補完する役割がPICフレームワークに割り振られる。また、具体的な利害関係の強度・程度についてPICフレームワークから示せるのは、大まかな段階的差異のみであり、より詳細な分析は調査結果に依拠しなければならない。得られた結果を踏まえて、どこまでを熟議過程へと包摂すべきステークホルダーの範囲と捉えるかが分析目

図 2-4　PIC フレームワーク

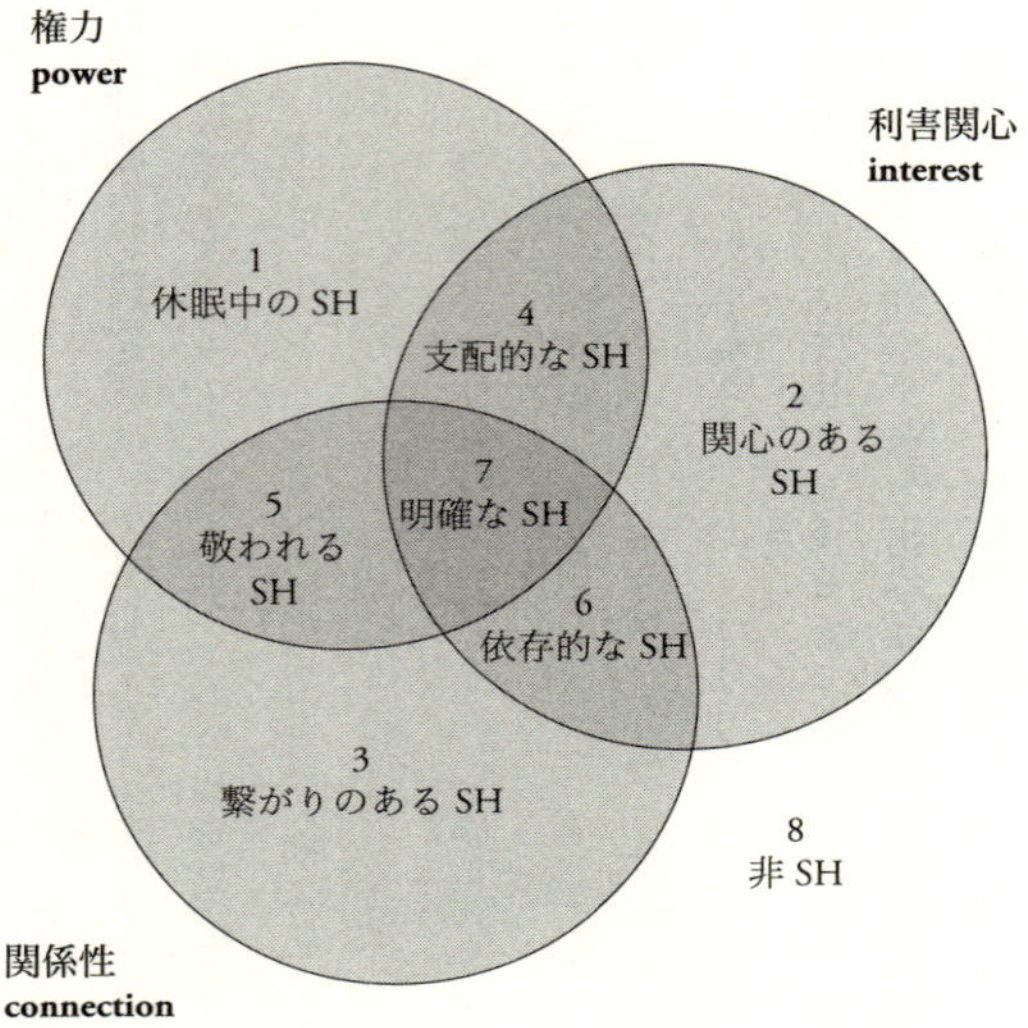

的に基づく選択であることは同様であり、ＰＩＣフレームワークによる解釈と具体的調査による詳細把握は往還的に行なわれるべきものである。

分析過程の正統化　意思決定過程に包摂すべきステークホルダーを画定するために利害関係を評価することは、政策・事業についての協力や妥協の可能性を探るものであると同時に、政策・事業が及ぼす帰結への考察を通じて、異なる政策目的・政策手段の優先順位を問うものであるから、ステークホルダー分析は、ある政策・事業を行なうに先立ってその影響を評価する、事前的な政策評価の一種であると位置づけられよう。

ステークホルダー分析が台頭した背景には、費用便益分析に代表されるような従来の政策評価枠組みへの不満がある（Grimble and Chan 1995）。すなわち、「伝統ある経済学的方法」では総体としての社会における費用と便益は測られるものの、それを異なるステークホルダー間で分配することについて考察されることはない。また、さまざまなステークホルダーが問題を同じように認知するわけではないという事実は、考慮されない。対してステークホルダー分析は、意思決定および合意形成の過程に包摂される主体を決定するだけでなく、決定の対象となる課題（agenda）や争点（issue）そのものの定義にも関与する。「誰がステークホルダーであるのか」というwhoの問いは、「何のステークホルダーであるのか」というwhatの問いと切り離すことができず、課題・争点に対する認知は一様でない以上、特定の個人ないし集団をステークホルダーと見定めることは、課題・争点そのものの定義（限定）をもたらさざるをえないからである。ステークホルダーの範囲をどのように切り取るかによって、問題の性格は大きく変わってしまう。したがって分析の手続きは規範的に中立でありえず、その遂行を通じて、何が重要であるのかを決定する課題設定（agenda-setting）そのものにも関与することが避けられない。「評価とは政策的価値判断を含むものであり」、「基本的には政治過程で形成されるもの」であるから（金井 二〇一〇：二二四）、ステークホルダー分析の機能もまた、政治過程のなかで理解されねばならない。そこでは分析者自身もまた、分析の政治をめぐるステークホルダーの一部となる。

むろん、分析が政治的性格を免れないからといって、分析の妥当性を争うことが無意味になるわけではない。[40]むしろ政治的であるからこそ、分析の委託者と受託者（分析者）には、主要なステークホルダーと認められなかった人びとからの異議申し立てに開かれ、分析の基準を明らかにしてその妥当性を弁護するなど、応答性を高く保つための取り組みが強く要請される。[41]分析の政治性が的確に理解されるほど、分析の委託者・受託者は、分析の恣意性への不信を惹き起こしにくいような、客観的に定式化された認識枠組み・分析手法を必要とするようになるだろう。[42]

精緻化された利害関係概念は、そのような認識枠組みのなかで、分析の恣意性をより低減させる基準として利用できる。既存手法の分析過程では、二次同定に用いることができたのは聞き取りや行動主義的評価のみだったが、PICフレームワークのような要素に基づく客観的把握を用いるなら、同定はさらに精密になるだろう。また、総合段階における規範的評価を可能にする規準（有効性と手続的正統性）を機能させるためには、どのような利害関係を持つステークホルダーを重視するのかという観点が必要になる。つまり、各規準の指標を得るために、カテゴりではなく、利害関係の要素でステークホルダーを捉えなければならない。総合段階における規準は、ステークホルダー同定の段階で「構造化された情報」を前提としており（Goodpaster 1991）、総合は、そうした利害関係のあいだに有効性と手続的正統性の観点から優先順位を付ける作業を意味する。したがって、同定段階における経験的把握に用いられた各要素は、総合段階において決定の有効性や手続的正統性を評価するための指標としても用いられる。

ここまでの検討をもとに、既存手法の問題点を改善するような新たなモデルを示すことができる。ステークホルダー総合はこれまでも機能としては実践されてきたはずだが、公共政策分野では、それをステークホルダー同定から分節化したモデルが明示されてこなかった。可能なステークホルダーを包括的に把握する経験的なステークホルダー同定と、意思決定に結びつく規範的優先順位づけであるステークホルダー総合を明確に分節化することは、各段階の位置づけへの理解を深め、必要な作業への意識を高めるだろう。ステークホルダーの同定作業をその後の総合段階と区別される経験的調査へと理論的に純化することにより、規範的な偏向や予断が排除され、潜在的なステークホルダーをより包括的に把握しやすくなることが予想される。また、ステークホルダーの最終的な確定に先立って不可欠な争点再定義が総合段階において行なわれると考えられるようになると、分析者が自らの分析の限定性を明確に意識する機会が与えられることになるであろう。

そして、PICフレームワークのような、要素に基づくステークホルダーの把握手法が用いられれば、ステークホルダーの一次同定段階において可能なステークホルダーをより広く把握できるようになり、二次同定段階において各ステークホルダーが有する利害関係の種類と程度を認識・分類するために有用な手段が提供されるとともに、ステークホルダー総合の際の規準も明確化される。同定段階において可能なステークホルダーをできるだけ洗い出しておくことは、事後的な再評価の規準の提供を通じて、分析過程の長期的な正統性を確保するために重要である。可能なステークホルダーを包括的に把握しておくことにより、決定への契機に重心が偏ることを避け、代表への契機との均衡を図ることができる。その結果、正統性に対する可能なステークホルダー間での認識を通じて、有効性にも好影響を与えることが期待できる。

ステークホルダー総合において包摂すべきステークホルダーが決定されるとき、分析者の規範的なコミットメントが存在する。そこでは「誰」がステークホルダーとして決定過程に含まれるべきかという判断を通じて、「何」が決定されるべきなのかという争点の再定義が行なわれており、それは不可避的に一定の排除を伴うからである。したがってステークホルダー総合で行なわれていることは、先行して行なわれてきた分析過程を、特定の規範的・政治的立場から限定化する作業であると言える。この認識は、ステークホルダー分析が価値中立的な客観的分析であるという想定を峻拒し、限られた文脈の限られた目的のために、限られた視座から分析が行なわれたことを明確化するものである。ステークホルダー分析は、このような「限定化」を必要とする。なぜなら、ステークホルダー概念の本来的な不確実性を前提とするなら、誰がステークホルダーであるかは常に特定の文脈において政治的に決定されるしかないため、ステークホルダー分析もまた、分析結果の一般的な妥当性を主張しうる立場にないからである。ステークホルダー分析は政治過程の外部にあって働くような中立的な機能ではない。それ自体が（可能的な）ステークホルダーへの応答／非応答の一環を成すような、政治過程に内在する一機能なのである。

こうしたステークホルダー分析の政治過程への内部化を明確に示すため、ステークホルダー総合に続く段階として、ステークホルダーの「三次同定」を想定することができる。三次同定は、既にステークホルダーと認められた個人ないし集団が決定に向けて活動する政治過程のなか――あるいは政策影響評価後の政策決定・合意形成、政策実施、事後評価のプロセスのなか――に見出される。それぞれ保有する情報や問題の認知が異なるステークホルダー間での相互作用においては、学習や選好変容が起こりうる。すると、先行する分析によって得られた利害関係についての評価が変容し、場合によっては政策目的そのものも問いなおされる可能性がある。また、ステークホルダー総合によってステークホルダーとは認められなかった個人ないし集団は、この段階において異議を申し立て、ス

図 2-5　ステークホルダー分析の限定化モデル

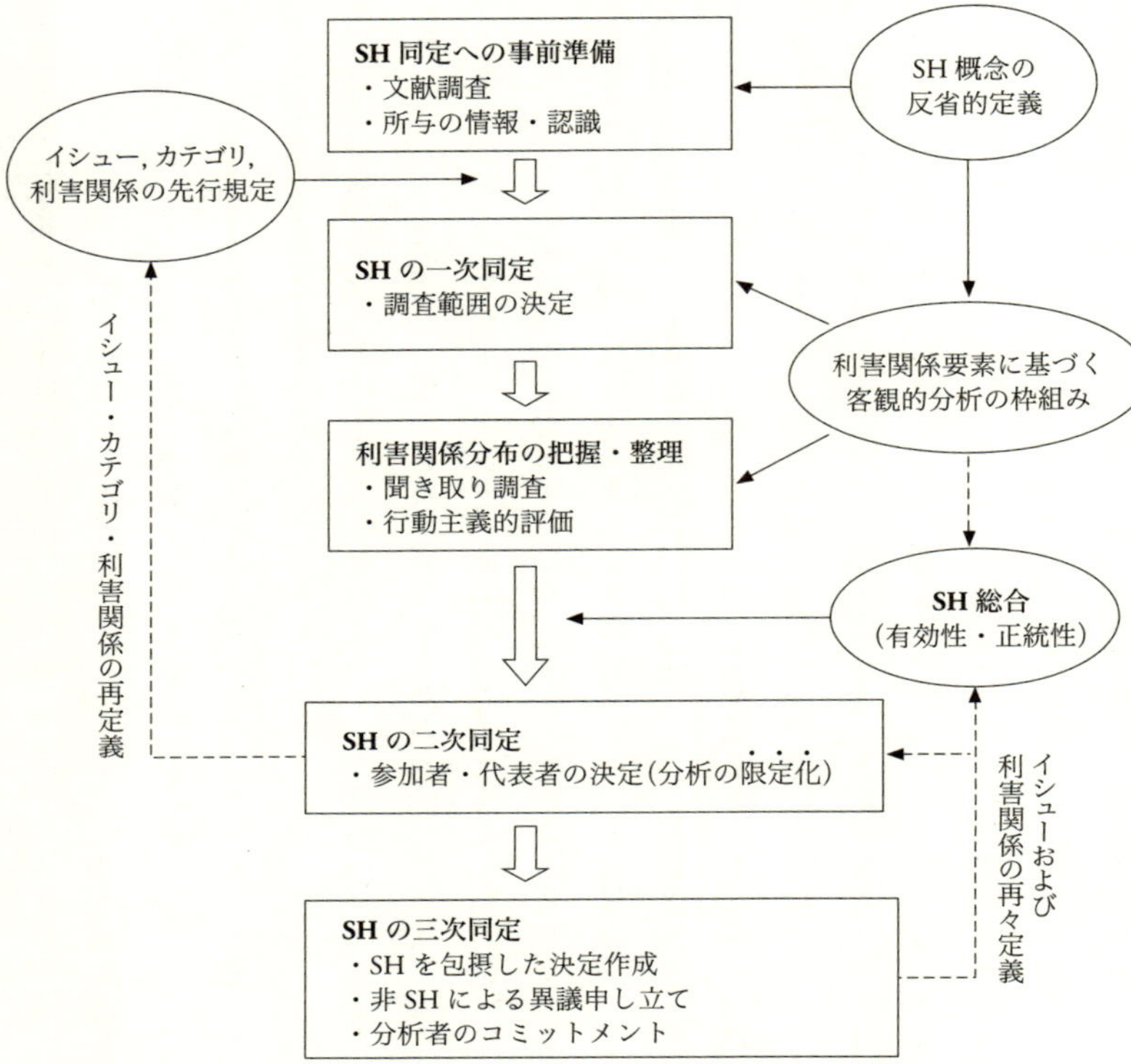

テークホルダーの範囲を変更させようとするかもしれない。

　すなわちそこでは、分析者をも含んだ、ステークホルダー／非ステークホルダーによる利害関係や争点の再々定義が生じうるのであり、ステークホルダー分析が埋め込まれた文脈そのものが再び問い返されるのである。ステークホルダー分析が決定の有効性と正統性を高めるために行なわれるとすれば、ステークホルダーとは「誰」であり、それは「何」についてのステークホルダーであるのかという、分析が回答すべき問いへの取り組みは、三次同定の終了、すなわち何らかの決定が為される時点において一応の完結を見るが、決定後、実施後においても、中間評価や事後評価、あるいは司法過程などを通じて、繰り返し問い直しは行なわれうるのであり、分析の妥当性は持続的

表2-3　限定化モデルにおける分析の各段階

段階	目的	具体的作業	背景作業
一次同定	調査範囲の選定	客観的評価（第一の輪）：既存の情報や認識，文献調査などに基づき，聞き取りすべきステークホルダーを暫定的に選ぶ	①分析対象となる課題・争点，②接触対象となる主要なカテゴリ，③同定の基準となる利害関係が先行して想定される
二次同定	包摂範囲の選定	主観的評価（第二の輪）：聞き取り調査に基づき，さらに聞き取りを行うべき対象を発見する（芋づる式サンプリング）	主要なステークホルダーの画定に向け，特定の規範的・政治的な観点から分析の焦点を絞る
		行動主義的評価（第三の輪）：分析作業の開示・周知により，意見を聞いてもらおうとする人の自発的な接近を促す	
三次同定	範囲の問い直し	評価の検証：ステークホルダーと認められなかった個人・集団による異議申し立てと，分析者・委託者による応答	分析が位置した政治的な文脈，課題設定，争点定義を問い直す

に問われうると言えるだろう。このような新たなモデルを、さしあたりステークホルダー分析の「限定化モデル(bounding model)」と呼ぶことにしたい（図2-5、表2-3）。

限定化モデルは、分析者が自身の地位の政治性、課題設定権力を自覚し、分析が政治過程において資する限定された目的を強く意識することを促す新手法である。ステークホルダー総合において問題とすべき利害関係が再定義されることで、分析に先行する争点、カテゴリ、利害関係概念の全てが再定義に付されたことになる。しかし、限定化モデルによればステークホルダー分析の過程はそれで終了しない。ステークホルダー総合によって生み出されるステークホルダー／非ステークホルダーの分断線が、分析そのものの妥当性を問い返す政治過程（三次同定）の条件を形成する。分析者（ないしその後援者）は、特定されたステークホルダーを巻き込んだ決定過程のなかで、非ステークホルダーからの異議申し立てにさらされながら、自らの分析の妥当性を擁護しなければならない。ステークホルダー分析の過程を三次同定にまで拡張して解釈することで、政治過程の一機能としてのステークホルダー分析の性格を明らかにできる。

放射性廃棄物処理の事例　ステークホルダー分析の意義は、社会的・経済的・行政的・政治的な境界線を横断する問題においてこそ見出される（Grimble 1998: 2）。すなわちステークホルダー分析は、政策評価・紛争評価のなかでも、誰がどのような意味でステークホルダーなのかを容易に画定しがたい事例でこそ本領を発揮するであろう。ここでは限定化モデルの妥当性を事例に即して検討するにあたり、放射性廃棄物の処理問題を採り上げたい。それはこの問題が、次の三つの意味でステークホルダーの分布が複雑であり、多角的観点から分析手法の実効性を測ることに適しているためである。第一に、複数の地域・政府間での合意形成を必要とし、領域的な意味での公平性を求められる。第二に、複数の世代にわたる問題への対応を必要とし、時間的な意味での公平性を求められる。第三に、経済性への配慮と安全性への配慮の相克など、問題の定義（framing）をめぐる対立が伴いやすく、利害関係の質的差異を考慮した分析が求められる(43)。

福島第一原発事故により一二都県で発生し、二〇一九年三月末時点で二二万トン以上が保管されている「指定廃棄物」（一キロ当たりの濃度が八〇〇〇ベクレル超の放射性セシウムを含む汚泥、汚染稲わら、浄水発生土、焼却灰など）をめぐっては、二〇一一年一一月に閣議決定された国の「基本方針」に基づき、発生都道府県内での処理が決められている。環境省はこの方針のもとで、宮城・栃木・茨城・群馬・千葉の五県では県内に一カ所の最終処分場を建設するとして、処分場建設候補地の選定・調査を進めてきた。これに対し各地の反対住民は、県内処理の方針は国が一方的に定めたものであるとして、方針を撤回し、福島第一原発の敷地内を中心とする福島県内で集約処分することを求めた。環境省は一三年からは各県の市町村長会議の場で選定基準などに了承を得る手順を踏み、宮城・栃木・千葉の各県で候補地を提示するに至ったが、県内処理という政策の枠づけ自体を問題としている反対住民との溝は埋まらなかった。

この問題では、指定廃棄物を何らかの意味で処理する必要性自体には争いがない。その一方で、どうすれば解決と言えるのか、また解決の方法が何かをめぐっては、異なる理解が見られる。環境省は、福島県にこれ以上の負担をさらに強いることは到底理解が得られないとして、福島県内へ集約する選択肢を予め除外した上で、県内処理の枠組みに従い各県でどこに処分場を建設するかを決めたいとする。そこでは合意を形成するべきステークホルダーの範囲を、同一県内に限って想定している。これに対して反対する自治体や住民の側は、県内処理の妥当性そのものを否定しており、集約処分の可能性を追求するにあたって合意すべきステークホルダーを、福島県も含めた広範囲に想定していることになる。すなわち、それぞれの争点定義に伴って、異なるステークホルダーの範囲が描かれているのである。

反対の背景にあるのは、安全性確保や風評被害への不安だけではない。多くの住民には、自分たちも原発事故の被害地域であるとの意識が強く、処分場の建設は正当な理由のない累積的負担（受益なき受苦）と感じられている[44]。結果として、国や発生者である東京電力の責任が強調される一方で、ＮＩＭＢＹ状況が強化されることになる。また、いったん候補地として詳細調査を受け入れると、不適地と判断されることは期待できず、引き返せなくなるのではないかという危惧が持たれている[45]。現に二〇一四年一〇月八日の参議院予算委員会において、環境省は、詳細調査の結果として不適地の判断が下されることは想定していないと明らかにした[46]。加えて、各県で合意形成が難航するなかで他地域に先がけて引き受けると、他都県分の廃棄物も搬入されてしまうのではないかという危惧や、いったん引き受けると、その周辺に別の危険施設・迷惑施設も次々と誘致されるのではないかという危惧も[47]、潜在的には持たれているであろう。

このような反対の論理を単なるＮＩＭＢＹであるとは言い切れない。地域間の公平と技術的な合理性、どちらの観点からしても、処理の妥当な単位には争いの余地がある。各県の市町村長会議では、県内一カ所という方針を問題視し、自治体ごとや数カ所での分散保管を主張する声が相当数あった。他市町村の廃棄物受け入れを求められる自治体も、多くは既に原発事故による一定の受苦を余儀なくされているため、県内一カ所への集約は累積的な受苦を生む可能性が高く、地域間公平の実現を困難にする。環境省は一時保管場所での分散管理のリスクを強調するが、そもそも県単位での処理自体が行政区画以上の合理的理由を持たず、千葉県内では二〇一五年四月に東電の火力発電所敷地を候補地に選定するまで有望な土地が見つからずに苦慮していた。また、茨城県と群馬県では自治体の意向を受けて分散保管の継続を容認し、当初の方針を転換するに至っている。

本事例のように争点定義の段階で激しい対立が生じている場合、市町村長会議のように特定の範囲に定義されたステークホルダーのあいだで一定の合意が得られたとしても、排除されたステークホルダーによる異議申し立てにさらされることで、合意に基づく決定の実施は著しい困難に直面してしまう。政策過程の「上流」で決定された県内処理という枠組み自体が「下流」の政策実施段階で摩擦を引き起こしているため、候補地選定や詳細調査などをいかに丁寧に進めても、反対側には形式的・表面的な対応としか受け取られず、不信は深まるばかりとなる。

現行の手続きは、政策決定の時点で住民による意見反映の機会がなかったことを根拠とする反対を招き、指定廃棄物が地元にあること、来るかもしれないことで喚起される関心が、「福島に戻せばよい」といった主張に結びつくことを促進した。むろん、福島への集約は累積的な受苦を極大化させるものであり、それを安易に選択することは、地域間公平を甚だしく損なう結果を生みやすい点で問題性を含む。しかし同時に深刻なのは、この選択が、高レベルを含む放射性廃棄物処理一般に対する当事者意識を持たないままでいることを助長し、高レベル放射性廃棄物の処理をめぐっても同様の対処が繰り返される土壌を育みかねない点である。したがって広範な合意形成を可能にするためには、争点定義を反省性に開く限定化モデルに基づきつつ、法的境界線を越えて分布する紛争当事者をステークホルダーとして包摂することを正統化する意思決定手続きが構想されなければならないだろう。

第3節　分析政治のデザイン

(1) 分析の制度化——政策立案段階における政策影響評価

政策影響評価　本節では、ステークホルダー分析が複数の政策的選択肢の影響評価の一環として、政策実施過程ではなく政策形成過程において行なわれるべきことを指摘し、既存実践を踏まえながら、望ましい制度設計について検討する。

限定化モデルに明らかなように、ステークホルダー分析は特定の政治的文脈において、予め設定された政策課題の解決のために行なわれる、政治過程の一局面である。政策や紛争の評価・分析がもたらす政治的効果をめぐる争いを、分析による／をめぐる政治を意味して「分析政治」と呼ぶとするなら、ステークホルダー分析はそれが置かれる分析政治の一般的環境とともに考察されるべきである。分析政治を捉えようとする場合、特定の課題・争点をめぐる決定過程における段階性を前提としなければならない。一つの政策体系は、目標（mission/vision）、政策（policy）、施策（program）、事業（project）といった複数の段階によって成り立っており、どの段階で行なわれるかによって、政策評価の性格は異なる。ステークホルダー分析は、政策の基本的方向性が決定された上で、具体的な施策・事業を進める段階において行なわれることが多い。だが、決定過程の上流で形成された枠組みを、下流において否定・逸脱することはきわめて困難であり（湯浅 二〇〇五：一八九）、指定廃棄物の例で見たように、しばしば決定過程の可逆性をめぐる対立が紛争を発生・激化させる。

環境アセスメントにおいては、政策・計画が策定されたあとの事業段階で行なわれる事業アセスメントの実効性には限界があることが知られており、より上位の意思決定段階からの事前評価を行なう「戦略的環境アセスメント」が重視されるようになっている（原科 二〇一一：五章）。また、科学技術の発展が社会にもたらしうる影響を分析・評価し、政策に反映させる試みとして、一九七〇年代のアメリカから始まった「テクノロジー・アセスメント」がある。当初は専門家が担うものと想定されていたテクノロジー・アセスメントは、八〇年代以降には一般市民が社会生活の文脈で科学技術のあり方を評価する取り組みへと再解釈されるようになり、デンマークの「コンセンサス会議」などの市民参加手法を生んだ（小林 二〇〇七：一八二―一八五）[48]。

戦略的環境アセスメントとテクノロジー・アセスメントは、事業や科学技術が社会環境に与える影響の評価を、政策立案段階から行なう取り組みである。ステークホルダー分析の制度化にあたっては、これらの取り組みを参考に、異なる政策選択肢ごとに影響を受けうるステークホルダーの利害関係を、「政策影響評価（policy impact assessment）」という観点から分析する手続きとして、政策形成過程に位置づけることが望ましい。

市民参加と公論喚起　政策影響評価の制度設計は多様でありうるが、環境アセスメントの評価過程において、評価方法の公示や地域住民などからの意見聴取の機会が設けられることに見られるように、評価過程は公衆監視のもとで透明化することが求められる。その大まかな手続きは次のように整理できるだろう。まず、政策の実施過程ではなく形成過程において、複数の選択肢とその帰結（影響評価）を示す（その一環としてステークホルダー分析を行なう）。次に、討論型世論調査やパブリック・コメントなど、市民参加型手法による議論喚起と意見反映の段階を経て、最終的にステークホルダーの合意形成によって選択肢の絞り込みを行なう。[49] 絞り込みにあたっては、一般的・総論的論点についての合意形成から、個別的・各論的論点の合意形成へと段階的に進め、合意が得られないのであれば、前の段階に手戻りすることを原則とし、意思決定過程の可逆性を保障する。このような制度設計が望ましい。

政策立案段階での市民参加手続きであり、政省令といった行政決定の作成への意見具申を幅広い市民に可能にする点で、パブリック・コメントは重要である（原田 二〇一一：v）。ただし、日本の中央省庁でのパブリック・コメント実施例の研究によれば、パブリック・コメントの募集が行なわれる段階では、既に業界団体など主要なステークホルダーへのヒアリング結果が踏まえられた政策案になっていることがほとんどであり、パブリック・コメントの実施を通じた政策の変更可能性は低い（同：八二—八三）。案件によっては実質的修正が行なわれることもあるが、そこで反映される意見は、官僚の価値・規範・文化に共鳴するものに限られるとされる（同：一二七）。省庁としては、想定するタイムスケジュールがあるなかで、パブリック・コメントを通じて政策案の実質的修正が必要になることを避けるため、せいぜい字句修正で済むような完成度の案に仕上げてから提示するインセンティブが強く働く。他方、事前のインフォーマルな接触を通じて自らの意見が反映されたステークホルダーは、改めてパブリック・コメントに応じる必要性は乏しい。ヒアリングでは反映されなかった意見があるとしても、それは採用可能性が低い意見であることになり、パブリック・コメントを通じて再度具申する動機づけにはつながりにくい。

インフォーマルな意見聴取が政策形成に及ぼす不透明な影響力は、明らかに問題である。とはいえ、政策起案者（官僚）が政策分野ごとに顕著なステークホルダー団体との日常的接触を持つなかでは、このような接触が行なわれること自体は防ぎにくい。重要なことは、政策形成過程において公衆監視と公論喚起を図ること、幅広いステークホルダーを包摂すること、手戻りを許すような手続きを構築することである。

多段階の合意形成

多段階の合意形成について参考にできるのは、日本学術会議が二〇一四年九月に公表した「高レベル放射性廃棄物問題への社会的対処の前進のために」と題する報告である（日本学術会議 二〇一四）。これは、原子力委員会からの諮問に答えて二〇一二年に提出した回答「高レベル放射性廃棄物の処分について」（日本学術会議 二〇一二）で提唱した、高レベル放射性廃棄物の「暫定保管」政策の具体化に向けた社会的合意形成を進めるために、基本的な考え方を示したものである。この報告によれば、これまで高レベル放射性廃棄物処理についての合意形成が進んでこなかった背景には、原子力事業をめぐる異なる陣営間での相互不信があり、それを乗り越えて建設的な議論を為しうるためには、包括的な参加者に事実認識と規範的原則が共有されることで、議論の前提枠組みとなる選択肢の幅が定められなければならない。

まず事実認識の共有にあたっては、政策形成や政策判断の場とは切り離された場において、各ステークホルダーから推薦された専門家が、自らの利害関係を公開した上で議論をたたかわせることにより、社会的に信頼されるようなかたちで科学的知見を整理することができ、専門家間で合意された範囲を示すことができるとしている。

そして政策的選択肢の幅を定めるにあたっては、まず一般的・抽象的なレベルでの規範的原則（「変えられないもの」）に合意した上で、より個別的・具体的レベルでの判断（「変えてもよいもの」）についての合意を探っていくべきであるとされる。広範な合意が可能である諸原則としては、安全性を最優先すべきこと（安全性最優先の原則）、国内のどこかに施設建設が必要なこと（自国内処理の原則）、受益を享受した現在世代が対処するべきこと（現在世代の責任の原則）、多層的なレベルごとに、地域間における受益と負担が公平であるべきこと（多層的な地域間の公平の原則）、施設建設には、多層的なレベルごとの地域住民や自治体の同意が必要であること（社会的合意形成の原則）、などが挙げられている。

これら最も一般的な原則に照らして、たとえば「各電力圏域内に少なくとも一カ所の暫定保管施設を設置する」といった政策の大枠が定まり、全国知事会、全国市長会、全国町村長会などの多層的な地域代表団体の合意が得られたら、施設の具体的立地点を選定する段階に進める。特定地域での立地点選定に先立っては、選定手続きや建設・管理に際する条件（建設の承認手続き、住民参加の方式、情報公開の仕組みなど）といった、より具体的な原則について、当該地域の自治体や市民団体代表などの合意が必要とされる。

(2) 分析の競合モデル

民主政治における専門知　政策影響評価の実施には専門知が不可欠であるが、専門家による価値中立的な政策分析・政策評価が可能であるとの素朴な前提は、一九八〇年代以降の政策科学・公共政策学におけるポスト実証主義の研究潮流のなかで、既に棄却されている（Torgerson 1986; deLeon 1997）。そこで、専門家とステークホルダー、一般市民それぞれの役割分担のもとで協働的に分析・評価を行なう手法が、さまざまに研究・実践されている。

たとえば、ポスト実証主義に基づき考案された「参加型政策分析（participatory policy analysis）」では、ステークホルダーと一般市民の分析過程への参加を前提に、専門家が有する技術的・専門的知識に市民が有する「普通の知識」を加えることで、代替的な政策案の作成を促す（deLeon 1990; Durning 1993; 秋吉 二〇〇二）。そこでは、政策分析者は価値中立的な立場にあるのではなく、市民への助言を与え、政策決定者との議論への参加を支援する役割を担うとされる。さらに、自身も議論過程に参加し、共同調査を行なうなど、問題解決のための行動案を作成することが求められる。

また、科学的情報に基づいた合意形成が成り立つための前提条件を整理しようとする取り組みである「共同事実確認（joint fact-finding）」の考え方によれば、科学的情報に基づいた合意形成が困難であるのは、専門家間にそもそも対立があること（対立的科学）に加え、対立する各専門家が異なるステークホルダーの弁護者となって相互に争う状況（弁護的科学）が生み出されるためである（松浦 二〇一四）。このような対立図式のもとでは、専門家間の議論によって確かな「科学的事実」について合意が形成されることは難しく、互いの主張は平行線をたどるのみとなる。

そこで共同事実確認では、科学的分析の前提とされている諸条件や現在の科学が持つ限界をも明らかにするように求めながら、まず専門家間で合意が可能な認識についての整理を図り、その上で市民に判断させることで、社会的意思決定をできるだけ科学的情報に基づかせようとする。異なる利害関心を持つステークホルダーたちが共通して受け入れることができ、意思決定に役立てられる情報の共有を促そうとするのである（Matsuura and Schenk eds. 2016）。その過程は、次のような段階を踏む。①検討事項、必要とされる知識を整理する。②第三者が、共同事実確認に参加する科学者、技術者を推薦する。③推薦された科学者、技術者への協力依頼を決定する。④対立の状況によっては、対立する結論を出している科学者、技術者を招き、科学者を含む第三者の支援のもと、前提条件やモデルについて詳しい説明を求める場として設定する。

専門知の自律と分立　参加型政策分析と共同事実確認は、ともに専門家の素朴な中立性・客観性を否定し、政策分析・政策評価に伴う政治性を加味しながら合意形成を図るプロセスを模索している。両者とも、専門家による情報の提供（専門家パネル）とステークホルダーや市民による合意形成（ステークホルダー・パネル／市民パネル）を組み合わせる手法は共通している。[50]だが、そこには常に、分析の委託者は誰か、分析の費用はどこから支出されるのか、専門家パネルに参加してもらう専門家は誰が選ぶのか、運営事務局は誰が務めるのか、などの問題が横たわっており、実施過程の公正性をどう確保するかが重要な課題となる。主催者が議題に利害関係を持つ場合、厳格な手続きで運営されたとしても、会議体の信頼性は傷つきやすい（小林 二〇〇七：二一四―二一五）。一定の費用と時間を要する共同事実確認を行なうためには、強い政治的イニシアティブが不可欠であるとされており、裏返してみれば、政治的干渉にさらされやすいとも言える。

事実認識をめぐる議論であっても政治的干渉から自由であるとは限らないことを確認するために、船橋晴俊によって示された、政策形成過程における専門知の「統合・自律モデル」と「分立・従属モデル」の対比に触れておきたい（船橋 二〇一三：四二―四四）。統合・自律モデルにおいては、政策課題にかかわる科学的検討の場が政策形成の場から自律した位置に設けられ、そこで多様な研究者が互いの見解をたたかわせながら、公共圏の注視と評価のもとで、専門的知見の収斂を目指すことになる。この想定は、共同事実確認の考え方と重なるものである。他方、（日本の原子力政策に顕著な実例を見出せる）分立・従属モデルでは、科学的検討の場は決定過程に直結した位置に設けられ、特定の利害関心に従属する。その場には一部の研究者だけが包摂される一方、決定過程の外部にある批判的知見は顧みられることなく、研究者集団は分裂し、没交渉の状態に置かれる。

分析の委託者が有する政治的・経済的利害関心に従属する環境で行なわれる分析においては、当該の利害関心に沿った判断が導かれやすい（たとえば原子力施設周辺での断層調査を想起されたい）。科学的知見に基づく事実認識のレベルにおいても、多様な利害関心を背景とした分析政治のなかでは、各主体の判断は容易に収斂するものではない。そうであるとすれば、むしろ共同事実確認や統合・自律モデルのように単一の場における事実認識の収斂を目指す立場は、それが同調への圧力と結びつく可能性を通じて、社会内の対立を不可視にすることへとつながりかねない[51]。共同事実確認は、政策決定が基づく科学的・技術的情報を充実させると同時に、専門家やステークホルダー間での協働を促進することにより、不要な争い（unnecessary conflict）を回避しようとする意味で、「分析的熟議」と呼ばれる（Adler 2014）。だが、「不要な争い」として退けられた対立に「ヘゲモニー的な支配様式」の告発が含まれていなかったと確証する手段を、私たちは持たない（Fraser 1997: 76=2003: 116）。ある社会において広範に共有されているかに見える事実認識であっても、それが特定の利害関心に従属した判断である可能性は否定できないのである。

複数の分析による競合　したがって、共同事実確認において対立する二つの陣営を代表する専門家間の合意が図れたとしても、その合意を批判する別の専門家が現われる可能性は常にあり、そのような第三の陣営からの異議申し立てに応答すべき義務を消去するべきではない。いかなる分析者も多様性と不確実性を含む社会のなかに位置しており、弁護的科学相互での対立構図のもとにないとしても、分析の妥当性は絶えず弁証されつづけなければならない。

分析の政治過程のなかでステークホルダー分析が実際に高い応答性を保つためには、絶えざる相互批判はむしろ望ましい。行政機関が委託した分析と市民社会組織による対抗的分析が並立するなど、複数の分析が明確な基準を示し、妥当性を争いうるような公共圏の実現は分析政治の民主化にとって不可欠の条件である。専門家間の合意と分析の妥当性は常に暫定的なものと見なされるべきであり、妥当とされた分析に対する不同意を可視化し、異議申し立て可能性に開いておくことは、分析に対する持続的監視のために有効である。以上の議論から、図２−６に示した分析政治の「競合モデル」を導ける。

図 2-6　分析政治の競合モデル

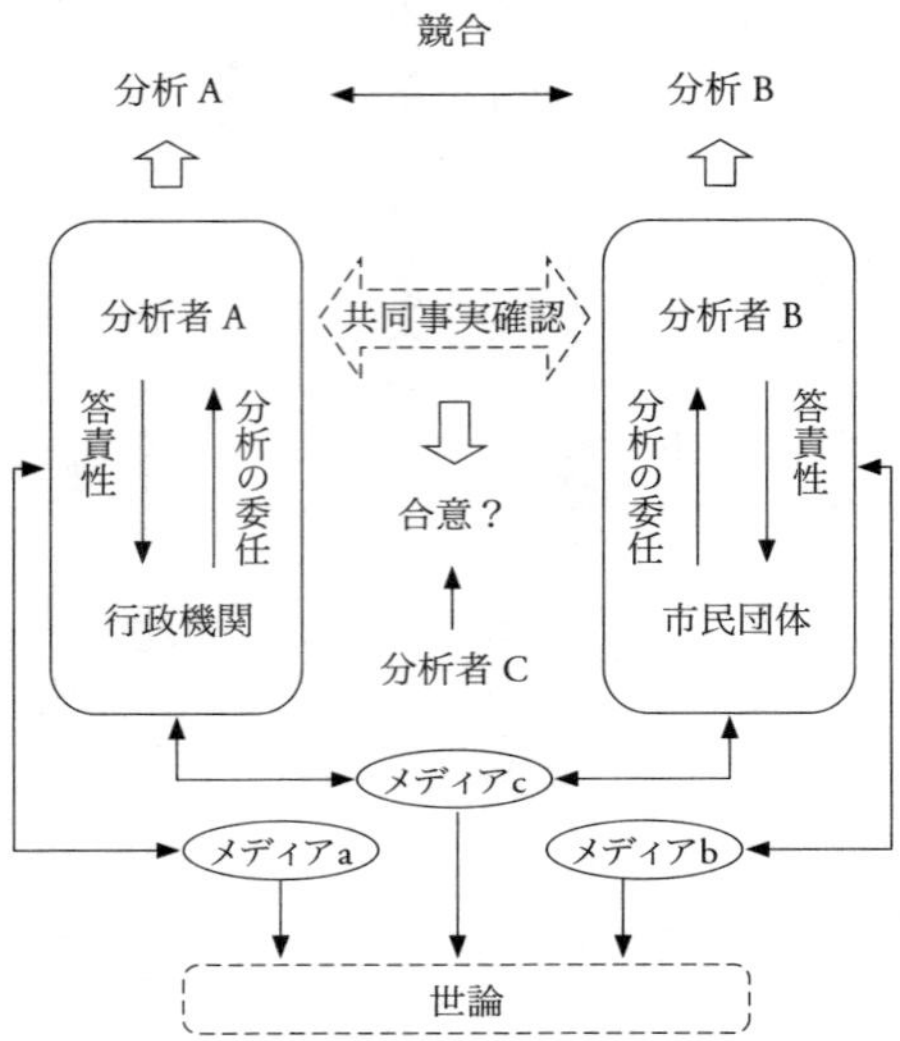

ただし、現にある対立を不可視にすべきではないとしても、対立を保存すること自体の意義を過大評価すべきではない。むしろ重要なのは、現に為される決定は、誰のどのような合意に基づいているのか（基づかせることができるのか）という点であり、対立の保存は、成立した合意への批判的準拠点を確保しておくことにより、合意を修正・拡大していく可能性を高めるためにこそ肯定されるべきである。分析の競合は、ステークホルダーの範囲を問い直しつづけていく「民主的反復（democratic iterations）」としてこそ意義を持つ（Benhabib 2004）。被影響利害原理に依拠するステークホルダー・デモクラシーは、決定による影響を受けうる人びとを決定過程に包摂することを求めるが、影響を非政治的に判断しうる基準は存在しない。したがって、異議申し立ての可能性を十分に確保しておくことによってのみ、決定過程を手続的に正統化することができる。

(3) 公共圏とミニ・パブリックス

二回路モデルは妥当か？　認識枠組みの改善によりステークホルダー分析が洗練され、分析政治に分析の競合性を確保する制度設計が為されたとしても、分析政治の環境となる社会内の一般市民における関心が低調であれば、各分析の妥当性を吟味する議論は喚起されず、対抗的な分析への後援も乏しくならざるをえない（湯浅 二〇〇五：一七〇）。ある課題・争点に利害関心を持つステークホルダーと、市民参加型の政策影響評価に参加する少数の市民、それ以外の大多数の市民とが取り結ぶ関係について、検討を加える必要があろう。

民主政治における政治システムとそれを取り囲む公共圏との関係の定式化として、よく知られているのは、ユルゲン・ハーバーマスに発する「二回路モデル（two-track model）」である（ハーバーマス 二〇〇二─〇三、田畑 二〇一一：二五五─二五六）。二回路モデルでは、熟議はフォーマルなものとインフォーマルなものとに区別され、それぞれに異なる役割が振り分けられる。議会や裁判所など、制度化された政治システムにおける決定を担うための「フォーマルな熟議」では、責任ある決定への圧力が存在するため、一定の時間的制約のもと、最終的には多数決により決定が為される。他方、「インフォーマルな熟議」とは、市民たちによる自由な議論の高まりを受けて営まれる、公共圏における熟議を指す。そこでは決定への圧力が存在しないため、制約のない自由な言論のなかで、より正確な情報の共有と、新たな問題の発見が期待される。公共圏での熟議は、そこで発見された問題を公論として政治システムの政治課題へと高める役割を担うとされるため、二回路モデルにおける熟議デモクラシーは、「インフォーマルな熟議を通じて公論が形成され、その形成された公論をフォーマルな熟議が議題として扱い、最終的に決定を行うという一連のコミュニケーションの流れ」として理解される（田畑 二〇一一：二五六）。

いわゆるミニ・パブリックス（mini publics）論の多くは、二回路モデルを踏まえ、インフォーマルな熟議が行なわれる場としてミニ・パブリックスを位置づける。(52) だが、そこでの熟議と合意が決定に直結していなければ、ミニ・パブリックスに参加する市民の動機づけは確保されにくい。(53) 一般に、決定への反映可能性は参加者の動機づけを高めるとされるからである。コンセンサス会議についての研究では、最終的に作成されるコンセンサス文書が意思決定過程で持つ性格が明示されないと、市民の参加意欲は減退することが指摘されている。しかし同時に、会議体が政策決定過程に直結していると、参加者の意欲が高まる一方で、行政による誘導や成果のつまみ食いが起こりかねず（小林 二〇〇七：二一五）、議論の「政治化」も生じやすくなる。自身の立場が決定内容に反映される余地を大きくしようと、「駆け引き」や「根回し」、「多数化工作」などが多発するかもしれず、熟議における「同調（conformity）」や「集団分極化（group polarization）」の危険性も高まる（Sunstein 2002）。[54]

そこでミニ・パブリックスに決定権限を与えることは避け、動機づけの確保は「市民の代表」意識によって可能になると考える立場もある（田畑 二〇一一：二六〇―二六一）。だが、参加者が「市民の代表」としての自己意識を持つことは自由であるとしても、それがどのような意味での代表性なのかは理論的に問題含みである。参加者の構成を特定の属性（性別・年齢・職業・所得・居住地など）から枠づけて無作為に抽出することで社会学的代表（描写的代表）を出現させられると考えるなら、代表されるべき利害関心（の背景となる属性）を予め特定できると想定していることになり、その判断の妥当性が問われなければならない。[55]むしろミニ・パブリックスの参加者が主張しうるのは、よく吟味された意見の代表という意味での「市民代表（citizen representatives）」たる地位であろうが（Urbinati and Warren 2008; Bohman 2012: 79-80; 田村 二〇一八b：一五―一六）、これは熟議の遂行を通じて示される性格の代表性である。

ミニ・パブリックスの多くは、市民代表によって構成される市民パネルと、ステークホルダー・パネル、専門家パネルを何らかのかたちで組み合わせて設計される。だが、それが公募によるのであれ無作為抽出によるのであれ、市民パネルは、「一般市民」を母集団とする少人数の特殊集団としての地位自体において、ステークホルダー・パネルと変わるところはない。さらに言えば、ミニ・パブリックスにおける熟議に参加しようとする市民は、テーマへの関心を有し、それについて「市民同士で真剣に討議する覚悟」を持つような、「「特殊な」市民」と見るべきであって（小林 二〇〇七：二一三）、そのような関心や覚悟を持たない、残余の「一般市民（lay people）」からは区別される「公衆（public）」である。[56]一定の関心を共有する公衆、さらには自らの利害関係に必ずしも自覚的でない一般市民の内部には、周縁的・潜在的なステークホルダーが分布していると考えられるのであり、ステークホルダーと公衆、一般市民との差異は非連続的なものではない。

市民かステークホルダーか

ミニ・パブリックスの制度的位置を決定過程に直結したものとするべきか、そこに何らかの決定権限を与えるべきかは、ミニ・パブリックスにおける熟議の意義をどこに求めるかに依存する。二回路モデルにおけるインフォーマルな熟議のように、公共圏における公論の喚起・洗練のみを目的とするのであれば（田畑 二〇一一：二六四―二六五）、公募や無作為抽出から構成された少数の公衆による諮問的な実施が望ましいだろう。しかしステークホルダー・デモクラシーにおいては、課題・争点ごとのステークホルダーを公共権力の民主的統御主体と見なすため、ステークホルダーによって構成される合議体へ決定権限を部分的に移譲することが望ましいと考えられる。

そこでミニ・パブリックスの性格を公論形成に限定せず、市民パネルによって構成される公論形成のためのミニ・パブリックスと、ステークホルダー・パネルによって構成されるような意思決定のためのミニ・パブリックスとを区別して、両者を並立させる可能性について検討すべきである。たとえば市民代表によるミニ・パブリックスの議論が先行することで公論が喚起され、市民社会内の利害関係への意識が高まっていれば、課題設定が適切に行なわれ、決定にかかわるステークホルダー・パネルは適切に構成されやすくなるだろう。

「知る」ことによって、人びとの利害関心は新たに形成されうる。合理的無知は、無知であることの便益が知るための費用よりも大きいために維持される。だが一度知ってしまえば、問題への関心が形成され、その帰趨によって自らの利益が左右されると思えるようになる。情報の不全や知識の偏りが是正されるとともに、意識していなかった自らの利害関心を新たに発見・獲得することが促され、ステークホルダーの分布は変容するだろう[57]。したがってマスメディアの機能や公論の喚起、熟議を通じた学習は、人びとが自らの利害関心を新たに認識し、形成し、再編することを促し、ひいては政治的行為へと導きうるのである（see Ackerman and Fishkin 2004: 52=2014: 68）。ただし、このように考える場合、ミニ・パブリックスの実践が与える影響は、市民パネルでなければ得られない効果とは言えない。マスメディアとの協働や議会との連携を機能させることで、ステークホルダー・パネルの熟議であっても、市民パネルによる熟議と同様に公論の喚起・洗練の効果を公共圏全体に及ぼせるはずである。

情報的基盤の整備　活発な公共圏は健全な情報的基盤を必要とするが、「ポスト真実」が叫ばれる近年では、その整備も容易ならざる課題である。現代のユビキタスな情報環境においては、さまざまな政治家・政党・政治団体による恒常的な「政治マーケティング」が行なわれており（Scammell 2014; 平林 二〇一四）、人びとは意図するか否かを別にして、日常生活のなかで無数の政治広告や政治的メッセージに接触することになる。もっとも、政治マーケティング自体は否定すべきものではない。市場におけるマーケティングは、人びとのニーズを探り当て、ニーズに沿った商品を開発し、その優れた点を認識してもらうことを目指して行なわれる。その過程では消費者とのコミュニケーションが存在しており、コミュニケーションを通じて自らの戦略を変えている。同じように、政党が有権者のニーズを把握し、ニーズに沿った政策を立案し、その優れた点を認識してもらうことを目指して有権者とコミュニケーションを持続的に行なうことは望ましい（平林 二〇一四）。重要なことは、この持続的コミュニケーションを操作的（manipulative）な性格を持つものではなく、熟議的な性格を持つものに近づけていく仕組みである（see Sunstein 2017）。

その仕組みの詳しい検討をここで行なうことはできないが、民主政治を支える情報的基盤として特に整備が望まれるのは、①統治権力や大資本から独立した多元的なメディアが自由に活動できる言論空間、②利用可能な経済的資源の多寡によって政治的コミュニケーションにおける影響力が著しい不均衡に陥ることを防ぐ政治資金規制、③他者への最低限の尊重を欠く表現や他者の自律を脅かす行為、事実の歪曲や虚偽の流布などの阻止・抑制、④行政の透明性を確保して統治権力の監視を可能にする情報公開や公文書管理、⑤社会の知的資源を確保・発展させ、市民の自律能力を支える公共図書館および学問研究の公的助成などである。これらの整備は、次章で扱うステークホールディングの諸施策とも密接に関連するであろう。

本章では、ステークホルダー・デモクラシーが想定する主体像を利己的かつ限定合理的な個人に求めた上で、諸個人が何らかの課題・争点にかかわって有する権力・利害関心・関係性に基づいてステークホルダーを把握する新たな分析手法を示すとともに、政策影響評価としてのステークホルダー分析が政治過程において占める論争的・限定的な位置を描き出した。精緻化された分析であっても万人の合意を導くことなどはありえず、ステークホルダーの範囲は争われつづけるであろうが、それでも適切な分析の手法と手続きを確立していくことの必要性は疑いようがないし、分析をめぐる論争性こそが分析政治の健全性を担保するのである。

註

(1) 原発のような迷惑施設をめぐっては、同一自治体内の周辺部に施設を立地して受苦を集中させることで、施設から距離のある中心部の住民が相対的に受苦を減らしながら「地元」としての受益を享受している場合が多い。仮に、道府県中心部までの新幹線延伸などの受益と引き換えに「地元」同意を与えるなどして、中心部住民が「地元」自治体の「特権」を享受しながら、受苦は同一道府県内の周辺部に集中させるような構造があるとすれば、道府県の同意を得たとしても「少数派の保護」にはならない(金井 二〇一二:一七―一八)。

(2) ニクラス・ルーマンによれば、ある決定が引き起こす影響によって損害を被りうる人びとにとって、彼らが当該決定に関与できない限り、引き起こされうる損害は(リスクではなく)外部から押しつけられた「危険」でありつづける(ルーマン 二〇一四:一二九―一三〇、一七二―一七三)。それが外から降ってくる危険として受け止められつづける限り、問題を自分たちのものとして解決に乗り出そうとするような「当事者意識」の獲得は容易でない。こうして過小包摂は、決定の手続的正統性のみならず有効性の条件をも掘り崩すのである。ステークホルダーが決定過程に参加できたとしても、決定の帰結を望ましいものに導けるとは限らない。だが、参加可能性の獲得要求は、自分たちが被りうる影響を自然の帰結（危険）から作為の帰結（リスク）へと転化させようとする試みであり、個人の自律にとって核心的な意味を持つ。したがって参加機会の保障は、人びとの有効性感覚を支えうる条件でもあろう。

(3) 日本の原子力施設立地においては、地元を懐柔するために膨大な受益が随伴的に供与されたため、受益が「特権」化し、そこに周辺部の排除を伴わせるような構造となっている（金井 二〇一二：一九）。

(4) ある決定の影響を被る者の範囲を見定めることなどできない（ゆえにステークホルダーによる決定という考え方は現実的でない）という主張は、さまざまな論者によって繰り返し持ち出されてきた（たとえばルーマン 二〇一四：一三三を参照）。こうした議論の型については、第4章第1節(2)で「バタフライ効果」論として検討を加える。

(5) コーポラティズムの語意は論者によって多義的であるが、さしあたり次のような定義を念頭に置いておきたい。「何らかの意味で身分制的な色彩を帯びる結果にならざるをえない職能代表制によって政治的・社会的調和を実現しようとする思想、運動、体制」（山口 一九八四：一五八）。

(6) 政治理論が一定の人間像と不可分であることを、マクファーソンは次のように述べる。「現存するものであれ、現存せず望まれているだけのものであれ、ある政治システムないしはある社会のモデルが実用的であること、すなわち、かなり長期にわたって良好に作動すると期待できることを示すには、そのモデルを運営していくことになる人間について、何らかの想定がなされなければならない」（Macpherson 1977: 4=1978: 6–7）。

(7) ここで「自律追求」と書くのは、第3章第1節で後述するように、十全な自律はひとりでに実現されるものではなく、制度的手当てを通じた経済的・社会的条件整備を介して接近しうる価値であると考えられるからである。これに対して「自律的」な存在との表現は、自律性が乏しいと考えられる存在と比べて相対的に高い水準にあるという性質を指しており、十全な自律を含意するものではない。

(8) これらの論点は、世界から主体を切り出すところに分節の妥当性をめぐる政治が想定されることを示している。

(9) こうした理解は、「なぜ平等（な尊重と配慮）が根本的に重要なのか」という問いへの非政治的な回答を模索する試み（井上 二〇一七：五二）と懸隔していることに注意されたい。

(10) ここから了解されるように、人間には前政治的に保護されるべき権利が備わっているとの想定を、本書は有していない。こうした想定を共有する社会契約説の伝統について、Nussbaum (2006: ch. 1) などを参照。

(11) 私たちが自己を意識するためには、現に一定の幅を持つ時間が必要とされる。したがって、意識主体たる私は一定の持続性を前提として要するはずであり、そうした「私」は切れ目なく連続していくものである。「時点切片」として捉えることはナンセンスのように思われる。

(12) 逆向きに言うなら、「激痛をともなう治療に現在耐えている人」は、他者としての「未来の自分のために犠牲を買って出ている」のではなく（北田 二〇〇三：一六六―一六七）、未来の苦痛やそれに伴う困難を想起することによって生じる現在の不安や恐れを除去するために行為しているのである。あるいはそれを「共感」（本節で後述）に基づく行為と捉えうるとしても、行為の性質は変わらない。

(13) 「自己の未来の利益への配慮と他者の利益への配慮とが、何か絶対的に異質なものではなく」、「相対的な好みの問題にすぎない」ことを認めるとしても、そこでの他者利益への配慮はあくまでも自己利益に根差すものであるから、自己の不利益に結びつかないようなものまで含んだあらゆる「他人の痛み・不利益が、自分の痛み・不利益と同様に回避されることが望ましい悪・災厄である」（北田 二〇〇三：一六七、一七〇）ことにはならない。

(14) 現在主義からも次のように述べられる（安藤 二〇〇七：二三六）。「私は「私」を今この私が愛着を抱く将来の（だが非存在的対象として現在にある）意識主体と私の集合と見たい。重要なのは心理的連続性と心理的類似性ではなく、私の愛着なのである」。「私が配慮と愛着を持つからこそそれらの諸断片が「私」となるのである」。

(15) 自己の物語的な統合（narrative integration）の欠如は、自律的な意思決定の能力や行為への責任を失わせるとされる。過去の経験や知識を参照することによって自己の物語を紡ぐことができなければ、未来へ向けた選択、決定を為すことが困難になるためである（Bortolotti 2014: 76–77）。

(16) このような自己像は、物語的に統一された自己や、統合的に想像された自己、分割された自己の内的対話を通じて変容していく自己についての議論に示唆を受けている（リクール 二〇〇四、Cornell 1995; Walzer 1994）。

(17) 何らかの献身や自己犠牲など、特定の他者に向けて「自己を放下する」ことから喜びを得ようとする「利他的」な行為は、個体の生が自己目的化されるに及んで、はじめて出現する（真木 二〇一二：一四九）。

(18) 他の立場は効用を欲求充足と同一視する見解に立脚するが、その場合には欲求充足という言葉のみを用いればよい。それにもかかわらず効用という概念を持ち出せば、それは必然的に「欲求充足がもたらす何か」を意味することになり、その「何か」を快楽とは異質な内容に求めることは考えにくい。

(19) 個人の行動についての「合理性仮定は人びとが質の高い情報を持っているとか、高度に発達した（あるいは、万人が同等に発達した）計算能力を備えているとか、常に首尾一貫した選択を行なうとかいう条件を要求するものではない」し、「人びとは時折誤りを犯し、計算違いの結果苦痛を味わうという主張とも両立する」（McCubbins and Thies 1996: 10=1996: 12）。

(20) もし効用の定義を欲求充足に依存するのであれば、定義上、選好が実現された場合には必ず効用が得られることになる。だが、効用を快楽と見なすのであれば、選好が実現したとしても、必ず期待した効用が得られるとは限らない。後者の論理的帰結は、食べたいと思って頼んだ料理が予想ほど美味ではなかった場合など、私たちがしばしば遭遇する現実に沿っている。

(21) たとえば、現代のミャンマーにおけるロヒンギャ族は、こうした存在に近いかもしれない。

(22) ドライゼクはこれに加えて、非人間・自然環境は、人間に「耳を傾ける能力(capacity to listen)」を働かせるよう等しく要求できると主張する(Dryzek 2000: 154)。

(23) ここで示したもののほかにも、生存しているすべての人びとに選挙権を与え、未成年の選挙権はその保護者に代理行使させる「ドメイン投票」(Demeny 1986)や、年齢に応じて選挙区を設定する世代別選挙区(井堀 二〇一六:八章)などの提案がある。まずドメイン投票について言えば、未成年の選挙権を代理行使する人びとが、必ずしも未来世代のために投票するわけではない。それが未成年に付与された権利であるとすれば、保護者は、ある程度の発達段階に達した子どもの意思を尊重して投票するべきであろうが、それが守られる保証はない。したがってドメイン投票は未成年の保護者に加重的な投票権を配分する制度と見るべきであろうが、それを正当化することは容易でない。求められているのは、政治的発言力を持てない未成年への配慮だからである。同じ理由で、既に投票権が保障されている若者を加重的に配慮する世代別選挙区制度を導入するべき理由も乏しいと考えられる。これらに代わってありうる施策としては、未成年や若年世代に特に大きな影響が及ぶ課題・争点をめぐって、その言説的代表者の発言力を加重的に認めることが考えられる。

(24) たとえば参加型開発においては、ステークホルダーによる意思決定過程への参加は、プロジェクトをより効率的、効果的、持続可能なものにすると理解される(MacArthur 1997: 6)。

(25) ここでステークホルダー・カテゴリと呼ぶのは、分析者が任意の集団ないし団体・機関について、当該集団・団体・機関は単一の主体と見なしてよい程度まで利害関係の共通性・一体性が大きいと判断(仮定)する場合に、当該判断の根拠として想定している、共有された特定の属性を意味する。

(26) 分析者が主要なステークホルダー・カテゴリを抽出したのち、聞き取り調査から具体的な利害関係を分析していく手法は、公共政策分野においては一般的であり、その際には単にステークホルダーを特定するだけでなく、合意形成にあたって重要となる論点を明確化することが意識されている(馬場ほか 二〇一五、馬場・松浦 二〇一六)。

(27) 参加型開発における分析では、プロジェクトによって利益・不利益を受けると予期される人びとが含まれる(World Bank 1994: 3)。さらに、プロジェクトから間接的影響を受ける集団として、関心を持つNGOなどもステークホルダーに数えられている(World Bank 1996: 6)。

(28) ここでの反省的な定義とは、社会科学において現実を抽象化して正確な記述と厳密な分析を為すために用いられる、日常的語意を括弧に入れた規約的な概念構成を指す。その定義の妥当性は、それを用いた記述と分析の精度によって評価されることになる。

(29) ここでのlegitimacyは主に社会的な正当化可能性を意味しており、第1章第3節(3)で整理した民主的統治の諸規準とのあいだで混乱を避けるため、「正統性」の訳語を当てていない。

(30) PLUフレームワークにおける正当性の判断がどのような価値規準に準拠するのかによって、プロジェクトから負の影響を受けうる主体は、切迫しているとしても正当ではない要求をするステークホルダーとしてしか認識されなくなる恐れがある (Aaltonen 2011: 169)。すなわち、正当性の準拠価値を選択的に決定できること、あるいは当該社会における支配的価値規準に親和的な地位にあること自体が、権力の保持と結びついているのであり、正当性と権力とは、相互に独立な判断要件でない。

(31) この概念は、一七世紀以前の用法では「あるものについての客観的、ないしは法的な分け前をさすものが大部分を占めていた」が、一八世紀半ばから一九世紀にかけて「広い意味での興味や注目、あるいは興味や注目を引く力のある状態を指す意味」を獲得するようになる。一人一人が抱く関心を意味する語が、金融・財務の法実践に根ざした客観的な関係を示す語から発展してきたことは、主観と客観との区別という容易ならざる問題の歴史的遠景を指し示している (Williams 1985: 171–173=2011: 283–286)。

(32) 当該システム構成員の「欲求」の充足・不充足および当該システム自体の「機能要件」の充足・不充足によって定義される「受益圏」と「受苦圏」の概念は、こうした難点をそのまま抱えているように思える (梶田 一九八八：八―九、また舩橋 二〇一〇も参照)。環境社会学において発展した受益・受苦の枠組みは、特定の紛争について、紛争時点での既存の利益・不利益の布置状況と、紛争の帰結次第で変動する将来における可能性としての利益・不利益の布置状況についての予測とを厳密に区別しないまま、ほぼ同一の次元で捉えている。既存の受益・受苦と、そこに重なるかたちで認識される新たな受益・受苦の可能性を分けて考えるなど (中澤 二〇〇九、二〇一〇)、現状認識と将来予測とを区別すること自体は難しいことではない。だが、受益・受苦という概念枠組みを用いて考えるならば、既存の利益・不利益の布置状況を分析するにせよ、可能性としての利益・不利益の布置状況について予測するにせよ、その時点における静態的な利益・不利益だけを切り取ることになる。しかしながら、ある紛争において人びとが特に注意を払い、それゆえに記述が求められるのは、むしろ既存の利益・不利益の布置状況と将来に予想される利益・不利益の布置状況とのあいだで利益・不利益が変動する可能性の幅なのである。もっとも、利害を利益の変動可能性に対する意識と定義した場合に残される重要な問題として、利益および不利益の「変動」を測る基準点をどの時点に設定するべきかについて、自明な答えは存在しないという点を指摘しておかねばならない。特定の紛争にかかわる利害の測定においては、このことがそのまま政治的な論点として争われうる。

(33) このようにヒト種以外の存在には適用できない前提に基づく以下の議論は、政治主体の範囲が種を超えて想定されうる具体的文脈が生じた際には（本章第1節参照）、明白な限界に面する。現時点での一般的な想像力が届きうる顕著な例としてロボットを挙げるなら、それが固有の利害関心を有していると私たちが確かに感じる——実際に有しているかは問題ではない——ほど人工知能が高度に発達した状況において、彼らの利害関心を把握するために上記の前提を維持することはできない。このように不確実な未来に開かれた観点からすれば、以下の議論が持ちうる普遍的な妥当性には重大な留保を付けなければならない。

(34) ただし、ケイパビリティの増大、すなわち選択の自由そのものが、利益をもたらしうる機能の一つであるとの指摘もある（セン 一九八八：七、Sen 1992: 41=1999: 61）。

(35) 当事者と第三者それぞれにとって顕在的である程度を考慮することによって、「承認ニーズ」（顕在・顕在）、「要求ニーズ」（当事者顕在・第三者潜在）、「庇護ニーズ」（当事者潜在・第三者顕在）、「非認知ニーズ」（潜在・潜在）の四つを分類する見解によれば、要求ニーズが承認ニーズに転化するためには、他の社会問題と同様、請求活動によって社会的認知・承認を獲得しなければならない（上野 二〇〇八：一三―一四、中河 一九九九）。

(36) アイデンティティや承認の問題は、その機能を獲得できるだけのケイパビリティを確保することが求められるという意味では、経済的な配分の問題に準じた捉え方が可能である。経済的配分を通じた社会的包摂のように、利益配分こそがアイデンティティや承認の獲得を助ける場合もあるだろう。経済的利益とその他の多様な価値を含んだ、政治における価値一般は、利害関心の概念によって一元的に把握することができるし、機能・ケイパビリティの確保という観点から統合的に対応することができる。なお、経済的利益と文化的価値の異同をめぐっては、第5章第2節(1)も参照。

(37) いわゆる「外的選好」は、共感や反感に基づいた選好を意味する（Dworkin 1977: 234=2003: 315）。

(38) さらに言えば、主体による主観期待効用や利害関心が内的に整合的で統一されていると考える必然性もない。私たちが競合・分立する利害関心を抱えていることは経験的によく知られている（齋藤 二〇一二：一八一）。

(39) 利害についての客観的分析と主観的認識を突き合わせる過程で、錯誤的認識が修正されたり、適応的選好が変容して、「内省的な」評価が可能になったりする場合もあると思われる（Sen 1985: 29=1988: 45）。

(40) ある論者は、「『影響を被る』ということを論拠にすると、より大きな影響を被る人の意見をより尊重するべきだという考え方が生まれてくる」とした上で、「人びとがどれほど影響を被ることになるかという論争が政策を決定する戦場となるから」、「そのような制度はおそらく実行不可能だろう」と述べる（Fishkin 2009: 77=2011: 124）。だが、論争的であることと不可能であることはイコールではない。

（41）たとえば、後述する「指定廃棄物」の処理にあたって、環境省が最終処分場を建設する宮城県内の候補地として選定した栗原市、加美町、大和町は、いずれも環境省が提示した「適地」の基準に照らして自らの地域が「不適」であると主張し、反対運動を展開した。そこでは、選定の基準が基本的に共有されながらも、環境省と候補地自治体・住民との判断が一致せず、評価・分析に差が生じている。仮に選定基準の妥当性そのものが争われたならば、何を重視するかをめぐって、判断の相違はより大きなものになりえただろう。

（42）迷惑施設立地の正当化には、既存の施設がもたらす受苦を他の地域で分担するという「配分的公正」の論理が持ち出されることがある（中澤 二〇一〇）。こうした場合には、過去の紛争との一定の連続性から構成されうる「先行するステークホルダー（antecedent stakeholder）」の存在を、分析過程においてどう認識・評価できるのかが問題とならざるをえない。しかし分析時点でのカテゴリを所与とする分析手法では、このような通時的観点を含むことは難しい。分析に先立って「清掃工場の建設」と規定された課題・争点は、分析の進行を通じた先行ないし並行する紛争との結びつきの発見に基づき、「受苦の適切な配分」など別のかたちに再定義される可能性を持っている。「who の問い」が「what の問い」と不可分である以上、ステークホルダーの同定には必ず課題・争点の再定義＝限定が伴っているはずであるが、既存手法には、そうした政治的機能への意識を分析者に促す段階が必ずしも含まれていない。

（43）争点には多面性があり、異なるステークホルダーごとに意味が違う（Grimble 1998: 2）。たとえば森林は、木材を伐り出す企業にとっては原材料の仕入れ元にすぎないが、そこに暮らす住民にとっては生活基盤の一部であり、生態系の一部である。

（44）一般に、原子力発電により発生する放射性廃棄物は、家庭系廃棄物と異なり受益の実感を伴いにくいため、同一配電圏域内から生じた廃棄物であっても、受益者負担により自らが処理に責任を持つべきとの意識が生じにくく、負担を動機づける感情的基盤に乏しい。指定廃棄物の事例では、廃棄物が災害により発生しているため論理的にも受益を伴っていないことが、事態を一層難しくしている。

（45）政策決定に時間などの強い制約条件がある環境では、このような危惧は現実のものとなる。高レベル放射性廃棄物を保管する電力会社への違約賠償金の膨張に背中を押されたアメリカ連邦政府は、高レベル放射性廃棄物の最終処分場候補地としてネバダ州ユッカ山の調査を進めるなかで、定められた安全基準を満たさないことが明らかになったにもかかわらず、特例として基準を緩和し、二〇〇二年にユッカ山を最終処分地に決定した（楠戸 二〇一二：一六一―一六三）。

（46）制度的には保障されている決定過程の可逆性を住民が信頼できない状況に置かれた事例は、高レベル放射性廃棄物最終処分候補地への応募をめぐる高知県東洋町における紛争に見られる（菅原・寿楽 二〇一〇）。

（47）顕著な例は、青森県六ヶ所村に立地する原子力施設のなし崩し的な豊富化である（舩橋ほか 二〇一二）。

(48) コンセンサス会議においては、一般市民から公募された市民パネルが、テーマについての「鍵となる質問」を専門家パネルに示して意見聴取と議論を行なった上で、「コンセンサス文書」を作成し、専門家パネルによる技術的修正を経て公表する(小林 二〇〇四、二〇〇七：一八九―一九一)。

(49) 「ハイブリッド型住民参加」と呼ばれる手法では、廃棄物処理施設の必要性のような総論にかかわる部分では専門家とステークホルダーによる合意を形成し、候補地選定のような各論にかかわる部分では一般市民が判断を下すという、決定事項ごとの役割分担が行なわれる(馬場 二〇〇三)。だが、各論を一般市民が担うべき理由は判然としない。利害関係から離れた市民によってこそ理性的討議が可能であるとの想定があるとしても、しばしば指摘されるように、市民の討議を具体的決定に直接結びつけると、議論は政治化しやすく、理性的討議という理想からは遠のく。むしろ市民の理性的討議が担うべきは総論部であり、個別の利害関係に直結する各論部は、ステークホルダーによる合意形成に委ねることが望ましい。

(50) この点では、課題・争点についての情報提供と熟議を実施する前後での意見変化を見ようとする討論型世論調査も同様である(Fishkin 2009)。

(51) 科学的検討の場についての統合／分立の軸と、政治的利害関心からの自律／従属の軸とが相互に独立であるなら、理論的には「統合・従属モデル」もありうることになろう。

(52) ミニ・パブリックスとは、「比較的少人数の市民によって構成される熟議のためのフォーラムの総称」である(田村 二〇一七：一八四)。

(53) 低所得層と政治的無関心層は重なるとして(その想定の妥当性はここでは問わない)、ミニ・パブリックスの参加者への報酬の支払いが、低所得層に対しては(限定的に)参加への動機づけとなりうるとする見解もある(田畑 二〇一一：二六〇―二六一)。だが、多くのミニ・パブリックス実践における参加者への報酬は、低所得者に対する参加支援というより、(平日昼に就労している人びとなどへの)参加の機会費用を充当することで参加者の構成を偏りないものにしようとする措置の側面が強く、動機づけの文脈で論じるのは適切でない。あるいは、機会費用を超えた付加的な対価の支払いを想定している可能性もあるが、低所得者が積極的に政治参加をなしうるための条件整備としての資源分配は、それ自体を目的とする措置が、ミニ・パブリックスの設計に先立って為されるべきであろう(本書第3章を参照)。

(54) ただし、こうした危惧への反論のなかで持ち出されるような(田畑 二〇一一：二六六)、決定に直結していないインフォーマルな熟議であれば同調や分極化は生じないとする理解は、妥当でない。集団内の議論のなかで生じる立場の変化が他者への同調ではなかったことの証明は困難であり、決定への圧力がないからといって同調が起こらないとは言い切れない。また、決定への圧力がないとされる公論形成の次元においても、議論は将来的な決定(非決定)の可能性を視野に入れて行なわれるのであるから、決定との接続が全く意識されないわけではない。現に、アメリカにおける妊娠中絶や同性婚、日本における原発再稼働や被ばく線量の例に見られるように、議論の先にある決定契機が顕示的である場合には、社会内においても分極化が生じている。

(55)　無作為抽出に基づくミニ・パブリックスが社会の「縮図」であるとの想定は、しばしば見られる（田畑 二〇一一：二六一）。もし一定の形式で構成される「縮図」が高い水準の代表性を持ちうると考えるなら、あらゆる政治的決定をその「縮図」によって行なえばよいことになるかもしれない。無作為抽出（くじ引き）と代表をめぐる論点には、第5章第1節(1)で改めて触れる。

(56)　パブリック・コメントの募集に応じる市民もまた、当該募集について情報を得ていること、当該政策について意見具申する能力を備えていること、意見具申をする動機づけを有していること、といった複数の条件を充たす者でなければならないから（原田 二〇一一：七〇―七一）、一般市民の「一般性」を少なからず脱した、「特殊な」市民として把握しうる。上に挙げた三つの条件を充たす者は、当該政策について一定の利害関心を有している蓋然性が高く、ステークホルダーほど一般市民から分節化されてはいないものの、論理的には両者の中間的位置にある公衆である。

(57)　ステークホルダー分析を含む政策影響評価の進行によってステークホルダーの分布自体が変容する分析の内生性は、限定化モデルの妥当性を示すものである。

第3章　ステークホールディング
主体化へ向けた基本権保障

二〇一七年の世界では、九人に一人にあたる約八億二〇〇〇万人が飢えに苦しんでいる（FAO et al. 2018）。ごく基本的な必要さえ満たすことができない人びとが多く残されている社会で、あらゆる人びとに政治主体としての性格を読み込もうとするデモクラシーは成り立ちがたいだろう。デモクラシーの要件たる政治的平等と人民主権からは、福祉国家体制の確立につながる「民主主義を通じた福祉」についての思考が数多く引き出されてきたが、その一方で「民主主義のための福祉」という問いが立てられることは、それほど一般的ではなかった（田村 二〇〇八b）。だが、「どのような政治システムであれ、それが実効的に作動しうるかは、政治システムとともにあってそれを作動させなければならない人びとが、他のあらゆる社会的・経済的な諸制度によっていかに形成されているか、あるいは形成されうるかという点に大きく左右される」（Macpherson 1977: 4=1978: 7）。したがって、デモクラシー理論が持続可能な政治社会の姿を提示するためには、その政治社会を再生産する主体がどのように再生産されるかという政治的主体化の課題への回答を内包する必要がある（see also Gutmann 1999）。

本章は、その回答を「ステークホールディング（stakeholding）」の原理に求め、その理論的彫琢を企図する。ステークホールディングは、ある政治社会の構成員として正当に認められるべき地位・権利の保障を、当該社会への帰属のみを理由にして普遍主義的に行なおうとする立場として、一九九〇年代半ばから議論されてきた。現在の議論の焦点は、諸個人の資産形成を支援する「資産ベース福祉」の諸施策に限られているが、その本来の射程は、各個人を社会一般にかかわる対等なステークホルダーと見なし、政治に参与するための基本的な諸条件の制度的担保を通じて、デモクラシーを担う政治主体へと主体化することにある。

第1節では、まず、ステークホールディングの前提となる政治社会の境界を画定するための原理的な根拠について検討する。次に、ステークホールディングの基本的性格を、諸個人の自律追求の支援を目的とした基本権保障体系に求める。その上で、ステークホールディングが多層的な政治社会にまたがって実現されうることを明らかにする。

第2節では、ポスト福祉国家における新しい社会的リスクの出現が、普遍主義福祉の必要性を提起していることを整理した上で、ステークホールディング論の歴史的文脈と議論蓄積を検討する。そして、既存のステークホールディング論が抱える理論的難点を指摘し、その克服のためにステークホールディングの原理を再構成する。再構成された原理の核心は、政治的平等が要請する集合的・社会的な義務に基づき、諸個人の自律のために必要なケイパビリティを確保するべく、資源の徴収と普遍主義福祉の整備を規律することに求められる。

第3節では、ステークホールディングに基づく福祉ガバナンスを実現する制度体系を描くとともに、諸個人が政治的社会化を果たす場である親密圏や教育課程において、自律が獲得されるための条件について検討を加える。

第1節　主体化のための基本権秩序

(1) シティズンシップの境界

境界問題　デモクラシーの理念を自己決定へのコミットメントと理解する立場は、民主的政体において、諸個人は自らを拘束する法や決定の作成過程に参与する正当な権利を持つのであり、そうした政治的自由を通じて他の基本的諸自由を守ることができると考えてきた（López-Guerra 2005: 219–220; see also Dahl 1989）。だが、民主的政治手続きを、このように拘束的な決定を通じて統治される人びと、すなわちデモスによる集合的な自己統治の過程と解した場合、当のデモスを「どのように構成するかという最初の決定は、決して民主的でありえない」のではないかとの疑問に突き当たる（Goodin 2007: 43）。したがって、デモスの「境界を画すること、政治的メンバーシップの決定は、おそらく最も根本的な政治的決定」でありながら、デモクラシー理論の枠組み内では解決できない問題を含んでいると言われるのである（Whelan 1983: 16）。

こうした「境界問題（boundary problem）」は古くから知られているが、従来の政治理論が依拠してきた主権国家秩序に基づく境界が相対化されるにつれ、研究の蓄積が加速している（Whelan 1983; Macdonald 2003; Abizadeh 2012; Song 2012; 遠藤 二〇一一、福原 二〇一八）。グローバルな相互依存が深化するなかでは、政治的な諸決定がもたらす影響の脱領域性が高まると同時に、私企業やＮＧＯなどの非国家主体による決定が人びとの社会生活の秩序づけに与える影響も強まっている。もはや政治的決定の拘束力がナショナルな単位で領域的に区切られたデモスに限られると前提することも、そうした法的デモスが、主権国家を通じた決定により、あらゆる分野の問題を一元的に秩序づけうると想定することも、妥当性を持ちにくい（Fung 2013; see also Fraser 2008）。

デモクラシーはいつでも、「その内部で人びとが平等な意思決定に参加する平等な機会を持ち、平等な者として政治的権威に自らを拘束する、ある特定の境界を想定している」（Erman 2013b: 853）。所与の境界を本質化するべきではないとしても、何らかの共通性により区切られたデモスの存在を前提にしてこそ集合的な自己統治が可能になる以上、民主政治において境界が構成的な意義を持つことは否定しがたい（Mouffe 2000; 杉田 二〇一五c）[1]。したがって境界問題への取り組みは、境界を取り払うことではなく、境界を適正に画すことを目的にするものと理解されなければならない。境界問題が再浮上するなか、デモスの構成をめぐる民主的な規範として注目を集めているのが、既に触れた被影響利害原理である（第1章第2節(3)を参照）。

政治社会の存立根拠

そもそも私たちは、なぜ特定の人びとと政治社会（political society）を構成するのであろうか。シティズンシップの付与根拠をめぐっては、特定の地理的・歴史的条件を持つ国に生まれたこと、その国に住んでいること、税金を納めていること、憲法に愛着を持っていること、あるいは特定のエスニシティや言語、宗教、文化を共有していることなど、多様な答えが主張されてきた。これに対して本書は、被影響利害原理に基づくステークホルダー・デモクラシーの立場からすれば、回答は利害関係に一元化しうると主張する。

被影響利害原理に基づくのではない説明の仕方として最も有力とされるのは、文化的共同性ゆえに集団的自己決定権が求められるという議論であろう（Barry 1989: ch. 6; Margalit and Raz 1990）。あるいはまた、互恵性に支えられた社会的協働に加わる者同士が集合的意思決定を為すにあたって平等な権利を認められるとの考え方も、これに近似的である（遠藤 二〇一一）。だが、共通の目的をもった協働（common activities）に従事するメンバーに認められた権利として民主的参加を位置づける考え方は、自分がその一員ではない組織や共同体から大きな影響を及ぼされる人びとにとっての民主的参加を説明してくれない（Gould 2014: 88）。このような権力の外部性を考慮しなければ、政治社会の存立根拠に道理的な説明を与えることは不可能である。

リベラル・デモクラシーにおける標準的（だが問題含み）な説明によれば、自由かつ平等な個々人の同意を通じて権力による拘束は正統化され、それが課す責務（obligation）も引き受けられる（Pateman 1985; 1989: ch. 3）。しかしながら、同意が服従の義務を生むとすれば、形式的にも投票権を持たない子どもが服従しなければならない理由は説明しがたい。したがって発想を転換する必要があるだろう。同意があるから服従の義務が生まれるのではなく、むしろ実際に服従させられているから、その権力を統御するために同意が求められるのである。(2) すなわち、特定の公共権力によって共通に影響を被るという事実こそが、政治社会の存立を支えていると考えるべきである。文化的共同性を理由とする集団的自己決定権の要求もまた、公共権力による被影響性の均質性、決定により影響を被る利害関心の共通性の高さを前提していることから、被影響性利害原理に基づく解釈へと包含可能である。

法的境界線を越えて諸個人の自律を脅かす権力が存在する以上、この脱領域的な公共権力を諸個人が民主的に統御するための地位と権利を、デモクラシーは要請するであろう。そこで被影響利害原理に基づけば、現に存在する公共権力は、それが影響を及ぼすステークホルダーの範囲を応答すべきデモスとして出現させることにより、一つの政治社会を構成すると見なせる。そして、ステークホルダー・デモクラシーの視座において、政治社会は公共権力とその構成母体（constituency）から成るために、その境界は必ずしも主権国家と一致するものではない(3)。多元的に存在する公共権力に応じて、諸個人がステークホルダーとして帰属する政治社会も多元的となるのである。ここから国境横断的なシティズンシップの規範的な妥当性が導かれる。これは第4章第1節で後述する、国境横断的なデモクラシーの諸戦略における主体性を下支えするであろう。

政治社会の再生産へ向けた自律

ヘルドは、自らのコスモポリタン・デモクラシー論を定式化するにあたって、次のような「自律の原理」に依拠した（Held 1995b: 147=2002: 175, 強調を省略）。

> 人びとは、自らが利用可能な諸機会を創出し、また制約する政治的枠組みを定める際に、平等な権利とそれに応じた平等な義務を享受しなければならない。つまり人びとは、他者の権利を無効にするためにこの枠組みを利用しない限り、自らの生の条件を決定するにあたって自由かつ平等でなければならない。

本書はこれを踏まえ、ステークホールディングが実現すべき価値を個人の「自律（autonomy）」に求める。自律の一般的な実現程度は、主体が有するケイパビリティを指標として測られる。第2章第2節(2)での整理を踏まえると、ケイパビリティは、①物理的な生存と社会的・文化的な生活の可能性にかかわるような基本的な必要を充たすためのもの、②基本的な必要の充足可能性が脅かされるような事態を予防・回避するために用いることのできるもの、③自らの幸福を追求し生活をより楽しむために用いることのできるものの、三つの水準に分けることができる。各水準は、①が必要の充足、②がリスク・マネジメント、③が私的な善の追求にそれぞれ対応しており、同じ順番で優先的にケイパビリティが確保されなければならない。なぜなら、基本的な必要を充たせることは自律のために何よりも不可欠だからである。(4)

ステークホルダー・デモクラシーの立場においては、特定の政治社会のステークホルダーと見なされた者が政治主体であり、各政治主体が相互に自律して自己の決定を為すために、重要なケイパビリティを確保可能な諸権利を伴うシティズンシップが保障されるべきであると考えられる。多くの国家では、憲法により国民および一定の条件を満たした他国民が享受可能な基本権を定めることによって、シティズンシップを国家的に保障している。古典的分類に従い、シティズンシップを市民的、政治的、社会的の三類型に分けるなら (Marshall 1992)、市民的シティズンシップは人身の自由、言論および思想・信条の自由、財産を所有し正当な契約を結ぶ権利、裁判に訴える権利などを指す。政治的シティズンシップが意味するのは、政治的権威を認められた組織の成員として、あるいはそうした組織の成員を選出する者として、政治権力の行使に参加する権利のことである。最後に社会的シティズンシップは、経済的福祉と安全の最小限を請求する権利にはじまり、社会的財産を完全に分かち合う権利や、社会の標準的な水準に照らして文明的な生活を送る権利に至るまでの、広範囲の諸権利を包含している。このような権利保障は、当該の政治社会の再生産を担う政治主体を構成するために必須とされる。(5)

(2) ステークホールディングの理念

自律条件の制度的整備　本書では自律を、自らに固有の利害関心に従って行為する主体が、他者による恣意的な支配にさらされることなく、実効的な自己決定を為しうる状態と理解する。それは、主体が他者との特定の関係が解消されることで発生する（経済的・身体的・心理的・その他の）諸費用を低い水準にとどめている状態を意味する「自立（self-support）」とは異なるだけでなく、[6]主体が何らかの規則に従って自己を規律・陶冶する道徳的な自律とも区別される、個人的または政治的な自律である。子どもが成長に従って自ら判断・決定する能力を備えていき、老化により同様の能力を手放していくように、個体の自律には程度がある（大江 二〇〇四も参照）。また、優れて理性的な判断能力を持つ成熟した人物であっても専門知を欠いた分野では主体的な判断が困難である一方で（Giddens 1991: 22=2005: 24）、理性的な判断能力に劣ると見なされる被後見人であっても適切な支援を受けることで自ら判断・決定できる分野があるように、個々の主体や文脈ごとに自律の達成水準は異なるのが常態である。したがって自律は、より高い水準での達成を追求の対象とすべき相対的な価値であって、いつ、どのような場合でも完全な水準で達成しうると考えるべきものではない。同時に、自律の達成水準は他者との関係を通じて高めうるものであるから、社会的な諸制度を含む相互作用を離れて、自律可能な主体と自律不可能な主体とを二分できると考えるべきではない。

政治理論における主体像をめぐっては、現実の諸個人が拘束されている社会的諸関係を捨象した「負荷なき自我（unencumbered self）」を前提にすることの問題性が指摘されてきた（Sandel 1998）。負荷なき自我とは、他者に依存することなく自発的かつ理性的に決定・行動し、自己の決定や行動の結果に責任を負うことのできる、理想化・抽象化された個人であり、近代法が擬制として想定する主体像と一致する。だが、自由意思を行使し活動することが容易ではないために他者へ依存する程度が大きい「脆弱な」主体までも他の主体と無区別に自由意思の行使が可能な主体として擬制することで、「脆弱な」主体によって構成される自発性の乏しい関係を他の主体間で構成される関係と同様のものと位置づけることには、問題がある（野崎 二〇一四：一六二）。実際に、労働法の想定している労働者や、消費者法が想定する消費者などは、これに当てはまらない。契約の締結は自由なはずだが、力関係の圧倒的な差のもとでは契約内容は一方的に確定されやすく、労働者や消費者に実質的な自由はない場合があるとして、法主体像は修正されてきた（石川ほか 二〇〇八）。

したがって、諸個人が多様な制約を乗り越えて自己決定を為しうる条件を整えるためには、自律的な生を妨げる要因を取り除くことができるよう、社会内のあらゆる領域にまたがる制度的支援を通じたエンパワーメントが不可欠とされる。自律が単に個々人による選択能力と捉えられた場合には、最低限の市民的・政治的自由を保障すれば自律を確保できると考えられることもあるが、ある政治社会が民主的であると言いうる条件として想定される各構成員の自律を実現するためには、より多くのものが求められるというのが本書の理解である。デモクラシーを成り立たせるための政治的平等、あるいは第1章第3節(3)で民主的統治が調達すべき手続的正統性の一種として挙げた主体性を確保する基礎として欠かすことのできない多面的な制度的支援は、政治過程の帰結ではなく前提とされるべきである。それゆえ、個々の主体が自律のために必要とするケイパビリティは憲法上の基本権として保障し、その実現を社会の「集合的義務」（第2節(3)で後述）に位置づけることが要請される。

憲法秩序と基本権保障　ステークホールディングは、政治主体として等しく有するべき「持ち分」を保障する観点から基本権の体系を観念し、基本権侵害を防ぐための作為を公共権力に要請する。憲法上の基本権体系は、重要なケイパビリティを政策に先立って保障することで、政治社会を維持し、再生産するための主体化を果たそうとするものと理解される（see Nussbaum 2006: 166=2012: 192）。したがって憲法上の基本権は、政治社会の再生産を担う政治主体を構成する目的に基づき保障されるという意味で、個々人が政治過程に参画するために不可欠な「プロセス的」権利であるとも言えよう（松井 二〇〇七：三〇五―三〇八）[7]。ただし、こうした理解を採るからといって、民主的な政治過程を保障する重要な担い手となるはずの司法府の役割をごく限定的に捉え、論争的でありうる多くの課題への取組みを憲法上の要請から切り離して、政治過程の帰結（立法裁量）に委ねるべき必然性はない（松井 一九九三：七三―七四、一九九四：三四九―三五〇を参照）。民主的な政治過程の保障には政治的少数派を含む個々人の自律を制度的に支援・保護することが必須であるとすれば、多数派の意思を背景にした立法府および執政府・行政府の判断に抗してでも、司法府が基本権保障に積極的役割を果たすべき場面は、広範に生じうるからである。

このように憲法秩序（constitution）が保障する市民（すなわち政治社会のステークホルダー）の基本権をプロセス的権利として理解することは、立憲主義と人民主権の緊張関係という、しばしば強調されがちな歴史的理解との一定の隔たりを導くだろう。[8] しかしながら、憲法上の基本権が、同一の政治社会内における政治的平等の制度的担保を通じたデモクラシーの機能への奉仕を目的としている以上、この政治的平等を損なう施策はデモクラシーの自己破壊を意味するものであり、政治社会の集合的義務として回避されるべきことになる。リベラル・デモクラシーや立憲デモクラシーに思想史的対立を読み込むことは自由だが、憲法秩序の枠組みによって人民主権の発露に一定の自己拘束を設けようとするプロジェクトそのものには、理論的矛盾は存在しないと言わねばならない（森政稔 二〇〇八：五二―五七も参照[9]）。

なお、政治社会が原則として再生産を目指すことは、それが必ず再生産されるべきことを意味しない。公共権力の存在に応じて企業や家族を一つの政治社会として捉えうるとすれば、企業の合併や解体、家族の変形・離散・断絶があるように、政治社会が必ず同様の単位・形態のままで再生産されるとは限らない。翻って国家においても統合や分裂がありうるし、[10] ローカルなレベルにおいても自治体の合併などが考えられる。政治社会の構成は多義性・可塑性に開かれているのであって、それは構成員による政治的決定の所産である。したがって民主政治のもとでは、「サステイナブルであるべきもの」についてはそれを固守し、「サステイナブルであってはならないもの」については それを解体すること」を、集合的自己解釈の指針とするべきであろう（森岡 二〇一四：五一[11]）。

さて、ある政治社会の集合的アイデンティティは、自らが帰属する当の集合がどのような政治社会であるのかについての持続的な解釈に基づいて構成される。そこでは、政治社会の集合的な自己拘束を担う公共権力の行使を中心とする憲法秩序のあり方は、当然に枢要な位置を占める。だが、（それ自体の解釈を包含する）憲法秩序はむしろ、政治社会の自己解釈が堆積した帰結の現前と見なすべきであり、政治社会の自己解釈がそこから引き出される淵源ではない。こうした理解は、憲法秩序を人権やデモクラシーなど普遍的な規範が社会ごとに解釈されたものとして捉える「憲法パトリオティズム（constitutonal patriotism）」の立場と対立する（ハーバーマス 二〇一二を参照）。政治社会の集合的アイデンティティは、普遍的な規範の想定を出発点とするものではなく、当該の政治社会に継受されている法的・道徳的な個別規範や、風土的・言語的・民族的・宗教的・その他文化的に共有されている伝統、記憶されつづけるべき共通の経験として保全されてきた歴史などを、持続的かつ批判的に再解釈する集合的営み、すなわち政治的営為の所産として生み出される。既成の憲法秩序にも見出されるような普遍的とされる規範は、こうした再解釈過程における批判的準拠点として絶えず参照されうるが、集合的アイデンティティが構成されるにあたっての基盤でも骨組みでもない[12]。このことは、アイデンティティの本来的な性質からして明らかである。もし、政治社会ごとの集合的アイデンティティが普遍的な規範についての多様な解釈であるとするなら、たとえ現実には相互の解釈が決して一致しないとしても、理想的には単一の正しい解釈にあらゆる政治社会が到達し、規範の普遍的な妥当性が完全なかたちで実現されることが望まれるであろう。こうした想定は政治社会ごとの差異の消滅を意味しており、したがって自他の無区別、アイデンティティの消失を意味する。

憲法秩序は、現に実践されている政治体制、規範、慣行についての再帰的な反省＝自己解釈によって絶えず描き出されつづける。ある憲法典は、そうした自己解釈についての広範な合意を法的に表現することで権力の正統化への拘束力を強めるものであって、憲法典がなければ憲法秩序がないわけではない。もし複数の既存の政治社会が緊密な結びつきを強め、統合された一つの政治社会を上位に戴くことへ合意するとしても、その過程は統合後の憲法草案の策定を出発点とするわけではなく、異なる政治社会が共有しうる政治体制、規範、慣行についての合意形成の途上で漸進的に開始されていると理解すべきである。

政治社会の多層性と補完性　ステークホールディングは、政治社会の構成員すべてに対等な自律を確保しようとする。しかしそれは、あくまでも特定の政治社会への帰属性を前提にしている。シティズンシップが必ずしも国籍と結びつくものではないとしても、それは「同一化と差異化という二つの契機から成り立つ」地位身分であり、内的な同質化と外的な排除を常に伴っている（武川 二〇〇八：二八、see also Brubaker 1992）。そこで、ステークホールディングはグローバルな規模の連帯を導きえないばかりか、自律を実現すべき社会の構成員をより狭く解そうとする立場を批判しえず、社会の外へと多数の人びとが放逐される結果を生み出すのではないか、との疑問がありうる。

これに対する応答は、二段階に分けられる。第一に、（次節で論じるように）政治的な連帯によってこそ実現されうるステークホールディングが、政治的に分断された社会のあいだで限界を持つことは明らかである。ステークホルダー概念は抽象的にしか定義できず、本質的規定を持たないため、労働者が他面では消費者であり、フランス国民が同時にＥＵ市民でもあるように、同じ主体が文脈ごとに異なるステークホルダーとして捉えられる。政治社会の構成は多義性に開かれており、ステークホルダーの定義をめぐる政治の所産として得られた構成に対して、ステークホールディングの原理は中立である。だが、政治主体としてのステークホルダーの範囲が本来的に不確定であることは、それが狭く解釈される可能性と同じだけ、広く解釈される可能性も担保する。

この前提を踏まえて応答を続けるなら、第二に、ステークホールディングを単一の政治社会だけで実現しようとする必要などない、と言える。個人が帰属する政治社会は重層的に存在する[13]。ステークホールディングの実現方法はグローバル空間における多層的・多元的な政治社会にまたがって制度化されうるのであり、ある個人の自律は、彼が帰属する複数の政治社会による施策が、総合的に達成できればよい[14]。自由かつ平等な存在として自己決定を行なう個人の権利が保障されるためには、制度的手当てが必要である。ある政治社会が必ずしもその能力を持たないことを考慮するなら、保障の担い手は、諸個人が同時に帰属する政治社会のすべてであると把握すべきである。国家など下位の政治社会には、その体系のなかで先立って対応すべき責任が割り当てられていると理解できる（see Goodin 1988; 瀧川 二〇一七：一七章）。

この目的の実現にあたって、主として法的・政治的な回路を用いようとするのが「補完性（subsidiarity）」の原理であり、経済的・社会的手段に拠ろうとするのが「人間の安全保障（human security）」、軍事的オプションを含む立場が「保護する責任（responsibility to protect）」（後述）であると考えられる。垂直的な政治社会間における補完性原理は、下位の政治社会が果たすべき集合的義務の遂行を担う統治機構に対して、義務遂行のために必要な財政基盤が提供されるべきことを論理的に帰結する。グローバルに点在する諸個人に自律の条件を整備すべきとするステークホールディングは、何らかの権原に依拠してグローバルな分配的正義を唱える立場に近い（e.g. Nussbaum 2006）。ただし、諸個人に認められる権原とそれに対応して多層的な政治社会が負う責務は、公共権力による被影響性を根拠にしているため、何らかの責任に訴えてグローバルな不正義を是正しようとする立場とも接点を持つ（e.g. Pogge 2008; Young 2011）[15]。ステークホールディングは、マルチレベルでのシティズンシップ保障を規律づけうる価値原理であり、そのような意味で、グローバルな規模の社会的包摂を射程に置いた思想的立場である。

(3) 境界を越えた主体化

国境を越えるシティズンシップ　近代国民国家におけるシティズンシップは、「一時的あるいは長期的な滞在で発生したり、一時的あるいは長期的な不在で消滅したりするのでない、永続性を持った人間の地位」であり、あくまでも領域的共同体の成員資格として、「内部には包摂的であるが、外部には排他的なもの」と理解されてきた（Brubaker 1992: 21=2005: 43-44）。しかしグローバル化が進む現代においては、国民国家がシティズンシップに伴わせてきた閉鎖性は緩和される傾向にあり（Joppke 2010）、ローカル、ナショナル、リージョナル、グローバルといった異なるレベルでの垂直的な多重性と、二重国籍やデニズンシップなど異なる国家における水平的な多重性との両面で、より広く多重的シティズンシップ（multiple citizenship）が承認されつつある（Heater 1999: 116ff.=2002: 197ff.）[16]。へルドの自律の原理において、このように多重化したシティズンシップは、もはや政治的共同体の内部で特定の権利と義務を有する人びとに認められた排他的な成員資格であった従来のシティズンシップとは異なり、ローカルからグローバルなレベルにまで至る重層化された政治共同体の成員資格にまで拡張される（Held 1995b: 233, 272=2002: 265, 309）。すなわち、領域横断的な意思決定によって死活的なニーズや利益に影響を及ぼされる限り、誰であれこの決定に対する平等な権利と義務を持つべきだと理解されるのである（Held 2004: 114–115=2005: 153–154）[17]。

被影響利害原理に基づくデモスの境界再編成においても、決定の影響を受ける場合には誰もがステークホルダーとして参加する権利を認められるという意味で、脱領域的・超国家的なシティズンシップが要請されるであろう（Delanty 2000; 佐々木 二〇一〇）。集合的自己決定（自治）としてのデモクラシーに基づくなら、市民は重大な利害関係を持つ政治的共同体の意思決定に参画できなければならない。人びとの死活的なニーズや利益を左右する意思決定が領域を横断して行なわれる以上、あらゆる次元の政治的共同体において自治の能力を得られるよう、民主的参加の機会は拡大されるべきなのである。市民を単一の国家、単一の自治体にのみ縛りつけようとする制度は、もはや望ましくない。

脱領域的な観点からシティズンシップを再定義するためには、ライナー・バオベックが提唱するステークホルダー・シティズンシップ（stakeholder citizenship）の立場を採用することが有益である（Bauböck 2005; 2007）。バオベックは、在外国民および定住外国人の参政権が広く認められつつある国際的傾向を踏まえ、在外国民にも定住外国人にも一定の条件下で参政権を認める立場として、ステークホルダー・シティズンシップを擁護する。ステークホルダー・シティズンシップは、「特定の政体に諸個人の根本的な諸権利の保護を委ねるとともに、諸個人の福祉を同じ政体の共通善へと結びつける」ような、メンバーシップそのものに対する利害関心を参政権承認の根拠とすることで（Bauböck 2005: 686）、権威への服従や権利の保護のような客観的側面と、政治的共同体への参加意思という主観的側面をあわせて考慮する。この立場に基づけば、多重的シティズンシップのもとで市民が抱く政治的共同体への忠誠心やアイデンティティに関する疑問を退けやすいだろう。複数の政治的共同体へ同時に愛着や利害関係を持つことが一般的である移民のような存在を前提にすれば、集合的自己決定としてのデモクラシーに照らして、複数の政治的共同体への同時的・重合的な帰属を認めるシティズンシップのあり方が望ましいと明らかになる。[18]

保護する責任と越境する自由　最も基本的なケイパビリティにかかわる市民的シティズンシップのうちでも、生命・身体の保護は、絶えず特別な関心を払うことを国際社会に迫る権利である。二〇〇一年に「介入と国家主権に関する国際委員会（International Commission on Intervention and State Sovereignty: ICISS）」が提唱した「保護する責任」論によれば、主権の本質は責任の行使にあり、「内戦・反乱・抑圧・国家破綻などによって、人びとが深刻な被害をこうむっているとき、そして問題となる国家がそれを止めたり、回避したりする意思あるいは能力を持っていないとき、不干渉原則は、国際的な保護する責任に道を譲る」。責任を果たせない国家は主権を保持するに値せず、果たされていない責任は国際社会が引き受けなければならないとされるのである（篠田 二〇一二：三〇六―三〇七）。[19]

これを本章の議論に位置づければ、保護する責任とは、政治社会がその拠って立つ憲法秩序に基づき、その中枢にある権力機関を用いて遂行することが求められる、「集合的義務」であると言えよう（第2節(3)で後述）。また、何らかの理由で居住していた地域から逃れてきた難民の保護は、生命・身体の保護にかかわるきわめて重要な権利を保障するための強い道徳的要請を伴っており、受け入れ側の状況により十全なシティズンシップの保障を為しえない段階においても、その「領域内で差し迫った期限なしに合法的に生き、生活を営む権利」としての滞在の権利は少なくとも保障すべきである（宮島 二〇一三：四七）。

加えて諸国家は、より一般的に国境を越えて移動する自由を認めるべきだろうか。その議論へと向かう前に、まず迫害、人権侵害、貧困、飢饉、人口圧力など、政治的・経済的な理由により非自発的な移住を強いられる状況に対しては、その理由を除くための援助（保護する責任）が第一に為されるべきことを確認しておきたい（Rawls 1999b）。政治社会間での援助義務の遂行が、人の移動に伴う政治的摩擦を軽減するために役立つことは明らかである。困窮する国や地域、集団への適切な手段による持続的援助は、豊かな国へ移る動機づけを弱めるだけでなく、国際的な紛争やテロ攻撃の温床を失わせていくだろう。構造的な不正義という広義の暴力を削減することは、直接的な狭い意味での暴力をも抑制していける（see Galtung 1969; Young 2011）。一般的に言えば、当該の政治社会が内的な課税措置等で十分な自主財源を確保できない場合には、補完性原理に従って、上位の政治社会がこれを補填する措置を行なわなければならない。その際、下位の政治社会のうちで財政的な余力が大きいところがある場合には、上位の政治社会が定めた枠組みのもとで、水平的な財源分配が行なわれることもありうる。これは、豊かな国々に国際的な開発援助への支出を大幅に引き上げること、あるいはまた、すぐ後に述べるような国際的な連帯に基づく税制の構築と運用に積極的協力を為すことを、強く迫るだろう。

こうした諸施策を先行的に実施する必要性を確認した上で言うなら、国境は原則として開放されるべきである。これはあまりにも過激な立場に映るかもしれない。しかし政策的考慮を措いた規範的観点からは、国際的な移動の自由を制限するべき（各国による選別的な入国管理が許容されるべき）正当な理由は見出しにくい（Carens 1987; 岸見 二〇一四、森村 二〇一四、福原 二〇一七）。[20] むろん、実際の国境開放は漸進的に進められることが望ましく、多数の移民・難民を受け入れる社会における諸費用の増大に対しては相応の手当がなされるべきであるし、他方で人口の流出による諸費用が発生する社会に対しても、適切な支援がなされなければならない。[21] そのような政治社会間での相互支援を前提にすることで、諸個人による原則として自由な移動・移住を承認できるはずである。

グローバルな課税と分配

グローバルな規模でシティズンシップを保障するためには、国境を越えて展開される経済活動への課税により、飢餓の抑止や貧困の削減、医療や教育の提供など国際公共財の供給を賄う「国際連帯税」が必要とされる（上村 二〇〇九、伊藤 二〇一〇：三章、上村編 二〇一五）。現在のところ、多くの国々は政府開発援助（ＯＤＡ）の国際公約である国民総所得比〇・七％の目標を達成しておらず、援助国グループ全体の援助総額は国民所得比〇・三％にとどまっている。したがって援助額は引き上げられるべきだが、各国の対外戦略や財政事情に左右されがちなＯＤＡや国際機関への拠出金に、固有の限界があることも否定できない。超国家的な枠組みのもとでグローバルな課税と税収の分配を行なう国際連帯税は、そうした限界を補完して、多層的な政治社会群におけるステークホールディングの不全を手当てしていくことができる。

いわゆるトービン税の名で知られる通貨取引税（currency transacton tax）は、その主要な手段の一つとなりうるだろう（Tobin 1974; Haq et al. 1996）。この税は、外国為替市場での取引にごく低率（一％以下）の税を課すことで短期取引の費用を相対的に引き上げ、通貨価値の安定化を図ると同時に、国境を越える投機性資金の流れを統御することにより、各国のマクロ経済政策上の自律性を回復しようとする（諸富 二〇〇二：一四五）。通貨危機の発生に顕著なように、短期的な資本移動は直接の取引主体以外に大きな負の影響を及ぼすため、その外部不経済を内部化する手段として、外部不経済の原因者である取引主体への課税は正当化が可能である（同：一五二）。通貨取引税を実効的とするには、通貨取引が行なわれる市場が立地する取引地での課税が必要である。そのためには、取引市場の立地国がそこで取引する金融機関に対して、すべての取引記録を保存し、課税上必要なデータを課税当局に提示する義務を課すことが条件になる（同：一五五、Kenen 1996）。その上で、ある市場で行なわれた取引の規模に応じた税収をその市場が立地する国に配分する原則を適用すれば、取引市場の立地国に課税の誘因が生じるとともに、取引市場の代替可能性は限られているために租税回避行動を抑制できる（諸富 二〇〇二：一五五―一五六）。通貨取引高の過半はロンドン、ニューヨーク、東京の市場で占められているため、これら主要な市場の立地国が一斉に通貨取引税を導入することができれば、大きな実効性を持つと考えられる。通貨取引税は先に述べた政策目標の実現を目指す政策課税であり、財源調達を主目的とするものではないため、その税収に対しては副次的な関心しか払われない（同：一五一―一五二）。とはいえ、現に上がってくる税収は、その一部でも国際公共財を供給するための財源に利用することが期待される（同：一五四、ジュタン 二〇〇六、上村 二〇〇九：一九八以下）。

他の国際連帯税としては、航空券税も有力である（上村 二〇〇九：二七五以下）。この税は二〇〇六年にフランスが初めて導入し、現在までに一四カ国で制度化されている。通貨取引税と異なり、航空券税は国際公共財を供給するための財源調達を目的とする税であり、その税収は主に感染症対策に用いられることになっている[22]。航空運賃への課税が望ましい理由としては、航空機を利用して長距離移動を行なう乗客は相対的に裕福な層であると見られる上に、座席の等級によって累進的な課税も可能であることが挙げられる。また、既存の空港や航空会社への課税に上乗せするかたちで徴収できるため、導入に要する費用も小さい（高木 二〇〇六：七六―七七）。さらに、税制の中立性の観点からは、国内航空運賃のみに消費税が課されている状態を是正する意味があり、国際的な消費行為から得られる税収は国際社会のために使われるべきだと言える。この他にも、超国家的な規模で外部不経済を生み出す主体への課税手段としては、二酸化炭素排出税や（上村 二〇〇九：一八八以下）、武器取引に対する課税、プルトニウムの生産に対する課税など、多様な可能性がある。それらの税収は制度設計や経済条件によって異なるから、国際公共財を何の不足もなく賄えるとは言わないまでも、相当な規模で財源を確保しうるだろう[23]。

さて、これらグローバルな規模での課税と分配を求める主張に対しては、国際的連帯の基盤形成を阻むナショナリズムの頑強さとコスモポリタニズムの幻想性を言い募る懐疑が向けられやすい。これは、国境横断的なデモクラシーの困難を指摘する文脈（第4章第1節参照）において、グローバルなデモスの不在や、世界市民としてのアイデンティティの欠如を強調する見識とも通じ合う（e.g. Delanty 2000: 138ff.=2004: 269ff.; 早川 二〇〇九）。だが注意すべきは、グローバルなデモスへの帰属意識や世界市民たる自己認識の有無にかかわらず、諸個人は現に脱領域的な権力からの影響を免れない点である。このため私たちは事実上グローバルな政治社会に帰属しており、既に多少なりとも世界市民としての側面を持っていることになる。グローバル政治社会への民主的参画には、超国家的な単位での忠誠心やアイデンティティは不可欠でない。諸個人が主に参画するのはあくまでもローカルまたはナショナルな政治過程であり、グローバル政治社会への民主的参画は、これらの身近な参加機会を通じて行なわれるにとどまるからである。むしろ、多層的な政治空間において諸個人が確かに世界市民たる一面も持つという先行する制度的事実をより確固たるものにすべく下支えすることが、それによって、わずかながらも確かにグローバル政治社会へ参画しているという意識を持つように私たちが導かれうる点で重要である。

この観点から、多層的な政治社会群への帰属を通じてシティズンシップを保障することが持つ重要な効果を認識できる。先進資本主義諸国においても拡大する経済格差はナショナルな連帯意識への訴えかけを活発化させているが、それは人びとがナショナルな帰属意識を強く持っていること以上に、今なお国家こそが社会的連帯を具現化する能力を保持している（はずだ）との不確かな期待に由来している。したがって、世界のごく一部に集中する富を超国家的に分配する制度的機能を（主権国家間の協働により）出現させることができれば（第3節(1)で後述）、人びとはグローバルな社会的連帯の実現へ一定の期待を抱くことを自らに許し、グローバル政治社会への帰属意識をより強く持つようになるだろう。逆に言えば、社会的シティズンシップを享受するために人びとが恃みにできるのは国民国家だけだとの強い信念は、国際協調の重要性を過小に見積もることによって、ますます国家しか頼ることのできない状況をつくり出す、一種の「呪い」なのである。

第2節　福祉ガバナンスの価値原理

(1) ポスト福祉国家におけるシティズンシップの再定義

新しい社会的リスク

本節では、経済的・社会的な不平等を是正するにあたってのステークホールディングの価値原理を示す。ここではまず、私たちが置かれている現状を確認しておこう。

二〇〇九年一〇月、民主党政権を樹立し、首相として所信表明演説に臨んだ鳩山由紀夫は、「新しい公共」の理念に基づく「居場所と出番」のある社会について語った。鳩山によれば、「新しい公共」とは「人を支えるという役割を、「官」と言われる人たちだけが担うのではなく、教育や子育て、街づくり、防犯や防災、医療や福祉などに地域でかかわっておられる方々一人ひとりにも参加していただき、それを社会全体として応援しようという新しい価値観」であり、そのようにして「人と人が支え合い、役に立ち合う」社会が実現するなかに、人びとの「居場所と出番」が獲得されるのだとされる。[24] ここに描かれた「居場所と出番」のある社会像は、一九九〇年代以降の社会政策学においてパラダイム化した「社会的包摂（social inclusion）」の概念に基づくものである（山口 二〇一二：三―四）[25]。

社会的包摂は、雇用や生活の不安に脅かされる人びとが、単に経済的な困窮に陥るだけでなく、社会生活上の人間関係や自尊心をも失っていきがちであること――社会的排除（social exclusion）――に着目する。人びとが困窮に追い込まれるのは、教育・雇用・社会保険・公的扶助・社会関係資本その他の要因が複合的に影響した一連のプロセスを通じてであり、その排除のプロセスを参加・包摂のプロセスへと修復していくことが、政策課題としての社会的包摂の意味である（福原 二〇〇七）。

社会的包摂が重視されるようになった現代的条件は、私たちを取り巻くリスク構造の転換にある。従来の福祉国家における社会的シティズンシップは、事故や疾病、失業や老齢など、平等な確率で起こりうる共通のリスクへの集合的補償を権利として制度化したものであり、それによって体現された「連帯（solidarity）」には、社会保険的な性格が色濃く伴っていた（ロザンヴァロン 二〇〇六、田中 二〇〇四：五九、六四、二〇〇六：二二一）。だが、これまで前提とされてきた正規雇用型の男性稼ぎ主モデルに基づくようなリスクの均質性は、既に崩れてしまっている。

現在進行しているリスク構造の転換は、①リスクの普遍化、②リスクの階層化、③リスクの個別化の三つに大別される（宮本 二〇〇六：三二―三三、see also Taylor-Gooby ed. 2004; Bonoli 2006）。経済のグローバル化と脱工業化を背景として雇用が流動化する一方、晩婚化・非婚化や、単身世帯・共働き世帯の増加、少子高齢化などによって家族の一様性も失われており、社会的リスクへの強い抵抗力を発揮してきた生活基盤は、もはや誰にとっても盤石なものではない（①）。しかし遍在するリスクは誰にでも同じように経験されるのではなく、リスクへの対応を可能にする保有資源の違いによって階層的に（②）、就労形態や世帯構成、ライフスタイルなどの多様な差異に応じて個別的に現われる（③）。

このようにリスクが同質性を失った現代では、集団主義的なリスク・マネジメントに期待できる役割は縮小せざるをえない。社会政策を担う公権力の配置も、一様の需要を持つ客体を前提して中央集権的に社会サービスを行なう「ニーズ決定型」の「福祉国家」から、多様な個別的需要に企業やＮＰＯなども含めた多元的なサービス主体が対応していく「ニーズ表出型」の「福祉ガバナンス」へと、転換が迫られる（宮本 二〇〇六）。社会ごとに一律の基準で定義される「貧困」のような概念に収まりきらない多様な「排除」を把握可能にし、個別的な解決を促すヒューリスティックな概念としての社会的包摂が注目されたのは、このような文脈においてである。社会的包摂の概念を通じて問われてきたのは、「あるコミュニティの完全な成員である人びとに与えられた地位身分」（Marshall 1992: 18=1993: 37）としてのシティズンシップの「再定義をめぐる問題」そのものであった（田村 二〇〇七：三三四）。

普遍主義福祉

リスク構造の転換が進むにつれて、今や社会政策の形成が制度化された個人主義に条件づけられていることは、一層明らかになった（Beck and Beck-Gernsheim 2001; また武川 二〇〇七：四章も参照）。ベックによれば、市民的・政治的・社会的諸権利をはじめとした近代社会の中心的な諸制度は、個人を対象とする。それらの制度を通じて社会から「脱埋め込み」された個人は、歴史上初めて社会再生産の基礎単位となった。この点は、福祉レジーム論を通じて定式化された福祉国家における社会的シティズンシップの機能が、「脱商品化（de-commodification）」や「脱家族化（de-familialization）」を通じた市場や家族からの個人の相対的自律の実現にあったことを想起するなら、理解しやすい（Esping-Andersen 1990; 1999; 田中 二〇一一）。

成熟した近代における人間社会は、伝統的な社会集団にではなく、「相互的な個人化（reciprocal individualization）」の「逆説的な集団性」に拠って立つことになると、ベックは言う（Beck and Beck-Gernsheim 2001: xxi–xxii）。この指摘は、連帯を集団主義的ではない仕方で再編するためのヒントを含んでいるように思われる。それは果たして、どのような仕方となりうるのだろうか。

「逆説的な集団性」の問いへのありうる回答は、「基礎所得（basic income: BI）」や「基礎資本（basic capital: BC）」に代表されるような、普遍主義福祉の諸構想である。職域や世帯構成などの属性に基づき分断された部分集団にではなく、ある政治社会に帰属する個人すべて（という、より広い集団）に無条件で現金（所得ないし資本）を給付するこれらの制度提案は、個人が個人であることのみへの着目によって、集団主義の現代的困難を突破せんとする。普遍主義福祉は、あらゆる個人に同一の資源を確保することで、人びとの自発的・主体的な必要充足やリスク・マネジメントを支援し、制度化された個人主義のもとでのシティズンシップ保障の実現を図るのである。

選別主義的な福祉がターゲットとするような人びとは、他の市民との関係において劣位に立たされやすいため、自尊の基礎を得られず、諸制度への信頼も失いがちになり、社会的排除へと導かれやすい（齋藤 二〇一七：二五）。これに対して、普遍性が高く、制度の受益者と非受益者を分断させない公的福祉のもとでは、他者および政府に対する信頼が向上しやすい（佐藤・古市 二〇一四：一六八―一七一）。したがって普遍主義福祉への転換を進めることは、反政治的感情が育まれる土壌を取り去っていく助けともなるだろう。

福祉ガバナンスの規律

普遍主義福祉の諸構想のなかでも活発に議論されてきたＢＩは、就労促進施策である

「ワークフェア」や「アクティベーション」などと並んで、社会政策上の「政策規範」や「原理」として語られる場合がある（宮本 二〇〇二、田村 二〇〇七、武川ほか 二〇〇四）。労働と所得を切り離すことで脱商品化を徹底しようとするBIを、福祉の受給を就労に結びつけることで人びとの「再商品化（re-commodification）」を志向するワークフェア／アクティベーションと対照させる構図は、一見してわかりやすい。だが、BIはいかなる意味で「原理」なのだろうか。社会政策上の原理と呼びうるものは、福祉ガバナンスの設計と作動が奉仕すべき目的として特定の価値実現を措定する価値原理か、措定された目的を達成するために最も適切な制度・組織・政策を体系的に明らかにする機構原理の少なくともいずれかである必要がある（第1章第3節参照）。しかし、ワークフェア／アクティベーションは諸制度・諸政策を有機的に結びつける機構原理の一種と捉えうるのに対し、BIは所得保障以外の社会政策に中立的であり、現物給付のあり方を導き出す内在的な論理を持たない（武川 二〇一一：二〇）。つまりBIは、いずれの意味でも原理ではなく、制度構想ないし政策手段の一種にすぎない[26]。この点ではBCも同様である。社会政策における原理を語るためには、BIやBCに優越する上位の規範が必要なのであり、普遍主義福祉を通じたシティズンシップ保障の構想は、BI／BCの位置づけも含めた福祉ガバナンス一般を規律づける価値原理として、組み立て直されなければならない。

そこで本節では以下、人びとを政治社会のステークホルダーとすることを意味するステークホールディングを、福祉ガバナンスの価値原理として理論的に定位する作業に取り組みたい。

これまでの主要なステークホールディング論としては、トニー・ブレアが率いた一九九〇年代後半のイギリス労働党周辺で展開されたステークホルダー資本主義の主張や（Hutton 1996; Kelly et al. eds. 1997）、アメリカの憲法学者ブルース・アッカーマンと財政学者アン・アルストットによって提唱されたステークホルダー・グラント制度の構想などが知られている（Ackerman and Alstott 1999; Dowding et al. eds. 2004; Paxton et al. eds. 2006）。しかしその源流は、二〇世紀前半から英米で続く財産所有デモクラシー論や大衆資本主義論にまでさかのぼることができる（Jackson 2005;

Rawls 2001）。これら個別の議論や構想は、当然のことながら差異を含んでおり、必ずしも単一の立場に収斂するものではない。しかしながら、歴史的・理論的な財産所有デモクラシーの潮流との関係を踏まえた上で、それぞれの主張を検討していくと、ステークホルダーという語の共有に一定の共通した方向性を汲み取ることができる。次項では、こうした作業により、これまで構想・実践されてきたステークホールディングの理解に努めたい。

(2) 財産所有デモクラシーの構想史

財産所有デモクラシーから大衆資本主義へ　アッカーマンらは自身の提案を、財産とシティズンシップを結びつけるアメリカの古い共和主義的伝統を再生させるものだと捉えている（Ackerman and Alstott 1999: 11–12）[27]。このことは土地と結びついたステークホルダー概念の語源に照らしても興味深いが、ジョン・ロールズが「福祉国家資本主義」を批判して提起した「財産所有デモクラシー（property-owning democracy）」の構想へのコミットメントとして理解することができる（Rawls 2001: 135–140=2004: 241–250）。ロールズは、事後的な再分配を中心とする福祉国家の問題性を指摘し、自由と自尊の基礎を提供するために予め諸個人に財産を分配することの重要性を説いた。その立場は、個人の財産形成への支援を通じてリスクへの対応力を備えさせようとする「資産ベース福祉（asset-based welfare）」の考え方と符合するものであり、社会政策における比較的新しい潮流に対応している（齊藤 二〇〇六b）。

財産所有デモクラシーの歴史的淵源にさかのぼることは、ステークホルダー資本主義とステークホルダー・グラントの共通性を理解する上で有益である。個人所有の拡散を促進しようとする立場は、そもそも集団所有へのイデオロギー的オルタナティブとして、一九二〇年代のイギリス保守党において確立された。この立場は三〇年代には同党のスローガンに採用され、戦後も受け継がれた。同党にとって財産所有デモクラシーは、階級を超えた「一つの国民」への統合を果たすという課題認識の意味を帯びていたが、具体策を伴ったものとは言えず、次第に住宅政策における持ち家奨励の意味へと切り縮められていく(Jackson 2012; また豊永 二〇一〇：九六―九七、一八二も参照)。その重要な画期となったのが、マーガレット・サッチャーの登場である。サッチャーが政権を獲得する七九年総選挙の保守党マニフェストでは、「財産所有デモクラシー」が第二の公約に掲げられ、公営住宅を買い取る権利(the right to buy)の付与が約束された(豊永 二〇一〇：九二―九三)。そして八七年のマニフェストには、すべての市民が資本家であるような社会を理想とする「大衆資本主義(popular capitalism)」が登場する(毛利 一九九〇：二八九―二九〇、Jackson 2012: 47)。国営事業の民営化推進を背景に住宅や株式の所有が奨励され、資産を持つ新中間大衆が膨張する一方、上下両層の格差は拡大された(豊永 二〇一〇：一八一、毛利 一九九九：二五)。

サッチャーの住宅政策は、公営住宅の存在そのものを悪と考えるような道徳的動機から突き進められ、財政支出から租税支出へとシフトすることで低所得者層を置き去りにしたが(中村 一九八九、武川 一九九二)、持ち家の重視では労働党も一致しており、ブレア政権以降も抜本的な政策変更は為されていない(武川 一九九九)。より階級横断的な社会的包摂を目指して一九九〇年代に掲げられたステークホルダー資本主義も、集団主義を退け、諸個人の自発的な資産形成やリスク・マネジメントの支援を重視した点では、大衆資本主義との連続性を持つものであった(小堀 二〇〇五：一一三、豊永 二〇〇八：九六―九八)。

大衆資本主義からステークホルダー資本主義へ

労働党政権樹立の前年である一九九六年の一月、シンガポールで演説に立ったブレアは、国民全員を包摂するような「ステークホルダー経済」のシステムについて語っている。彼によれば、そこでは「全ての人に機会が開かれ、功績を通じた向上がなされ」るし、「そこからは、どんな集団も階級も、隔離されたり排除されたりすることがない」(Blair 1996: 292)。彼にとってステークとは、政府の諸政策によって保障されるべき、正当な権利や社会的な地位を一般的に意味する観念であった。ブレアは、あらゆる市民にステークが保障されるべき理由を、次のように訴える。「もし人びとが自分は社会におけるステークを持っていないと感じるならば、彼らは社会に対してほとんど責任を感じないだろうし、社会の成功のために働こうとはほとんど思わないだろう」(*ibid.*: 293)。ここでは、社会のステークホルダーとして承認された諸個人には、責務遂行の期待が当然に伴うと考えられており、ステークホルダー概念の権利主体性と公民性の現われが認められる（第1章第2節(2)参照)。地滑り的勝利を収めた翌九七年の総選挙マニフェストには、「誰もが社会においてステークを持ち、それに対して責任を負う」ことが、「ステークホルダー経済の真の意味である」と書き込まれた（Labour Party 1997: 19)。

ブレアによるステークホルダー概念の使用は、コラムニストで、英米型の株主資本主義を批判して日独型の「ステークホルダー資本主義（stakeholder capitalism)」を唱道した、ウィル・ハットンの影響を受けたものである（Hutton 1996)。企業行動や金融市場に対する規制・監督を重視するハットンの主張は、その後のブレア政権における実際の政策と必ずしも一致せず、のちに彼自身が振り返っているように、ブレアとの蜜月は一時的なものでしかなかった（Hutton 2010: 150–151; 小堀 二〇〇五：四章、今井 二〇一八：一〇二―一一〇)。しかしながら、後述するように、ステークホルダー資本主義の考え方はブレア政権の政策の一部に反映された（Prabhakar 2003)。また、ステークの保障の引き換えとして個々の市民が担う責任を重視する基本的姿勢は、両者に共通している。

ハットンは「ステークホルダー社会やステークホルダー経済は権利と義務の相互関係のもとに存在する」と述べて、権利に伴う義務または責任の存在を強調する（Hutton 1997: 3)。彼に限らず、当時のニュー・レイバー周辺で展開されたステークホルダー資本主義論においては、ステークの保障は政府と市民のあいだで結ばれる一種の契約であり、それゆえ市民の側にも一定の義務が当然生じるとの認識が広く共有されていた（Daring 1997: 11; Soskice 1997: 223; Kelly et al 1997: 243)。彼らの描く社会像において、社会のステークホルダーたる市民には、保障されるステークを元手として自立した生活を営み、積極的に社会に参加することが求められる。職業、技能、資格、財産、人的資本、金融資産、長期間の信頼関係、政治的権利などさまざまなかたちで具体化されるステークは（Kelly et al.

1997: 240, 244)、社会に対する「持ち分」や「分け前」であるとともに、社会運営というゲームのプレイヤーに配られる賭け金をも意味している。したがって責任の負担は、権利ないし地位の保障に伴う義務としてだけでなく、ゲームに伴うリスクとしても前提されることになる。ハットンもまた、「良い資本主義」の心臓部には企業家精神があると考えている(Hutton 2010: 21)。ステークホルダー資本主義における市民像は、社会に対して責任ある参画を果たすような「公民」の側面と、企業家精神に溢れた「リスクテイカー」としての側面を併せ持つものであった。(28)

こうしたステークホルダー資本主義の性格を体現しているのが、ブレア政権が二〇〇一年四月から導入した「ステークホルダー年金」である。ステークホルダー年金は、福祉への依存を防ぐため、就労と貯蓄へのインセンティブを高め、公的年金を最低限の規模に縮小しようとする方針に基づき、国民を私的年金に誘導する目的で導入された。この制度では、民間運営の私的年金が、政府により設定された一定の基準を満たすことで、ステークホルダー年金と認定される。その最大の特徴は、割安になるよう手数料に上限を設け、高い安全性を確保するために運用実績報告義務などを課し、一時未納付や保険移転に伴うペナルティを禁止することで転職および失業によって不利にならない柔軟性を持たせるなど、加入者の権利を守るさまざまな基準が設けられている点にある(藤森 二〇〇二)。

ステークホルダー年金は、個別性の高いリスクに対応するために必要な貯蓄を個人に促し、無年金者・貧困者を生まないためのメカニズムである。それは、職域によって除外されない普遍性の高い民間年金スキームでありながら、加入者の権利を政府が保障しており、職域的な年金同様の集合的なリスク・マネジメントを実現している(近藤 二〇〇八:六六)。他方で、あくまで任意加入の個人年金の一種であり、確定拠出のため、運用の失敗による損害は自らで負わなければならない。ステークホルダー年金のスキームは、権利を保障された市民が同時に責任あるリスクテイカーであることを求めるステークホルダー資本主義の理念を制度化したものであり、自発的性格を持った連帯性を実現する点で(同:六八)、個人の「逆説的な集団性」を具体化する試みの一つと見なせるだろう。(29)

ステークホルダー・グラント　アッカーマンらが提案した「ステークホルダー・グラント（stakeholder grant: SG）」の構想は、高校を卒業したすべてのアメリカ市民に対して、成人時に一律八万ドルの「ステーク」を政府が給付し、利子を含めて死亡時に払い戻させるという仕組みであり、一定額の資本を市民に無条件で配るＢＣ制度の一種である（Ackerman and Alstott 1999; see also Dowding et al. eds. 2004; Paxton et al. eds. 2006; 齊藤 二〇〇六ａ）。制度開始時の財源として、富裕層を対象とする年二％の資産税が課される。この制度のもとでは、「めいめいのアメリカ人は、合衆国の市民として、自国におけるステークを得る権利を有している」とされており（Ackerman and Alstott 1999: 4）、人生の賭け金や社会生活の元手としてステークを保障するという点で、ステークホルダー資本主義との共通性が見て取れる。

アッカーマンらは、ＳＧが貧困に対するプログラムではなく、シティズンシップのプログラムであることを強調する（*ibid.*: 197）。八万ドルの使い道は自由だが、個々の選択の結果は自分自身で引き受けなければならない。ＳＧに期待されているのは、それが高等教育の学資などに用いられ、これから社会に参画していく人びとの「発射台」として機能することであり、セーフティネットの役割ではない（*ibid.*: 215）。また、結果として成功を収めた人は人生の最後にステークを返還しなければならず、払い戻しと納税によって社会全体で制度を支えることが求められる（返還の余裕がない者にこの義務は課されない）。ＳＧのもとでは、「あらゆるアメリカ人は、全員に公平なスタート地点を用意する義務を有する」ことになるのである（*ibid.*: 4）。

ＳＧをはじめとするＢＣについての議論蓄積を背景としてイギリスで創設されたのが、「児童信託基金（child trust fund）」である。児童信託基金は、二〇〇一年総選挙でブレア労働党が掲げ、〇五年一月に導入された。政府が新生児の出生時に二五〇ポンド、七歳時点でさらに二五〇ポンドを支給するもので、給付金は子ども名義の口座（銀行預金、投資信託、株式投資のいずれか）に振り込まれて一八歳まで引き出し不可とされる。保護者は毎年一二〇〇ポンドを上限に積み立てが可能であり、利子・運用益は課税されない。政権交代後の一一年一月に終了し、政府拠出のない「児童向け個人貯蓄口座（junior individual savings accounts）」へと制度移行したが、小規模ながらＢＣを実現した意義は小さくない。

児童信託基金についてアッカーマンは、相続税を財源に用いることでその規模を拡大するべきだと提言し、それが「シティズンシップの相続」のために必要であると主張している（Ackerman 2007）。アッカーマンらにとってＢＣは、あらゆる市民が持つ過去世代の達成への分け前を得る権利に応える制度である（Ackerman and Alstott 2006: 44–45）。曰く、「国家（commonwealth）のすべてのメンバーは、前の世代によって生み出された物質的な賦与の公正な持ち分を相続する権利を持つ」（*ibid.*: 59）。ＳＧにおける返還の義務も、世代間正義の重要性を明示するものとして意味づけられている（*ibid.*: 56）。

アッカーマンらによれば、ＳＧを通じた経済的不安の解消は、市民の反省（reflection）のための確かなゆとりを提供するものである。諸個人が国家的な問題により多くの関心を払う余裕ができれば、冷静で長期的視点に立った熟慮により、政治の質と安定性が向上するであろうし（Ackerman and Alstott 1999: 185）、自分の人生におけるＳＧの根本的役割について反省することは、愛国心の涵養をも促すであろう（*ibid.*: 186–187; Ackerman and Alstott 2006: 51）。彼らに見られる「共和主義へのコミットメント」（齊藤 二〇〇六ａ：一一九）は、発射台としてのＳＧを活用して自らの人生を切り拓いていくような、企業家精神あふれる人間像の想定とともに、ステークホルダー資本主義との共通性を持っている。

(3) 普遍主義的資産ベース福祉の体系

普遍主義福祉の正当化論理　財産所有デモクラシーの発展型たる大衆資本主義とステークホルダー資本主義の連続性、ステークホルダー資本主義に影響を受けたブレアが導入したステークホルダー年金や児童信託基金、そしてＳＧの導入や児童信託基金の底上げを主張したアッカーマンらが示す財産所有デモクラシーへのコミットメントは、従来のステークホールディング論がいかなる性格を持っていたかを理解させてくれる。リスク構造の普遍化・階層化・個別化をもたらす制度化された個人主義に条件づけられた現代においては、集団主義的な連帯は困難であり、ステークホールディングのような個人を単位とした普遍主義的な政策体系が、最も有望なシティズンシップ保障策である。だが、ブレアやハットン、アッカーマンらの議論は、平等な機会の提供と勤労や社会参加の強い要請を引き換えにするものであり、自己の境遇に対する諸個人への帰責性を高める点で問題がある。また、生産性を望みにくい個人の社会的包摂を実現することが難しい。こうした難点の補完や修正を図るため、以下では、普遍主義福祉を行なうための連帯可能性や、制度のもとで個人に課される義務のあり方を考察することで、ステークホールディングの価値原理を新たに再構成していきたい。

議論を先取りするかたちになるが、本書の理解を予め示しておこう。個人の自由な生を実現しようとするステークホールディングは、なぜ使途を問わずに無条件で現金（または現物）を給付する普遍主義福祉を正当化するのか。それは、ステークがシティズンシップに伴う社会への「持ち分」かつ「賭け金」であり、したがって、特定の政治社会への帰属に基づく地位身分以外に何らの条件も問わずに配らなければならないからである。もし、給付される現金の使途の道徳的適切さを問題とし、特にそれを「生産的」目的との関連で問うなら、人びとの自由は生産性という規準に従属することになり、究極的には「非生産的」な生の否定に結びつく。だが、社会のなかに生きている限り、自らの手では賭けることのできない人の前にも、賭け金は置かれなければならない。賭け金を配らないことは、存在の否認を意味するからである。あるいは、社会のなかに人びとが占める居場所を画すステークを、その原義の通り、仮想的な「杭」と見なしてもよかろう。

このような理解に立つことで、ステークホールディングをこれまでのステークホルダー資本主義やＳＧ構想の文脈から切り出し、福祉ガバナンス全体を規律するための原理へと再解釈することが可能になる。制度化された個人主義は、個人の自由な選択を尊重・奨励し、積極的・能動的な主体像を描き出す一方で、自己への帰責性を強める倫理と結びつきやすい（Beck 2000: 167）。従来のステークホールディング理解もまた、公共的責任感や企業家精神に充溢した能動的市民像の想定に強く制約され、肯定されるべき自由や包摂されるべき存在を、狭く捉えすぎていた。これに対して本書が描き出すステークホールディングは、より幅広い人びとの自由な生のあり方を肯定する原理である。

連帯の理由　福祉国家には「制度化された非人称の連帯としての意義がある」一方で、その連帯は「制度（および多分に官僚制化したその運用）によって媒介されており、しかも強制的な性格をそなえているという点で、それを支える動機づけを人々に喚起しにくい」（齋藤 二〇一一：一〇五—一〇六、see also Ignatieff 2001）。ナショナルな単位の連帯を可能にしてきたのは、強制的な徴税権力と、自由な移動を制限する国境管理である（杉田 二〇一五a：五章）。だが制度化された個人主義がもたらす社会の遠心性は、資源の徴収と分配への政治的支持を一層細らせる。そしてグローバルな越境性は、国家を隔てる壁を激しく揺さぶっている。連帯の理由と可能性が問われる所以である。リスクを再び集団主義的にマネジメントすることは困難であり、普遍主義福祉への注目もそこから発している。しかしながら、普遍主義福祉を実施する場合にも、資源の徴収と分配という権力的契機は避けることができない。それはどのような原理によって正当化されうるのだろうか。

有力な原理としてしばしば言及されるのが、ロールズが示した「相互性／互恵性（reciprocity）」である。ロールズの財産所有デモクラシーは、「自由平等な者として互いに表象し承認しあう諸個人が、そのような相互表象・承認による自尊を保ちながら、自身と他の協働のメンバーの利益のために己の分を果たしつつ、己の正当な分け前を受け取る」ような、互恵性の関係に拠って立つとされる（大澤 二〇一一：二八九）。[30] このような考え方は、人びとの積極的活動に基づく経済的自立を支援することで、効率性にも配慮しながら社会的包摂を実現しようとするニュー・レイバーの立場にも近く、現に互恵性の原理からニュー・レイバーを肯定する議論も見られた（White 1999）。ブレアやハットン、アッカーマンら、これまでステークホールディングを論じてきた者の多くも、この原理に依拠していると見なせる。

だが互恵性に基づく連帯は、「己の分」を果たすことのできない者、誰に対しても利益をもたらさず、社会に何ら貢献しえない者を不可避的に排除する。たとえ経済的な意味には尽くされない互恵性（たとえばボランティアやケア、相互承認）を勘定に入れたとしても（齋藤 二〇〇八：一六三）、問題は消えない。働けず、身寄りがなく、親しい知り合いも持たず、何の「とりえ」もない人びとは、排除してよいことになるだろう。賃労働か無賃労働か、経済的か非経済的かにかかわらず、価値や意義とは誰か／何かにとって役立つということであり、評価の基準を多元化・多様化させたところで、役立たない存在が低く見られることは変わらない[31]。互恵性のネットワークから切断されて孤立を深めていくことこそ社会的排除の問題であり、互恵性の解釈を拡大することでネットワークの組み上げ方を変えたとしても、そこから切断される人が出てくることへの原理的解決は導けない。互恵性に基づく連帯は、社会的排除への解決策にならない。したがって私たちは、互恵性以上のものを必要としている。

実際に、私たちの社会は互恵性だけから成り立っているわけではない。なぜ私たちの多くは、重度の障碍者に代表されるような「生産的」貢献を為しえない者を、社会的連帯の対象に含めるのだろうか。同じ国籍の障碍者は対象に含め、国籍は違えども活発な生産的貢献を為している健常者を対象から除外するとすれば、その理由は何か。「生きていることは労働だ」とまで言われながら（山森 二〇一二）、動植物との連帯が拒まれるとしたら、それはなぜか。

それは、私たちがそのように連帯することを望むからとしか言いようがない。その線引きは論理的な必然ではないが、そのように私たちが政治的に意思するから、そうなるのである（第2章第1節(1)参照）。連帯の理由は、哲学的・道徳的な原理によっては正当化できず、政治的にのみ具備しうる。伝統的な社会集団の自明性が失われた現代では、「相互的な個人化」の「逆説的な集団性」によってしか人間社会は成り立たないというベックの主張を、再び思い起こそう。制度化された個人主義下における連帯の根拠は、私たちが政治社会を誰と構成したいかという選択のほかになく、ゆえに連帯は、デモクラシーを通じてこそ可能になる。

したがって私たちが基づくべきは、互恵性ではなく、デモクラシーの基本的な構成要素たる政治的平等である。政治社会がデモクラシーに基づいて成り立つためには、相互に自律した政治主体が創出されなければならない。政治社会の存立と持続のために必要な主体創出を担うのが、ステークホールディングである。そして、政治主体を再生産していくには資源の徴収と分配が不可欠であるから、連帯はデモクラシーに内在する要請である。現代の社会的連帯は、政治的に平等な人びとが連帯するという意思に基づき連帯することによってこそ、実現する。(32)

果たされるべき義務

では、連帯が人びとに要請する義務はどのように理解するべきだろうか。連帯がもたらす便益は、それと引き換えの義務を私たちに要請するのだろうか。互恵性に拠って立つ論者は、まっとうな最低所得と引き換えに自らの生産上のハンディキャップの程度に応じたまっとうな最低限の生産的貢献を為すことは、あらゆる市民が負う基本的な義務だとする（White 1997: 319）。ならば、私たちはなぜ子どもを育てなければならないのだろうか。幼い子どもは存在するだけで家族に精神的な満足を与えるであろうが、自ら生産的貢献を為すわけではない。将来の貢献可能性が理由になるのなら、生まれつき重度の障碍を持った子どもを育てるべき理由は失われかねない。互恵性の原理は、何らの生産的貢献も為しえない人びとの居場所を、社会のなかに位置づけることができないのである。

互恵性原理の支持者の多くは、権利には義務や責任が伴うとする素朴な対応説を採っているように見えるが、個人に認められる権利が、あたかも同一個人に求められる義務と対価性を持つかのように想定することは、誤っている。論理的に対応しているのは一方の権利と他方の義務であり、同一主体における権利と義務ではない。私が政府に対して請求権を持つとき政府は私に対する義務を負い、政府が私に対して権能を持つとき私は従う義務を負うが、この服従は前記の請求権の対価ではない。シティズンシップを特定の政治社会の構成員たる地位と見なせば、私はその獲得と同時に当該の政治社会が課する義務のもとに置かれることになるし、他の対等な構成員が持つ権利に基づく一定の義務に服さねばならない。だがそれらの義務は社会や政府、他の諸個人などが持つ権利・権能が帰結する義務であり、私の権利と直接に結びついているわけではない。

シティズンシップが義務を含むことを否定するわけではない。重要なのは義務の性格である。市民が負う義務の諸形態は多様でありうるが、シティズンシップが意味する特定の政治社会への帰属性に着目するなら、当該の政治社会を維持・再生産していくために要請される一連の義務として、諸義務を包括的に捉えることは不可能ではない。すなわち、ステークホールディングの原理が帰結する義務は、政治社会の自己保存を可能にするために内在的に要請され、集合的ないし社会的に負われる義務である。一例として、日本国憲法が規定している「教育を受けさせる義務」を挙げよう。憲法は一方で「教育を受ける権利」も規定しており、それが権利である以上、対応する義務者が存在する。しかしその義務者は、保護者など特定の個人ではない。教育を受ける権利が各個人に保有される権利であるのに対して、教育を受けさせる義務は国民が全体として負う集合的な義務なのである。それはたとえば義務教育の制度化のように法律に基づく政府の施策（保護者個人への法的義務の規定もこの水準に属する）を導き、その帰結として個人への影響を及ぼすが、個人に直接課される義務ではない。

同じことは、ステークホールディングが帰結する義務についても言える。政治社会を構成する主体創出を旨とするステークホールディングは、諸個人に自律を可能にする多くの権利と自由をもたらす一方で、そのための資源の生産・徴収・分配をはじめとする、政治社会再生産のために必要とされる多くの義務（教育、勤労、納税、防衛、公共の福祉の尊重など）を導出するであろう。だが、そうした権利と義務の結びつきは、社会全体において集合的に現われるものであり、個人の単位で対応するものではない（後藤 二〇〇六：九四）[33]。ゆえにステークホールディングの原理に従うなら、権利に基づく困窮からの解放が、義務の遂行と引き換えにされることはない。自律を高めることが、個人への帰責性を強めることにはならない。これまで考えられてきたステークホールディングは権利と義務の対価的理解に基づいていたが、新たに政治的平等のみを根拠とする社会的連帯の理解に基づくなら、福祉ガバナンスの機能は、諸個人の自律を実現するために要請される集合的・社会的な義務の範囲で規律づけられることになる。

第3節　主体性実現のための制度的条件

(1) 複合的制度による福祉ガバナンス

所得保障　再構成された新たなステークホールディングの原理は、政治的平等が要請する集合的・社会的義務に基づき、諸個人の自律のために必要なケイパビリティを確保するべく、資源の徴収と普遍主義福祉の整備を規律しようとする立場である。アッカーマンらによれば、リベラルな国家は「人生のミステリーに尊厳と責任を持って立ち向かうために必要とされる資源をあらゆる人に保証する政治体制」であり、「みんなに平等な自由を保証する共通のプロジェクト」に人びとを従事させる（Ackerman and Alstott 2006: 51）。このような政治体制の実現やプロジェクトの達成は諸個人の自律にかなうと思われるが、それを可能にするためには、SGだけでは足りない[34]。ステークホールディングの原理からすれば、自律を高めるためにより適切だと考えられるなら、BCやBIに限られないさまざまな制度・政策の組み合わせが要請されることになり、特定の制度が必然視されることはない。

何をもって自律しうるかは人それぞれ異なっているから、各個人にケイパビリティを確保しようとするステークホールディングは、個人間でのサービス内容の差異を正当化できる。同じシティズンシップは、異なるサービスへの権利を帰結する。シティズンシップが含意する権利は、「平等な処遇（equal treatment）」に対する権利と区別された、「平等な者として処遇されること（treatment as an equal）」への権利と理解される。「ある種の機会や資産や負担を平等に分配される権利」を意味する前者が派生的であるのに対して、「他のすべての人びとに対すると同様の尊重と配慮をもって処遇される権利」を意味する後者の権利こそ、基本的なものである（Dworkin 1977: 227=2003: 304-305）。

普遍主義福祉の構想をめぐる論争では、あれかこれかの議論が行なわれがちだが、ステークホールディングの原理に基づくなら、ライフステージ上のさまざまな局面で、個人の自律を高めるための複合的な方策が用意されるべきであり、ＢＩの支持者がしばしば唱えるような制度の簡素化が望ましいとは言えない。ＢＩの核心は無条件性にあり、就労や労働能力、所得・資産、性別、年齢、世帯構成、使途を問わず、現金を個人に給付することにある。人びとのニーズや直面するリスクの種類・原因を顧慮しないＢＩの無条件性は、「ライフステージに対応するリスク・マネジメントの体系的総合的なシステム」としての社会保障の中心を担うことに適していない（成瀬 二〇一一：五、七）。ＢＩを最低生活保障と結びつけようとする議論は多いが（たとえば山森 二〇〇九を参照）、「属性や条件などを、すべて考慮の外に置かれた個人の最低生活費という概念そのものに無理」があることは否定できない（後藤 二〇一〇：三六）。ＢＩの「ベーシック」は「ベーシック・ニーズ」の概念とつながりを持たないとする指摘は、きわめて妥当な但し書きである（Van Parijs 1995: 30=2009: 50）[35]。人生全体にわたる無差別給付としてのＢＩは人びとの自律にとっての「足場」となるかもしれないが（田村 二〇一〇：一五二）、ＢＩだけでは足場として不十分であり、ＢＩだけが足場になりうるわけでもない。若年期にはＢＣも併給できた方がよいし、人びとの必要を充たすためには現物給付が不可欠であり、貧困を防ぐための所得保障には、より有効な方策がありうる。以下では、こうした諸制度を複合的に用いる可能性について検討したい。

第一に所得保障の面では、貧困を防ぐための最低生活保障として、ミルトン・フリードマンが発案した「負の所得税（negative income tax: NIT）」に起源を持つ「給付つき税額控除」の方が、ＢＩよりも適切であろう（Friedman

1962; 森信編 二〇〇八)。この制度は一定額の課税所得最低限を定め、基準以上の人びとには課税を、基準以下の人びとには税額控除を行ない、貧困線を下回る人びとには現金給付を行なう。ＮＩＴは世帯単位の給付と結びつけられがちであるが、個人単位で給付する制度設計も可能である。[36] また、所得調査のみで給付するため給付適格者の捕捉率が高く、調査の有無が第三者に知られることがないのでスティグマの発生が抑制され、貧困対策として優れている(阿部 二〇一〇:二五〇)。

ただし、ＮＩＴが事後給付であることは、ＢＩの生活保障上の意義が小さくないことを示している(Standing 2017: 212=2018: 246)。のちに所得が補塡されることになっていても、手持ちの現金がなければ、たとえば就職面接に臨むための履歴書や衣服の代金、交通費を賄うことができないなど、社会的排除を未然に防げないことがある。また、ライフステージ上の不確実なリスクに対処するためには自由に使える資産が不可欠である。ＮＩＴのような低所得者向けの給付は貯蓄のインセンティブをもたらさないため(齋藤 二〇〇六a:一一八)、リスク・マネジメントのための所得保障は、ＮＩＴだけでも足りない。少額でも事前に所得を保障するための基礎的な手当としてのＢＩは、ＢＣやＮＩＴとともに、個人の自律に資する制度として正当化することができる。

第二に若年期には、適切な水準の保育・教育へのアクセスの保障と、ＢＣが必要である(教育機会の保障が持つ重要性については後述する)。ＢＩとＢＣの優位性を争う議論では、ＢＣは若年期の無差別給付にすぎず、残りの人生を保障しないという点が強調されがちである(Pateman 2006: 94)。それは確かだが、だからＢＣが不要になるわけではない。アッカーマンらは、ＳＧをシティズンシップのプログラムであると考えていた。若年期にＢＣが給付されるべきなのは、それによって家庭環境や成育条件にかかわらず対等な人的資本形成や社会参加の機会を保障できるからであり、したがって給付の帰結よりも給付そのものに意味があると考えるべきである。ＢＣが一括給付ゆえに浪費されたり、単独では貧困の予防・削減などに役立たなかったりしたとしても、そのことはＢＣを否定的に評価する理由にはならない。ＢＣだけでは足りないが、ＢＣもあった方がよい。

ＢＣとＢＩは両立可能な制度であり、同時に肯定できる。フィリップ・ヴァン・パライスは、多額を一括で給付するＢＣの方が、ＢＩよりも人びとのライフステージ上での資源配分に一層大きな自由をもたらせるとの批判を想定して、マイルドなパターナリズムに立てば、浪費を回避させつつ各期内の配分を自由に行なわせるＢＩを正当化できると反論する（Van Parijs 1995: 45–47=2009: 74–77）。しかしパターナリズムに根拠づけなくとも、彼自身が述べているように、「同じ人体が構成する連続した諸人格のそれぞれは同じ額のベーシックインカムを与えられねばならない」と考えればよい（*ibid.*: 46=75）。ＢＩは、自律に対する介入としてのパターナリズムの所産ではなく、その時々の個人へのシティズンシップ保障の一環と考えるべきである。異時点間の人格の同一性を相対化して（第２章第１節⑴参照）、各時点を生きる各人格が給付単位であると考えるなら、五〇歳の人は二〇歳だった頃にどう過ごしたかにかかわらず一定の所得を保障されるべきである。[37] ヴァン・パライスは、このように考えることが、各期のＢＩの残額を含む資産が期末ごとに取り上げられてよいことを帰結するのではないかと恐れたが、連続した諸人格のあいだで継承される資産を死亡時の相続と同様に扱うべき必然性は存在しない（*ibid.*: 47=76）。

ＢＩは、その給付が意味するシティズンシップの承認そのものに意義があり、それだけで生活が可能になる規模である必要はない。むしろ、制度の持続可能性を毀損するような高額のＢＩは、望ましくない。自発的な必要充足やリスク・マネジメントのための基礎的な所得を保障するＢＩは、諸個人のケイパビリティを拡大することに役立つが、最低生活を保障する制度ではない。生活保障のためには、ＢＣやＮＩＴ、現物給付などＢＩ以外の手段が併せて講じられるべきであり、稼得のためのメニューが多様化されるべきである。

活動保障とサービス保障　第三に、壮年期には労働を中心とする活動保障が求められる。最低生活保障と結びつけられたＢＩは、脱商品化を徹底し、「働かない自由」を保障すると考えられている（Fitzpatrick 1999: 48–51=2005: 58–61; Pateman 2006）。その主張の背景には、脱工業化社会では完全雇用の達成がますます困難になるとの認識から、所得と就労の結びつきを相対化しようとする脱生産主義が存在する（新川 二〇〇二a、二〇一四）。だが、ＢＩが労働市場からの退出者を相当数生じさせるなら、[38]歳入が減少し、制度の維持は困難となる（Fitzpatrick 1999: 57=2005: 67）。シティズンシップに由来する権利は、それだけでケイパビリティが確保されるべき理由となるから、福祉が就労を条件とすることは望ましくない。とはいえ、所得と就労の切り離し自体に何か意義があるわけではないし、その追求が財政的に持続可能とは思われない。「働かない自由」だけに焦点を当てることは間違っている。

むしろ個人の自律のために重要なのは、労働市場への参入離脱の自由を高める「働く権利（the right to work）」の保障である。働かない自由＝「労働からの自由」が「労働への自由」を含まないのに対して、働く権利（労働権）は二つの自由を同時に意味する。働くことも働かないこともできなければ、権利とは言えないからである。[39]これに対して勤労の義務は、必要な資源を誰かが生産・調達しなければならないという社会の集合的義務として理解されるため、個人の不就労への懲罰的措置や道徳的スティグマの付与は否定される。働かない人の自由と働けない人の存在が肯定される一方、政府には、働く権利を保障するための施策が求められることになる。[40]

すなわち、離職が差し迫った困窮を生まず、労働へ強迫されることのない条件が整えられると同時に、稼得可能な労働の選択肢が十分に確保されなければならない。このためにはＢＩでは足りない。ＢＩは低賃金労働を受容できる余地を高めるので、働く自由を実質的に実現すると語られることもあるが（Van Parijs 1995: 37=2009: 59）、低賃金のごく限られた労働しか選べないのなら、それは自由とは言えない。脱商品化を通じた商品化の下支えは、結果的に脱商品化の程度を高めない可能性がある。[41]それゆえ脱商品化の追求だけでなく、労働市場そのものの変革も必要である。まず、ケア労働や地域の公共サービスなどから相応の報酬が得られるような環境づくりを進め、稼得可能な労働の選択肢を豊富にしていくべきであろう。[42]就労を望む市民の権利として提供されうる雇用機会という意味で、これを「ベーシックワーク」と呼んでもよい（宮本 二〇一七：一〇二―一〇六）。また、企業に公正な賃金水準を実現させるためには、適切な最低賃金を法定するだけでなく、企業の意思決定過程における労働者代表の関与を

表3–1　ステークホールディングに基づく福祉ガバナンスの制度体系

	未成年期	若年期	壮年期	老年期
所得保障	BI	BI NIT BC	BI NIT	BI (NIT) 市民年金
活動保障		働く権利	働く権利	(働く権利)
サービス保障	保育・教育 医療・介護	教育 住宅 医療・介護	(教育) 住宅 医療・介護	(教育) 住宅 医療・介護

強めることも重要である（この点は次章で改めて論じる）。

第四に、老年期の所得保障にはステークホルダー年金、あるいは世帯構成やキャリアパスにかかわらず万人に給付される「市民年金」が必要であろう。[43] 強制加入の市民年金制度は、自賠責保険と同じように、予想されるリスクに対する備えを義務づけることで、社会全体のコストも削減する。強制加入は一見パターナリスティックであるが、将来の主体を現在の主体から保護する意味では、必ずしもパターナリズムとは言い切れない。どのような人生を歩んだ人にも平等な権利を保障するため、個人口座に基づく統合された年金制度を構築するべきである（ピケティ 二〇一四：五一〇）。

最後に、必要への給付としては、適切な水準の住宅、医療、介護へのアクセスを保障するほか、ＢＩでカバーしきれない部分に関して住宅手当や障碍手当などを設ける可能性が考えられる。保育・教育へのアクセスの保障を含めた必要に基づく現物給付は、「ベーシックサービス」と呼んでよい。

以上の議論を踏まえ、ステークホールディングに基づく福祉ガバナンスの制度体系を、ライフステージの各段階に応じて整理したものが表3–1である。

財源と税制　ステークホールディングが要請する諸施策を実現するための資源は、どの程度の規模を、どのような手段により確保するべきであろうか。制度の詳細な設計や試算は本書の目的を逸脱するが、[44] これまで見てきた諸施策が依拠可能と想定される財源に関する大まかな考え方を示せば、ステークホールディングが政治的に実現可能なヴィジョンを提供しうることは十分に明らかにできるだろう。

公的支出に必要な資源を確保するための通常の手段は徴税であり、支払い能力のある市民に納税の義務を課すことは正当化されるだろう。(45)自律条件の整備に要する費用の捻出は社会の集合的義務であるから、税制において優先すべきは、応益原則(利益原理)よりも応能原則(能力原理)である。同一水準のケイパビリティを確保するために必要とされる公的支出からの受益の程度は人によって異なるが、その差異は実現すべき政治的平等とのギャップの補塡として正当化できる。他方、応能原則が正当化されるのは、資源の徴収によって被る影響を同一水準に保とうとすれば、保有する資源の大小に応じて徴収する資源の程度を変化させる必要があるからである。どのような種類のケイパビリティがどの程度まで保障されるべきなのかは社会的な合意から独立して定められないが、重要と見なされたケイパビリティを保障するために要する資源を、個々人の自律を脅かさない手段により利用可能なかたちで確保することは、社会の集合的義務である。したがって、資源の不足によりケイパビリティが十全に保障されていない個人が存在しつづける限り、ケイパビリティの確保に要する水準をはるかに超える豊富な資源を有する裕福な個人から、同じ水準を明らかに超えた状態を保つ程度まで追加的に資源を徴収し、困窮している個人へ分配することは正当化できる。逆に言えば、ケイパビリティの欠損により困窮する人びとが存在しない状況を維持できる限り、相対的に裕福な人びとの富をより多く強制的に移転させるべき理由は見出せない。極端な不平等は是正されるべきだとしても、(46)すべての人が平等な豊かさを享受しなければならないわけではない。

一部のリバタリアンなどは、私的所有権の保護をきわめて重視するゆえに、私有財産を標的とした政府権力による徴税と再分配に強硬な反対を示す。だがステークホールディングの原理に基づけば、憲法上の基本権の一種としての財産権は、政治主体として活動する経済的基盤を獲得させるために保障されていると言え、政治社会を再生産するための集合的義務と個人の自律保護の要請の相互均衡によって、一定程度まで政策的に制限可能であると考えられる。したがって個人の自律を脅かすような過度の制限は許されないが、生存権が保障するような基本的必要を大きく超えるようなケイパビリティの水準にある財産権までを保護すべき理由は乏しい（山下 一九八八も参照）。そもそも、財産権とその保護に基づく市場の機能そのものが、租税によって支えられる政治的な諸制度のもとで存立しえている（第4章第2節(2)で後述）。この点に明らかなように、現実には「政府の介入に先立って、人びとがそもそも所有しているものは何か、何が彼らのものか、といった所有物のある初期的な配分を所与のものと考えたり、あるいは正当化の必要のないものとか批判的な評価に服さないものと考えることから出発することはできない」(Murphy and Nagel 2002: 8=2006: 7)。前政治的な市場や財産が存在するという考えは空想にすぎないのである。むろん私たちが日常的に受け入れているような、労働の対価としての財の獲得や、市場における自由な契約の帰結としての富の蓄積など、主として功績に訴えかける経済格差の正当化理由は、無視するべきではない。ここで主張しているのは、そうした観念が妥当しうるのは、同じ政治社会の担い手としての平等な地位とそれに伴う権利（ステーク）が保障されなければならないという、より基底的な要請への入念な対応が施されたあとの段階に限られるということである。

以上のような前提から、ステークホールディングのための諸施策を含む公的支出の財源を調達するための税は、支払い能力に応じて原則として累進的に、あるいは少なくとも比例的に課されるべきであり、貧しい者ほど負担感が大きい逆進的な税は望ましくない。むろん税体系や税収に基づく給付との関係も考慮する必要があり、単独では逆進的な税の存在が必ず格差拡大を招くわけではないが、他に十分な選択肢がある場合は選ぶべき理由に乏しいことも確かである。このような考え方を引き出せたならば、多種多様な税制をどのような組み合わせで打ち立てるべきかをここで詳細に論じる必要性は乏しい。

その上で、考慮すべき要点をいくつか指摘しておきたい。まず所得税は、経済に与える影響を加味しても最高税率を引き上げることが可能であるし、担税力に基づく公平性を実現するために引き上げるべきである（Atkinson 2015: 187–188=2015: 215–216）。また、過大な経済格差は利用可能な資源の違いにより民主政治における影響力の著しい不均衡をもたらしうるため、これを是正するためにも、純資産への課税である富裕税を設けることが望ましい。トマ・ピケティが長期の経済分析を用いて示すように、多額の資産を保有する者は、その資産が生み出す新たな収益により富を加速度的に蓄積させていくため、拡大する経済格差を是正するには、所得よりも資産に対して累進的な課税を行なうことが有効である（ピケティ 二〇一四、see also Milanović 2016: 217–218=2017: 221–222）。

不平等の是正にあたっての資産所有への着目は、前節でも触れたような、福祉国家資本主義における事後的再分配の限界を踏まえた、財産所有デモクラシーにおける「当初分配（pre-distribution）」の重視と軌を一にする（Hacker 2011; Hacker et al. 2013; O'Neill and Williamson 2012; 大庭 二〇一八）。すなわち、事後的な再分配だけでは格差是正に限界があるため、同時に諸個人の課税前所得の拡大（賃金水準の引き上げ）や資産形成を公的に支援すべきなのである[47]。賃金格差を縮小させるためには最低賃金を設けることが有用な手段であり（Alvaredo et al. eds. 2018: 276=2018: 267）、上層における富の過剰を制限するだけでなく、底辺の少額貯蓄を奨励することも重要である（Atkinson 2015: 155=2015: 177）。世代間の資産移転を抑制する相続税の強化、労働者による株式所有や低・中所得層による金融資産の保有を促進する政策など、当初分配の重要性は多くの研究者が強調している（Milanović 2016: 218–222=2017: 222–225）。

しばしば誤解されていることだが、世界の経済格差と各国の財政制約は、富裕層および多国籍企業の課税逃れによってもたらされている部分が大きく、グローバル資本主義の必然的な帰結とは言えない。富裕税は資産保有の正確な捕捉が困難であることを理由に退けられやすいが、国際協力が有効な解決策となりうる。ガブリエル・ズックマンの提言によれば、株式や債券などの金融証券の所有者を明らかにする資産台帳の作成と、あらゆる銀行が顧客の情報を提供する自動的な租税情報交換システムの導入を各国が連携して行なえば、不透明な金融取引を明るみに出し、隠されている資産への課税が可能になる（ズックマン 二〇一五、Zucman 2014; see also Alvaredo et al. eds. 2018: 263ff.=2018: 255ff.）[48]。各地の民間帳簿を統合した世界規模の金融資産台帳をＩＭＦに作成・管理させ、各国の課税当局が管轄する納税者の保有資産を確認するために利用できるようにすれば、これまで難しかった金融資産への累進的な課税を導入し、資産格差を是正することができる（ズックマン 二〇一五：一二九―一三九）。また、課税逃れがなければ税収は増加し、緊縮財政を生み出している公的債務やそれに伴う国債の利払いを削減することができる（同：七四―七七）。脱税対策は財政再建や減税の可能性を高めることで、隠すほどの資産を持たない大半の納税者に恩恵をもたらすとともに、社会的な公平感を向上させ、租税抵抗の緩和に貢献するだろう。

また、グローバルな市場競争の激化を理由に、法人税率の引き下げは国際的潮流であるとして政治的に容認されやすくなっている。望ましい税率はそれとして検討されるべきだが、それ以前に重要なことは、主要な多国籍企業が移転価格操作などの手段を用いてタックス・ヘイブンに利益を移すことで課税を逃れている実態の認識であり、これによりアメリカの法人税収は少なくとも三〇％が不当に失われているとの指摘もある（同：一四〇―一四三）。したがって、実際の販売量、労働者の存在を示す賃金総額、生産に利用される物的な資本など、企業が操作しにくい要素に基づく配分式により世界規模の利益を国ごとに割り振った上で、各国がそれぞれの税率により課税できるようにする国際的枠組みを構築することが、真っ先に取り組むべき課題である（同：一四四―一四六）。国家間での税率引き下げ競争に陥ることは各国の財政制約を強化する結果を生むだけであるから、不幸な「底辺への競争」を抑制するためにも、国際協調を模索していくべきである（國枝 二〇一〇：五〇）。

最後に、相続税および贈与税は資産移転への課税であるが、税収に占める割合は小さく、財源調達機能は相対的に弱い。むしろ経済格差の世代間継承を抑制する再分配こそ、その主要な機能であると見なせる（神山 二〇一五：三二）[49]。法定相続の存在根拠には多様な説明があるものの、最大の理由は当該社会における支配的な親族秩序の継承にある（伊藤 一九八一も参照）。この立脚点からは相続される財産の規模に関する特段の要請は引き出せないため、相続税（および贈与税）を高率（かつ累進的）に設定することを通じた再分配機能の強化は正当化が容易だろう。相続税引き上げによる歳入は、アッカーマンが主張するようにBC制度の導入に用いることが望ましいかもしれないし、経済格差の世代間継承を促進する教育投資の格差を是正する施策に用いることも考えられる（神山 二〇一五：三五―三六)。いずれにせよ資産移転税は、諸個人への普遍的給付を通じた「社会的な相続」の財源に用いるべきだろう（see Ackerman 2007; Atkinson 2015: 169ff.=2015: 194ff.）。[50]

(2) 親密圏における公的自律

政治社会としての親密圏　ここまで福祉ガバナンスに焦点を当ててステークホールディングの具体化を検討してきたが、政治主体としての自律に資する制度的支援を検討する上で視野に置くべき重要な社会領域についても、簡単に触れておきたい。その一つが、「親密圏（intimate sphere）」である。政治主体たるべき諸個人は、その活動の過程において、ふつう親密圏から現われ、親密圏に還る。ここで親密圏と呼ぶのは、血縁や同居、交際、精神的紐帯などの人格的・継続的な近接関係を介して、諸個人が自らの家族、親族、恋人、友人などと形成するインフォーマルな集団ないしネットワークに固有の相互作用領域であり、自由主義的な公私二分論においては、もっぱら私的な性格を持つと目されてきた場である（齋藤 一九九二、二〇〇〇、二〇〇八：七章などを参照）。だが、一九六〇年代後半以降に現われた第二波フェミニズムが、法的・形式的平等にもかかわらず現実の経済的・社会的不平等をもたらしてきた男性支配（家父長制）を告発し、「個人的なことは政治的である」と訴えたように、私的と考えられがちな親密圏においても、政治的な側面を見出すことはできる（衛藤 二〇一七、山田 二〇一〇b、Okin 1998）。

当然のことながら、親密圏のなかには相互に独立する複数の人格と意思が存在しており、それらは個々に固有の利害関心をもって対立しうる。親密圏における相互作用を協働的に継続していくということは、こうした対立を調停しつつ、集合的な意思決定を繰り返していく過程にほかならない。たとえば家庭内では、家事労働やケア労働（育児・介護）の遂行、有償労働・社会活動への参加や対外交際の方針、家計の管理などをめぐって、複数の構成員間での意思決定が必要とされるであろう。また、現実の親密圏における人間関係は、好むと好まざるとにかかわらず長期にわたって継続する傾向が強く、非自発的・固定的な「向き合ってしまった関係」としての側面を持ちやすい[51]。これらの点を考慮すると、親密圏における集合的意思決定の性格は、集団に属する主体すべてを拘束する政治的決定となる。すなわち、親密圏もまた、政治社会としての一面を備えることになるのである。

親密圏の民主化

親密圏が政治社会の側面を持つ以上、この領域にも必然的に民主化の要請が及ぶ[52]。それは、親密圏における諸決定を自由かつ平等な構成員間の合意形成に基づかせていくこと、私たちが親しい相手と交わす日常会話（everyday talk）であっても、熟議的な視座と結びつくものとして捉えることを導く（Mansbridge 1999; 田村 二〇一七：一六二―一六四、二二〇―二二七）。

これは、親密圏に属する事柄を何でも政治的なものと見なすことを意味しないし、私的な会話をすべて熟議に変えていくべきであるという主張でもない。友人との雑談や恋人との触れ合いなどを含む、親密圏でのあらゆるコミュニケーションに政治的なそれと同様の規律や形式を求めることは、誰も望まないだろうし、必要でも可能でもない。たとえば家族の民主化が論じられる際に念頭に置かれるのは夫婦関係（夫婦間の会話ないし熟議）であることが多く、親子関係への言及は避けられる傾向にある（たとえば田村 二〇一五、二〇一七：六章を参照）。その背景には、成人が子どもと相互に対等な熟議を行なうことは難しいとの判断があるだろう。もっとも、親密圏における熟議の困難を指摘したからと言って、民主化の要請を振り払えるわけではない。

ここで確認すべきは、親密圏に要請される民主化が、構成員間の熟議を実現することではなく、むしろ構成員間の自由かつ平等な関係を築き上げることを意味するとの理解である。そうした関係は、場合によっては熟議をも可能にするような水準でありうるかもしれないが、熟議ではなく、同じ政治社会の構成員が持つべき対等な主体性の確保を目的とする。また、ほとんどの人が親密圏において最初の政治的社会化を経験する以上、親密圏の民主化は、より上位の政治社会における諸個人の主体性確立においても、きわめて大きな意味を持つ。したがって親密圏にかかわる規範的要請は、構成員間に特定のコミュニケーション様式を求めることではなく、まずもって各構成員の自律を高めることでなくてはならない。そして、政治社会の一種としての親密圏では、政治主体としての等しい地位を持つ子どもの自律可能性を高めていく責任は同じである。それゆえ、子どもを含む構成員すべての権利を保障することは、私的な自由や権利としての私的自律であるにとどまらず、政治主体としての公的自律の保護を意味する。(53)

親密圏における自律の支援　親密圏が個人によって構成される関係・単位であるとすれば、その内部においても諸個人の自律は侵害されるべきではない。自己の安楽および再生産の場、性愛・繁殖の場、ケア（生育・養育・介護）の場などといったように、親密圏が持つ意味や、そこから享受しうる機能は個々の主体によって異なるが、どのような性格を持つ親密圏であっても、その構成員たる個人の自律への脅威は除かれなければならない。たとえば、恋人間や夫婦間での暴力、児童虐待、老人虐待など多様な形態を含むドメスティック・バイオレンス（ＤＶ）は、親密圏における重大な権利侵害であり、自律を脅かす社会的権力の行使である。ＤＶを防止・是正するために国家権力の介入を求めることには、自由主義的立場から危惧が表明されてきた。だが、親密圏を構成する諸個人はそれぞれ独立した主体であり、相互に対等な人格として、憲法上認められた権利が保障されなければならない。そのほかにも、文化的共同性に基づく強制のために自律が損なわれかねない場合や、親密圏内部では自律の条件確保が困難である場合などには、自律を確保するために必要な範囲で、外部からの介入・支援も行なわれるべきことになる。個人単位の普遍主義福祉は経済的自立の可能性を高める点で、親密圏における公的自律への障害を取り除く制度的措置の一部を構成するであろう。

むろん、親密圏を全面的な公共的監視の対象とすることは許されない。個人的なことは政治的であるということは、あらゆる私的事柄を公共的決定の対象としてよいということではない（野崎 二〇〇三：四三、六五―六六）。公共的関心が向けられねばならないのは親密圏の政治社会としての一面に限定されており、私的な諸活動の自由は侵害されるべきでない。私的なものは、個人が自らの健康や尊厳を保護するために公開の領域から隠されるべきものとして、確保されなければならない（金 二〇一一も参照）。現代では、性愛関係や家族形態が多様化する一方で、個人化の昂進による流動性の増大が、相対的な非流動性を供給する親密圏の意義を一層高めている。それゆえにこそ、この相対的な非流動性のもとでの私的な諸自由の享受を支える共通の基盤として、親密圏の公共的側面を民主化の圧力にさらすべきなのである。

親密圏は次世代の政治主体を生み育む場でもあるが、性愛や繁殖は個人の自由意思に基づくべきであり、社会を含む他者から強制されてはならない。政治社会の再生産のために一定規模の生産人口を維持する必要があるからといって、個人に繁殖・出産が義務づけられてはならない。生産人口の維持は、異なる政策手段で行なわれるべきである。また、特定の人種やエスニック・グループ、障碍者などに対する断種政策のように、個人の自発的な繁殖・出産を禁止することも許されない。

主体にとって親密圏は自らが生育する場であるとともに、未成年を養育・教育する場となりうる。また、日常的な必要を満たすために他者の手助けを要する者への介助・介護の場となる場合もあり、そうしたケアの受け手には自らもなりうる。ケア関係においても個人の自律が尊重されるべきであり、関係性に依存した強制があってはならない。親密圏において自律の条件確保が困難である場合には外部への支援が求められるべきであり、社会は集合的義務としてこれを助けるべきである。「向き合ってしまった関係」では自己への帰責感情が強まりやすく、また周囲も当事者に帰責する傾向を持ちやすいが、自律への阻害要因を取り除くことは社会全体の義務である。ケアを必要とする個人Aに対してケアを行なう個人Bの責任を過大に捉えることは、個人Aの自律へ向けた条件を整備する社会の責任が十分に果たされていないことを意味するにとどまらず、個人Bの自律へ向けた条件が損なわれやすくなることを許容してしまう点で、二重に問題である。

(3) 主体化へ向けた教育

政治的社会化と政治的主体化　親密圏における自律に加えて重要なのが、教育の機能である。政治社会にとって教育は、既存の社会秩序への適応としての社会化と、新たな秩序形成の担い手となる主体化の機能を持つものであり、政治社会の再生産へ向けて不可欠である（Biesta 2011; Gutmann 1999）。政治的社会化とは、私たちが誰とどのような政治社会を構成しているのかについての経験的事実と規範的合意を学習し、受容していく過程を意味する。より具体的には、未成年期から若年期にかけて、家庭での会話や、学校での組織化された学習、メディアを介した政治現象への接触などを通じて、各個人の政治知識と政治意識が形成されていくことを指す（Dawson et al. 1969）。第2章第1節(1)で触れたような「私たち」相互の政治的主体たる地位の承認は、生まれ育つ親密圏から始まる一連の教育を通じた政治的社会化によってこそ、単なる仮説的な合意にとどまらない社会的基盤を獲得するのであり、世代間継承を経て強固さを増していく。また、民主的諸制度への一般支持を高く保ち、民主的な政治文化を維持していくためにも、教育を通じた社会化の機能は欠かせない。

これに対して政治的主体化は、既存の民主的政治社会に適応するにとどまらず、その批判的再解釈や変革をも担いうる政治主体として、個々人が政治的な事柄についての自律的な判断・選択を為す能力を習得していく過程を意味する（see Biesta 2011）。リベラルな教育においては、「自律への能力（capacity for autonomy）」の陶冶が不可欠の要請であると同時に、固有の制約となる（Levinson 1999）。人間が目指すべき理想や人格的完成が何であり、そのためにどのような教育が行なわれるべきであるかについて、社会内で幅広い合意を樹立することは著しく困難である。こうした社会的な不合意ゆえに、政府のみならず、未成年の教育に権威的関与を為しうる保護者や教師などの裁量の余地には、誰であっても明確な限界が設けられなければならないのである（Gutmann 1999）。

いかに家族間の親密性が重要な価値であろうとも、独立した人格である子どもの発達・学習を保護者の恣意に委ねることは許されない。また、教育への政治的介入を警戒するあまりに教師の権限のみを強調すれば、教師の権限濫用によって子どもの発達・学習が妨げられる危険性を軽視しやすくなる（西原 二〇〇九：四七）。未成年（子ども）は、自らの自律能力の成長を支援させる権利を持つ。この権利は当該社会の集合的義務と対応しており、そこから保護者、政府、学校・教師の義務が導かれるとともに、子どもの権利に基づく制約の範囲内で、保護者による教育の自由、政府および学校・教師の教育の権限が、それぞれ導かれる。

既に親密圏における子どもとの熟議は困難を伴うと述べたように、政治的コミュニケーションにおいて自ら判断し意思を形成・表明する能力は、成人と未成年のあいだで不均衡である[54]。いかに民主的な教育を志しても、いわゆる「押しつけ」や「刷り込み」になる面は避けられない。民主的な価値を教え込もうとすること自体が、異論を許さない強制や操作ともなりうるのである。そのため教育は、それが非対称的な権力の行使に基づく他者への介入であることを認識した上で、現段階では未成熟な主体に対して、将来的に「そのようには統治されたくない」と言えるための資源を確保させる役割を担っていると理解すべきである[55]。

自律的な主体を形成するためには「規律・訓練（discipline）」が不可欠であり、家庭や学校などでの日常的な監視の継続により他者の視線の内面化を促すことで、社会規範に自発的に服従するような主体を生み出すことができる（フーコー 一九七七）。教育の社会化機能は、異なる人びとのあいだに共通の前提をつくり出し、限られた空間のなかでの集団の共存を可能にする積極的な役割を果たしており、教育のための権力は、明らかに行使される側の利益にもなっているから、規律・訓練により主体を形成する権力への評価は両義的にならざるをえない（杉田 二〇一五b：一六—一九）。先行世代による教育を通じて後続世代の生は大きく規定されてしまうが、同じ政治社会を担っていく政治主体を創出するという共通目的は、先行世代に逆らうための資源を後続世代に提供することを含意する。現在世代としては、決定に影響力を持ちえない未来世代に対する補償措置として、自らの決定を検証し、批判し、それを覆すための条件整備として、教育をはじめとする未来世代への介入を意味づけられる。

第2章第1節(3)で述べたように、来るべきステークホルダーが事後的に意思決定過程を検証・批判することを可能にするため、現在世代は、適切な情報の記録と開示を為さねばならない。こうした情報面での措置に加えうる選択肢として、ここでは、将来の政治主体形成を担う充実した教育サービスの提供と、その享受に必要なものを含む基礎的な資源の給付（BCなど人生前半の社会保障）を指摘しておきたい。これらの整備は、政治的影響力が制限されている未来世代への補償措置として意味づけることができる。世代間正義においては、現在世代の選択によって存在の態様が左右される未来世代は、独立した配慮の対象となりえないとの見解も知られている（Parfit 1984）。だが、未来世代がどのような規模や構成で出現するとしても、個体としての基本的諸特徴が現在世代と大きく隔絶しないと想定できる条件下では、彼らのケイパビリティを確保するために必要な施策を考え、その実現を図ることは十分に可能である。（個人単位で給付される）普遍主義福祉は、政治的影響力を世代間で衡平化する方策としても正当化できるのである。

教育機会の保障　政治主体としての自律能力の発展を助ける平等な教育機会を確保するための要請は、二つの段階に分けられる。第一には、識字教育をはじめとした、政治主体として共通に受けるべき教育の機会を保障する段階であり、主として初等・中等教育に当たる。主に政治リテラシーの習得を促すシティズンシップ教育（政治教育）も、基本的にはこの段階に位置づけられる。[56] 第二は、あらゆる個人が、自らが希望するときに希望する教育を受けられるケイパビリティを保障する段階であり、高等教育、専門教育から、生涯教育にまでわたると考えられる。教育環境における格差が個々人の生にもたらす影響は甚大であり（Putnam 2015）、新しい社会的リスクと社会的排除への対応にあたって、平等な教育機会を保障することの重要性は、ますます強く認識されるようになっている（ピケティ 二〇一四、Milanović 2016; Alvaredo et al. eds. 2018）。

子どもが生育する家庭環境は個別多様であるから、政治主体として等しく身につけるべき基本的な諸知識・諸能力の習得は、共通の教育課程（カリキュラム）と財政基盤を備えた学校教育を通じて行なわれることが望ましい（広田 二〇一五：五六―五七も参照）。子どもは保護者の所有物ではないし、家庭教育による学校教育の代替を制度的に保障することは難しいため、子どもを学校に通わせようとしない保護者の選好を尊重すべき理由は見出しにくいだろう。ステークホールディングの原理からすれば、政治社会の将来の運営と再生産を担う子どもの養育・教育は集合的義務の一部であるから、そのために要する費用は公的支出によって賄われるべきである。学校運営は民間主体によっても担われうるが、必ずしも財政面での公的助成を受けない私立学校であっても、基礎的な教育課程は公立学校と共通であることが望ましい。もっとも、これは学校における式典や暦、服装などの諸規則に関する特定の文化的要請を意味するわけではないし、共通部分を超えた教育課程として民族教育や宗教教育が行なわれる可能性を排除するものでもない(57)。むしろ共通カリキュラムの実施を通じて集合的義務の遂行の一端を担わせることは、各種の私立学校に対する公的助成を正当化しやすくするだろう。

義務教育の課程や学校制度は社会によって異なり、公的に費用を賄うべき教育課程の範囲がどこまで及ぶかは論争の余地がある。初等教育のみで十分であり中等教育以上は受益者の負担によるべきとの主張もありうるが、社会的に成人と認められる主体が受けるべき教育の水準は社会状況によって異なっており、たとえば日本でも、教育機会の均等を図ることを目的に高校の一部無償化が行なわれている。教育投資を通じた人的資本の形成は、将来の稼得可能性を高め、課税ベースを拡張するなどの面で受益者のみならず社会全体の利益を増進しうるものであり、正の外部効果がある。他方で、十分な教育を受けられずに貧困に陥る人びとが多ければ、財政負担は増えるため、教育格差は負の外部性を持っている。したがって、政治主体としての活動に要する諸能力を超える水準の教育についても、政策的に公的支援を正当化することは可能だろう(58)。ただし、子どもの人的資本に投資することによって保護者の将来的な生活水準が向上しやすいとしても、それは結果として生じる事態であり、子どもは保護者の支配下に置かれるべきではない。

高等教育を受ける機会を保障することは、経済格差を縮小するために特段の重要性を持っている。ブランコ・ミラノヴィッチは、現代の不平等を是正する施策として、中間層以下による金融資産の所有を拡大していくことと同時に、教育機会への平等なアクセスを保障することが不可欠であり、それには国家による財政支援がほぼ唯一の手段であると強調している（Milanović 2016: 221–222=2017: 225）。そこで念頭に置かれているのは、富裕層の子弟ほど最高水準の大学で学びやすく、その結果として高い職業能力と所得水準を得やすい（貧困層の子弟はその反対になりやすい）ために、不平等が再生産される現状である。[59] 教育格差を通じた不平等の再生産を抑制するためには、低所得層の子弟でも最高水準の教育機関に進学できるような補助を設けると同時に、エリート校ほどの運営資金に恵まれていない他の教育機関への支援を拡充する必要がある（Alvaredo et al. eds. 2018: 274=2018: 263–264）。

シティズンシップ教育　シティズンシップ教育が扱うべき内容は、民主的政治社会の市民が共通して身につけるべき一定の知識、能力、資質であり、一種の政治的徳性（political virtues）を意味する。その核心は民主的な政治文化を支えるようなリベラルかつ民主的な徳性であり、一般的な政治リテラシーだけでなく、相互に対等な市民としての他者に対する尊重に基づきながら行為するようなシヴィリティをも含む。これらの習得は、民主的な生活ないし行動の様式（democratic way of life）を可能にするものであり、大政治への参加に限らず、社会生活のさまざまな場面で現われる小政治においても共通して発揮されうると考えられる。

ただし、諸個人に対する平等な尊重にあたって、他者の道徳的・政治的な信念を内在的に理解しようと努めることは有意義であるが、しばしば理解は困難であるし、理解は必須でない。熟議モデルに基づく論者は、公共的討議に参加する市民に対し、自分自身の善き生についてのヴィジョンを批判的に問いなおすだけでなく、他者の道徳的パースペクティヴを内在的に理解することを求めることがある。これは現実の市民にとって過度な要求であり、結果として実現すれば望ましいが、熟議の要件や目的とするべきではない。価値の多元性を前提とする社会において必須とされるのは、たとえ内在的理解が困難な信念を示す他者であろうとも、自らと同等の地位身分を有するために、公共的討議においては尊重すべき対話者として接しなければならないという基底的な徳性である。

さて、政治に関する教育は、党派的偏向がひそかに入り込んでしまう危険性がある一方で、激しい対立を避けようとして事なかれ主義的な知識の授受に陥ってしまう傾向があり、これらが同時に起こっていることも珍しくない。しかしバーナード・クリックが指摘するように、シティズンシップ教育において重要なのは、「議会手続や憲法制度に関する細々とした」知識よりも、「制度や状況と理念との多種多様な関係」についての知識を習得することであり、「政治的対立は何をめぐって生じ何を目的としているかについて、生徒の理解を手助けする」ことで、日々の政治ニュースを批判的に読む能力を身につけることである（Crick 2000: 15–17=2011: 30–32）。この目的を達成するために求められるのは、必ずしも政治的中立性ではなく、さまざまな権力にさらされやすい未成年の自律を保護するため、統治権力による教育への介入を制限するとともに、家庭や教育機関の権限にも制約を設けることで、政治現象を批判的・反省的に捉えるリテラシーを習得しうる機会を保障することである。

民主的な政治社会を担う政治主体が身につけるべき政治的徳性の習得を求める公的教育の試みと、家庭やさまざまな結社において持たれている信念を伝達しようとする試みとのあいだには、絶えず緊張関係が存在する。したがってシティズンシップ教育の過程では、子どもたちが家庭や地域コミュニティ、その他の結社での生活を通じて受け入れてきた道徳的・政治的な見解を、批判的に検討させなければならない。子どもが社会化の過程で獲得する道徳的・政治的な見解ないし志向性は、他者との非対称な関係のもとで形成されたものであるから、それらを内省によって批判的に問いなおし、修正することで自らのものとして再獲得する必要があるからである。

社会化が既存の政治社会・政治文化への「同化」としての性質を持つことは否定しがたく、相互に等しい政治主体としての地位を認められるためには（継承してきた固有の文化を破棄しないまでも）一定程度の同化を受け入れることが避けられない。同化の過程において重要とされるのは、共通言語の習得と、同化する政治社会が有する歴史・文化への理解であり、これらを公的に手助けすることにステークホールディングの積極的役割が見出される。また、完全な同化を求めるべきではない。すなわち、参入者にとっての同化は政治社会にとっては異質な要素の摂取であり、最低限の同化（社会化）を経て政治主体としての地位を認められた参入者が、内在的批判を通じて政治社会をつくりかえていこうとすることは、何ら否定されるべきことではない（本章第1節(2)も参照）。基礎的な部分における同化は、政治社会を批判的に再構成していくための政治的討議にとっての共通の土台を用意するものであり、それ以上であってはならない（see also Sen and Nussbaum 1989）。

アイデンティティは帰属する共同体により完全に規定されるものではなく、人びとが自ら選び取る余地がある（Sen 2006）。女性が同じ女性であることのみによって同じアイデンティティを持つとは限らないように（野崎 二〇〇三：三二一、八五―八六）、人びとのアイデンティティは自らが持つ複数の属性を自ら解釈することによって構成されるものであり、その解釈は多様でありうる。したがって、特定の人種やエスニシティ、宗教、言語、その他の文化集団に帰属しているということだけでは、同じアイデンティティが導かれるわけではない。必要なのはアイデンティティ形成の余地を広げるため、万人に一定のケイパビリティを保障することである。また、文化が文化であることゆえに保護されると考えるべき理由はない。言語や宗教など特定の文化的実践が公的助成を受けるとすれば、それは当該の文化的実践への参与を通じてこそ充足される自尊や承認の必要を抱える人びとが存在すると考えられるからであり（松元 二〇〇七も参照）、あくまでも個々の主体にケイパビリティを確保して自律を実現することを目的とする。[60]

誰でも特定の文化的基調を持つ親密圏で生まれ育つ以上、帰属集団から政治社会への社会化は、帰属集団に固有の文化的実践と連続的・調和的に行なわれるべきであり、この観点から特定の文化的実践への公的助成を正当化することができる。すなわち、より広い（しばしばナショナルな）政治社会の民主的運営を担うべき政治主体として社会化・主体化されるためにこそ、中間的な文化集団における社会化の過程が必要とされるのである。[61] ただし、より狭い親密圏における社会化と学校課程における社会化が緊張関係を伴うように、政治主体として主体化される過程では、自らが属する文化集団とより広い政治社会との緊張関係とを批判的に捉えなおすことが求められる。

本章では、民主的統治における政治主体である諸個人に主体性を確保させるために不可欠となる、ステークホールディングの理念と制度について検討を加えた。その核心は、デモクラシーの要件である政治的平等から導かれる政治社会の集合的義務に基づき、諸個人の自律のために必要なケイパビリティを保障できる基本権秩序や普遍主義福祉の制度体系を整備することにある。ステークホールディングの原理に基づくことで、諸個人は政治社会のステークホルダーとして対等な参加を為しうる条件を手にすることができるだろう。

註

(1)　デモクラシーは何らかの実体的な同一性を持った人民を前提とし、異質なものの排除を不可欠とすると考えたシュミットは、やがて同種性（Gleichartigkeit）、種の同一性（Artgleichheit）を重視するようになった（大竹 二〇〇九、二〇一四）。その問題性を措くなら、デモクラシーが特定の人民を前提にするために一定の排除を伴うこと自体は否定できないし、否定すべきでもない。むしろ理論的課題は、「デモスに帰属する人びと――それにより平等な権利を持つ――と、そのデモスの部分を成していないがゆえに政治的領野において同じ権利を持つことができない人びととの境界線を追跡する可能性にある」（Mouffe 2000: 40=2006: 64）。

(2)　「代表なければ課税なし」との歴史的スローガンは、課税が現になされており、その使途をめぐる発言権が認められないことの不当性を告発していた（片上 二〇一四）。

(3)　「国家を市民社会の権力秩序として位置づけ、これを市民社会に包摂する」視角によれば（広渡 二〇一四：一三二―一三三）、市民権とは「法的な権利および権利の行使を一つの手段とする「市民社会の共同形成を責務とする市民的倫理」を本質的要素とする」とされ、「投票する権利」は、「法的な存在を基礎にしつつ、それを超えて、国家市民の社会、言い換えれば権利保障と秩序維持の組織的な手段として国家を創設し維持する市民社会において、国家市民の共同の福利を目指す国家市民の自主的、自立的行動を含むもの」と言われる（同：一五八）。

(4) 社会保障を基礎づける法理念としては、従来から生存権や社会的連帯が考えられてきたが、これらに加えて、個人が人格的に自律した存在として主体的に自らの生き方を追求していくことを可能にするための条件整備を挙げる立場が有力に主張されている(菊池 二〇一〇)。この立場は、個人主義に基づいた上で、自律支援への最終的責任主体を国家に求め、ライフステージの各段階での「生き方の選択の幅の平等」を目指すものであり、ステークホールディングの考え方に近い。生存権、社会的連帯、自律支援はそれぞれ、ここでの①、②、③に対応すると言えよう。ただし、この立場においては、自律能力に乏しい者が権利を持つかという問題が、あまり深刻に捉えられていない。

(5) 政治的シティズンシップのうち、とりわけ投票権に関しては、それが単なる権利ではなく、政治社会を成り立たせる政治権力を構成・行使する過程への参加という意味で、一種の「公務」たる性格を伴っているとの理解が存在する(辻村 一九八九)。憲法学説上の論争について立ち入ることは避けるが、本書の理解するところでは、政治権力の構成・行使は、本章第2節(3)で後述するような「集合的義務」として社会のレベルに割り当てるべきものであり、権利主体たる個人それぞれが強いられるべき公務ではない。したがって、政治社会の再生産を目的とすることによっては、有権者が自発的に投票しにくい環境を是正する方策が求められることはあっても、義務投票制など有権者への強制的性格が濃厚な方策は正当化されない。なお同様の把握は、政治社会を外敵から防衛する目的から兵役を義務づけることも退けるであろう。

(6) 主体Aは、主体Bとの特定の関係が解消されることで発生する諸費用が高まるほど、主体Bへの依存を強めることになる。主体Aにとって、主体Cと新たに取り結ぶ関係によって主体Bとの解消される関係を代替できる程度が十分に大きければ、費用の発生を抑制できるため、主体Bへの依存は弱い状態にある。したがって主体は、こうした代替可能性の確保により過度の依存を避け、自立を高めることができる(see Keohane and Nye 2001; Hirschman 1980)。他方で、依存できる他者さえ得られないために深刻な困窮へと陥る主体は、そもそもの費用負担が過度に高い水準にあるのであって、自立しているとは言えない。私たちが日常的に国家や市場、社会規範などを通じて無数の他者と秩序だった関係を取り結んでいるように、主体は社会的相互作用のなかで一定の依存を得ることなしには生活を営むことが困難であるから、自立は依存の存在を前提とする概念であり、依存の欠如は自立を意味しない。

(7) 政治社会の再生産を目指す点でステークホールディングを公民的共和主義(civic republicanism)と結びつけることは誤りではない。ただし、人格的陶冶を目指して政治参加の内在的意義を重視する civic humanism の立場(Sandel 1996)ではなく、他者による恣意的支配の欠如を目指して政治参加の道具的意義を重視する old republicanism の立場(Pettit 1997)に、より親和的である。本章第2節(2)で後述するように、財産所有デモクラシーの潮流に位置するステークホールディングは、財産所有と政治的自律を結びつける思想史的文脈に接続しやすい(竹澤 二〇〇二)。

（8）　こうした理解は、反自由主義的・反多元論的な政治観へと結びつきやすい（ロザンヴァロン 二〇一七：九五―九六）。人民主権を一元論的に捉えるという点では、選挙に基づく代表性を排他的に尊重して非選挙的な民意の現われを棄却する立場も、「真の人民」が示したとされる民意に対する立憲主義的制約を取り除こうとする立場も、同じ見方を共有している（see Müller 2016）。フーコーが提起した「王の首」をめぐる問題、すなわち主権論に根差した政治観もまた、ここで想起しておくべきであろう（フーコー 二〇〇六a、鵜飼 二〇一三：六八―六九）。

（9）　本書の理解では、ある公共権力に自律を脅かされうるステークホルダーたち（constituency）が、一定の憲法秩序を形成することで当該権力を特定形態の統治機構（government）へと枠づけ、これを制度的に統御しようとするところに、民主的統治の姿が現われる。したがって、決定権力・統治権力の民主的統御は、立憲的制約による自己拘束を理論的に前提する。

（10）「日本という国家の枠組みがサステイナブルである必然性はどこにもない」のであり、「国家の枠組みが将来解体し、隣国と融合していっても別にかまわないかもしれない」（森岡 二〇一四：三六）。現に二〇世紀前半の日本は、拡張的な方向への枠組み再編を積極的に推進した。

（11）　次のような問いかけを想起できる。「上位の団体のサステイナビリティのためには、その下位の団体のサステイナビリティは犠牲にされてもかまわない」のであろうか（森岡 二〇一四：三七）。また、「あるグループの人間たちの尊厳が守られることと引き替えに、他のグループの人間たちの尊厳が否定され、彼らが奴隷となって奉仕しなければならない、というような極限状況」においてもなお、政治社会の持続可能性が優先されるべきなのだろうか（同：四八）。

（12）　このような批判が誤解に基づくものでないことは、より洗練された憲法パトリオティズムの弁護からも確認できる（Müller 2007）。そこでは、普遍的な規範・原理だけでなく、それらを解釈する特定の歴史的文脈において形成される「憲法文化」への愛着にも重要な位置づけが与えられているものの、愛着や忠誠の源泉は、あくまでも普遍的な規範・原理にあるとされる。

（13）　現代では、あらゆる個人の普遍的な権利の保障を打ち出す国連のような国際機関が、主要な主権国家群の権力を（全面的でないながらも）背景にして活動している以上、あらゆる個人が均しく帰属するグローバルな政治社会は実在すると言うべきである。国連は不完全な主権しか持たないが、全世界の人類を包摂しようとしており、その権力作用の準則と様式は、ナショナルな政治社会における独占的な公共権力としての主権国家と基本的に変わるところがない。

（14）　グローバル規模でのステークホールディングは、たとえば後述する基礎所得のような単一の制度を全政治社会で実現すべきとの主張は導かない。現金給付がケイパビリティをもたらすためには、政治的に安定し汚職の蔓延がない法的秩序と、十分に機能する市場が不可欠である（永松 二〇一一：一二―一五）。個人が置かれた状況は社会ごとに異なるから、自律を実現するために望ましい手段は一様ではない。より基底的な水準のケイパビリティを優先的に確保するためには、社会間で異なる施策が当然必要となるだろう。
(15) グローバルなステークホールディングが諸個人に認める権原は、特定の国家に帰属しているか否かにかかわらず認められる面では前国家的な権利であるが、決して前政治的な権利ではない。ある個人への権利の承認が道徳的に要請されるのは、現に特定の公共権力による自律への脅威が存在しており、彼が既に特定の政治社会へ巻き込まれていると想定できるために、当該の公共権力の民主的統御に参与しうる権利を伴う地位身分が保障されねばならないからである。本書が、一般に人間の尊厳を根拠とする前政治的・前国家的な権利として想定される人権（human rights）の概念を基本的に用いないのは、このような理由による。人間の尊厳が自律の追求を妨げられるべきでない主体の範囲を画定する妥当な根拠として役立たないことは前述の通りである（第2章第1節(1)を参照）。ただし本書の立場は、ステークホールディングの原理に基づき求められるケイパビリティの保障を、人権の実現という枠組みのもとで各々の公共権力へ迫っていくアプローチと矛盾するものではない。
(16) 国籍（nationality）とシティズンシップの重なりは各国の法制度により異なる。そのため、国によっては自国民に十分なシティズンシップを認めないこともありうるし、他国民に対しても幅広いシティズンシップを保障する場合もある（Joppke 2010）。一般にネーションの同質性を保持したいという欲求は、移民による国籍取得を促進する政策への強い抵抗を生み出す。その一方で、外国人の権利を擁護し国民との格差を縮小する法制度は、帰化へのインセンティブを弱める効果がある（Heater 1999: 85=2002: 147–148）。ある国で長期の安定した居住資格を認められた定住（永住）外国人は、居住する国の国籍を持たない非市民でありながら、政治的権利を除く多くの公民的、社会的、経済的な権利の享受を認められることから、「デニズン（denizen）」と呼ばれる（Hammar 1990）。
(17) グローバルな政治社会におけるシティズンシップは、「例えば自国以外で飢餓や人権侵害に苦しむ人々に同苦し、あるいは全人類の命運を左右する核廃絶や環境保護を自らの問題ととらえ、自身ができること・なすべきことを考え行動する」ような「道徳性や能動性」を含み込んでいるだろう（山田 二〇一〇a：二五六）。ただし、この責務は同じ人間であることを理由とする人類共同体内部の連帯ではなく、グローバルな単位で共通の公共権力の影響を被る政治的共同体としての連帯に由来する。望むか否かにかかわらず、現代の私たちは、ナショナルな単位での政治的平等を実現するための障害を取り除く方策を考えることが国民の責務とされるのと同程度には、グローバルな単位での政治的平等を実現するための障害を取り除く方策を考えることを責務とする、世界市民としての一面を有している。
(18) こうした立場に基づき、福島第一原発事故による避難者を対象とした「二重の住民登録」の制度化を擁護する議論として、松尾（二〇一八）を参照。
(19) 二〇〇五年の世界サミット成果文書が示す合意によれば、①保護する責任は第一に各々の国家が負い、②国際社会は各国がその責任を果たせるよう支援し、③国家当局が責任を果たせない場合、国際社会が国連憲章に則って対処する（United Nations 2005: paras.138–139）。

(20) 国境開放論への反対は確かに広範な支持を得ているであろうが（Kymlicka 2001）、それは反対者が概ね先進資本主義諸国の相対的に恵まれた市民であり、国境開放により自らの有利さを失いかねない側に位置しているという事情に大きく規定されている。彼らが貧しい発展途上国の市民であったとしても国境開放に反対する理由を手放さないかどうかは、怪しむに足る。

(21) 幅広い経済学者の合意を得ている見解によれば、移民の受け入れは受入国に豊かさをもたらす（Powell ed. 2015）。短期的には受入国の労働者の一部に雇用および賃金の面で負の影響を与えるが、その程度はごく小さい。移民の受け入れは安い賃金での雇用が可能になる企業を利するとの指摘もあるが（Borjas 2016）、それは国内における適切な労働規制や経済的不平等の是正を強く要請させる以上の意味を持たないデータだと見るべきであろう。

(22) 航空券税による税収の運用機関として二〇〇六年九月に創設されたＵＮＩＴＡＩＤは、一四カ国の航空券税による税収に加え、参加する二八カ国と二つの財団からの拠出金を財源として、ＨＩＶや結核、マラリアなどを治療・予防する医薬品の購入および提供に取り組んでいる（上村 二〇〇九：二八五以下）。

(23) ある試算では、通貨取引税が〇・〇五～〇・二五％の税率において確保する税収は、最低でも一〇〇〇億ドルを下回らないと見込まれている（ジュタン 二〇〇六：九〇）。また、それ以外の複数のグローバル税を組み合わせれば、潜在的に約三〇〇〇億ドルの税収を見積もることができるとされている（同：一〇八）。二〇一四年八月に提出された、持続可能な開発のための資金に関する政府間専門家委員会（the Intergovernmental Committee of Experts on Sustainable Development Financing）の最終報告書によれば、極度の貧困の解消、保健医療、食料安全保障、安全な飲料水と衛生、初等・中等教育など、ベーシック・ヒューマン・ニーズの達成に要する総額は、二八一〇億ドルである。したがって国際連帯税の導入とＯＤＡの（少なくとも）目標額までの拡大は、それが完全には達成されない段階においても、大きな成果を期待するには十分な追加的資金を生み出す。国際連帯税による税収を管理する機関についての構想は、ジュタン（二〇〇六：一二〇以下）および上村（二〇〇九：一一章）に詳しい。

(24) 「第一七三回国会における鳩山内閣総理大臣所信表明演説」（首相官邸ホームページ、二〇〇九年一〇月二六日、http://www.kantei.go.jp/jp/hatoyama/statement/200910/26syosin.html）。

(25) 鳩山から首相を引き継いだ菅直人もまた、現在の日本では家族・地域社会・企業における「悩み、挫け、倒れたときに、寄り添ってくれる」機能が失われつつあるとの前提に立ち、「支え合いのネットワークから誰一人として排除されることのない社会、すなわち、「一人ひとりを包摂する社会」の実現」を謳った。このように個人に照準する姿勢の宣言は、いわば制度化された個人主義の公定とも言いうるであろう。「第一七四回国会における菅内閣総理大臣所信表明演説」（首相官邸ホームページ、二〇一〇年六月一一日、http://www.kantei.go.jp/jp/kan/statement/201006/11syosin.html）。菅政権下の二〇一一年一月には「一人ひとりを包摂する社会」特命チームが首相の直属に設けられ、同年四月には、社会的包摂推進室が内閣官房に設けられている。

(26) 齊藤拓は「理念」「目的」としてのＢＩなるものを語るが、その意味するところは、無条件の現金給付としてのＢＩそのものではなく、ＢＩに帰結する政治哲学的立場である（齊藤 二〇一〇）。ＢＩを導出したりＢＩに伏在したりしている理念はＢＩ以外の何かであるから、それらをＢＩと語ることもＢＩを目的と見ることも間違っている。

(27) この伝統を代表する人物として、ＢＣ構想の先駆的主張者であるトマス・ペインが言及されている（Ackerman and Alstott 1999: 181–182）。

(28) 同様の傾向は、ハットンと共編著のあるアンソニー・ギデンズによる「第三の道」論にも共通して見られる。ステークホルダー資本主義は閉鎖的で恩顧主義的であるとしてハットンとは一定の距離を置くギデンズだが、個人の権利と義務の対応性、積極的に責任を引き受ける生き方の称揚、企業家精神の鼓舞などについて、両者の方向性は一致している（Giddens 2000: 151–153=2003: 171–173）。

(29) 一九九八年一二月まで福祉改革相としてその立案にかかわっていたフランク・フィールドは、諸個人が自己利益を追求する存在であることを肯定した上で、いかにして実効的な社会保障制度を実現することができるかに心を砕いた。利己的な個人と社会の双方が同時に利を得る制度こそが持続可能であると考えるフィールドにおいては、強制加入によって勤労者全員に拠出させ、制度の存立を全員の利益にすることが重視されている（Field 2001）。

(30) このような互恵性は相互性の「狭義の観念」であり、それと区別される「広義の観念」として、「社会的協働が成員相互にとって利益となるだけではなく、各人の自尊（self-respect）の感情と両立することを求める」ような「相互尊重」を挙げる指摘がある（齋藤 二〇〇七：一〇九）。だが、そのような自尊と相互尊重が、協働への貢献と結びつけられた資産の分配によって可能になるとすれば、相互性が互恵性を含意することは否定しえない。相互性が協働に寄与できない人びとを排除するのは（同：一一五）、それが狭く解釈されるからではなく、その核心に互恵的関係が据えられているからではないだろうか。

(31) 「ある指標を用いて人々を序列する限り、いかなる社会においてもその指標において劣位に置かれる人々が生まれるのであり、こうした社会的定義における障害者は常に存在することになる」（福島・星加 二〇〇六：一二二）。

(32) このような理解は、市民間の対等な関係を求めて「民主的平等」を唱えるエリザベス・アンダーソンの立場と親近性を持つように思われる（Anderson 1999）。アンダーソンは、民主政治のもとでの対等な市民としての地位に伴うべきケイパビリティへのアクセスの保障を主張する点でも、本書の立場と近い議論を展開している。ただし、彼女の議論は、民主的な関係に枠づけられた互恵性に立脚するものであり、ここで展開した互恵性批判を免れていない。

(33)　政治社会の再生産という要請は、繁殖や健康増進の義務などを帰結し、同性愛の禁止や優生政策の肯定などをもたらすのではないかとの懸念がありうる。だが、個人に直接課され、自律に著しく介入する義務は、個人の権利構成のために必要な限りでの集合的義務の要請からは導かれない。たとえば少子化対策への取り組みは、社会全体として負うべき集合的義務の一つである。少子化が政治社会の存続にとって危機であるとしても、当該社会の構成員に生殖や出産の義務を課すことが正当化できるわけではない。そのような義務は諸個人の自律的な生を著しく侵害するために不当であるだけでなく、政治社会の存続に基づいて保障される諸個人の権利と対応的な義務でもない。

(34)　アッカーマンらも、一定年齢から無条件で給付される市民年金の提言を、SGと同時に行なっている（Ackerman and Alstott 1999: ch. 8）。

(35)　この点を批判する見解もあるが（福士 二〇〇九：一〇六）、BIを必要の概念と切り離すことは必要を無視することではなく、必要充足はBIのみで可能とする解釈を拒否することである。

(36)　個人単位の給付つき税額控除の制度提言として、阿部（二〇一〇）がある。個人単位の給付に伴う問題としては、高所得世帯でも夫婦の一方がパート労働者であるような場合には受給できる点が指摘されているが、自律の一側面としての脱家族化を重視するステークホールディングの立場からすれば、これは問題ではない。個人単位の給付によって世帯構成の変動にかかわらない所得を保障することは、女性の経済的自立を容易にし、ワークライフバランスを自らで決定しやすくするとともに、子どもの貧困を防ぎ、次世代の自律を助けることにもつながる（鎌倉 二〇〇九：一二九、Esping-Andersen 1999: 174=2000: 245; Standing 2017: 168–170=2018: 195–197）。

(37)　人びとは毎日・毎週・毎月・毎年、自らを再生産しながら生きつづける。再生産の時期単位をどこで区切るかは自明でないとしても、期末における事後給付は、次の期初に対しては事前給付を意味する。各期における個人の自律を保障する観点に立てば、事前給付か事後給付かは二者択一で捉えられるべきではない。人びとがその時々で生活保障を得ることができるために、最適な組み合わせが構想されるべきなのである。

(38)　この点については、BIの導入が人びとを働くことから遠ざけるとの主張は根拠が乏しく、むしろBIは、今とは別の職場、もっと多様な形態の労働、自分がしたいと思うような仕事など、働くことの可能性を豊かにするもので、人びとが働く全体の量を増加させうるとの主張も有力である（Standing 2017: 161–167=2018: 187–194）。ここでは、制度の効果を予測することではなく、ありうる重要な懸念の検討を目的として議論を進める。

(39)　「働く機会を保障される権利」は既存のシティズンシップ概念には組み込まれていないとされる（福士 二〇〇九：一五九）。

(40) 人工知能などの技術発展を通じた生産活動の効率化により、生産人口が縮小しても従前の経済規模を維持可能になるとの仮定が妥当なら、就労を権利として保障すべき理由をどこに求められるのかについて疑問が生じうる。これは本書が想定する経済的・社会的環境に関する一般的諸条件への重大な修正を伴う指摘であるため、今後の論点として触れるにとどめておきたい。

(41) 商品化の必要条件としての脱商品化について、山森（二〇〇二：五八—五九）を参照。ただし、一定額のＢＩを受給できれば、賃金をめぐって雇用主に不満を抱く労働者の交渉力は補強されるだろう（Standing 2017: 120–121, 189=2018: 144–145, 219）。ガイ・スタンディングは、働く権利を、自らが価値を見出せる活動として選んだことに従事する権利と解した上で、やりたくない仕事を拒む力を与えるＢＩは、この権利を支える必須の土台になると主張する（*ibid*.: 170–175=198–203）。本書はこの理解を支持できるが、それでもＢＩだけでは不十分であると考えている。

(42) このための手段としてありうるのは、「参加所得」である。参加所得は、ケア労働やボランティア活動、職業訓練など何らかの社会的に有用な活動を行なっていることを条件に支給されるため、互恵性にかなうとされる。しかしこの制度は第一に、社会的な有用性を見定めるための明確な基準が存在しないという問題を抱えている。第二に、福祉のために何らかの「貢献」を迫ることで社会参加が強要されてしまい、「できることもしていない」人への監視や非難が強まるのではないかという危惧が表明されている（Atkinson 1996: 67–70; Fitzpatrick 1999: 115–120=2005: 133–139; Standing 2017: 175–176=2018: 203–205; 新川 二〇一〇：一七三—一七四、二〇一一：五四—五五）。これらの批判を考慮すると、公的助成拡充や税制改革を通じて、ＮＰＯや社会的企業など市民セクターの雇用吸収力を拡大させるような方策がより適切であるかもしれない。

(43) 市民年金の樹立は巨額の年金基金を出現させるため、その運用方針によっては、第4章第3節で触れるような、市場を通じた企業の民主的統御を助ける可能性を高める。

(44) ＢＩの導入については複数の試算があり（小沢 二〇〇二、原田 二〇一五）、本書が主張する少額（たとえば三〜五万円）での給付は実現に困難が少ない。ＮＩＴについても、導入に向けた複数の具体的提言が示されている（森信編 二〇〇八、阿部 二〇一〇、埋橋 二〇一一：八章）。

(45) ただし、豊富な天然資源を利用可能であるゆえに、徴税に大きく依存することなく財政を賄えるような条件下にある国家も存在しうるため、資源を確保する集合的義務が個々人の貢献義務に直結するとは限らない（したがって、個々人に勤労の義務や納税の義務を課すべきかは、政策的事項であるにとどまる）。それゆえ集合的義務が帰結する政策的選択肢は多様でありうるが、以下では基本的に税収に基づいて財政を賄う国家を想定して議論を進める。

(46) 現在の資本主義経済のもとでは、賃金所得者の上位一〇％において上位一％層と残り九％層の給料差が一〇倍以上になっており、その格差を説明しうるような観察可能な特性（教育や経験など）は見当たらないとされている（ピケティ 二〇一四：

九章、Milanović 2016: 215=2017: 218)。こうした大きな経済格差が市民間に存在することは、デモクラシーにとって望ましくない。所得格差が大きい国では市民の社会信頼が低いとされており、経済的不平等が拡大すると政治信頼も毀損されやすいと考えられる（佐藤・古市 二〇一四：一八〇―一八二）。また、市民の政治的平等は、経済的・社会的な諸関係にも左右されうる（Anderson 1999）。アンダーソンをはじめとする「関係的平等主義（relational egalitarianism）」の立場が主張するように、所得や資産に著しい格差が存在する社会においては、市民相互の「平等な尊重（equal respect）」を確保することは難しい。ロールズが財産所有デモクラシーを提起したのも、自尊（self-respect）の基礎を提供するためであった。また、そうした条件下では政治的影響力の不均衡が導かれやすい（齋藤 二〇一七：二四）。それゆえ政治的平等を実現するためには、経済的不平等の拡大を防ぐことが要請される。さらに、グローバルな政治社会が存在しているとの理解に基づくなら、豊かな国の市民と貧しい国の市民とのあいだに存在するきわめて大きな格差も望ましくないことになる。

(47) 政府による事後的な再分配機能にのみ注目することの問題性は、その慣行が、課税前所得を純粋な市場機能の帰結と捉える誤解を再生産しつづける点にもある。実際には、課税前所得もまた一連の法制度や政策を通じて規制された市場によって生み出されており、既に社会正義に関する特定の判断を反映している（Murphy and Nagel 2002: 33–34=2006: 36–37）。この認識は、当初分配を重視すべき理由を提供するにとどまらず、法人税の頑強な根拠を示してくれるし（Atkinson 2015: 203=2015: 234–235)、どのような市場経済、どのような資本主義を形成するのかが政治的選択の対象であることを明確化してくれる。この点は、第4章で改めて論じたい。

(48) 富裕層の課税逃れは、先進資本主義諸国だけの問題ではない。経済規模の小さい発展途上国にとっては、課税逃れの被害は一層深刻であるとも考えられる（ズックマン 二〇一五：四五―四七）。

(49) 贈与税には、潜在的な相続財産の生前贈与により相続税負担の軽減を図る動機づけを減退させることで、相続税を補完する働きがある。近年の日本では、家計資産の若年世代への移転を促進する目的で親族間の贈与への非課税措置が設けられているが、これはむしろ経済格差の世代間継承を助長する施策であり（神山 二〇一五：三二）、若年世代の資産形成を支援するためには、家庭環境や世帯構成にかかわらず給付されるBCやBIの導入が望ましい。

(50) 経済格差の世代間継承が深刻な問題であるのは、経済協力開発機構（OECD）加盟諸国において、ある国で下位一〇%にあたる所得の家庭に生まれた子どもが同国の平均所得へと達するまでに、平均して四〜五世代（日本は四世代）を要するというデータから明らかである（OECD 2018）。

(51) 血縁や婚姻などの親族関係、持続的な介護者・被介護者関係など、特定の他者とのあいだで長期にわたって継続すると想定されるような「向き合ってしまった関係」は、（たとえ契約に発する関係であっても）離脱が困難であり、固定的になりやすい（野崎 二〇一四：一五一）。親密圏を具体的他者への配慮や関心に基づいて定義することは（齋藤 二〇〇〇：九二）、非自発的に参入させられ、実際の配慮や関心の有無にかかわらず容易には離脱できないという、しばしば血縁関係に現われるような親密圏の一面を、相対的に後景へと押しやりやすい。

(52) 家族の民主化を求める社会学および政治学の視座については、一定の議論蓄積が見られる（Giddens 1992; 阪井 二〇一二、田村 二〇一五、二〇一七：六章）。

(53) 非自発性を前提にする「向き合ってしまった関係」のもとで、なお自律を観念することに不整合を見るべき理由はない。自らの社会的拘束性を絶えず再解釈しながら自己のアイデンティティを構成しつづける自己産出的自己像に基づけば（第2章第1節(1)参照）、「向き合ってしまった関係」に制約されつつも自律を追求していくことは当然の要請である（野崎 二〇〇三：三九も参照）。

(54) 子どもは大人と対等な存在と見なされる権利を持つとして、子どもが十分に成熟した自律能力を持っていたなら到達するであろう仮想的合意に依拠することで家族内部の意思決定に民主的正統性を備えうるとの考えは（Giddens 1992: 191–192=1995: 281–282）、この問題を解決に導いてはくれない。人は誰しも特定の文化を背景とする特定の親密圏において生育し、「一定の概念群、信念群、価値群もしくは規範群を共有」することで社会化していくのであるから（Elster 1999: 6=2008: 7）、保護者が未成年と交わそうとする仮想的合意を支える「大人と対等な基盤」そのものが、大人にとって有利になるべく形成されている。何をどのような仕方で考慮し、判断し、表現できれば十分に成熟していると言えるのかを、子どもの側が決めることはない。

(55) 生徒の自治に基づく学校の民主的な運営可能性について（see Gutmann 1999: 88–94=2004: 100–105）、本書は必ずしも否定的な立場を採るものではない。子どもは自己に関係する事柄についての参加や意見表明を行なう権利を持っているし、あらゆる者は他者による適切な支援を受けることで自律を追求できるべきであるから、家庭であろうと学校であろうと、未成年が自治に携わろうとすることを一方的に妨げるべきではない。ただし、未成年の生徒と教職員などの成人との非対称な関係は容易に動かしがたいものであるから、第一に追求すべきは親密圏と同様に、あらゆる生徒の自律が脅かされることのない学校空間の実現であろう。また、学校の民主化を追求する場合にも、学校のステークホルダーは生徒だけではなく、教職員、保護者、卒業生、地域社会など多様でありうるから、生徒はそうしたステークホルダー集団の一種として、より制度的な発言権を要求することになると考えるべきだろう。

(56) ただし、シティズンシップ教育は未成年のみを対象にすると考えるべきではない。政治主体としての完全な権利を認める簡便な指標として年齢が用いられる以上は、未成年がその主たる対象とされることは自然であるとしても、政治的社会化・主体化は青年期を通じて行なわれうるし、自律追求の助けとして教育を受ける権利は、年齢にかかわらず全構成員が持つものである。

(57)　ある社会のなかで特定の文化集団に属するからといって劣位に扱われないことは、自尊の基礎条件として重要である（松元 二〇〇七：六章）。

(58)　誰もが質の高い教育を受ける機会を保障されていることは、豊富な知識や高い技能を備え、社会的・政治的な事柄について適切な判断をできると期待される人びとの厚みが増すことであるから、民主的な政治社会においては、誰にとっても有益である（広田 二〇一五：二七―二八）。教育の外部効果については、宮寺（二〇一四：五章）も参照。

(59)　ハーバード大学の一九八〇〜八二年生まれの学生のうち、家庭の所得が国内の下位二〇％に位置したのは約三％のみで、七〇％の学生は上位一〇％の家庭出身であった（Alvaredo et al. eds. 2018: 271=2018: 263）。同様の傾向は他のエリート校にも見られる。アメリカで所得下位二〇％の家庭に生まれた子ども一〇〇人のうち、成人後に上位二〇％まで上りつめるのは、八人未満である（*ibid.*: 269=261）。

(60)　多文化主義政策の正当化理由をめぐる議論では、個人の選択能力と解された自律が、公正や自尊と並列的な価値の一つとして語られることがある（松元 二〇〇七：七七―七八）。これに対して本書の理解では、自己産出的な存在としての個体が自らの生を自らの意志で形づくっていくことを可能にする自律は、さまざまなケイパビリティが確保されることによって、はじめて意味ある水準へと高められうるものであり、自尊もまた自律の条件の一部に位置づけられる。自尊が欠けているか傷つけられやすい状態では、同じ政治社会を担う対等な市民としての自律を発揮することは困難になるからである。したがって、自尊の基礎を提供することは、自律に資するゆえに望ましいと考えられる。

(61)　このように個人の自律を実現するにあたって文化的基盤が果たす役割の重要性を認める点では、リベラルな多文化主義ないしリベラル・ナショナリズムには、一定の妥当性がある（Kymlicka 2001）。

第4章　マルチステークホルダー・プロセス

民主的統治への多回路化

ガバナンスに現われる国家と社会の相互浸透によって、「現在われわれが手にしているのは、明確な所在をもたないが、社会全体に浸透している統治への意志である」(Bartelson 2001: 179=2006: 273)。このように遍在する統治に対してステークホルダー・デモクラシーは、国家機能への働きかけよりも、市民社会の内部に自律的な問題解決能力を育てることを通じて、統治能力と民主的正統性のジレンマに向き合おうとする。そこで本章では、ガバナンスに参与しうる多元的な統治主体の民主的統御にあたって、ステークホルダー対話を通じた問題解決がどこまで有効でありうるのか、その可能性を論じる。

第1節では、マルチレベル・ガバナンスにおける民主的正統性を確保するための方策を検討する。まず、国境を越えるデモクラシーについて従来主張されてきた二つの戦略として、「政府の／による民主化」と「市民社会による民主化」を整理する。次に、これらと異なる新しい「市民社会の民主化」戦略として、マクドナルドのGSDを位置づける。そして、GSDに見られるようなステークホルダー対話の構想が、ガバナンスにおける公私の再定義をもたらす点で有意義であることを明らかにする。

第2節では、「市民社会の民主化」戦略を企業権力に適用する可能性を論じる。まず、二〇世紀における政治学や経営学の諸学説をたどりながら、脱政治化に親和的であるように捉えられがちな企業経営にこそ、政治的なものを見出しうることを指摘する。次に、経済デモクラシーや職場デモクラシーの歴史的・理論的展開を整理する。その上で、二〇世紀半ば以降の企業統治論の展開を踏まえ、多様なステークホルダーの立場から企業内部の意思決定を民主的に正統化する回路の考察が、政治理論の重要な主題でありうるとともに、経済権力の民主化に向けた喫緊の課題であることを示す。

第3節では、この「企業のなかの政治」において、巨大な企業権力の行使を民主的に統御するために用いることのできる複数の回路を提示し、それらを有効に機能させるための諸条件を検討する。まず、政府を通じた法的な統御回路として、企業内にマルチステークホルダー・プロセスを制度化する可能性を論じる。次に、企業外の地域社会、市民社会組織、メディアによる監視や、一定の規範遵守への圧力、相互対話などを通じて、企業の自主的事業改善を促す社会的な統御回路を示す。そして、市場を通じた経済的な統御回路として、人民資本主義／大衆資本主義の考え方に基づき、公正な市場秩序の維持と諸個人の資産形成支援策を前提とした、責任ある投資の一般化と、政治的消費行動の拡大を検討する。

第1節　民主的正統性の多回路化

(1) 国境を越えるデモクラシー

マルチレベル・ガバナンスの憂鬱　グローバル化が昂進するなかで一層顕著になった統治能力の低下に対処しようとする文脈において、多層的な政治社会にまたがる多元的な統治主体のネットワークを通じたマルチレベル・ガバナンスは、統治能力の補完を担う新たな方途だと目されてきた。しかし、第1章第1節(3)で述べたように、ガバナンスの民主的正統性は大いに問題を含んでいる。もはや実際の権威は国境を越えて存在しているにもかかわらず、民主的な諸制度は依然として国民国家に結びついているため、ガバナンスには民主的正統性の欠損が生じる(Bäckstrand and Kuyper 2017: 768)。

ここで想起すべきは、国境を越えるデモクラシーの可能性について、ロバート・ダールが示していた懐疑である(Dahl 1994; 1999; 2005)。国連や世銀、ＩＭＦなどの国際機関は、その活動によって超国家的な公益に資しており、個別の利害にとらわれがちな特定の国家によっては担えない不可欠の役割を持つ。だが、それらの機関における重要な決定は主にエリート間の交渉に基づく。これに対して、国際機関に民主的原理を貫徹させるためには、その政策決定についての情報と関心を備えるという過重な負担をあらゆる市民が引き受けなければならない。またダールによれば、世界規模での決定に伴う有利不利が、異なる国家や政治文化に属する人びとのあいだに深刻な亀裂を生む可能性はかなり高く、民主化が望ましい結果をもたらすことは期待できない。

それでは、政治的決定の民主的統御をグローバルな規模で実現していくためには、いかなる方途がありうるだろうか。以下では、一九九〇年代半ば以降のグローバル・デモクラシーの理論的展開のなかに見出せる三つの潮流を、「政府の／による民主化」、「市民社会による民主化」、「市民社会の民主化」という相互に異なった基調を持つ戦略として類別したい。本書は、これらの戦略は相互に並存可能であり、いずれかのみでは統治能力と民主的正統性とのジレンマを解消するに不十分であるため、それぞれを同時に追求するべきであると主張する。

「政府の／による民主化」と「市民社会による民主化」

国境を越えるデモクラシーの可能性をめぐっては多様な議論が展開されているが（五野井 二〇一一、Ermann and Näsström 2013; Kuyper 2015）、第一の有力な理論的潮流としては、政府間関係に基づく国際機関の権限強化を基調とした「政府の／による民主化」戦略がある。この戦略は、政府間関係を通じて法的な規律を強化しようとするものであり、コスモポリタン・デモクラシーを唱えるヘルドを中心に主張されてきた（Held 1995b; Archibugi 2008; McGrew 1997）。自律の原理に基づき、あらゆる個人に自律をもたらすことが重要なのであれば、各個人がどの国家に属しているかは二次的な問題でしかない。ある国家が自国民に十分な権利を保障することができないのであれば、別のレベルからの政治的介入によって権利が保障されるべきである。このような理念的前提からヘルドは、国連安全保障理事会の改革、世界議会（国連第二院）の創設、地域統合の促進、国際裁判所の権限強化・新設、国際経済機関の新設、国際的軍事組織の創設などを提言する（Held 1995b: 279=2002: 316）。加えて彼は、国際機関の権限強化が専ら上位レベルへの権限回収（世界政府化）を引き起こさないように、国際機関・地域機関・中央政府・地方政府などの異なったレベルで課題・争点ごとに決定単位を割り当てるにあたって、「フィルター原則」の適用を主張している（*ibid.*: 236–237=269）。フィルター原則の適用は、決定の影響範囲がどこまで広がるかという「拡張性（extensiveness）のテスト」、決定の影響がどこまでの程度に及ぶかという「強度（intensity）のテスト」、どの単位が最も適切に政策目標を達成しうるかという「相対的効率性（comparative efficiency）のテスト」の三つの検証から成り立つ。これらの検証はいずれも複雑な議論を引き起こしうるため、最終的な判断は課題・争点ごとに設置される専門のフォーラムや裁判所に委ねることが想定されている（*ibid.*: 237=271–272）。

ヘルドは、諸個人の自律という理念を主権国家秩序という現実に優先させ、綱領的にせよ制度改革案までを打ち出したことで、理念に基づいて現実の世界秩序を再編成するための体系的見通しを提示し、異なる戦略を採る論者にとっても共有可能な土台を提供した。ただし彼の理論の基調を成すのは、グローバル／リージョナル／ナショナル／ローカルといった重層化された政治空間における、あくまでも政府間関係を中心とした協働と均衡の秩序構想である。

ヘルドに対する主要な批判は、おおよそ四点に集約できる（佐々木 一九九八：一六八―一六九、五野井 二〇一一：一七〇）。まず、①現在の世界秩序から彼の構想する秩序への移行を実現するための主体、権力、過程が明らかでない。次に、②現在の世界では価値・信条が共有された世界大の共同体や文化的基盤が不在であり、倫理的資源やアイデンティティ、言語上の問題などから、コスモポリタンな連帯やコミュニケーションは非現実的である。この点を考慮せず上からコスモポリタン・デモクラシーを枠づけていくことは、結局かたちを変えた西洋帝国主義になるのではないか。さらに、③フィルター原則をはじめとする、異なるレベルにおける政治的諸権力および個人の諸権利を調停するための方法が、曖昧にしか示されていない。最後に、④コスモポリタン・デモクラシーの実現が、経済性・効率性の面で統治の負担になる可能性を考慮していない。

主権国家間の協力関係に基づく多層的な統治機構の再編を構想するヘルドとは異なる戦略としては、非制度的な公共圏におけるトランスナショナルな熟議や社会運動に期待を寄せる市民社会アプローチを挙げることができる（Dryzek 2006; Bohman 2007; Keane 2009）。デモクラシーの二回路モデルに沿って、政治システムと制度的には切り離された市民社会が政治システムを包囲し、政治・行政への監視や公論を通じた働きかけを積極的に行なうことで民主化を促進しようとする彼らの立場は、法的秩序の制度的組み換えを主眼としているヘルドとは距離がある。したがってこれを、「市民社会による民主化」戦略と呼べるだろう。非制度的な市民社会における活動に焦点を合わせるこの戦略は、諸国家の協働を待たずに実現可能であるゆえにヘルドへの批判①を回避しうるように見えるが、他の三点（特に②）については、概ね同様の困難を引き継いでいる面がある。

「市民社会の民主化」　異なる政治単位間での相互調停を重視しながら政府間主義に足場を置きつづける第一の戦略と、制度化された政治過程を取り囲む非制度的な公共圏の政治的可能性を追求する第二の戦略に対して、マクドナルドが提唱するグローバル・ステークホルダー・デモクラシー（GSD）は、これらを補う第三の立場としての「市民社会の民主化」戦略と言いうる（第1章第2節(3)参照）。マクドナルドの秩序構想を端的に述べるなら、デモスを政策争点ごとのステークホルダー共同体へと分割し、このステークホルダー共同体に責任を負う多様なNGOの活動を通じて脱領域的な代表性が確保されることを期待する、グローバルな多元主義だと表現できるだろう。マクドナルドによれば、彼女の構想を現実に移すためには、必ずしも法的な境界や主権国家の権限に基づかなくてもよい。自律的な生に影響を及ぼしうる公共権力の行使主体（それは企業やＮＧＯのような非国家主体でありうる）に対して、影響を及ぼされうるステークホルダーによる民主的統御が行なわれればよく、その手段も選挙とは限らない（Macdonald 2008a: 22–23）。

ここでの公共権力の行使主体とは、主権国家のようにあらゆる政策領域について単一不可分に存在するものではなく、分野・争点ごとに複数の公共権力とそれが応答すべきデモス＝ステークホルダー共同体が存在するのだとされる（*ibid.*: 25）。マクドナルドによれば、自律を脅かしうる公共権力が応答すべき範囲は、漠然とした社会のすべて——「管区（jurisdiction）」——ではなく、公共権力の影響を受けうる個人のすべて——「構成母体（constituency）」——であると理解しなければならない（*ibid.*: 49, 97）。管区と構成母体は、争点によっては互いの外延を一致させうる。とはいえ通常は重なり合わず、前者は法的に一元化され、後者は多元的に生起すると考えられる。彼女の理解する民主的平等は、多元的な構成母体（ステークホルダー共同体）のそれぞれが決定過程における公正な代表を獲得することにより、実現される（*ibid.*: 100）。そして特定の構成母体に依拠する公共権力は、仮に政策過程に深く関与したとしても、社会全体にではなく、あくまでも自らの構成母体にのみ責任を負えばよいとされるのである。

このようなＧＳＤにおいては、主権国家秩序のように公共権力とメンバーシップ（デモスへの帰属）が一対一に限定されることはなく、境界が「開かれている」（*ibid.*: 91）。個人はその多様な利害関心に基づいて複数のステークホルダー共同体に帰属し、異なるステークホルダー共同体は相互にメンバーの重なりを持つ。あるステークホルダー共同体のメンバーであることは、個人の政治的アイデンティティの一部を占めるにとどまる。したがって、個人は自らが持つ多様な利害関心のそれぞれを、異なるステークホルダー共同体ごとに代表させることができるのである（*ibid.*: 142）。また、ステークホルダー共同体に責任を負うＮＧＯの側でも、活動の多面性によって複数のステークホルダー共同体と結びつくことがありうる（*ibid.*: 87）。そして諸個人は、自らを代表する特定のＮＧＯの民主的統御を通じて、脱領域的な影響力を行使できるとされる。

このように多様なステークホルダー共同体の群立を背景とするNGOの活動を通じて、グローバルな規模で代表性が補完されることを期待するマクドナルドの議論は、二〇世紀前半の多元的国家論や、その流れを汲む結社デモクラシー（associative democracy）論を想起させる（早川 二〇〇一、二〇一四a、Hirst 1994）。彼女の構想においては、デモスを分野・争点ごとのステークホルダー共同体へ再編成することで、政治単位が縮小されており、ダールの懸念した市民への負担増が抑制されるであろう。また、利害関心の親近性に基づくステークホルダー共同体を政治単位に据えることで、ヘルドの構想において欠けていたデモスの価値的・文化的均質性も、ある程度確保される（ヘルドへの批判②に対応）。また、NGOという自発的結社におけるガバナンス、その代表性や応答性を焦点化することで、主権国家間のパワー・ポリティクスから距離を置きつつグローバルな民主化を促進する経路を示していると言え、実現可能性や経済性・効率性の面でも、相対的に困難は少ないと思われる（ヘルドへの批判①④に対応）。

GSDが意義深いのは、今や統治の客体であるだけでなく主体でもありうる非国家主体を民主化するという、これまでのグローバル・デモクラシー論に希薄だった観点を導入しているからである。GSDは「市民社会の民主化」が「（民主化された）市民社会による民主化」へと段階的ないし同時並行的に展開する点で、第二の戦略と強い連続性を持っている。しかしこの第三の戦略が持つ新しさは、事実上の権力を有する非国家主体の事業過程そのものを政治的に焦点化することで、市民社会内部の変革を通じたグローバルな民主化を志向しているところにある。このような市民社会そのものの民主化戦略は、公式の政治過程に現われてこない事実上の権力体を国家機能の肥大化を招かずにいかにして統御すべきかという問いに応えるものである(1)。また、彼女は主として議論の対象をNGOに限定しているものの、その理論は企業など他の非国家主体への適用可能性も射程に収めている。

(2) グローバル・ステークホルダー・デモクラシーの規範的擁護

適正な包摂を実現できるか　こうしたGSDの構想に寄せられている批判を大別すれば、構想の望ましさへ向けられたものと、実現可能性へ向けられたものとがある。以下では主に前者の批判を検討しながら、被影響利害原理とGSDの規範的擁護を試みたい。

第一の批判のパターンは、被影響利害原理やGSDに基づくことによっては、適正な包摂は可能にならないというものである。このうち最も素朴ながら根強い批判として、「バタフライ効果」論を挙げられる。すなわち、ある決定から波及しうる影響はきわめて複雑であり、誰もが相互に入り組んだ影響関係のなかにある以上、被影響性を根拠にしてデモスの境界を画すると、究極的にはあらゆる問題についてあらゆる人が発言権を持つべきことになりかねず、現実的ではないとの主張である（Fraser 2008: 64=2013: 89; Näsström 2011: 125; 遠藤 二〇一一：一九五、see also Walzer 1983=1999: 440–441; Goodin 2007）。こうした立場からは、平等なメンバー同士が幅広い分野での無数の諸決定を通じて自己統治を行なう政治的共同体のもとでは、諸個人はおおよそ同等の利害関係を有していると見なすべきだとの主張も現われてくる（Erman 2013b: 862）[2]。

だが、上記の批判の論理に基づけば、私という個人の一挙手一投足もまた、他者を巻き込んだ複雑な影響ネットワークの一部であるがゆえに、あらゆる人が発言権を持つべき対象と見なされかねない。この考えが愚かしく映るのは、通常その決定がもたらす私自身の被影響性と他者の被影響性とでは、著しく重要性が異なると判断されているからであろう。第1章第2節(3)で述べた通り、ある決定がもたらす大小の被影響性を等しく重んじなければならない必然性は存在しない以上、判断基準は論争的であるとはいえ、決定の影響が複雑かつ広範であることが、何らかの基準により重要な被影響性を選び出すこと自体を不可能にするわけではない[3]。民主的自己統治を機能させるために受け入れるべきなのは、バタフライ効果論ではなく、「共通だが差異のある被影響性（common but differentiated affectedness)」という発想の方であろう。(4)

この発想の利点は、被影響性が共通する部分をも否定しないことにある。適正な包摂範囲をめぐる、やや異なる角度からの批判には、分野・争点ごとにデモスを分けるＧＳＤによっては、争点化をめぐる政治過程を左右できないとの指摘がある（Koenig-Archibugi 2012: 476）。どの政策課題にどの程度の資源を振り向けるかによって決定の帰結は大きく変わりうるが、個々の分野・争点ごとに代表を送り込めるだけでは、資源配分以後の決定過程にしか関与できず、きわめて限定的な発言力しか持ちえない恐れがあると言うのである。だが、各分野への資源配分のあり方は広範な人びとに共通して大きな影響をもたらすものであり、そのような一般的性格を持つ決定までを特定分野のステークホルダーによって作成させることが、適正な境界画定であると考えるべき根拠は乏しい。ＧＳＤは公共権力と一対一の対応をしない機能的デモスを求めるが、公共権力による被影響性が共通する範囲によっては、機能的デモスが従来からある法的デモスと大きく重なる場合はありうるのであって、資源配分はそのような性質を持つ決定であると見なせる（Macdonald 2008a: 140）。

あらゆる人びとにあらゆる決定への発言権を与えることはできないとの極論に基づく批判は、現状のデモスにおける過小包摂や過大包摂を許容すべき理由を提示するものではないし、(5) ＧＳＤのような被影響利害原理に基づくデモス再編の企てがなお不十分な包摂／排除にとどまるとしても、より不公正な現状が正当化されることにはならない。意思決定過程への包摂根拠となる被影響性を明白に判断しうる非政治的基準を提出しえないことは、被影響利害原理の難点と考えられがちであるが（Fraser 2008: 40=2013: 56）、ＧＳＤが熟議モデルに依拠していることは、これを克服する方途を示している。ある決定がもたらす被影響性への認識は、熟議を通じてこそ一層洗練されうる。またステークホルダー間の熟議過程が外部への公開性を保つことにより、当該の争点に無関心だった人びとも、自らの被影響性を問いなおす機会を得られる。決定過程へ包摂されるステークホルダーは、個別の政治的文脈のなかで特定の範囲へと限定されざるをえないが、ステークホルダー間の熟議を外部からの異議申し立てに開いておくことにより、包摂すべきステークホルダーの範囲は、絶えず修正していくことができる（第2章第2節および第3節も参照）。デモスの適正な再編は、このような民主的反復によってのみ果たされうる持続的な営為であり（Benhabib 2004)、マクドナルドも示唆するように、誰がステークホルダーなのかを一意に画定しうる非政治的な基準を追い求めるべきではない[6]。

政治的平等を確保できるか　第二に、被影響利害原理やＧＳＤは政治的平等を損なうとの批判がある（Schmitter 2009; Marchetti 2012; Song 2012; Erman 2013b)。マクドナルドによれば、デモクラシーにおける平等は、諸個人の自律が平等な配慮（equal concern）を受けることを要請するのであり、特定の争点に対して顕著に強い選好を持つ個人の意思と、同じ争点に無関心な個人の意思とが等しく扱われ、後者が相対的に多数であるために前者の意思が退けられるのであれば、それは平等な配慮とは言えず、不公正である（Macdonald 2008a: 49, 131–132)。したがってＧＳＤにおいては、政治的共同体内部のあらゆる決定への参加を保障するようなメンバーシップに基づく政治的平等ではなく、特定の決定に対する利害関係に応じた参加を保障するような政治的平等が要請される（Macdonald 2012: 53)。

これに対して、マクドナルドが「平等主義的シティズンシップ（egalitarian citizenship)」の見解と呼ぶ立場は、同じ政治社会のメンバーとしての平等な地位を保つためには、決定から直接に影響を受けるか否かにかかわらず、どのような政治的決定にも参加する権利を持つべきだと考える（*ibid.*: 51)。この観点から最も力強くＧＳＤを批判しているエヴァ・エルマンによれば、ＧＳＤに欠如しているのは、政治的平等と政治的拘束性（political bindingness)であり、これらは民主的であるための最低限の条件である（Erman 2013b)。ここでの政治的拘束性とは、メンバーの大部分が確かに参加するか、少なくとも妥当なものと受け入れるような決定手続きを通じて、彼らが実際に決定への発言力を持つときにのみ、人びとは自己統治が可能になるということを含意している。ところがＧＳＤにおいては、ステークホルダーに平等な参加の機会を保障する制度的枠組みが（法的なかたちでは）存在せず、彼らの利害関心が平等な配慮を与えられるかは、ＮＧＯなど公共権力の側の裁量によるところが大きい。すなわちＧＳＤにおいては公共権力を問責するための手続きが十分に拘束的でないため、その決定に対するステークホルダーの発言力はきわめて限定的であり、人びとは自己統治を為しえない（*ibid.*: 854）。それゆえ、ＧＳＤは民主的であるとは言えないと結論される（*ibid.*: 859）。

このような批判は、部分的には妥当するものと認められる。第5章で改めて触れるが、ＧＳＤにおいて、非国家的な公共権力をステークホルダー共同体によって規律するための制度体系は、十分に洗練されているとは言いがたい。しかしながら、資源配分にかかわる決定について先に述べたように、ＧＳＤに基づくことは、ある政治的共同体のメンバーに共通して深くかかわるような一般的争点をめぐる決定過程への参加を、メンバー全員に等しく保障することまでを否定しているわけではない。したがって諸個人が複数のステークホルダー共同体に帰属することで、多元的な公共権力の規律を通じて脱領域的な政治的諸決定への発言力を行使する機会を得ることは、従来の法的デモスと結びついた政治的平等に機能的デモスと結びついた政治的平等を付加して、集合的自己統治のレパートリーを豊富化しうるものと理解すべきである。

翻って見るに、エルマンの求める政治的拘束性に照らした場合、現代の脱領域的なガバナンスに対して、私たちは実際に発言力を行使できていると言えるのだろうか。答えは否であろう。被影響利害原理に批判的な論者の多くは、法（または権威）への服従をデモスの境界の根拠とする「被支配原理（subjected principle）」に拠っている（Dahl 1989: ch. 9; 1998: 78=2001: 104–106; Walzer 1983: 60–61=1999: 105; McMahon 1994: 11–12; Cohen 2009: 154; López-Guerra 2005; Fraser 2008: 65=2013: 89–90; Karlsson Schaffer 2012; Erman 2013a; see also Owen 2012; 2014）。だが、諸個人の生は、法的な義務や物理的な強制によらずとも事実上の拘束を受けうるし、国家的主体のみに拘束されるわけではない。被支配原理は主権国家秩序に依拠した現状のデモスの構成を大きく修正しうるものではないために、たとえば国境を越えて人びとの生命と健康を脅かしかねない原子力施設の管理や、人びとの生活環境の大部分を規定している多国籍企業の統御などの課題に対して、何ら独自の解決の方向性を導けない。法的拘束力を持たないにもかかわらず人びとの社会生活を事実上秩序づけうる非国家主体の決定を民主的に統御する必要に、被支配原理は応えられないのである。ここに被影響利害原理およびＧＳＤを擁護しうる余地が生ずると考えることは、不当ではあるまい。

あるいはまた、分野・争点ごとに基づくべき機能的デモスを構成できると考えるＧＳＤには、人びとの社会生活を一元的に秩序づけるような統合的機能を果たしえないとの批判も寄せられるかもしれない。だが、主権国家へと法的に一元化されているはずの拘束的な決定権力が、部分的に非国家主体へと漏出しているとすれば、統合は既に脅かされているのではなかろうか。むしろＧＳＤは、ステークホルダー共同体との結びつきを通じて多元的な公共権力のそれぞれを民主的に統御していく回路にこそ、民主的な政治社会における正統性の回復可能性を見出していると言えよう。

望ましい帰結を導きうるか　最後に、被影響利害原理やＧＳＤは望ましくない帰結をもたらしやすいとの批判を採り上げよう。たとえば、被影響利害原理に基づいてナショナル・マイノリティが多い地域の定住外国人に参政権が認められると、当該のマイノリティの政治的地位が相対的に弱められ、文化的・言語的な多様性が損なわれかねないとの指摘がある（Eisenberg 2015）。その議論によれば、受入国での幅広い労働市場にアクセスするための言語能力を重視する移民は、マイノリティの言語の修得に積極的ではないし、当該言語による教育への公的支出を支持する動機に乏しい。また、ナショナルなレベルでの政策に地位を左右される移民は、居住地域よりもナショナルな共同体への帰属を意識しやすく、マジョリティに親和的な政策選好を持ちやすい。したがって定住外国人が票を得ることによってマイノリティの発言力は弱められ、政治的均衡が不安定化しうるため、マジョリティの側がこれを企図した政治的操作として当該地域への外国人の入植と参政権付与を行なうようになれば、マイノリティの文化的・言語的アイデンティティは危機にさらされうる（Eisenberg 2015: 144–146）。

このような指摘は被影響利害原理を退ける理由になるだろうか。被影響性を根拠とする参政権の付与が、選挙の勝敗をはじめとする政治情勢のゆくえを大きく左右する可能性は存在するだろう（López-Guerra 2005）。ただし、被影響利害原理を適用することが誰の政治的発言力を増大／減少させるのかは個別の文脈に依存するため、原理の適用が特定の政治的帰結と必然的に結びつくわけではない[7]。また繰り返すように、原理の解釈によって、被影響性に基づく決定過程への包摂のあり方は異なる。被影響性の比例的な解釈に基づけば、マイノリティが文化的多様性の尊重に対して有する強い選好を考慮して、加重的な投票権を認めるなどの選択肢もありうるだろう（第5章第2節(2)参照）。ＧＳＤは熟議に失敗すると適切な範囲を包摂できないとの批判も考慮するなら（Koenig-Archibugi 2012: 476）、マイノリティの権利を保護する観点からは、選好強度を反映しやすい集計型の決定過程の方が望ましいとの評価もありうるかもしれない。ただしＧＳＤによる場合でも、政策争点ごとに基づくべきデモスを分けた上で、一般的な争点については政治的発言力を等しく重みづけながら、文化的多様性にかかわる争点に限ってはマイノリティによるステークホルダー共同体の代表へ大きな政治的発言力を割り当てるといった対応はありうる。いずれにせよ、被影響性を包摂の根拠とすることは、必ずしもマイノリティの政治的発言力を弱める帰結をもたらすわけではない[8]。

逆に、政策争点ごとのステークホルダー共同体に決定過程における発言力を付与することが、偏った利害関心を持つ少数派による支配を招きかねないとの危惧にも答えておこう[9]。もとより被影響性に基づいて過小包摂と過大包摂の双方を避けようとすれば、一般に、ある争点にかかわって構成されたステークホルダー共同体が、他の争点にも政治的発言力を持ってしまうことは望ましくない。被影響利害原理の比例的な解釈に基づき加重的な投票権などを認める場合、いったん配分された権利が異なる争点についても発言力の行使を許す恐れがある。ＧＳＤは熟議モデルに基づくことにより、このような問題を回避しえていると評価できよう。

繰り返し述べるようだが、ステークホルダー・デモクラシーは境界のない政治を希求する立場ではない。「たとえデモクラシーが依拠する境界の種類が地理的なものではなかったとしても、デモクラシーはボーダーレスではない」と言われるように（Erman 2013b: 853）、デモクラシーにとって重要な問いは、いかなる境界に依拠すべきかである（第3章第1節(1)参照）。本書は被影響性に基づいて境界を画すことを求め、主権国家秩序に基づく法的なデモスではなく、多元的な公共権力と結びつく機能的なデモスを集合的自己統治の一義的な主体として位置づける立場として、GSDが現代の統治の変容に対応しうる秩序構想であることを擁護する。もっとも、GSDが直ちに主権国家秩序に取って代わりうるとか、取って代わるべきなどと主張するものではなく、従来とは別様の民主的自己統治の回路を示すにとどまる。また境界問題に対しては、被影響利害原理に基づいたからといって争う余地のない道徳的解決が導かれるわけではない。GSDにおいても、デモスの境界内部に包摂されるべきステークホルダーの判断は、個別の政治的文脈と切り離せないからである。したがってデモクラシーが依拠すべき境界は、政治過程のなかで浮動しつづける。だがその過程は、被影響利害原理に方向づけられた民主的反復の途上でありうるだろう。

(3) 公共権力の民主的統御

MSPに基づくガバナンス　GSDのようなMSPを通じたガバナンスの民主化は、ナショナルないしローカルな規模でも適用できる（されている）モデルであり、分野・争点ごとにステークホルダー代表の参加と熟議を求めることで、従来の代表制デモクラシーよりも利益代表の回路を多元化し、人びとの多様な利害関心に応じた適切な代表を得やすくさせる。

国境横断的なガバナンスをMSPに基づかせることは、幅広い分野で一般化しつつある。たとえば気候変動への取り組みをめぐる国際交渉の場においては、世界各国の政府関係者のみならず、自治体、企業、産業団体、NGOなどさまざまな非国家主体が並行して協議し、情報を交換・発信し、助言や働きかけ、抗議活動、声明発表を行なうなど、盛んに活動する（Nasiritousi et al. 2016; Bäckstrand et al. 2017; Bäckstrand and Kuyper 2017; Dryzek 2017）。こうした非国家主体は、単なるオブザーバーとして参加するだけでなく、国家主体の動きを持続的に監視する役割などを通じて、グローバルな気候ガバナンスの過程に組み込まれている（Bäckstrand et al. 2017: 562）。そこでは、主権国家と非国家主体の相互作用に基づいてガバナンスが紡がれているのである（*ibid.*: 569）。

また、民間企業や産業団体、学術機関、NGOなどの非国家主体は、政府の法規制によることなく、自主規制（self-regulation）や民間規制（private regulation）を通じて独自に統治機能を担う場合もある（Büthe and Mattli 2011）。EU諸国では、官民の協働によって法的規制と自主規制・民間規制を組み合わせる「共同規制（co-regulation）」の手法も用いられている。顕著な例として、国際的なインターネット・ガバナンスの枠組みにおいては、従来から国家だけでなく国際機関やNGOが中心的な役割を果たしてきており、技術者や民間企業などを含めたMSPに基づく協議と意思決定が一般化している（Dany 2012; DeNardis 2014; Raymond and DeNardis 2015; 成原 二〇一六：一三〇―一三一）。欧米諸国での情報通信分野の規制づくりにおいても、MSPを採用し、各界のステークホルダーをルールの形成・執行に参画させることで、正統性の調達が図られている（成原 二〇一六：一一八―一二一）。

利益媒介と社会統合　ただし、各分野の政策形成を多様なステークホルダー代表の合意形成に基づかせることは、ガバナンスに出力志向の正統性を伴わせる機能主義であっても、政治的な代表性を備えさせるわけではないと捉える向きもあるだろう（小川 二〇〇三、網谷 二〇〇三、Sørensen and Torfing 2009 などを参照）。専門家による問題解決能力を重視する機能主義は、意思決定を脱政治化してしまうと考えられるからである（Willetts 2006: 312）。

だが実際のMSPでは、政策形成を専門的知見に基づかせること以上に、重要なステークホルダーを代表することが非国家主体の役割として重視されており、参加する各主体が異なる利害関心に基づき政治的に対立する余地は否定されていない。その意味で、ステークホルダー・デモクラシーは機能主義よりもコーポラティズムに親和的であるとの評価もある（Willetts 2006; Nasiritousi et al. 2016）[10]。ステークホルダー・デモクラシーの実現により利益媒介の回路をさまざまに「多回路化（multichannelization）」することは、全体として民主的統治の機能を回復・向上させうるだろう。

網谷龍介は、現代の個人化や社会の多様化に合わせて、戦後デモクラシーのもとでの「階級諸力の均衡」をステークホルダー間の均衡へと移行させるとすれば、これまで包摂・統合されてきた集団の対象を拡大する必要があり、妥協を形成するためのフォーラムもより多く設置しなければならないと指摘する。しかし同時に、市民の多様な属性に対応する多様なフォーラムを通じて達成できるのは、個々人の役割のうちの一つだけを統合することにすぎず、そこで実現されるのは「参加型のグッド・ガヴァナンス」であっても階級間均衡に代わりうる社会統合ではないとも主張する（網谷 二〇一四）。これに対し、本書は異なる理解を示そうとしている。そもそも集合的自己統治としてのデモクラシーが前提とするべきデモスの適正な境界が問われているとすれば、社会統合の対象範囲もまた、自明とは言えまい。利益代表の回路を分野・争点ごとに分割しようとするステークホルダー・デモクラシーは、確かにコーポラティズム的妥協に代わりうるような、「社会各層の利益をマクロに集約する代表組織とそれらの新しい連合」を目指すものではない（小川 二〇一三：八）。だが、機能的・脱領域的なデモスを構成しうるステークホルダーを民主政治の主体に据えることで、ナショナルな代表制デモクラシーの枠組みでは捉えられないグローバル・ガバナンスの民主的正統性や、非国家主体内部の意思決定のような政治システム外におけるサブ政治の民主的正統性を問いやすくする意義は小さくない。

あるいは、分野・争点ごとのガバナンスやサブ政治への断片化を追認することは、社会内の対立を不可視化し、「「サブ政治」を隠然と支配するパワー」を問題化できなくするとの危惧を招くかもしれない（小川 二〇一三：九）。だが、第5章で論じるように、ステークホルダー・デモクラシーにおいても分野・争点ごとの決定を相互に調整する必要は認められるのであり、メタ・ガバナンスの役割を担いうる領域的な議会や主権国家が不要になるわけではない。被影響利害原理に照らしても、広範な人びとに共通して影響を及ぼす一般的性格を持つ決定までをステークホルダーによって決めることは、過小包摂であり望ましくない。また、公共権力と機能的デモスは一対一の対応をしないが、公共権力が及ぼす影響の内容によっては機能的デモスと法的デモスが大きく重なる場合はありうるから（Macdonald 2008a: 140）、ステークホルダー・デモクラシーにおいても、主権国家秩序に沿った既存の法的デモスに基づく代表制を手放すべき理由はない。それゆえ、ナショナルな単位での政治選択が果たすべき役割を問うことが不可能になるわけではないのである。

とはいえ、ＧＳＤには課題も多い。ＥＵの政策形成過程において知られているように（小川 二〇一一：二三四—二三七）、ステークホルダーごと、ＮＧＯごとに利用可能な資源に格差が存在する場合、実質的な参加可能性には不均衡が生じる（Macdonald 2012: 54; 山崎 二〇〇七：一八八—一九〇）。マクドナルドの議論には、グローバルに点在する諸個人を対等な民主的統御の主体となしうるための経済的・社会的諸条件を整備する、ステークホールディングの構想が欠けている。これに対し本書は、第3章で示したステークホールディングの理念的な再構成と制度的な体系化により、ＧＳＤの弱点を補う議論を提出できたと考える。また、ＧＳＤにおいては、ＮＧＯの民主的統御を具体的にどのようにデザイン可能かが十分に明らかにされていない。政策領域ごとに専門化した政策ネットワークの一部に組み込まれた有力な国際ＮＧＯは、政策形成過程への影響力を強める一方で官僚制組織としての性格を増しており、市民社会一般から遊離する傾向にある。したがって、ＮＧＯと社会との結びつきをどのように維持・回復し、市民の主体性を確保するのかが問われなければならない（see Skocpol 2003）。さらに、異なるデモス（ステークホルダー共同体）間での対立・競合がいかにして調停されうるのかという難題（ヘルドへの批判③）も、積み残されたままである。これらの点については、第5章で改めて検討したい。

公私の再定義　ＧＳＤは、分野・争点ごとのＭＳＰを通じた政策形成に参与するなど、諸個人の自律を脅かしうる公共権力を行使する非国家主体を民主的に統御するために、公共権力がステークホルダー共同体に対して負うべき答責性を問おうとする。したがって公共権力を行使しうる非国家主体に多様なステークホルダーとの対話を要求する立場である。このような立場の意義はどこにあるのだろうか。それは公私の再定義にあるというのが、本書の理解である。

自由主義的な公私二分論は、一方で主権国家と市民社会をそれぞれ公（官）と私（民）に振り分けつつ、同時に政治・経済と親密圏をそれぞれ公（共）と私（個）に分類する二重の性格を持つ。しかし何が公的／私的であるかは、外形的にではなく機能的・分析的に見定めなければならない。最も単純ながら妥当性を否定しがたい区分は、政治社会から国家を引いたものとして市民社会を理解する仕方である。[11]この際に注意すべきは、政治システムは国家を中心として市民社会にもまたがっており、国家と同じではない点である。また、市場は経済的な相互作用の体系的メカニズムであり、主に市民社会の内部で働くが、国家の諸部門にも浸透しているし、国家的主体もまた市場に参加する。市場の働きは政治的に統御可能なものであるし、市民社会と別個の領域と見なすべき理由はない（本章第2節および第3節で後述）。[12]家族など親密圏もまた市民社会の内部にあるが、既述のように自律的な諸個人の共生という観点から公共的性格を帯びる側面がある（第3章第3節(2)参照）。

このように既に従来の公私区分は相対化されているが、それにもかかわらず、抗国家的な私的所有・私的自治の原則を敢えて維持しようとすれば、非国家主体による各領域での恣意的支配（諸個人の自律への脅威）は看過されてしまうであろう（森政稔 二〇〇六、二〇〇八：二二四）。第1章で述べたように、ポスト政治期において必要なことは、国家と社会の融合を否定して国家による統治能力の復権を俟つことではなく、政治システムの内外を問わない公共権力の民主的統御による諸個人の自律保護であり、遍在する統治主体が生み出す小政治群の民主化である。

ガバナンス論は、国家だけでなく民間主体も公共的役割を果たしうることを前提としているが、その役割がどこまで果たされるべきなのかは明らかでない（砂原 二〇〇五）。利潤を拡大すべく事業を展開する私企業が公共的役割のために投入できる資源は有限であり、民間主体の事業に政府同様の全面的な公共性を求めて、公私の区分を失わせることは望ましくない。だが、事業目的の無際限な拡大が不可能であるからこそ、ステークホルダーとの対話に意義を見出すことができる。ステークホルダーが決定や政策の有効な実現に利害関心を持つ人びとであるとするなら、多様なステークホルダーを包摂した一定の合意形成手続きのなかで事業目的を再定義することが、直ちに事業目的の無際限な拡大を帰結するとは即断できない。多様なステークホルダーの包摂に基づく合意形成を通じて事業目的を再定義することは、公共権力にその影響範囲からの民主的正統性を調達させるだけでなく、「どこまでの範囲でどの程度の役割を果たすべきなのか」という限定を通じて事業に予測可能性を確保できるという意味で、民間事業体にとっても有益である。事業体の目的を、ステークホルダー対話を通じて再定義していくことは、ガバナンスにおいて公共的役割を担いうる非国家主体の民主的応答性を高めると同時に、その役割を限定することで公共の範囲を適宜区切っていく（公私を再定義する）機能を持ち、公共性の全面化を避けるためにこそ必要なのである。ただし、マクドナルドは市民社会の民主化に焦点を当てたものの、その理論を企業に適用する可能性は不十分にしか論じていない。そこで次節からは、ＧＳＤにおいては十分に検討されていなかった企業の公共的・政治的役割を採り上げ、企業権力の民主的統御がいかにして可能になるのか、企業統治においてもステークホルダー対話を通じた民主化が有効でありうるのかを検討することにしたい。

第2節　企業経営における政治的なもの

(1)　企業権力の再定義――政治・経営・統治

現代企業の政治的地位　現代のグローバル資本主義経済下における主権国家の統治能力へ寄せられる疑念は、その核心において、経済権力がフォーマルな政治過程に持ちうる影響力の拡大と、経済権力が政治的統御を逃れながら社会に及ぼしうる影響力の増大とに結びついている(Crouch 2004; 2011; Wolin 2008)。したがって、人びとの社会生活を民主的に秩序づけようとするなら、経済権力の主要な行使主体である私企業や経済諸団体の統御方策を再考することが求められよう。アルコン・ファンの言葉を借りれば、今や「デモクラシーの理論家たちは、国家にとどまらず、より幅広い影響を市民、および社会生活の秩序づけに及ぼしている他の諸組織へと、その視野を広げるべき」なのである(Fung 2013: 236)。

政治学における企業の主題化は、これまで大別して二つの視角から行なわれてきた(Dahl 1959; Vogel 1996)[13]。その第一は「政治のなかの企業」と呼べるような、政治システムの主要なプレイヤーの一種として企業を捉える視角であり、企業が他のプレイヤーと関係を取り結びながら行なう政治活動を分析の対象とする(Lindblom 1977; Coen et al. eds. 2010; 大嶽 一九九六a、恒川 一九九六)。そこにおいて諸企業の政治性は、個別的、ないしは業界団体・経済団体(財界)を通じて組織的に、政治資金の提供や選挙での集票、ロビイングなどを行ない、政党・政治家に資源を提供するとともに、政府・官僚とのコミュニケーションを密にすることで、事業活動を有利に進めるべく、大政治への影響力を獲得・行使しようとする点に見出される[14]。

これに対して、もう一つの分析視角は「企業のなかの政治」と言うべきものであり、企業組織内部の意思決定過程に政治性を見出し、本来の事業活動に内在する小政治を主題化する(たとえば大嶽 一九九六b:一章二節を参照)。二〇世紀以降の組織化・大規模化した企業の内部には、少なくとも株主、債権者、経営者、労働者といった複数のプレイヤーの異なる利害が交錯しており、そうした多元的な利害がどのように調停され統治されるのかは、技術的に一意の解を導けるような問いではない。そこには政治システムにおける大政治とは異なる、社会内に遍在する小政治の代表的な現われを見出すことが可能であり、したがって企業統治は、政治理論の重要な主題たりうることになろう。

従来の政治学において、政治システムと直接結びつくとは限らない「企業のなかの政治」への関心が、「政治のなかの企業」に比べて低調であったことは否めない。職場デモクラシーに対する政治理論的関心は持続的に存在しているものの、企業内在的な小政治が扱われる場合には、労使関係を通じたフォーマルな政治過程の規定や、職場における参加がもたらす教育的・統合的機能への期待など、何らかのかたちで大政治への波及可能性が念頭に置かれている場合が主であった[15]。また、社会内に広範な影響を及ぼしうる企業権力の制御という観点からは、主に社会運動を通じて企業の外部から働きかけを強める「市民社会による民主化」が盛んに議論されてきた一方で、企業組織内部における統治構造や政治過程への着目は相対的に乏しかったと言わざるをえない。しかしながら、近年では企業を主題とする政治理論研究の地平を新たに切り拓こうとする潮流が現われつつあり（Ciepley 2013; Malleson 2014; Landemore and Ferreras 2016）、政治学に限らず企業の公共的・政治的性格を明らかにする研究が増加している（Scherer et al. 2013; Helgesson and Mörth eds. 2013）。

小政治としての企業経営

官民協働を駆使した行財政改革（ガバナンス）が唱道され、ポピュリズムの台頭や大統領制化の傾向が耳目を集める二〇世紀末以降の先進資本主義諸国においては、その評価にかかわらず、政治・公行政を企業経営、国家を株式会社になぞらえる言説がしばしば観察されるようになっている（Brown 2015）。政治の経営への還元が奨励／憂慮されるとき、そこで企業経営の投影として描かれるのは、最高責任者たるリーダーが既得権益に与る抵抗勢力を退けてトップダウンの意思決定を行ない、市場の要求に応える改革を迅速に実現するような、集権的かつ効率的な政治モデルが一般的である。だが、言うまでもなく現実の個別企業ではそれほど単純な上意下達の組織は稀であり、通常その意思決定には、対立する諸利害の調整や異なる立場間での合意形成の過程を見出せる。企業の意思決定過程もまた、少なからず政治的な側面を有すると言ってよい[16]。政治の経営への還元を云々することが有益な議論たりうるためには、戯画化された経営観を明確に退けた上で、「経営」概念に固有の非政治的性格を明らかにするような再検討作業が求められる。だが、企業のなかの政治を周縁的な研究対象にとどめてきた政治学は、稀有な例外を除き（McMahon 1994）、経営なるものを主題とした業績を残していない[17]。ここでは、経営学史を簡潔に振り返ることにより、この学問の非政治性を歴史的に否定しておくことで満足しておこう。

経営学の成り立ちは、産業社会の発展とともに複雑な人間組織に成長した企業において発生する経営上の諸問題を処理し、統治するための専門的な知識・技術への社会的要請に支えられている。公共経営や都市経営の語にも見られるように、この学問は行政学と縁深い。巨大企業の登場が促した経営学の分化・発展と、巨大社会の出現が促した行政学の分化・発展とは、専門的な経営または管理への需要を要因とする点でパラレルであった。広義の経営学は、営利性（Rentabilität）を追求する企業に加え、営利を目的としない事業体（公共事業、公益事業、協同組合）の生産活動も対象とするが、生産経済である企業経営と、主として消費経済である政府財政や家計は区別されるのが通常である。欲求充足（Bedarfsdeckung）を追求する家計と異なり、企業は経済性（Wirtschaftlichkeit）を発揮すべく計画的に生産を遂行する。企業を家計から分化させる歴史的条件は産業化の進展による市民社会の膨張であり、経営学の誕生は、これを効率的かつ平和的に秩序づけるという統治課題を請けたものにほかならなかった。

日本の経営学は、ドイツの「経営経済学（Betriebswirtschaftslehre）」の強い影響下に形成され、大正末期から昭和初期にかけて学問的制度化を進めるとともに、次第にアメリカの「経営管理学（business administration/management）」を摂取していった（片岡 一九九〇、裴 一九九六）[18]。ドイツの経営経済学は、一七〜一九世紀の官房学に由来する。君主の資材としての人口の福祉を国家目的とし、目的実現の手段として合理的な行政（Verwaltung）の術を追求する官房学においては、官吏養成のための徴税に関する経営的叙述が一八世紀頃から見られたとされる（長浜 一九五九）。官房学が国法学・行政法学と国民経済学（Volkswirtschaftslehre）に枝分かれしたのち、一九世紀末以降に国民経済学から自立して発展したのが、経営経済学の前身たる私経済学（Privatwirtschaftslehre）である（岡田ほか 一九八〇、海道・深山編 一九九四、Tribe 1995: ch. 5）。私経済学は、一八六〇年代から商業学・商業経営学に工業経営学を加え、戦間期までに経営経済学として確立される。急速に工業化が進展し、工場制経営と株式会社形態に基づく大規模企業が出現すると、旧来の商業学や一般論的な国民経済学では企業経営の把握に不十分であるとして、国民経済から区分される個別経済としての企業を扱う私経済学の必要が説かれるようになったのである。ただし当初は、私経済学はあくまでも国民経済学の一部として確立されるべきものと考えられていた。規範的観点から階級利害に一定の掣肘を加えようとする新歴史学派国民経済学の残響は、第一次大戦の経験とあいまって、ドイツ経営経済学の労使協調的性格を形づくることになる。

アメリカの経営管理学もまた、南北戦争後の鉄道建設と移民流入による市場拡大に支えられた大規模工業経営の展開を背景に、一九世紀末以降に形成されてきた（古川 一九五九、権 一九八四、廣瀬 二〇〇五）。体系的な理論科学としての確立を目指したドイツ経営経済学とは異なり、工場経営の現場に携わる機械技師たちの手によって形成された経営管理学は実用的性格をその特徴としていた。激しい競争のもとで能率（efficiency）の増進によって製造原価の引き下げを実現する必要に迫られていた機械技師たちにとって、その障害たる労働運動の高まりを抑え、組織的怠業（systematic soldiering）を排除することは、最大の課題であった。彼らは一八八〇年にアメリカ機械技師協会（American Society of Mechanical Engineers: ASMA）を設立し、工場管理の合理化へ向けた新たな管理方法を創出するべく、技術的知識と経済的・会計的知識の結合や、能率増進への誘引と労務費の削減を両立させる賃金制度の探究などに取り組むようになる。こうした能率意識のなかから生み出されたのが「科学的管理（scientific management）」であり、その本質は、労使が分割のために争う必要がないほどまで生産からの「余剰（surplus）」を増やすことにあった（Taylor 2003）。科学的管理は、一九一〇～二〇年代にかけて公共部門にも波及し、体系性の乏しかったアメリカ行政学の発展に寄与した。行政国家化が大きく進み、巨大組織の合理化と行政能率の促進が緊急の課題となった三〇年代には、より積極的に行政管理へと適用されることとなる。(19)

ドイツの経営経済学が君主統治に資する官房学を淵源として発達したのに対し、アメリカの経営管理学は工場における技師の実践から生まれ、民主国家の繁栄に奉仕する行政学の発展を強く推進した。いずれにせよ経営学の成り立ちは、産業社会において成長した複雑かつ巨大な人間組織内部で発生する諸紛争を処理し、階級対立の尖鋭化を挫きながら、合理的に富の産出を果たすための専門的な管理（administration/management）の職能への社会的需要に支えられていたのである。

企業権力の正統性　さらに産業化が進んだ一九三〇年代に提起された所有と経営の分離論は、個人株主への株式分散による所有者から経営者への支配構造の変容がもたらすエージェンシー問題を焦点化したことで、現代の企業統治論の起源に位置づけられる（Berle and Means 1968）[20]。一九七〇年代以降のアメリカにおける企業統治論は、機関投資家の台頭を背景に、経営者への規律づけを強化する文脈で隆盛した。もっとも、株主利益極大化という純経済的な目的が注目されがちな企業統治論だが、アメリカで corporate governance の概念が登場したのは、ヴェトナム戦争下における兵器製造への批判や南アフリカのアパルトヘイト政策への反対など、各種の運動が企業に社会的責任を強く要求した六〇年代後半からであり、直接には企業に対する政府規制を求める社会運動の文脈からであった（佐久間 二〇〇三、水口 二〇一三）。二〇世紀中葉の高度産業社会においては、企業の事業活動は準公共的な性格を帯びるようになり、テクノクラシーへの危惧を背景にしながら、企業内外に重大な影響を及ぼす意思決定を行なう経営者権力の正統性が厳しく問われたのである（Galbraith 2007; see also Mitchell 1989）。

人間集団内部の拘束的な意思決定としての企業経営は、それ自体として闘争・協働・創造といった政治的諸側面を持つのであり、多様なステークホルダーの相互に異なる利害に基づく紛争を調停・統合することが求められる企業の経営過程は、フォーマルな政治過程における大政治とは区別される小政治の一形式と言える。デモクラシー理論が現代企業の強大な経済権力を民主的に統御する方途を探ろうとするなら、企業の意思決定によって多大な影響を被りうるステークホルダーたちが意思決定過程で実効的な発言力を行使できるような企業統治のあり方は、避けることのできない問いである。もっぱら大政治を論ずる文脈から、公共部門の民営化や市場化を脱政治化へと直ちに結びつけることが通例化する一方で（Hay 2007）、経済的・社会的な諸領域に遍在する小政治は等閑視されたままである。しかしながら、主権国家の統治能力が低下するにつれ、多国籍企業に象徴されるような非国家主体の権力は、ますます深刻な問題となっている。また、行政サービスの供給に個別企業も参与するようになると、統治機能は少なからず社会内の諸領域に断片化されつつある。多元化した統治主体の責任を追及し民主的制御を可能にするため、今や、企業のなかの政治を周縁的主題にとどめてきた政治学の自己認識は、改められなければならない。ステークホルダーの多元的な利害を調停・統合することを通じて企業権力を制御しうる内的回路が開かれると考えるなら、企業統治はデモクラシー理論にとって重要な主題の一つとして位置づけなおすことができる。

(2) 資本主義を民主化する

経済・市場・企業　公私の領域的区分や、政治と経済の排他性を強調する立場は根強い。この立場によれば、官民協働による民主的答責性の不全は、国家の責任と役割を再強化することによって果たされるべきで、経済権力の民主化は私的主体への統治能力の断片化を追認する方法によってではなく、公共性を回復させることによって実現されるべきことになろう。だが、経済活動を狭く解釈することで政治と峻別する見解は、イデオロギー的には逆向きであったとしても、企業の社会的責任は利潤追求のみであるとしたフリードマンのＣＳＲ否定論と同型の性格を持つ（Friedman 1970）。これに対して本書の理解では、企業の権力は諸個人の自律を脅かしうるという意味で公共的な性格を帯びており、権力を用いた経営の目的を誰の意思に基づいてどのように形成するかという点で、その民主的統御は政治学から接近すべき主題でありうる。

そもそも市場は多くの制度に支えられており、政治システムから独立に成立しているものではない。歴史的に見れば、一六世紀以降に形成される初期の株式会社が経済活動を営むために必要とした結社としての地位や諸々の権限は、王権によって賦与・保護されたものであったし、貿易など営利を目的とする活動が国家の戦略と合致する場合には、独占権が与えられて外交や防衛などの政治的役割をも担うことがあった（松井 二〇一〇：四五―四六）。また、経済的自由の確保が、独占を排する国家権力の役割によって可能になってきたこともよく知られている（岡田 一九七五）。さらに、市場デザイン論の知見によれば、市場を効率的に機能させる制度枠組みの基本的特徴は、情報が円滑に流通すること、人びとが約束を守ると信頼できること、競争が促進されていること、財産権が適度に保護されていること、負の外部性が抑制されていることなどの点に整理される（McMillan 2002）。これらは市場そのものが生み出せるわけではなく、政治的諸決定を通じて担保されている。[21]

市場メカニズムの機能を支える環境や制度は、社会的共通資本と呼ばれる（宇沢 二〇〇〇：二一―二四）。社会的共通資本は、生産、流通、消費の過程で制約的となるような希少資源のうち、個々の経済主体によって私的な観点から管理・運営される私的資本と異なり、社会全体にとって共通の資産として社会的に管理・運営される。社会的共通資本は、土地、大気、土壌、水、森林、河川、海洋などの自然環境だけでなく、道路、上下水道、公共的な交通機関、電力、通信施設などの社会的インフラストラクチャー、教育、医療、金融、司法、行政などの制度をも含む。各経済主体は、社会的共通資本のネットワークのなかで行動し、生産を営むことになるため、市場経済のパフォーマンスも、どのような社会的共通資本の編成のもとで機能しているかによって影響を受ける。デモクラシーと同じように、資本主義も解釈の多様性に開かれており、どのような資本主義を選びとり、つくり出すかは、政治的な選択の対象なのである。

経済デモクラシーの歴史的展開　資本主義経済の民主化は二〇世紀にはお馴染みの主題であり、決してマイナーなものではなかった（関 一九六三、松下 一九五七、Kiloh 1986）。歴史的には産業の国有化を求める立場が一方にあるものの、産業デモクラシー（industrial democracy）の出発点に位置づけられる世紀転換期におけるウェッブ夫妻らの立場は、生産者の代表選出という民主的自治に基づく労働組合運動を通じた、労働条件の改善と権利の獲得を目指すものであった。これに対して、やはり産業国有化の主張と差異化しつつ、労働者による産業自治を求める点でフェビアン社会主義とも異なる産業デモクラシーを求めたのが、ギルド社会主義である。他方、ウェッブ夫妻らの産業デモクラシーを受容した戦間期のドイツでは、中央レベルでの経済運営への組合の参加が、経済デモクラシー（Wirtschaftsdemokratie）の名で呼ばれた（大橋ほか 一九七九：七九―八四、大橋 一九九九）。そこでは個別企業レベルでの経営協議会などを通じた経営参加（経営民主主義）は、経営エゴイズムに陥るとされた。他方で、組合は一部の利益しか代表しておらず、非組織労働者や消費者の利益を置き去りにしているとの批判も見られた。第二次大戦後の西側諸国では、労働組合の体制内化とともに経営参加を求める動きが活発化し、再び産業デモクラシーが論じられる（大橋ほか 一九七九、丸尾 二〇一二）。そこでは、「産業における労働者の諸権利、とりわけ産業上の諸決定を統制することに参加する権利への真の関心」に基礎を置くような諸理論が、産業デモクラシーの名で呼ばれるようになった（Clegg 1960: 3; また関 一九六三：四―五も参照）。

職場デモクラシーの規範的正当化

政治理論においては、労働者による自主管理や経営参加を念頭に置く企業の民主化が早くから論じられていることもあり（Mill 1909; Pateman 1970; Dahl 1985; 2001; see also Cohen 1989: 27）、その流れを汲んで展開された職場デモクラシー（workplace democracy）をめぐる議論が一定程度蓄積している（Mason 1982; Walzer 1983; Mayer 2000; 2001a; 2001b; Mansbridge 2015; Landemore and Ferreras 2016）。

職場デモクラシーへの批判として、第一に企業からの退出可能性をめぐるものがある。組織の構成員は、組織に不満を持ち、それを発言によって正すことがかなわない場合には、退出することが容易である。人びとが集団内での発言権を保障されるのは、その集団からの離脱可能性が低い場合に限られるから、国家と企業を同一視すべきではないとするのである（Hirschman 1970）。この立場によれば、組織内部のデモクラシーを可能であると考えることも、必要であると考えることも誤っている。だが、集団からの離脱の容易さの程度と、そこでの発言権の必要性は関係がない（浅野 二〇〇二：二〇三）。ある自治体の住民が他の自治体に移住することは容易である。いつでも名護から転居できるとしても、名護市民として自治体の意思決定に参加する権利が弱まることはない。また、退出可能性の相対的高さが個別主体の保有資源や経済状況・労働市場に左右される点も、国家社会と一定程度共通する。

第二の批判として、全体性をめぐる次のような立場がある。すなわち、人間の満足は全体社会の次元で実現されるべきであるが、経営は限定された目的を有する組織であり、行為者に有限のコミットメントのみを要求する部分社会（segmental association）にとどまるので、民主的に運営されるべき理由はないとされる。だが、国家が社会生活の全体を統括しえているという前提はもはや説得的ではなく、何が全体社会であるのか、その「全体性」は自明でなくなっている。企業と同じように、国家もまた部分社会だと感じる市民もいる。だとすれば、国家政治と企業政治の違いとは程度問題でしかない。ステークホルダー概念は、政治社会におけるシティズンシップと諸集団におけるメンバーシップを並列的・連続的に捉えられる点で意義を持つ。

一九世紀から二〇世紀にかけて展開されてきた経済民主化論は、基本的に労働者の権利に議論の重点を置いており、資本主義経済下の階級対立を前提にした労使二元的利害の衝突を調停する役割を担ってきた。政治理論において経済民主化が問題にされる場合も、企業という結社内部の政治的平等が要求され、従業員による投票を中心に意思決定を行なうような方法が、主に想定されてきた（Dahl 1985）。だが、現代の企業の活動が持つ外部性の大きさと雇用形態の流動化を考慮するなら、このように企業の意思決定を統御すべきデモスの範囲を企業への（フル・）メンバーシップと一致させるのは、もはや適切でない。今や労使二元対立の成立困難さ（労働内部の利害の多様化）ゆえに、多元的利害への転換が必要とされている。[22] また、企業に対するステークホルダーは、労働者だけに限られるわけではない。ステークホルダー資本主義を唱道したハットンは、株主以外の多様なステークホルダーへの配慮を含んだ資本主義の具体例として日本を挙げたが（Hutton 1996）、日本企業の株式持ち合い経営と正社員の地位保障に偏重した雇用慣行は、企業の閉鎖性を象徴するものとして批判も浴びせられてきた。

企業内部の決定に限らず、諸個人の自律的な生を脅かしうる政治的決定は、予め範囲を確定することのできないステークホルダーへと開かれなければならない。このような不確定な主体に決定権力を統御する権原を見出すことにこそ、デモクラシーにステークホルダーの語を冠することの規範的含意がある（Macdonald 2008a: 40）。したがって現代企業の民主化は、労働者に限られない社会一般への応答性の観点から構想される必要がある（毛塚　二〇〇八）。これまでの経済民主化論の批判的継承を図りつつ、労使による二元的対立にとどまらず、企業権力をめぐる利害の多元性に照準した議論の刷新が必要とされよう。そこで再び経営学へ立ち戻り、このような要請に対応する学説の展開が見られることを整理しておきたい。

(3)　企業を統治するのは誰か――ステークホルダー理論と企業体制論

企業社会論とステークホルダー理論　アメリカ経営学では、一九七〇年代以降、株主に限られない利害関係者の企業経営上の重要性に配慮し、意思決定過程への包摂を図るステークホルダー理論が徐々に形成されていった（Freeman et al. 2010）。ステークホルダー理論は企業の社会的責任を問う六〇年代以降の運動と並行して生まれ、八〇年代以降に理論的発展を遂げた。また、敵対的買収が盛んになった八〇年代以降には、短期的流動性の高い経済活動が労働者や地域社会に与える負の影響を憂慮した多くの州で、経営者は株主以外の多様なステークホルダーを考慮した意思決定ができるとした「会社構成員法（corporate constituency statute）」が相次いで制定された（今西　二〇〇六：一三八―一四三）。

カント主義的なステークホルダー理論では、企業経営の目的は、株主に限られないさまざまなステークホルダーの地位・権利を配慮することにあると考えられた（Freeman 1984）。この立場に基づくなら、私企業の事業目的は、ステークホルダーとの対話を通じて単なる利潤追求とは異なるかたちへと再定義され、その限りで公共的意味を帯びることになる。

また、長期的な自己維持を図る企業は、多様なステークホルダーとの相互作用のなかで誘因を提供し、その誘因に見合う貢献を引き出そうとする（谷本 二〇〇二：八六、山縣 二〇一四、二〇一五）。企業とのあいだで誘因と貢献の交換関係が繰り返されることにより、各ステークホルダーは長期的な交換関係の維持を有利と考え、関係は制度化されていく。このように制度化された協働システムにおいては、多様な利害を調整し、ステークホルダー間の紛争を統合することで、協働を秩序づける役割が経営者に期待されるようになる。ステークホルダー理論の重要な意義は、企業という場で表出・均衡される利害を、労使二元的なものから、より多元的なものへと拡大して捉えている点に求められる。企業はその決定の影響を被る社会内のステークホルダーへの応答性を高め、組織目的を再定義することを通じて、正統性を確保可能になるのである。

企業体制論と企業用具説　同様に、一九七〇年代以降の西ドイツにおいても、ステークホルダー理論と響き合う議論が登場している。労使協調傾向のもとで企業間の競争を促す西ドイツの社会的市場経済は、モンタン共同決定法（一九五一年）、経営組織法（一九五二年）などにより労働者の経営参加を認めていた。一九六〇年代までドイツ経営経済学の主流派は共同決定に否定的であったが、ブラント政権成立後の改正経営組織法（一九七二年）や共同決定法（一九七六年）による経営参加の拡大と呼応して、(23)主流派学説を批判し、二元的利害に基づく企業体制（Unternehmungsverfassung）の定着を踏まえながら、新たな企業モデルを提示する立場が登場する（海道 二〇〇一、万仲 二〇〇一）(24)。

第一にラルフ＝ボードー・シュミットの企業用具説は、あらゆるステークホルダーが自らの目的を実現するために利用可能な手段が企業であるとして、企業が持続的かつ効果的に事業を展開するためにはステークホルダーとの価値交換が不可欠であるから、企業の目的は各ステークホルダーの目的と合致しなければならないと主張する（シュミット 一九七四）。シュミットは、自己資本出資者のみならず、あらゆる利害集団が自分の個人目標を満たすために企業を利用できるとした。彼は労働者の個人目標をいかに企業目標に統合・一致させるのかという観点から、経営参加を企業政策の手段として位置づける。単独決定原理を否定し、労働者利害を目標設定、目標達成、成果使用過程において積極的に考慮しようとするのである。さらに、国家もまた企業を用具として利用する利害集団の一つであり、企業成果の受取人であるとの観点から、経済政策における政府権限の強化を肯定している。

第二にホースト・シュタインマンの企業体制論は、企業をさまざまなステークホルダーから構成される連合体と捉え、企業の目的を決定する利害秩序においては出資者利害と従業員利害のみならず消費者利害と公共利害も重要であるとして、企業の意思決定過程を利害多元的な企業協議会に基づかせるべきだと説く。シュタインマンは、所有権に基づかない支配の問題を議論するため、企業をさまざまな利害集団から成る社会構成体（Sozialgebilde）、連合体（Koalition）、制度（Institution）と捉え、誰の利害に基づいて企業の目標と政策が決定されるべきか、その利害を実現するためにどのような企業のフォーマルな決定構造（決定機関、決定過程、情報システム）が形成されるべきかの二つの基本問題を提起する。そして、監査役会を利害多元的な企業協議会へと変革することを通じた、企業権力の社会的規制を主張する。

これらはいずれもステークホルダー理論と共通性の高い主張であり、二〇世紀後半以降の企業統治論においてステークホルダー・アプローチが有力な潮流となっていることを物語っている。

ステークホルダー対話の経験的妥当性　このような規範的性格の強い学説にとどまらず、経験的研究においても、企業統治論におけるステークホルダー・アプローチは妥当性が支持されている。とりわけ近年の実証分析では、日米独の企業は、ステークホルダー重視型の統治構造（stakeholder governance）へ収斂する傾向にあるとされている

（菊澤 二〇〇四、二〇一〇、広田 二〇一二）。その背景には、あえて利害対立する複数の主体を並存させ、相互の均衡を図ることが、より効率的な企業統治の実現に役立つとの客観的理由が存在する。限定合理的な人間世界では、ある統治主体は非効率な企業群でもできるだけ生存させようとするし、別の統治主体は将来プラスの利益を生み出す可能性のある有望な企業群でも淘汰してしまう可能性がある。そのため、株主主権論（あるいは従業員主権論）のような一元的統治よりも、株主と債権者、コア従業員と債権者といった複数の主体を競合させ、相互に対立する利害の均衡を図る多元的統治の方が、より効率的な企業統治を可能にすると考えられるのである。したがって、経営者にステークホルダー全体への答責性を要求することは、戦略的経営と両立しうる。

この事実は示唆的である。企業経営を非政治的な活動と捉えるのは、経営に対する一つの見方でしかなく、翻って政治に対する一つの（狭い）解釈でしかない。別の見方をするなら、今や経営はますます政治的性格を強めているのであり、生じていることは政治の経営への接近よりむしろ、経営の政治への接近かもしれない。非政治的とされがちな経営のなかにこそ政治を見出していくこと――一種の「メタ・ポリティクス」の試み――は、従来の公私区分が相対化され、行政と経営の区別がますます困難になっていく現代のガバナンスに臨むとき、決定的に重要である。今や統治（事業）の公共性は、絶えず争われ、政治化されることで獲得されなければならない。

第3節　企業権力の民主的統御

(1)　法的回路による民主化――組織内のステークホルダー対話

従業員代表制の整備　本節では、ステークホルダーが企業権力を民主的に統御するための多元的な回路を明らかにしたい。まず政府を通じた働きかけとして、法的手段による規制・監督および制度構築が考えられる。とりわけ不可欠なのは、多様なステークホルダーの合意形成を目指すＭＳＰを企業内部の意思決定過程に埋め込み、恒常的なステークホルダー対話の場を制度化することである。ＭＳＰの制度化は、経営の正統性と戦略性の両面において望ましい。

集団的労働関係は、労働者集団による労働者の利益代表と、労使間の紛争解決という二つの機能を持つ。個々の労働者は雇用契約を結ぶ使用者からの非対称な権力にさらされやすいが、団結して労働者集団を形成することにより交渉力を増し、権力の不均衡を是正できる。また、使用者側も労働者集団との交渉を通じて労働者側からの発言（voice）のチャンネルを認めることにより、不満を持つ個別の労働者による離職（exit）を未然に防げる。労働組合法などによる集団的労働関係の制度化は、こうした機能を法的に保障するものである。

だが現代では、就労形態の多様化、労働組合組織率の低下などを背景に、労働者の利益代表は大きな困難に直面している（濱口 二〇〇九）。労働組合の組織率は多くの国で継続的に低下しており（労働政策研究・研修機構 二〇一八：二二三、二二五―二二六）[25]、労働組合による労働者の利益代表機能に対する疑問は大きくなるばかりである。また、パートタイム、有期労働契約、労働者派遣等の非正規雇用、さらには個人請負や委託契約に基づく非雇用就業の拡大は、労働組合を通じた集団的労働関係の機能を低下させる[26]。こうした状況下で、労働者の利益代表や権利救済、使用者との紛争解決の媒介を労働組合が独占的に担う制度枠組みは、その有効性を大きく減じることになる。したがって、正規・非正規労働者の意見を適切に反映しうる常設の機関として従業員代表制を確立することが急務となっている（毛塚 一九九二、西谷 一九八九）。

企業内部における労働者代表を確立するためには、労働組合内部での民主的手続きと、労働組合が存在しない場合を含む企業ないし事業所における従業員代表制の制度化が不可欠である。労働者は自らの代表を選出し、その行動をコントロールできなければならない。従業員代表制は特に労働組合のない企業ないし事業所での意義が見出されてきたが、現在では労働組合との併存的な整備を避けるべきでないと考えられる。労働条件にかかわる団体交渉を本来の機能とする労働組合とは別に、企業内意思決定に関与可能な労働者代表の機能を法制化するのである。[27]

ステークホルダー役員会の整備　従業員代表制の整備が急務であることを前提にしても、労働者の利益と社会一般の利益もまた調停を必要とする。ドイツの共同決定法は業務執行の統制機関である監査役会に労使同権的な代表を配して二元的利益代表を制度化しているが、[28]消費者や地域社会をはじめとする企業外のより多様なステークホルダーの利益を反映する観点からすれば、労使代表だけでなく消費者・債権者・地域代表・公益代表など主要なステークホルダーを交えた「ステークホルダー役員会（stakeholder board）」の設置を義務づけ、経営上の意思決定過程を統制させせることが望ましい（see Scherer et al. 2013）。ドイツの共同決定制を参考にするなら、監査役会の拡充によってこれを実現することが考えられる。

法的回路を実効的手段とするために検討すべき課題は、ステークホルダー役員会の具体的な構成、選出方法、権限の規定など数多くあり、企業の規模や形態に応じた詳細な議論を必要とする。ここでは、ステークホルダー役員会の制度化という大まかな方向性を示すにとどめておきたい。

なお、ある企業権力とそのデモスたるステークホルダーが構成する秩序を一つの政治社会と捉えるなら、企業活動による成果の分配は、この政治社会を持続可能にするための持ち分の保障（ステークホールディング）として位置づけなおされることになる。ステークホルダー役員会が機能し、多様なステークホルダーの利害が企業の意思決定に反映されるようになれば、事業によって得られた成果の分配のあり方も変容するであろう。第3章で示したステークホールディングの諸施策は、企業統治の民主化と密接に関連している。たとえば、グローバルな資産課税の実現は企業が保有する資産の透明性も高めるため、労働者が経営に参加しやすくするなど企業統治を改善する面もある（Piketty 2016）。また、役員報酬を含む企業の意思決定に労働者の代表が関与できることは、経済格差を縮小させるためにも役立つ（Alvaredo et al. eds. 2018: 20=2018: 15）。

(2) 社会的回路による民主化——社会内のステークホルダー対話

ステークホルダー役員会のようなかたちで主要なステークホルダーの代表が企業の意思決定過程に組み込まれたとしても、なお包摂されないステークホルダーは多数存在しうる。そこで重要になるのが、企業内に包摂されないステークホルダーが外から企業統治を統御可能な手段としての、社会／市場を通じた働きかけである[29]。社会的回路は、ステークホルダー役員会だけでは企業に内部化できない意思を伝達する手段として重要である。市民社会内の監視と対話を通じた非制度的なマルチステークホルダー・プロセスの活性化は、企業による規範遵守や事業改善を促しうる。

社会を通じた働きかけを可能にする例としては、MSPのトランスナショナルな実践である、国連の「グローバル・コンパクト（Global Compact）」を挙げることができる。グローバル・コンパクトは、一九九九年の世界経済フォーラム（ダボス会議）でのコフィ・アナン事務総長（当時）による呼びかけに応え、企業のほか、経済団体、労働団体、学術機関、NGOなどが加わって二〇〇〇年に発足したネットワークである。二〇一九年四月現在で、一五〇を超える国から一万三〇〇〇以上の団体（そのうち約九九〇〇が企業）が加盟している[30]。参加企業には、人権・労働・環境・腐敗防止に関する規範を謳う一〇原則への同意と、それら原則に沿った活動、および事業改善の自主評価報告書の作成・公開が求められる。加えて、各団体の自発的参加による政策対話の機会が設けられており、各団体は相互に情報交換や学習・提言を行なうことができる。市民結社間の対話を通じて社会内部に自律的な問題解決能力を育てていこうとするグローバル・コンパクトの試みには、「市民社会の民主化」戦略としてのマクドナルドの構想を、企業を含む非国家主体一般に適用する可能性を見出せる。

企業の自発性を重視するグローバル・コンパクトに対しては、規範から逸脱する参加企業に対する法的制裁手段を持たないがゆえに、規範遵守・事業改善のためには役立っておらず、国連が特定企業の広告宣伝に加担しているにすぎないとの批判も向けられている（TRAC 2000）。しかしながら、グローバル・コンパクトの最大の特色と意義は、企業の事業活動が持つ外部性の規律にあたり、国家による規制ではなく、ステークホルダー間の政策対話と情報提供を通じた学習に依拠する「討議アプローチ」を採用している点にある（Ruggie 2002; 三浦 二〇〇三、二〇〇九）。先の批判は国家の役割を重視する「規制アプローチ」を前提としているが、討議アプローチの観点に立てば、対話と学習の拡大そのものを意義として評価できるだろう。もっとも、グローバル・コンパクトが企業への制裁手段を全く持たないわけではない。規定に基づく報告書を決められた期間内に公開しない場合は「不活発な」企業として指定され、その後も求められた情報公開を行なわない企業は除名処分となる。不活発な企業および除名された企業のリストは公開されるため、ステークホルダーとの対話に消極的な企業は「評判（reputation）」の低下というリスクに向き合わねばならない。

企業が多様なステークホルダーの要求に高い応答性を保とうとすれば、事業の効率性を損ない、業績が低下する事態も予想されるため、企業は積極的なステークホルダー対話を避けるだろうとの批判もありうる。だが、企業業績を左右する消費者や投資家の行動は、社会的な評判メカニズムと無縁でない。企業権力を取り囲む市民社会は、企業活動を調査・評価する各分野のＮＧＯやメディアが構成する監視のネットワークを背景に（Keane 2009）、人権・労働・環境など企業が遵守すべき規範を形成するとともに、規範の遵守・逸脱などについての評判を流通させ、市場での消費や投資への影響を及ぼすことにより、企業の業績や経営政策に間接的な影響力を行使することができる（Barnett and Pollock eds. 2014）[31]。市民社会から企業統治への強力な働きかけが可能な条件下では、ステークホルダーの意思を無視した事業が高い業績を保ちつづけられるとは考えにくい。企業が各分野のステークホルダー団体と継続的に直接対話を行なうグローバル・コンパクトのような熟議の機会もまた、このような社会的圧力と並行して存在することによってこそ意義が大きいものとなるだろう。

社会的回路が実効的たりうるための主たる障害は、企業が有する権力資源の大きさである。評判の悪化による業績への影響が受忍できる程度であれば、企業行動は変化しないだろう。また、大規模な広告戦略によって、評判の悪化は打ち消されうる。国家間の相互依存が進むほど国際社会における評判が国家の行動に影響を及ぼしやすくなるとの知見を応用するならば（西谷 二〇〇五）、グローバルな市場交換や競争が拡大するほど、規範から逸脱する企業への圧力や制裁可能性も高まり、業績への悪影響を恐れて規範を遵守する企業が増えると考えられる。

また、企業の経営を評価し、投資や消費の対象を政治的に選択するためには、個々の企業活動と社会への影響の詳細について、適切な情報が容易に入手できなければならない。この点では、企業が開示義務を負う情報の範囲を拡大するとともに、政府や機関投資家による企業活動の調査・評価機能を強化することで、市民社会内の監視ネットワークとの連携を強めることが効果的である。

(3) 経済的回路による民主化――市場内のステークホルダー対話

市場の再解釈　最後に経済的回路に関しては、社会的責任投資と政治的消費による市場を通じた働きかけを拡大する方策がありうる。市民が投資家や消費者として企業と「対話」することにより、市場内でもＭＳＰを実現することができ、企業への影響力行使が可能になる。環境や社会への配慮を投資判断や株主行動に組み込む「責任ある投資」は、公開株式会社に対して証券市場を通じて影響力を行使する手段となる（Domini 2001; 谷本 二〇〇三、二〇〇七、水口 二〇一三、二〇一七）。倫理的・政治的関心に基づくボイコット（不買運動）や「バイコット」（購買運動）を行なう「政治的消費」（責任ある消費）は、公開株式会社に限らない企業一般への影響力行使の手段となる（Micheletti 2003; Stolle et al. 2005; Stolle and Micheletti 2013; Copeland 2014; 根本 二〇一四）。これらはいずれも、近年拡大を続けている非典型的な政治参加の方法であり、より一般的な手段として選択されうる条件を整えることによって、市民社会内の評判が企業の資金調達や業績へ与える影響力を高めることができる。

公開株式会社を証券市場における投資家＝潜在的株主の全体に責任を負う企業体と捉える立場によれば（上村二〇〇二）、投資家による株式の売買は企業の経営に対する評価に基づく選択であるから、企業は「買おうとする」投資家を含む証券市場、ひいては市民社会の全体に開かれていなければならず、「買った投資家」である株主のみを重視することは本来あるべき姿ではない。公開株式会社は、市場に参加しうる誰にとっても経営を評価するために不可欠な情報開示・会計・監査を、証券発行企業として十分に実施できる企業統治システムを維持しなければならない。すなわち、「いまだ会社と何らの関係を有しない国民全般に対して本質的な責任を負っている」のである（同：一〇一―一〇二）。そして、このような責任が果たされるためには、投資判断の拠り所となる企業統治システムが一定水準以上に保たれるよう、強行法的な規律が存在しなければならない。

同じ立場は、証券市場において大きな力を持っている機関投資家も、法的には出資する諸個人に受託責任を負う代理人であるにすぎないのだから、市場の主役はあくまでも個々の市民であると前提する。このような企業観・市場観は、一九五〇年代のアメリカで一時流行した「人民資本主義（people's capitalism）」論に源流がある（同：七）。人民資本主義論は、少数の資本家による国富の独占を否定し、株式は幅広い大衆に分散して所有されているとして、アメリカの産業を支配しているのはすべての市民であると喧伝した。これは、大衆の貯蓄を管理する生命保険や投資信託などの機関投資を通じた間接的な株式所有の増加を根拠にしたもので、アメリカでは政治のみならず経済も民主化されていると主張したのである（佐久間 二〇〇三：四一―四六、上林 一九六六：一五〇―一五一、正木 一九六七：一一―一四）。このような人民資本主義論に対しては、当時V・パーロやJ・M・バディッシュが、実際にはアメリカ人のほとんどは株式を所有しておらず、持ち株比率には明確な階級差が見られる上に、機関投資家による株式所有は大衆に発言力を与えるものになっておらず、かえって少数資本家の支配力強化をもたらしていると批判を加えた（上林 一九六六：一五三―一五四、佐久間 二〇〇三：四六―五二）。

第3章第2節(2)で触れたように、個人持ち株の拡大によって資本主義経済が民主化されたと唱道した人民資本主義と同様の考え方は、一九八〇年代のイギリスにおいても、すべての市民が資本家であるような社会を理想とする大衆資本主義のスローガンとともに反復されている。アメリカにおける人民資本主義論とイギリスにおける大衆資本主義論は、個人所有の拡大による経済の民主化を謳いながらも、そのイデオロギー性が批判の対象となってきた。しかし、やはり前章で整理したように、人民資本主義／大衆資本主義は、財産所有デモクラシー、資産ベース福祉、当初分配といった考え方と大きく重なっている。大衆資本主義はイギリスにおける財産所有デモクラシー論の右派的潮流に位置するが、保守党に発した財産所有デモクラシー論は自由党や労働党の一部に受け継がれ、戦後にもう一つの潮流を形成した。この左派的潮流は、ロールズが財産所有デモクラシーの語を借用したJ・M・ミードに代表されるものであり、個人の財産所有を平等化するだけでなく、社会的な所有の拡張や企業統治への労働者参加をも重視する（私有の拡散と公有の変革を組み合わせる）姿勢において、ロールズの分類ではむしろ、「リベラルな社会主義」に近い立場であった（Jackson 2012: 40–47）。労働者がより多くの株式を所有することは、資産所有の不平等を長期的に縮小していく方法の一つでもあり（Milanović 2016: 219=2017: 224）、民主的な企業形態の一種としての生産組合は労働者による所有参加の徹底とも言える（上林　一九六六：一五八）。

この立場から、市民による投資を通じた市場の民主的統御可能性を想定するならば、市民社会と市場が別個の領域と捉えられることはない。市場は市民社会の外にあって異なる論理のもとに暴走しうる独立領域ではなく、市民社会のなかで作動し、特定の企業権力を増幅することも制約することもできるメカニズムであり、権力統御のチャンネルとして捉えられる。このような市場を通じた企業の統御回路が市民一般に開かれるなら、狭い範囲のステークホルダーたちによる合意形成をステークホルダー役員会で行ないながらも、より広い範囲のステークホルダーである投資家＝社会一般への応答性を保つことができるだろう。

経済的回路の実効性を高めるべく、各個人が市場を通じた影響力を獲得するには、資産保有の格差が是正され、あらゆる個人が選択的な投資・消費に振り向けられる一定の財産を形成できる条件が必要になる。これについては、法的回路の働きが成果分配に関する意思決定に変容をもたらし、賃金をはじめとする社会内の当初分配の水準を上昇させる可能性が重要である。ステークホルダー役員会の制度化により企業の統治構造が変革され、分配される成果が大きくなれば、市民の保有資産は拡大する。これを資産ベース福祉によって一層拡充することにより、政治的消費や社会的責任投資に市民が加わる余地は生じやすくなる。

加えて、投資家＝潜在的株主と消費者＝潜在的顧客で構成される市場（ひいては市民社会）への責任を企業に求めていくためには、企業の情報開示・会計・監査への政府による規制・監督が不可欠である（上村 二〇〇二）。同時に忘れるべきでないのは、政府もまた市場から財やサービスを調達するため、政府は市場を通じても諸企業への影響力を行使できるということである。たとえば最低賃金を超える公正な賃金の実現について言えば、政府は公共部門における賃金幅を制限して、組織内の最も高い賃金が最も低い賃金の何倍まで許されるのかを決められるだけでなく、こうした賃金コードの採用を公的団体に財やサービスを納入する民間団体の条件にすることで、同様の賃金倍数制限を民間部門へ普及させられる可能性がある（Atkinson 2015: 151–153=2015: 173–175）。

責任ある投資　二〇世紀半ばまでのアメリカにおける社会的責任投資（socially responsible investment: SRI）は、キリスト教的倫理観に基づき酒・たばこ・ギャンブル産業を除外するにとどまっていたが、次第に差別撤廃、反戦、消費者問題などへ関心を広げて、株主提案などの手段を通じ、より積極的に社会の変革を目指すようになった（Domini 2001; 水口 二〇一三）。個人株主に分散していた株式は、一九六〇年代以降に顕著な機関集中へと至るが、機関投資家の中核であった商業銀行は七〇年代半ばまで経営者のサイレント・パートナーでありつづけた。しかし、七四年の従業員退職所得保障法（Employee Retirement Income Security Act: ERISA）が年金基金の管理・運用者の受託責任を明記したことで運用業績が問われ始めるとともに、八〇年代までに年金基金への株式集中が進むにつれて、機関投資家は株主提案権を通じて経営者に圧力をかけるようになり、九〇年代には社外取締役を通して経営者を解任させるなど、企業への明らかな支配力を行使するようになった[32]。

こうした背景もあり、社会的責任投資を企業権力統御の実効的手段とするには、株式保有比率の多くを占める機関投資家の投資行動を変化させる必要がある。そのためには、公的年金基金の運用に関するガイドラインとして責任ある投資原則を策定することにより、同様の原則を遵守すべき規範として波及させることが重要であろう[33]。

実のところ、既に社会的責任投資または「ＥＳＧ投資」は主流化しつつある。国連はアナンのリーダーシップのもと、企業に責任ある行動を求めるグローバル・コンパクトと、金融機関に環境配慮行動を求める国連環境計画金融イニシアティブ（UNEPFI）が共同事務局を担って策定した「責任投資原則（Principles for Responsible Investment: PRI）」を、二〇〇六年四月に公表した。これを契機として、欧米を中心とした機関投資家は、環境、社会、コーポレート・ガバナンスに対する企業の取り組み状況を考慮したＥＳＧ投資を拡大させている。ＥＳＧ投資を行なうことを宣言したＰＲＩ署名機関には、アセット・オーナー（公的年金や企業年金、保険会社など）、運用受託機関（信託銀行、アセットマネジメント会社など）、サービス提供機関（評価機関、助言会社など）が含まれる。その総数は二〇一九年四月末時点で二三八九機関にまで増加しており、運用資産総額は二〇一八年に八五兆ドルを超えている[34]。

責任ある投資（社会的責任投資またはＥＳＧ投資）の主な方法には、①投資先の消極的な選別（エクスクルージョン、規範に基づくスクリーニング）、②積極的な選別（インテグレーション、ベスト・イン・クラス）、③投資先へのエンゲージメントがある（水口 二〇一七、二〇一三：三章、小方 二〇一六：一四―一八）。①は、たとえば酒、たばこ、ギャンブルなどの特定業種や、国際的な企業行動規範に反していると判断した企業を投資先から除外することを意味する。②は、投資先を選択する際の基準として、旧来の財務的分析（収益性・成長性の分析）に、倫理的・社会的な観点からの評価を組み合わせるものである。③エンゲージメントは、企業への出資者が経営上の課題をめぐって経営陣と対話することである（水口 二〇一七）。これは、株主総会での株主提案や議決権行使なども手段として含むものの、中長期的な観点から企業経営の改善を促すコミュニケーション全般を指しており、短期的な利益を求めて株主還元を迫るアクティビズムとは区別される。積極的なエンゲージメントを促す考え方はスチュワードシップと呼ばれ、従来の受託者責任にとどまることなく、投資先企業の経営をモニタリングし、企業統治に持続的な関与を行なうといった特定の形態へと資産運用を規律することを意味している(35)。

資産の委託を受けて管理運用する機関投資家は、もっぱら委託者（受益者）のために行動しなければならない忠実義務、専門家ならば当然発揮する注意と慎重さで行動しなければならない注意義務といった、受託者責任を負っている。そのため、たとえば年金運用者がＥＳＧ投資の名目で収益性を犠牲にし、年金給付の確実性を損なうことは正当化しがたい。だが、投資パフォーマンスに正の影響を及ぼすか、負の影響を及ぼさない限りにおいて、ＥＳＧ要素を考慮することが機関投資家の受託者責任に反するとは考えられない。むしろ投資パフォーマンスを向上させるために考慮すべき要素の一部としてＥＳＧ要素に注意を払うことは、受託者責任と整合的な姿勢であると言える。環境や社会に配慮した経営が企業業績に好影響を与えることは多くの研究によって示されており（Clark et al. 2015）、責任ある投資の拡大は、投資の受益者にとっても、投資先の企業にとっても、不利益をもたらすものではない。

むろん責任ある投資の形式が主流化したとしても、実際の企業活動が望ましい方向へと改善されるかどうかは別の問題である。この点をめぐっては、企業は（その実態とかかわりなく）環境や社会に配慮していることを装い、公共的な責任を果たすプロジェクトに関与していることをアピールするであろうし、ＰＲＩのような取り組みは企業の広告宣伝に利用されるにすぎない、といった批判的見解が絶えず語られる。そうしたシニシズムは、確かにある程度まで妥当するであろう。だが、もし責任ある投資の対象となっている企業の活動に問題が見られるのであれば、それを批判すればよいし、適切な規制と監視を行なえるよう改善を図っていく必要性が再認識されるにすぎない。権威主義的な政権が自国を民主的であると糊塗し、大いに誇るのであれば、そこに実態が伴うよう問題点を批判し、民主化を要求していけばよいのであり、それは偽善でも空疎な取り組みでもない。責任ある事業活動をしていると飾り立てる企業についても同様であり、営利企業と社会的責任を結びつけることにあくまで抵抗する姿勢からは脱却するべきであろう。

責任ある投資を企業の統御手段として捉えた際に生じる課題は、代表制デモクラシーにおける有権者が直面するものと似ている。有権者が選挙を通じて統御しようとする政治家、さらには政治家が統御すべき官僚とのあいだには、本人・代理人関係の連鎖が生じる。同様に、市民とその資産を管理運用する機関投資家、運用受託機関とのあいだには、本人・代理人関係の連鎖が成り立ち、そこにはエージェンシー問題が生じるのである。したがって年金基金などは運用委託先をモニタリングし、評価する能力が必要となるし、市民は年金基金などをモニタリングする必要がある。そこで情報的基盤の整備がきわめて重要となるだろう。

責任ある消費　投資家が潜在的株主であるのに対して、消費者は潜在的顧客であり、政治的消費行動によって、公開株式会社に限らない企業への影響力を行使しうる主体である。政治学において、倫理的・社会的な目的に基づくボイコットを政治参加（投票外参加）の一種と位置づけることは既に一般化しているものの（ベック 2008: 19–20; Stoker 2006: 89–92=2013: 133–135; Hay 2007: 76=2012: 103）、政治的消費に焦点を当てた研究は今なお限られており（Micheletti 2003; Stolle et al. 2005; Stolle and Micheletti 2013; Copeland 2014）[36]、消費行動の政治的性格は軽視されてきたと言ってよいだろう。しかしながら、大政治の特権性を相対化する本書の視座からは、消費の政治的重要性は見逃せない。すなわち、「個々の市民による日々の振る舞いは、ただ私的生活において重要なだけでなく、ローカルからグローバルなレベルに至るまでの政治、コミュニティ、そして市場の性格にとっても、ますます重要なものとなっている」（Micheletti 2003: 2）。

倫理または政治的行動のための手段として責任ある消費（倫理的消費・政治的消費）が用いられる場合、その目的となる課題は、消費者自身の権利（知る権利など）、生産過程における労働の安全や公正（労働条件、賃金など）、取引価格の公正、女性差別の是正、人種差別の是正、動物保護、環境保護、未来世代への配慮など、多岐にわたる（根本 二〇一四：三二七）[37]。ボイコットやバイコットは、一九六〇〜七〇年代から多様な社会運動のなかでしばしば採られてきた手段であるが、より近年になって重要性が増している（Stolle et al. 2005: 247）[38]。またボイコットやバイコットだけでなく、企業の政策や実践に関する情報を探索・伝達することで、ある商品についての市民間の対話を促すことも、政治的消費の一部である。そこには、家族や友人との会話から、公衆や政治的諸組織に向けられた訴えまで、企業の政策と実践に関する意見を表明しようとする幅広い試みが含まれる。

消費行動の政治的性格を重視する立場に対して寄せられる批判として、政治的に「賢明な」ショッピングについて論じることは、政府が果たすべき役割から目をそらさせ、その責任を軽減させかねないというものがある（Micheletti 2003: 3）。この批判は、責任ある消費に肯定的な立場から示される、政府が効果的に機能できない分野において新たな規制のメカニズムを創出するために責任ある消費が補完的機能を果たせるとの見解と、裏表の関係にあると言えよう。この見解によれば、グローバル経済に対して政府による規制には限界があるため、グローバル化する消費を責任あるものにしていくことで、規制のギャップを埋めようとすることには妥当性がある。

ただし、ミシェル・ミシェレッティによれば、政治的消費は規制ギャップを補完するだけではなく、政治のアリーナを変容させる性格を持つものである（*ibid.*: 4）。生産と消費の過程がグローバルな空間へと拡大された現代では、市民は投票のような典型的で限定的な参加だけでは十分な責任を果たせなくなっており、それゆえ新しい参加手段としての消費が重要性を増している。伝統的な（狭い）政治観に執着する人びとは、政治の場は公的領域と政府に結びついてなくてはならず、市民は選挙での投票や政党・市民結社への加入を通じて政治に参加するものであり、消費はあくまで私的で経済的な領域における選択であると考える（Stolle and Micheletti 2013: 18–19）。だが、政治的消費に加わる人びとは、日々の生活のなかで各々が重要だと考えることをめぐって、多様なアリーナで生じる小政治に参加するのであり、それが大政治とは異なるからといって、彼らを政治から遊離していると見なすことはできない（*ibid.*: 25–30）。むしろそこでは、日々の政治参加が生じているのである。(39) 市民＝消費者は市場において政治的な意思表示を行なえるし、それを通じて他者や社会に訴えかけることもできる。こうした捉え方は、「購買投票（purchase votes）」と呼ばれることがあるように、消費行動を一種の投票行動（消費による投票）と理解するものである。(40)

消費行動を政治参加のレパートリーの一つに数える理解への批判者として、市民と消費者を混同するべきではないと訴えるベンジャミン・バーバーがいる（Barber 2007: 294＝2015: 508）。バーバーが指摘するのは、どんなに過激な少数者であっても資金力さえあれば利用可能な手段がボイコットなのであり、その目的は社会的に認容しがたいものでもありうるという点である（*ibid.*: 296＝511–512）。(41) これは妥当な認識であるものの、選挙運動や種々の利益団体による活動などにも当てはまることから、政治的消費に固有の問題とは言えない。他の参加形態と同様に、政治的消費に関しても適切な法規制や、公論と結びついた社会的な監視が必要とされることを確認させるにとどまる指摘である。もちろん、極端な経済格差が存在する社会では利用可能な資源の不均衡がもたらされるため、政治的消費の機会を等しく確保させるには、これまで述べてきたステークホールディングの諸施策が前提として重要であろう。(42) また、ある政治的消費の運動が適切な目的を持っているか、適切な手段によって行なわれているかは、絶えず他の集団や社会一般からの批判に開かれていなければならない。それは、多様な政治的消費が展開される空間でこそ可能になるだろう。

政治的消費がどれほどの実効性を持ちうるのかについては、懐疑的な姿勢にとどまる人が支配的だと思われる。自らの一票が国政を動かすことはないと知りながら投票所におもむく人は多いのに対して、自らの買い物が微々たる力しか持たないと知りつつも、食品企業を望ましい方向に導くための選択を志してスーパーマーケットを闊歩する人は、ずっと少ない。だが、一票の実効性を疑うシニシズムが批判されやすいのに対し、購買投票の実効性を疑問に付すシニシズムは受け入れられやすい状況は、不思議なものだと言わなければならない。市民であることと消費者であることを切り離してしまうなら、市民としての責任を投票所で果たしたと自負する人びとが、スーパーマーケットでは同じ責任を果たさずにいることが許されてしまうだろう。本書の理解では、そこにこそ政治からの遊離を見出せる。

これまでのところ、ボイコットが直接に与える経済的効果は見定めにくく、相反する結論を導く研究が存在する(Stolle and Micheletti 2013: 219–222)。それは、企業の業績が他のさまざまな要素にも左右されるため、不買運動の影響だけを取り出すことが難しいからである。そもそも不買運動は、企業の評判に傷をつけて不名誉なスポットライトを浴びさせ、メディアによる精査も受けやすくすることで、多面的かつ持続的な影響を企業に及ぼしうる。短期的観点からボイコットの経済的効果を小さく見積もれるとしても、企業はブランドのイメージや評判が長期的に低下することの方を避けようとするかもしれない。それゆえミシェレッティらは、経済的効果に限定した議論が適切であるかに疑問を呈している(*ibid.*)。むしろ政治的消費の効果は、企業の政策や実践に変化がもたらされるかどうかに見出されるべきなのである。

グローバル経済のもとで、企業が海外の工場で違法な労働環境などを放置していれば、たちまち政治化され、企業イメージを傷つけうる(Micheletti 2003: 13)。グローバルな相互依存が深まるにつれて、グローバルな市場(市民社会)における消費者(市民)は、企業への影響力を行使しやすくなっている。また、情報通信技術の発達とソーシャルメディアの普及により、消費者が企業や商品の問題点を共有することも容易になっている。もっとも、グローバルな相互依存と情報の豊富化は、巨大な資本を用いたマーケティングや広告を通じて、企業が消費者を操作しやすくもする両義的な条件でありうる。それゆえ、法的・社会的回路を通じた企業の統御や、経済的回路における他の手段と組み合わせることで、複合的な戦略の効果を高めていくべきなのである。

表4–1　多元的回路を通じた企業権力の統御

回路	基本的機能	主要な具体的手段	他の回路との相互作用
法的	・政府を通じた働きかけ ・企業内のMSP	・労働，環境，財務など諸側面での規制および監督 ・ステークホルダー役員会の制度化	・社会運動による法制度の実現 ・ステークホルダー役員会による成果分配の変革
社会的	・市民社会を通じた働きかけ ・社会内のMSP	・自発的な事業改善や政策対話（グローバル・コンパクト） ・NGOやメディアによる，企業経営への監視のネットワーク	・社会的対話の政府による奨励 ・評判メカニズムの活性化による企業業績へのインパクト
経済的	・市場を通じた働きかけ ・市場内のMSP	・社会的責任投資・ESG投資 ・倫理的消費・政治的消費	・企業の情報開示・会計・監査などへの政府による規制・監督 ・責任ある投資原則の義務づけ

本章では、マルチレベルで活動する公共権力を民主的に統御するための可能性を探る目的から、まず国境を越えるデモクラシーの構想のなかで市民社会の民主化戦略を示すＧＳＤに大きな可能性があることを示した。次に、市民社会の民主化戦略を企業権力に適用する可能性を探るにあたって、企業経営を小政治として位置づけなおした。そして、法的・社会的・経済的な多回路によるＭＳＰを通じて企業権力の民主的統御の可能性を拓きうることを明らかにした。第３節の議論は、表４－１のように要約される。

註

（1）マクドナルドは法的規制の有効性や必要性を否定しているわけではない。彼女によれば、非国家的な公共権力への民主的統御は、非国家主体の公的な意思決定過程へのステークホルダーの参加を促進することだけでなく、その影響範囲内で人びとの基本的諸権利が保護されるよう非国家主体を規制することによっても実現される（Macdonald 2008b: 561）。

（2）さしあたりの反論は次の一言で十分であろう。「しかしながら今日、シティズンシップが被影響性の代役を務めうるという考えは、もはや説得的ではない」（Fraser 2008: 95=2013: 130）。

（3）影響程度の段階的な区別可能性を示す議論や、人権への影響を指標に用いようとする立場などが知られている（Held 2005: 249–250; Gould 2004: 178, 212）。個別の争点ごとに政策選択肢の予想される影響を調査し、誰がどのような利害関係を有するステークホルダーでありうるかを把握するステークホルダー分析の理論枠組みと具体的手続きは、第２章第２

節を参照。

（4） この表現は、気候変動をめぐり形成されてきた「共通だが差異のある責任（common but differentiated responsibility）」の原則から示唆を得ている（Dobson 2003）。

（5） 原子力施設の立地・稼働に伴う地元同意を例に採るなら、施設から一〇〇キロ圏内の全自治体から同意を得ることが難しいからといって、立地自治体のみの同意で事足りることには（通常）ならないのであり、三〇キロ圏内か五〇キロ圏内かなど、適切な範囲には争いがあるとしても、重要な影響が及びうる範囲をより適切に画そうとする政治的な努力が求められるであろう。

（6） ジョン・デューイは、「その利害がきわめて重要な意義を持つために特別な機関や政府の公務員によって保護され管理されなければならない公衆」をどこに見出すべきかについて、次のように述べている。「高潮によって残された線のように、疑問の余地なくはっきりと示してくれる明瞭な境界線などは存在しない」ため、「そこにはしばしば論争の余地が残されている」。それゆえ境界線は、「実験的に見つけ出されなければならない」（Dewey 1954: 62–63=2014: 84）。このような実験的姿勢を踏襲することが、私たちにとって次善の道であろう。

（7） ステークホルダー共同体の代表間での熟議を重視するＧＳＤに対しても、多くの政治的資源を有する既成の有力な集団に有利な帰結をもたらしやすいのではないかとの懸念が向けられることがある（Macdonald 2012: 52–53）。しかし、ここで述べた理由により、そうした懸念は根拠に乏しいと思われる。加えて、第3章で論じたステークホールディングの諸施策は、こうした懸念を払拭することに役立つであろう。

（8） むしろ理論的には、ＧＳＤでは公共権力の構成母体がグローバルなレベルで成立しうると考えられるため、ナショナルなレベルではマイノリティである集団も、その利害関心が脱領域的な共通性を有している場合には、より有力な集団として捉えなおされる可能性が開ける。

（9） 被影響利害原理が、「共通の（特定のとは違う）関心事に参加したい他者との熟議の批判的フィルターなしに、政治的、ないし、行政的討議において特権的な発言権をより多くの影響を受けた人びとに与える根拠」として用いられた場合、それは「政治的熟議への包摂というよりも排除のための根拠として寄与する可能性がある」（Eckersley 2004: 191=2010: 215）。

（10） 二〇一一〜一四年に国連気候変動枠組み条約の締約国会議（COPs）に参加した非国家主体を対象に実施されたアンケート調査によれば、非国家主体が気候変動に関する国際的な政策形成過程に包摂されるべき最も重要な理由として、回答者の約半数は、非国家主体が「政策決定に重大な関連を持つ利害関心を代表する」ことを選んだ。非国家主体が「情報や専門知を提供する」ことを選んだ割合は約三〇％、「周縁化された見解に声を与える」ことを選んだのは約一五％、非国家主体の包摂は「重要でない」と答えたのは約三％であった（Nasiritousi et al. 2016）。この結果はあくまでも非国家主体の認識を示すものであり、実際に代表性が実現していることを意味するわけではないが、ステークホルダー・デモクラシーの理念が潜在的な支持を得ていることをうかがわせる。

(11)　ただし、国家もまた市民社会の内部に包摂されるとの見方を採ることも可能であるかもしれない（広渡二〇一四）。

(12)　ハーバーマスや新しい市民社会論に見られるように（ハーバーマス 二〇一八、山口 二〇〇四）、市民社会を非国家的かつ非市場的な領域として概念化することは既に一般化しているが、現実の国家や市場が持つ多面性を捨象してしまう点で問題を含んでいる（小山 二〇一五：一〇─一一）。

(13)　以下では、資本主義経済下における私企業のみを意味して「企業」の語を用いる。本書では検討できないが、非営利組織のガバナンスについては、堀田（二〇〇五）などを参照。

(14)　この分析視角は、「企業の方針に影響を与えようとする国家の活動と、国家の政策に影響を与えようとする企業の活動を、両者の力関係に焦点をあてながら分析すること」と言われるように（恒川 一九九六：二）、フォーマルな政治過程における企業（群）と他の行為主体との相互作用を含んでいる。他の行為主体から企業への働きかけに着目するもののうち、本書と直接関連するものとしては、企業統治法制の比較政治経済学的研究が重要である（Gourevitch and Shinn 2005; 西岡 二〇一五）。

(15)　たとえば、参加デモクラシー理論の立場から労働者の経営参加が提起された際には、職場における「参加」の経験が持つ政治教育の機能が意識されていた（Pateman 1970）。

(16)　企業を一種の政治組織・政治制度や「私的政府（private government）」と見なす議論は、数多く存在する（e.g. Drucker 1993; Berle 1959; Mitchell 1989; Micheletti 2003: 15; Anderson 2017）。

(17)　管見の限り、統治（性）の系譜学的研究は経済（economy）概念の子細な検討を積み重ねる一方で、経営概念については未だ多くを明らかにしえていない（たとえばアガンベン 二〇一〇を参照）。この点に関連した研究動向の整理は本書の手に余るが、注目される近年の業績として、一九六〇年代と九〇年代にフランスで発行されたビジネス書の内容を比較してイデオロギー変容の批判的検証を試みる研究（ボルタンスキー／シャペロ 二〇一三）や、妥協や調整としての経営を「業務（business）」としての政治に重ね合わせたウォルター・バジョットの思想を描く研究（遠山 二〇一一）を挙げることができる。

(18)　経営学史一般については、Wren（1994）および経営学史学会（二〇一二）を参照。

(19)　政治と分割された合理的・専門的行政の確立を目指した初期の行政管理論は、行政（public administration）とは国家目的達成のための人および物の管理、すなわち所与の「公共事務（public business）」の執行にほかならないと捉え、経営（private/business administration）と同質的な技術体系による「節約と能率（economy and efficiency）」の実現を追求した。その後ニューディール期の行政国家化の過程に分割論への批判と融合論の受容が進み、一九三〇年代以降のアメリカ行政学では、行政を政治と不可分かつ循環的な統治過程の一部と見なす立場が有力に主張されるようになる（足立 一九九二、手島 一九九五、一九八二、今里 二〇〇〇、西尾 二〇〇一）。

(20) アメリカにおける企業統治論の歴史的展開については、佐久間（二〇〇三）、今西（二〇〇六）、Cheffins (2013) を参照。

(21) 企業が盛んにロビー活動を行なうのも、市場がさまざまな諸制度に規定されていることを前提に、制度形成を自社にとって有利な方向へ導こうとするからにほかならない。このような個別企業の利害関心に動機づけられた政治活動は、不適切にも、市場メカニズムそのものの機能と混同して評価されがちであるが、むしろ両者は緊張関係を伴うのが常態である。

(22) 近年の日本で労使合意に基づく労働政策決定過程の再構築を企図して「ステークホルダー民主主義」が謳われる際にも、企業が社会一般に対して持つべき応答性と、多様な就労形態を前提とした利益代表再整備の必要性が念頭に置かれている（毛塚 二〇〇八、濱口 二〇〇九）。

(23) 西ドイツを含む多くのヨーロッパ諸国では、一九七〇年代に労働者の経営参加や従業員代表を制度化する法整備が行なわれた（大橋ほか 一九七九：五、一一―一三）。

(24) 企業体制とは、「企業の組織構造に作用する長期的に拘束力のある規制の全体」（吉田 一九九四：一）と言われるように、会社法、経済法、労働法などの関連諸法制を中心とした、コーポレート・ガバナンスの様式を規定する諸制度の体系であり、企業統治システムないし企業統治レジームとも呼びうる（see Hall and Soskice eds. 2001）。

(25) 厚生労働省の労働組合基礎調査によれば、日本における労働組合の組織率は一九八〇年には約三〇％であったが、二〇一八年は約一七％となっている（厚生労働省 二〇一八）。従業者規模一〇〇〇人以上の大企業では約四二％と相対的に高い水準が保たれているのに対し、圧倒的多数を占める中小企業のうち、従業者規模一〇〇〜九九九人の企業では約一二％、九九人以下の企業は約一％である。

(26) 総務省統計局の労働力調査（https://www.stat.go.jp/data/roudou/index.html）によれば、日本における非正規労働者の割合は一九九〇年の段階で全労働者数の二割程度であったが、二〇一一年以降は四割に迫るまでになっている。

(27) 従業員代表制の導入は特に企業別組合の存立基盤を失わせかねないと考えられてきたが、それが労働者代表機能の確立を退けうる理由だとは思われない。また、労働者代表機能を法制化した上で、その機能は原則的に組合が担うとの前提で制度を設計すれば、組合組織を多様な構成員に開放するよう促すことができ、正統性の向上を導けるとも考えうる（濱口 二〇一五）。本書の理解では、どのような集団・組織であれ、その外部にも大きな影響を及ぼす場合には、影響を及ぼされるステークホルダーによる発言・関与を避けられないのであり、自発的結社であっても例外ではない。

(28) 二〇一五年には、六三五社のドイツ企業で共同決定が行なわれている。また、欧州会社としてドイツに設置されている企業にも、共同決定の導入例が見られる（毛塚 二〇一六：一四―一五）。

(29) 毛塚勝利は、企業統治を規制する産業デモクラシーの類型として、労働組合による団体交渉を中心とするもの（交渉制民主主義）、従業員代表制の法整備を中心とするもの（代表制民主主義）に加え、企業を取り巻く多様なステークホルダーによるモニタリングを中心とするもの（ステークホルダー民主主義）を並置する（毛塚 二〇一六）。

(30) グローバル・コンパクトの公式ホームページ（http://www.unglobalcompact.org/ 二〇一九年五月五日最終閲覧）記載の情報による。

(31) ピエール・ロザンヴァロンは、選挙に基づく代表制デモクラシーの正統性を補完的に高めるような市民社会による監視の機能について、断続的な選挙による正統性を、より恒常的で幅広い社会的な正統性の形式へと埋め込むことであるとして、この社会的正統性のメカニズムを、「名声」と結びつけている（ロザンヴァロン 二〇一七：一一―一二）。本節の議論は、こうした大政治における統治機構に向けられる監視と評判のメカニズムを、企業のような非国家主体に適用することもできる、より一般的な民主的統御手段として位置づける作業でもある。

(32) こうした動きを受け、拠出者である被用者が最大の所有者・債権者となることを通じて労働者と経営者の利害が一致する、年金基金社会主義の到来を提起する議論も登場した（Drucker 1996; see also Berle 1959）。現在でも、株式市場に占める年金資産の決定的重要性は同様であり、被用者の資産拡大による経済の社会化は、なお有効なヴィジョンと言えよう。

(33) 目先の投資パフォーマンスを重視する民間の基金への依存度が高ければ、企業は短期で利潤を上げるよう迫られる。これに対して、短期的な収益率を重視しなくてよい公的年金基金が保有する株式の割合が高ければ、企業に長期的な観点から経営政策を形成しやすくなるだろう（Atkinson 2015: 257=2015: 298-299）。ここから、普遍的な市民年金の構築が市場経済の安定的な発展に寄与しうること（第3章第3節(1)参照）、公的年金基金の運用には年金受給者の権利を超えた巨大な責任が伴わざるをえないことがわかる。

(34) PRIのホームページ（https://www.unpri.org/pri 二〇一九年五月五日最終閲覧）に基づく。日本における二〇一九年四月末時点でのPRI署名機関は、七三社（アセット・オーナー二〇社、運用受託機関四二社、サービス提供機関一一社）である。二〇一五年九月には、国民年金と厚生年金の積立金約二〇〇兆円のうち旧共済年金部分を除く約一四〇兆円（二〇一七年三月末）を一括運用する世界最大の機関投資家GPIF（年金積立金管理運用独立行政法人）が署名機関となった。

(35) 日本では、金融庁が設立した有識者検討会により、二〇一四年に「日本版スチュワードシップ・コード」、二〇一七年にその改訂版が公表されている。

(36) ここでの政治的消費の研究は、利益団体の一種としての消費者団体の研究（たとえば井上 二〇一二を参照）とは区別される。

(37) 日本では、二〇一五年に消費者庁が「倫理的消費」調査研究会を設置し、二〇一七年に報告書がまとめられている(「倫理的消費」調査研究会 二〇一七)。

(38) 先進資本主義諸国の市民におけるボイコットの経験割合は、一九七〇年代から緩やかに増加してきた。調査によって割合は異なるが、二〇〇〇年代以降の北欧および西欧の諸国では、国により一〜三割の人がボイコットに加わった経験を持つ。また、二〇〇二年の欧州各国での調査によれば、倫理・環境・政治にかかわる理由から商品を吟味して購入したことが一年以内にあるかとの質問に対し、回答者全体の約二四%が「ある」と答えている。最も割合が高かったスウェーデンでは、五五%の回答者がバイコットを実践していた(Stolle and Micheletti 2013)。他方、日本で二〇一〇年に実施された世界価値観調査によれば、平和的なデモの経験割合が三・六%であるのに対して、ボイコットに参加したことがある人は一・四%にとどまる。ただし、今後参加する可能性があるとの回答は三〇・二%であり、デモについての三一・〇%とそれほど変わらない(池田編 二〇一六:一二〇)。同調査において日本のボイコット経験割合が最も高かったのは、二〇〇〇年の六・六%である(同:三〇三)。

(39) ミシェレッティの考えでは、消費行動が政治的性格を帯びることは、「従来は私的な消費者の選択と考えられてきたことが政治化され、政治的領域と経済的領域のあいだの区分が取り払われる」意味を持つ(Micheletti 2003: 2)。だが、政治的なものと経済的なものの区別が無化すると考えることは正しくない。国家にも経済的な側面があり、企業にも政治的な側面があるように、政治/経済の機能はさまざまな領域に現われうるのであり、その機能が特定の領域と排他的に結びつくと考えることが誤りなのである。

(40) 政治学では選挙に基づく政党政治を市場のアナロジーで捉える議論が一般化しているが、逆に市場での消費者の行動を選挙での投票になぞらえる議論もまた、二〇世紀初頭から見られる(根本 二〇一四:三一九)。

(41) 日本で実施された世界価値観調査(二〇〇五年・二〇一〇年)に基づく分析によれば、ボイコットへの参加とイデオロギー位置のあいだに特段の関連性は見出されない(池田編 二〇一六:一二六—一二七、また山田 二〇一八:一八六—一九〇も参照)。

(42) 政治的消費の実証分析においては、バイコットが相対的に高額の商品を対象としやすいことや、ボイコットが代替的な購入対象となりうる商品の選択肢が多様であるほど行ないやすいことなどから、政治的消費の拡大は消費者の経済的条件と密接にかかわることが示されている(根本 二〇一四:三二六—三二七)。また、政治的消費を行なうためには、信頼可能な情報に接触しうる社会的条件も重要である(同:三二四—三二五)。

第５章　ステークホルダーによる民主的統治

ステークホルダー・デモクラシーは、大政治のみならず企業やＮＧＯなどの内部統治に現われるような小政治の民主化も念頭に置く、政治の一般理論として描かれる。それでは、標準的な代表制デモクラシーと比較して、ステークホルダー・デモクラシーに基づく民主的統治は、どのような特徴を持つことになるだろうか。本章では、フォーマルな政治システムにおける変容可能性を中心的に論じながら、これまでの検討を踏まえた理論的総合を図りたい。

第１節では、分野・争点ごとの意思決定過程において、ステークホルダーの代表性を確保するための方策を論じる。まず、代表の概念と参加の意義・形態について検討する。次に、ステークホルダー共同体を通じた機能的デモスの代表が果たすべき役割を提示する。その上で、政党や議会を通じた法的デモスの代表が果たすべき役割と、その統御可能性を明らかにする。

第２節では、具体的な政策決定過程のなかでステークホルダーが主体性を発揮しながら合意を形成するための方策を扱う。まず、決定過程における熟議の可能性と不可能性を確認する。次にそれを踏まえ、熟議と投票の関係と複合的な利用可能性について論じる。さらに、紛争解決過程におけるステークホルダー司法の可能性を示す。

第３節では、ステークホルダー代表による決定が行なわれたあとで、その実施過程における応答性を確保するための方策を検討する。まず、応答性を確保する多様な回路を整理する。そして、異なるデモス間での競合と調停をどのように捉えるべきかについて論じる。

最後に、これまでの各章における検討の成果と総合することで、より洗練化・体系化されたステークホルダー・デモクラシーのモデルを提示したい。

第1節　決定に先立つ政治

(1) 代表の機能と形態

代表の概念　民主的統治の手続的正統性を高めるためには、代表性の確保が不可欠である。しかし同時に、代表は不可避でもある。数多くの代表論研究が指摘するように、代表のない政治は考えにくい（Pitkin 1967; Urbinati and Warren 2008; 早川 二〇一四b）。もとより私たちは、どうあっても代表されてしまう。一般に私たちは、自分自身が本当のところ何を望んでいるのかを、正確に把握できるわけではない。これは、私たちが自分自身にとって「真の利益」となるものを把握できないという意味ではない。私たちが抱える利害関心は、「自分自身が何を望んでいるのか」についての主観的な認識であって、実際に望まれているもの――それが特定できるとして――と完全に一致しているわけではない。当該の認識は、必ず自分自身による解釈を経て生じている。このような理解に基づけば、私たち個々の主体が保有・表明する利害関心や政策的な選好、その集合的な現われとして観念される「民意」や「世論」とは、既にして一種の表象＝代表（*re*-presentation）であることが了解されるだろう。
ある有権者が何らかの政治的争点についての意見（opinion）を表明するとき、その意見は彼自身が内的に有するさまざまな利害関心や（迷いを含む）認識・判断のなかから、彼が「私の意見」として表出・表現するべき（してもよい）と考え、選んだものから構成される（第2章第1節(1)も参照）。そして、そのように構成された「私の意見」が（部分的・暫定的にであれ）明確になることによって、彼は自らの内的に多様な認識・判断をある程度整序することを可能にするような解釈の準拠点を得る。「私の意見」と親和的・整合的な認識・判断は意見の補強材料として回収される一方、「私の意見」と矛盾するか縁遠いような認識・判断は、修正されたり棚上げされたり、あるいは忘却されたりする。代表が、代表する機関（代表者）による代表される母体（被代表者）の代理ではなく、むしろ代表者の振る舞いによって被代表者の意見（公論）が影響され、形成・変化することが広範に観察されるという点は、しばしば指摘される。ここで強調したいのは、このような代表関係の特質が、集団内のみならず個体内においても共通して現われるような、ごく一般的なものであるという理解である。

さらに逆説的なことに、代表は究極的には不可能であり、私たちが完全に代表されることはない。代表制がある限り、代表されていないとの人民の不満は必ず存在しつづける。したがって民主的統治においては、多様な方法で代表性を向上させることが絶えず試みられるべきである。とりわけ近年の政治理論においては、非選挙的（nonelectoral）な代表を肯定的に捉えようとする議論が豊富に積み重ねられている（Urbinati and Warren 2008; Näsström 2015; Kuyper 2016）。田畑真一の指摘によれば、現代政治においては、「選挙だけでなく、行政による政策形成への市民参加、市民社会におけるアドボカシー活動など多様な回路」が存在する上に、「グローバル化の進展」は従来「前提とされていた国境による「一定の領域性」を動揺させ」ているため、「グローバルに広がる市民社会における複数の代表間の競合を適切に捉えられるモデルが求められている」（田畑 二〇一七：一八二）。それゆえ、「代表をフォーマルな選挙に還元するのではない、インフォーマルな次元を含む多様な代表生成を捉えた複線的な政治過程理解」が支持を増やしているのである（同：一八三）。

多様な代表観を類型化したピトキンによる古典的な代表論は、近年の代表論でもくりかえし参照されている（Pitkin 1967）。その第一は形式主義的（formalistic）な代表観であり、これは権威付与（authorization）に基づくものと、答責性（accountability）に基づくものとに分けられる。代表行為に先立ち、代表される者が代表する者に権威を与えることで代表を正統化するのが権威付与である（Pitkin 1967: 38–39=2017: 52）。他方、答責性は、代表する者が代表される者に応答する責任を負うとし、代表行為に関する事後的な説明を求めることを通じて、代表を正統化する（*ibid.*: 55–56=74–75）。一般的な理解では、こうした権威付与と答責性を組み合わせたメカニズムによって成り立っているのが、選挙に基づく代表性である（Urbinati and Warren 2008: 393; Kuyper 2016: 309）。

第二に示されるのは、「写し出す（stand for）」ことを重視する反映的な代表観である。この見解は、代表される側の構成や多様な情報を歪みなく正確に反映することを求める描写的（descriptive）な代表観と、代表される側の感情や信仰、信念に基づいて代表が生じると考える象徴的（symbolic）な代表観とに分けられる（Pitkin 1967: 80–82, 92–93=2017: 108–110, 122–123）。第三に、誰かの「ために行為すること（acting for）」を意味する実体的（substantive）な代表観が提出される（*ibid.*: 113–115=150–151）。これは、代表する者が代表される者の利益や要望に応じて行為することを求める考え方であり、実際の代表行為が代表される者の利益や要望にかなっているかを評価にさらすものである。

さて、ピトキンを継承しつつ発展した現代の代表論では、代表される側の範囲や利益の自明性を否定したり、代表する側と代表される側との相互作用を一層重視したりすることなどによって、「構築主義的転回（constructivist turn）」を果たしたとされる（田畑 二〇一七）。特にマイケル・サワードは、「代表しているという主張（representative claim）」が行なわれ、それが受け入れられたり拒絶されたりする一連の持続的な過程として代表を理解する。すなわち代表は、この主張を行なう「主張者（maker）」、主張のなかで示される代表の主体（subject）、客体（object）、指示対象（referent）、そして主張に面する「聴衆（audience）」の五者関係（M、S、O、R、A）によって定式化できるとするのである。それはたとえば、「政治家（M）は有権者（A）に対し、自身（S）を有権者（R）にとっての利益（O）を体現する者として語った」というかたちでも、「緑の党（M）は問題の動物（R）をめぐり、自分たち（S）を危機に瀕した種の利益（O）の保護者として、政府とメディア、世論（A）にアピールする」といったかたちでもよい（Saward 2006: 185）。

こうした立場からすれば、「選挙を通じた代表は、主張としての代表が営まれる過程の一部に過ぎず、代表を選挙に一元的に還元することは否定される」（田畑 二〇一七：一九〇）。また同時に、市民社会組織や社会運動に見出せるような「インフォーマルな関係においても生じ、そこにおいて同時に複数存在し重層的かつ複雑に絡み合っている」代表関係が肯定されることにもなる（同：一九四）。したがって構築主義的転回は、代表に基づく正統性を選挙と盲目的に結びつけることを棄却したと考えられている（Kuyper 2016: 310）。本書が詳しく扱ってきたマクドナルドの議論も、この延長上にあるものと言える。

参加による代表機能　統治に代表性を備えさせるためには、市民による参加が不可欠である。政治参加の概念は、政治システムへの入力、すなわち大政治における意思決定・政策形成に自らの利害関心を反映するべく行なわれる市民の諸活動であると考えられてきた。政治参加は制度的参加と非制度的参加に分けられ、前者は選挙（投票参加）のほか、公聴会やパブリック・コメントなどへの投票外参加を含め、公職者の選出や政策形成にかかわる。これに対して非制度的参加は、代表を補完・拡充する参加である。利益集団や市民社会組織、住民運動・市民運動への帰属・参画を通じて、特定の分野・争点や地域的な課題などについての政策提言、陳情、抗議活動などに直接・間接の参加を行ない、政治的意思を伝達・表明する。その手法はデモやストライキも含み、場合によっては違法行為・不法行為にわたるほか、内戦や革命などの政治変動の可能性まで持ちうる。

制度的参加による代表機能のうちでは、言うまでもなく投票参加が最も重要である。選挙は通常、任期を限った代表者を選出するために用いられる手段であり過程である。政党（政策パッケージ、イデオロギー、組織的能力）、候補者（人物、属性、個人的能力）、争点態度（政策）、業績への評価（有権者が自らの利益を実現するために最も適切であると考えられる一般的代表を選出する）など、投票行動の理由はさまざまだが、定期的な選挙の実施は、公共権力が民主的正統性を調達する最も制度化された代表性の回路であると同時に、政治的サンクションを通じた答責性の回路でもある（本章第3節(1)参照）。これに加えて、住民投票や国民投票は、特定の争点に関する直接投票の実施により、代表者との民意の不一致を補完する役割が期待されるため、常設型の制度を設けることが望ましい。ただし、有権者の情報的基礎を補い、反省性に基づく選択を促すためには、「熟議の日」を設けるなど（Ackerman and Fishkin 2004）、投票に先立つ熟議の機会を整備することが求められる。

非制度的参加は、より広範に代表性を補完する機能を持つ。たとえばデモなどの直接行動は、選出された代表者が十分に代表できていない民意を公共空間に現出させる手段である。人口比では少数にすぎないとしても、その他の多数とも共有しうる関心に基づき、自らの姿を公の場に現わしていること自体が、一種の代表としての性格を帯びる（杉田 二〇一三：二章も参照）。強い関心を持つ人びとが声を上げることで、一般の人びとは自らの声を得たと考えるかもしれないし、自らの関心を問いなおす契機を得られる（第2章第3節も参照）。したがって非制度的参加は、公共権力に答責性を求める機能を有すると同時に、補完的な代表機能を持つのである（三浦 二〇一五）。責任ある投資や政治的消費に見られるような経済的手段を用いた非制度的参加もまた、活動の周知を通じて補完的代表性を実現できる。これらの活動は、無党派層の増加や投票率の低下などに現われているフォーマルな政治過程への不満に対し、非典型的な参加手段を豊富化することで応えるものであり、民主政治の再活性化をもたらしうる。

代表を通じた自己統治　ただし、政治参加は無条件で望ましいわけではない。第一に、参加には多大な費用がかかるため、私的な生活を少なからず犠牲にしなければならない。参加からは、利害関心が共通する他者と行動をともにすることや、自らが何らかの影響を与えられていると信じること、社会的・公共的な役割（責務）を担っていると感じることなどを通じて、満足を得られることがある。だが、参加の過程で得られる喜びや、個人的な利益は、参加による費用を埋め合わせるものではない。このことの帰結として、あまりにも多くの人びとが大規模な参加をするようになれば、社会内の生産活動は立ち行かなくなる。第二に、過度の参加は安定性を脅かす。市民の政治参加が盛んなことは、それ自体では必ずしも積極的に評価できるわけではない（Schumpeter 1975）。政治参加において重要なことはその実質的な機会が保障されていること、さらには一定程度の参加があることであり、あまりに多くの参加があることは、かえって政治制度を不安定にしかねず、好ましくない。また、多くの市民が直接行動に駆り立てられている場合には、自由な私的活動の余地を削ってまで行動せざるをえない事態に追い込まれている蓋然性が高く、望ましい状況とは言いがたい。第三に、参加が単なるガス抜きや懐柔策、表面的な正統性を取り繕うために用いられることで、実質的な民主的正統性の向上につながらず、公共権力による操作的手段としてしか役立たないことがある。これには、上からの動員によって強化された支持基盤に拠って立つことで、体制の権威主義的性格が強められてしまう危険が含まれる。

盛んな政治参加を高く評価する立場は、さまざまな市民が交代で公職を務めるような社会を一つの理想として描くだろう。特に近年は、代表制への不満と批判を背景にして、誰もが等しく公職者に選ばれうる方法である抽籤（くじ引き）への関心が高まっている（Manin 1997; ヴァン・レイブルック 二〇一九、また田村 二〇一七：一二三―一二八も参照）。その際に共通して念頭に置かれているのは、くじ引きを民主的だとする一方で、優れた代表者を選ぶ方法としての選挙を貴族政（寡頭政）に結びつけるアリストテレスの議論である（アリストテレス 二〇一八：二一七―二一九、ヴァン・レイブルック 二〇一九：七〇―七二、早川 二〇一四b：一七七―一八五）。この議論に従い、もし選挙ではなくくじ引きを用いた公職者の選出こそデモクラシーが本来要請する制度であると考えるならば、今ある選挙をくじ引きに置き換えていくことが理想だと主張しなければなるまい。だが本書は、アリストテレスに倣った理解を採らない。

まず、自分たちの意思に基づく政治運営のために利用可能な選挙というメカニズムを、それが優れた人物を選ぼうとするから非民主的だと見なせる理由は明らかでない。「人民の意志を反映することは民主主義の基本である」

なら（早川 二〇一四b：一九二）、相互に平等な人びとによって投じられた票の数に応じて複数の選択肢から優れたものを選出する手法に、非民主的な要素を見出すべき必然性はなかろう。行政を担う官僚や司法を担う裁判官もまた国民代表としての性格を持つが、彼らに対しては、資格審査に基づき一定の専門性と適性を担保したかたちでの選抜が当然に望ましいと考えられている。人びとが欲するような良き統治の実現には優れた人材が必要なのであり、選ばれた者が人民の意思に従って働く限り、より高い能力を持つ代表者を選ぼうとする姿勢が非民主的だと考えるべき理由はない。

選挙に貴族政的な性格を見出す議論は、しばしば世襲政治家の存在などを挙げ、特定の集団から代表者が選出されやすい傾向を指摘する。しかし、選挙で選ばれた代表者に見られる属性の偏りは、社会内に存在する不平等を反映しており、必ずしも選挙そのものの問題とは言えない。第3章で論じたような経済社会的施策が実現し、不平等の是正が進んだ条件下であれば、あらゆる有権者に対して代表者となる機会を保障する選挙という制度の意義は否定しがたいだろう。また、何度でも再選可能であることが選挙貴族政への道を開くと考えるのならば、多選を制限することも考えられる。

逆に、くじ引きが本質的に民主的であるかは疑わしい面もある。選挙による代表選出は、投票や立候補を通じて、意思表明と影響力行使が可能な平等な機会——ささやかながら確かな機会——をあらゆる有権者に与える。これに対してくじ引きによる代表選出は、誰もが当選しうるとはいえ、当選しない限りは意思表明と影響力行使が可能な制度的機会を得られない。短い任期や再選の制限によって多くの市民に公職就任の機会をもたらせるとしても、この構造が変わるわけではない。くじで落選した市民たちは、意思表明と影響力行使の機会を与えられないまま、当選した市民たちの決定に服することになる。それは果たして、デモクラシーが要請する政治的平等の望ましい解釈だと言えるだろうか。むしろ運に基づく少数者支配であるとして、くじ引きに非民主的要素を見出すことさえ可能かもしれない。確かに、無作為抽出に基づく代表者で構成された会議体は、熟議を通じて非選挙的な代表性を示す市民代表として働きうるであろうし、彼らが公衆に対して果たすべき答責性を厳しく問うことも可能だろう。しかし、そうした機能が最良に働いた場合でも、市民代表が主張しうる民主的な正統性が、選挙という平等な意思表明と影響力行使の機会を通じて市民が権威を付与した代表者のそれを上回るとは考えられない。選挙に加えてくじ引きを活用することはありえても、選挙をくじ引きで置き換えるべきではないだろう。

本書の理解では、デモクラシーが重要な理由は、それが社会的に望ましい帰結の実現を期待できる手続きだからではないし、市民による政治参加が内在的価値を持つからでもない。そしてまた、くじ引き（あるいはコイントス）のような、ただ偶然に基づくゆえに全市民への平等な尊重を表現できる意思決定手続きと同じ意味でデモクラシーが重要なわけでもない。デモクラシーが重要なのは、異なる利害関心を持つ自律的な主体間の相互作用に政治的平等という枠をはめることで秩序だった集合的意思決定過程を出現させ、誰にとっても利用可能な集合的自己統治の手続きを生み出すからである。そこでは、あらゆる市民に自らの利害関心を追求するための意思表明と影響力行使の機会が制度的に保障されなければならない一方で、何らかの「正しい」政治的帰結が保証されるわけではない。たとえば市民の明らかな事実誤認は正されるべきだが、それは特定の政治的帰結を避けるためではなく、市民間の情報的資源の偏りを是正するとともに、それぞれの利害関心をより適切に追求することを助け、諸個人が利用可能な手段としての政治参加の機能を高めるためである（第2章第3節参照）。既に論じたように、政治的平等を確保するための諸条件はデモクラシーに内在的な要請に基づき保障されるべきであり、それは政策的な選択肢に一定の制約を設ける（第3章参照）が、決して民主政治の（ときに破壊的な）可能性を消去するものではない。

デモクラシーを集合的自己統治として理解するなら、市民は自らに重大な影響を及ぼしうる公共権力の行使をめぐる決定に参加する機会を保障されるべきである。また同時に、市民が自らの利害関心を追求するにあたって、より優れた人物を代表者に選ぼうとすることは、何ら問題がない。他方、陪審制や裁判員制度にも見られるように（本章第2節(3)参照）、自らに重大な影響を及ぼす決定が、自らで選んだわけでも専門性を持つわけでもない無作為抽出の代表者によって為されることは、正当化しがたい。無作為抽出の市民による代表者（ミニ・パブリックス）がステークホルダー・デモクラシーに占めるべき位置は、第2章第3節で触れた公論の喚起や公衆の学習促進など、ごく限定されたものにとどまると考えられる。(1)

(2) 機能的デモスの代表

結社を通じた代表　諸個人は、多元的な政治社会のそれぞれで、あるいは複数の政治社会を横断して、多様なステークホルダー共同体に帰属するであろう。ステークホルダー・デモクラシーにおいて各結社は、それがNGOであれ利益集団であれ、あるいは政党であれ、結社としての活動の目的や内容にしたがって、特定のステークホルダー共同体の限られた利害関心を持続的に代表する機関としての側面を持つことになる。

企業権力の行使を企業の内外から統御する多元的回路について見たように、ステークホルダー・デモクラシーの構想において、ある個人は局面によって異なるステークホルダー（労働者、消費者、投資家、地域住民など）として、異なる決定過程に参加する。そこでは従来の政治システムに対するのとは別のかたちで、小政治群に対する多元的な参加の回路が開くのであり、より身近な場での政治を通じて、自らの意思を社会に反映できるとの有効性感覚が獲得されうるであろう。さらに政治システムの内部でも、デモスを課題・争点ごとのステークホルダー共同体に見出し、ステークホルダー代表で構成される合議体（ステークホルダー委員会）へ決定権限の部分的移譲を行なって大政治を分割することができれば、同様の効果を期待することができよう。(2)

多様なNGOが選挙によらない実質的な代表性を持ち（Macdonald and Macdonald 2006）、ステークホルダー共同体を代表して越境的な影響力を持ちうるとするステークホルダー・デモクラシーの構想に対しては、このような曖昧な根拠に基づく参加者によって構成されたネットワークによる議会を迂回した政策形成が常態化すれば、公式の民主的正統化手続きは破壊されかねないとの批判も存在する（小川 二〇〇五：六六―六七）。だが、政治の脱領域化を前提にするなら、地理的境界に基づくどのような議会も、その法的存立根拠である管区（法的なデモス）は決定による影響を実際に被るステークホルダーの範囲と一致しないのだから、独占的な代表性を標榜できないはずである。だとすれば、ステークホルダー・デモクラシーと議会政治を対立的に捉える必然性はない。民主的正統性が拠るべき唯一のデモスを確定困難な現代において枢要なのは、多様な「デモイ（demoi）」（複数のデモス）に基づいて代表性が形成される多元的な回路であり、脱領域的・多元的に構成されるステークホルダー共同体の代表は、領域的・一元的な代表である議会の機能を損なうのではなく、むしろ補完するものであると言える（Lord 2007）。

ステークホルダー代表の民主的統御

マクドナルドは、選挙を通じて代表者を民主的に統御するメカニズムを、①権威付与と②答責性によって特徴づけた上で、これらは選挙されない非国家主体の代表性を正統化するためにも働くとする（Macdonald 2008a: 170–172）。このうち①権威付与は、代表者が正統に担いうる公共的・政治的な任務の範囲を特定する(a)委任（delegation）と、任務への有効な取り組みに要する諸能力を代表者に与える(b)権限付与（empowerment）という二つの契機から成る（*ibid.*: 180–185）。委任は、法的・領域的なデモスに基づく従来の代表制デモクラシーにおいては市民との対話や有権者の投票により行なわれるが、選挙に基づかない代表としての非国家主体が担うべき責務を明確化するにあたっては、すべてのステークホルダーに彼らの利害関心が考慮されるための平等な参加の機会を提供しなければならない。マクドナルドによれば、参加型開発のプロセスで一部実践されているように、ＮＧＯはステークホルダーとの対話を通じた意思決定により、こうした機会を設けることができる（*ibid.*: 195–197）。また、従来は選挙での当選を通じて行なわれている代表者への権限付与は、非国家主体に対しては活動に要する諸資源を確保しやすくすることを意味する。他の主体に資源提供を依存する面が大きいＮＧＯにとっては、ステークホルダーの負託に応える働きにより信頼や評判を高めることが資源を獲得する上で決定的に重要

表 5-1　グローバル・ステークホルダー・デモクラシーの代表メカニズム

		〈代表制デモクラシー〉 選挙的・領域的な代表性	〈GSD〉 非選挙的・脱領域的な代表性
①権威付与	a）委任	・市民との対話 ・代表者が負う責任の明確化 ・有権者による投票	・ステークホルダーとの対話 ・非国家主体が果たすべき公共的・政治的な役割の明確化
	b）権限付与	・当選による法的地位の承認 ・法的地位に基づく国家諸資源への制度的アクセス	・委任に応える活動に対する信頼・評判 ・信頼・評判に基づく諸資源へのアクセス可能性の上昇
②答責性	c）透明性	・代表者による業績の明確化 ・委任に照らした評価	・非国家主体が果たした公共的・政治的な役割の明確化 ・委任に照らした評価
	d）権限剝奪	・業績への不満 ・次期選挙での得票の減少 ・落選による法的地位の喪失	・委任からの逸脱に対する不満・不信 ・不満・不信に基づく諸資源へのアクセス可能性の低下

出所：Macdonald（2008a）に基づき作成。

であるため、ステークホルダーは信頼・評判のメカニズムを通じて間接的に権限付与を為しうるとされる（*ibid.*: 203–210）。

次に②答責性は、代表者が公共権力の行使によって何をしたのかを把握することで業績を評価可能にする(c)透明性（transparency）と、実効的なサンクションを適切に課すことで代表者が公共権力を行使しつづける能力を失わせる(d)権限剝奪（disempowerment）という二つのメカニズムから成る（*ibid.*: 185–190）。選挙に基づく代表者が期待された責務を果たしたかを評価する際に、有権者が代表者の政治活動についての情報を知りうることが重要であるように、選挙に基づかない代表が委任に沿って活動しているかを評価するためには、ＭＳＰを通じた政策形成において果たした役割など、非国家主体が行なっている公共的・政治的な活動の成果と、そのために用いられた手段などについて、ステークホルダー共同体が把握できる透明性が確保されるべきである。マクドナルドは、複数のＮＧＯ間で組織された監視機関や独立の監視機関を通じて、各ＮＧＯに行動規範の遵守と情報公開を徹底させることで、ＮＧＯによる公共権力の行使がステークホルダーの意にかなうものになっているかどうかを評価しうるとする。また、従来の代表制デモクラシーでは業績評価投票を通じて代表者の権限剝奪を行なえると見なされるが、選挙されない非国家主体に対しては、その活動に不満を持つステークホルダーの意思に沿って、活動に要する諸資源を確保しにくくさせられればよいことになる。権限付与と同様に、ＮＧＯに資源を直接提供する立場にないステークホルダーであったとしても、委任した公共的・政治的な責務をＮＧＯが適切に果たしていないとの「シグナル」を発することでＮＧＯの資源確保を左右する信頼・評判に働きかけ、間接的に権限剝奪のメカニズムを機能させることは可能だとされる（*ibid.*: 211–218）。以上の議論から、ＧＳＤにおける代表メカニズムを整理したものが表５-１である。

ステークホルダー委員会の代表機能　ステークホルダー代表から構成される小集団に授権することは、偏った利害関心を持った少数派による支配を招きかねないと思われるかもしれないが、少数派の強い選好を重視するからといって、多数派の弱い選好を全く無視してよいことにはならない。ジェイムズ・フィシュキンによれば、大衆が熟議的世論を形成することは困難である一方、生の世論に基づいて選出された小集団が影響力を行使することは望ましくないので、「私たちは小規模の代表的熟議と、大規模の非熟議という二者択一を迫られ」る（Fishkin 2009: 93=2011: 148）。だがこの二つは、択一すべき対立的選択肢ではなく、両立されるべきものである。討論型世論調査において、一定の授権を施されたミニ・パブリックスによる熟議は、社会全体への応答性に開かれなければならないとされる（Fishkin 2009）。ステークホルダー間の熟議においても同様である。法的デモスは、資源配分のような一般的争点についての決定を通じて、機能的デモスへの一定の統制が可能であり、弱い利害関心しか持たない受動的な観衆には、強い利害関心を持った能動的なステークホルダーたちが過大な権力を振るうことを抑制する役割が期待される(3)。

企業統治において、内部のステークホルダー役員会を主要なステークホルダーとしての株主・債権者・従業員・

地域社会などの代表から構成した上で、その他のステークホルダーである投資家や社会一般には市場や企業外でのステークホルダー対話を通じて応答性を保つように、政治システムにおいても、濃厚な利害関係を有する相対的少数のステークホルダーによる熟議と合意は、希薄な利害関係を有する社会全体による監視・審理・承認を経て、重層的に正統化されるべきである。代表性の回路を多く持つことは、諸回路の交差や節合を通じて、民主的正統性を一層高めることにつながる。多層的なデモスによる自己統治というデモクラシーの「重層化」は（杉田 二〇〇九：九）、ステークホルダー・デモクラシーにおいて、政策争点ごとのデモスの分割に基づき「多元化」されたデモイの自己統治へと展開されるのである。

(3) 法的デモスの代表

政党を通じた代表　政党は、ステークホルダー共同体とは異なり、アイデンティティ、イデオロギー、政策パッケージへの支持に基づく集団帰属である。(4) 政党の機能としては、「有権者の意向を絞り込みつつ議会での話し合いに反映させる」利益表出機能、「最終的にはさらに絞り込んで議会で単一の選択を行う」利益集約機能、よりよい絞り込みをするための政治家の育成というリクルートメント機能、絞り込みの途中や終了後に情報を伝え、有権者に納得してもらうコミュニケーション機能などが知られている（待鳥 二〇一五：一四―一五）。

ポスト政治の条件下に、政党を通じた代表制は従来のような利益の表出と集約の機能を十分に果たすことが難しくなっており、代わって有権者との政治コミュニケーションを通じた情報的機能が強調されやすい（待鳥 二〇一五、早川 二〇一四b）。だが、有権者に対する情報的機能はメディアや利益集団、NGOなど他の団体にも担うことができるため、この機能に政党の存在意義を求める場合、政党は多種多様な諸団体の一つ（one of them）にすぎないと認めてしまうことになる。これは、NGOのような政党とは異なる結社が代表的機能を果たしうると主張するステークホルダー・デモクラシーの理論的視座を補強する認識である。この結論を回避しようとして、政党が議会へのアクセスを通じて固有の役割を果たしうると主張する論者もいる（待鳥 二〇一五）。だが、そもそも利益の表出・集約を組織的に果たしうるとの期待から議会における役割を見出してきた政党が、既に社会内の諸利益を媒介することが困難になっていながら、なお立法府の権力行使へ参与しやすい地位にとどまりつづけるべき規範的理由は乏しい。それにもかかわらず、既成制度に基づく経験的事実としての特権性を恃みにして、政党による過大な権力資源の保持を正当化しようとすることは、本末転倒と言うほかなかろう。

政党が果たしうる役割はむしろ、ステークホルダー団体には委ねるべきでない一般的争点について一定の対立軸に沿った情報的機能（および監視機能）に求めるべきである。先進資本主義諸国における政党政治の一般化を前提にするなら、各レベルの領域的な政治社会における立法機関たる議会に勢力を有する政党は、等しく公的・準国家的な制度体と捉えられる。その上で、当該の政治社会における一般的利益を公正に媒介させやすい議会政治の制度的条件を整える努力が必要とされる。

政党の民主的統御　政党を民主的に統御するための枠組みとして第一に重要なのは、選挙である。選挙制度は、マルチレベルの政党システムを大きく規定する条件として、格別に重要な位置を占める。選挙制度をめぐる根本的な分岐点は、小選挙区制など選挙区ごとの相対的多数票の獲得を根拠として議席を与える多数代表制と、政党ごとに獲得した票数を根拠として議席を与える比例代表制である（Lijphart 2012: ch. 8）。ステークホルダー・デモクラシーの観点からは、有権者の一般的利益が各政党によって代表されるよう促すため、比例代表制の採用がより望ましいと言える。(5)

むろん比例代表制には批判もある。特に議院内閣制下の比例代表制では、選挙後の政権形成が議席を得た政党間の交渉に委ねられるため、有権者が政権を直接選べないのは問題ではないかとの疑問がありうる。だが、選挙前に政党連合や政権構想を明示するなど、有権者の予測可能性を高める努力が望ましいことは確かだとしても、一般的論点をめぐる代表として特定の政党を選択する有権者が、さらに政権の構成まで選べるべきだと考える必要はなかろう。小選挙区制は二大政党制と単独政権をもたらしやすい制度であり、有権者の選択に基づく相対的多数派による政権を生み出しやすいが、立法府と執政府の分立程度が低い議院内閣制と結びつくことで権力分立の程度を著しく低下させる。これに対して比例代表制は、多党制と連立政権をもたらしやすい制度であり、その採用は議会内で多数の党派が交渉・妥協することを予定している。つまり議院内閣制と比例代表制の組み合わせは、立法および執政の権限を基本的に党派間の協働に託す制度セットであり、有権者に政権を直接選択させないことを通じて、社会内の亀裂の深まりや立法権・執政権の無制約な行使を防ぐ機能を果たすと評価できる。

もっとも政治制度は、比例性や権力分立を確保するという要請だけでなく、効率的・実効的な統治を実現するという要請にも応えなければならないのであり、多数派を明確にできる小選挙区制は、比例代表制よりも後者の要請に応えやすいとの理由で正当化が図られている。したがって、政権形成などをめぐる党派間の交渉に多くの時間を要する比例代表制を採用する際には、制度の弱みをカバーする工夫を加えることもありうる。小党乱立を防ぐための阻止条項はその例であり、最も多く得票した政党または政党連合に必ず一定割合の議席を配分することで政権樹立を容易にする「多数派優遇」の仕組みを設けることも一案であろう（岡﨑 二〇一二）。

次に政治資金制度である。「資源制約型政党」なる政党類型が新たに提起されたことに見られるように（上神・堤 二〇一一）、二〇世紀末以降の政党脱編成を背景にして、有権者から各政党へ提供される資源は先細りしている。資金については政党助成金によって公的補助を与える代わりに、その使途を厳しく監督するとともに、資源の偏りから有利不利を生じさせないために企業献金および個人献金を制限することが必要とされよう。

第三に、政党助成金に依存する準国家的機関としての性格に基づき、党組織内部の民主的運営を義務づける制度を設けることが重要である。党内の民主化を追求することは、ときに危険と隣り合わせとなる（see Hazan and Rahat

2010; 吉田 二〇一六)。それは、党首など党内役職者の選出過程や公職の選挙に出馬する候補者の選出過程を一般党員に開放すればするほど、個人的な声望を恃みにしたポピュリスト政治家がリーダーの地位を得やすくなり、それまで党幹部が握っていた影響力は低下しやすいからである。限られた党幹部がリーダーを選抜することは非民主的だが、党内エリート間に一定の民主的な規範が共有されており、むしろ民主的に選出されたポピュリスト指導者が当該の規範を逸脱する権威主義的な政治姿勢にある場合には、政党組織の民主化を通じて安定的な政党システムや民主的な政治体制が脅かされかねない (Levitsky and Ziblatt 2018)。ここに党内デモクラシーと民主的政治体制のジレンマを見出すことは容易だろう。だが、それは非民主的な政党組織を看過してよい理由になるわけではない。プレビシット型の党運営を避けるためには、党首選出や候補者リクルートなどの意思決定手続きを、熟議に基づくものへと近づけていく必要がある (Wolkenstein 2016)。また、無党派層の割合が大きい現代では、非党員の一般市民も参加可能な政策対話の機会を意思決定過程に組み込むことが求められる。

議会の代表機能　ステークホルダー・デモクラシーにおける議会の役割は、政策形成 (立法) よりも監視に求められることになるだろう。技術的・専門的性格を強める政策立案の機能において、官僚・専門家・利害関係団体などから成る政策ネットワークを上回ることは、きわめて難しい。しかし議会は、付設の調査機関が一定程度整備された条件のもとでなら、政策ネットワークの監視・監督を行ない、メディアとの機能連携を通じて、専門的議論を公論へと結びつけることができる。第2章で触れたようなステークホルダー分析や分析的熟議を担う機関も、議会に付属すべきと考えられる。議会はその代表性を、専門的政策担当者と市民社会のあいだに立つ仲介者的役割を以て発揮すべきである。政策分野・政策課題ごとの重要性を判断し、予算配分などを通じて優先順位づけを行なう役割を担う制度体は、依然として議会以外には考えにくい(6)。(特定の地理的境界で区切られた) 社会の全体を代表する議会は、ステークホルダー委員会による政策形成を前提にして、その内容と長短を広く社会一般の観点から吟味・評価し、正統化する機能を持つ（ステークホルダーの構成は適切だったのか、分析の妥当性はどうか、異議申し立てはないか）。日常的に政府を監視しているようなNGOを含むステークホルダー委員会の合意を議会が監視し、それら全体をメディアおよび他のNGOが監視するような構造により、入り組んだ相互監視・抑制均衡の機能を生み出すことができる。

第2節　決定へ至る政治

(1) 政策決定過程における熟議

熟議のポテンシャル　ステークホルダー・デモクラシーの具体化により、従来の主権国家・国民国家の境界線の内外にデモスを再編成することに対しては、根強い反発が予想される。たとえば、リベラル・ナショナリズムの立場を採る白川俊介は、言語や政治文化の違いなどを理由に、熟議の単位をできるだけナショナルなレベルに限定しようとする（白川 二〇一二：七一）。言語的障壁を理由とした「土着語の政治」を行なうべきとの立場もあろう（Kymlicka 2001）。だが、政治的コミュニケーションは否応なく迫られるものであって、言語が違うから拒否可能になるような、随意的選択の対象ではない。(7) 私たちは集団への帰属によって規格的・静態的にステークホルダー「である」のではなく、多様な利害関係の獲得によって個別的・動態的にステークホルダー「になる」のであり、政治的対話のアリーナに非随意的に引きずり込まれうる。

そもそも言語は熟議の原理的な障害とは言えない（Fikit et al. 2011）。むしろ翻訳可能性こそが議論可能性の幅であり、政治的な技芸（art）の発揮が期待される部分である。一般に政治的コミュニケーションにおいては、同一言語内部でも翻訳が不可欠である。たとえば行政が用いる言語（「霞が関文学」）や、官産学により構成される「原子カムラ」で通用する専門的な言語と、地域住民が用いる日常語や運動の言語は異なっている。政治的コミュニケーションは、そのような複数の言語間での（知識）翻訳を何重にも経て行なわれるのが常態である。差異があるから対話できないのではなく、差異を理解し、相互の共存を図るためにこそ、対話が必要とされるのである。

熟議は、本来的に翻訳可能性のもとでしか成り立ちえない。白川は、多言語教育の政策提言をエリート主義と批判するのみで満足してしまい、政治的対話に不可避的に伴う制約条件としての翻訳可能性に正対することがない（白川 二〇一二：七五―七六）。だが、熟議のために必要なのは言語的熟達ではなく、他者による受容可能性が言語的にも要求されることへの理解である。多言語教育政策の徹底が非現実的であるとしても、熟議の場における通訳・翻訳を中心とした言語的支援策の整備を求めることは、ステークホールディングの一環として不可欠であろう。

熟議の限界　広く通用している見方によれば、経済的な利益の対立は量的な多少の問題であり、妥協が可能だが、アイデンティティや生き方にかかわる価値の対立は質的な問題――「あれかこれか」――であるため、妥協は困難となり、決定的な闘争に陥りやすいとされる（Hirschman 1994: 213-214; 齋藤 二〇〇九：一一二―一一三）。利益は分けられる（取引・調整の対象になる）が、価値は分けられない。経済的利益での対立では、「取り分」を話し合うことでどの集団にも妥協や多数派形成の機会が開かれているのに対して、文化的・社会的価値は帰属する集団に基づくアイデンティティと結びついていることが多いため取引になじまず、マイノリティは不利な地位が固定しがちで、その価値は政治的な実現が困難となる、といった主張である。

これは一見もっともらしいが、マイノリティが政治的な果実を得にくいのは制度設計や組織化の問題であって、利益対立型の争点と価値対立型の争点が本質的に差異を持つことの論証にはなっていない。利益対立型の争点に属する（アイデンティティとかかわる性質が乏しい）と思われる問題でも、日本における障碍者やホームレス、非正規労働者、若年世代などのように、多数派形成へのチャンネルが乏しく、政治的に不利な立場が固定されがちなケースは多々ある。マイノリティの政治的影響力の確保や必要実現をいかに可能にするかは政治そのものの課題であって、分野・争点を問わず不変である。

利益対立型の争点と価値対立型の争点が本質的に異なるものなのかを論じるためには、「分けられない」ものとは具体的に何を指すのかを明らかにする必要がある。ジェンダー、人種、エスニシティ、宗教、言語、国籍など、どのような帰属集団によって区分するにせよ、文化的・社会的価値の尊重および共生のための施策を個別政策レベルで見れば、そのほとんどは資源の配分である。教育や医療・社会保障給付の公的負担はもとより、宗教学校や民族学校に対する公費支出などの補助は経済的な配分であるし、ポジティブ・アクション施策の多くも、政治・労働・教育などの現場における定員の割り当てや、経済的補助・支援の問題である。特定の集団に対して自治権を認めるかどうかも、権限の配分という意味で「分けられる」問題の一種に変わりない。

「分けられない」問題が全く存在しないというわけではないだろう。たとえば政教分離の是非を争うことは、かなり基底的な価値観の対立かもしれず、利益の調停や配分には還元できない問題に思われる。しかし同じ政教分離の問題でも、より具体的なレベルで、ムスリム女性が公共空間でスカーフやヴェールを着用することの是非や、地域の祭事への公金支出の妥当性などの問題になれば、議論を重ねていくなかで、どこまでなら譲歩できるのか、どの程度なら許されるのかといった、個別の文脈における交渉を為すことは不可能でない。もちろん最終的な決定に不服な人びとは残されるだろうが、それは利益配分の割合を政治決定する場合でも変わらない。アイデンティティは私たちにとって基底的問題であり、それについての政治的敗北の意味は質的な重大さが異なると言う人がいるかもしれないが、生命の保持や人間的生活の保障も、同じく私たちにとっての基底的問題である。生活保護や介護保険、健康保険など、利益配分のあり方をめぐる政治的決定の結果、死ぬことを余儀なくされている人もいる。

(2) 政策決定過程における投票

被影響性に応じた投票　熟議的解釈を示すGSDにおいても、代表者間での熟議が合意形成に至らなかった場合には、集計型の意思決定を行なう可能性を否定していない（Macdonald 2008a: 162）。熟議が必ず合意に至るとは限らない以上、意思決定過程において何らかの表決を行なうことは避けられず、熟議と投票を対立的に捉えるべきではない。むしろ両者は相互補完的であり、より望ましい決定をするために熟議が投票に先立つべきである（Mackie 2014: 92）。ここではステークホルダー・デモクラシーにおける集計的手段の利用可能性を探るため、被影響利害原理の比例的な解釈可能性を検討してみたい。

社会集団における意思決定を投票で決する場合、一人一票のように各投票者が均一の重みを与えられることは決して当然のルールであるとは言えず、特定の利害関係や被影響性に応じた発言力の重みづけ（weighting）は広く行なわれている。特に各投票者による当該集団への貢献度が顕著な格差を持つ場合、その貢献度と比例的な重みを投票者に与えるべきだという考え方は、多くの制度化の例がある。株式会社の株主総会においては、各株主の保有株式数に比例して配分された持ち票を通じて議決権が行使されるし、世銀やIMFの表決においても、各加盟国の保有株式数や割当金額に応じて持ち票が加算され、発言力の重みづけが行なわれている。こうした表決制度は加重投票制（weighted voting system）と呼ばれ、投票者ごとに重みを与えた上で、賛成票を投じた投票者の重みの総和が、予め定められた閾値を超えた場合に議案を可決とする仕組みである（富山・熊田 一九八八、Taylor 1995: 49–51）。重みづけは量的にも質的にも行なうことができる。株主総会の議決権行使では、保有株式数に応じて行使可能な持ち票の数が、投票者である各株主の重みを表現している。こうした複数投票制の場合には、賛成得票数が予め定められた決議要件（閾値）を満たせば可決となる。これとは別に、可決のために特定の投票者による賛成を必要とする（拒否権を認める）ような条件つき投票も、何らかの利害関係に基づく票の重みづけを表現している。たとえば国連の安全保障理事会においては、議案の可決のために、五カ国の常任理事国と一〇カ国の非常任理事国のうち常任理事国すべての賛成と、常任理事国を含む計九カ国以上の賛成、という二つの条件を満たさなければならない。こ

れは常任理事国に重み七、非常任理事国に重み一を与え、閾値を三九と定めた重み付き投票と理解できる。(8)

ただし、被影響性に応じた加重投票を実現するためには、個別の決定による被影響性を正確に評価するための基準や方法、被影響性に応じて票を配分するための規則などが必要になる。これらを備えるにあたっての多くの困難を乗り越えるためには、きわめて詳細な検討作業を要するが、ここでは立ち入らない。(9) もっとも、一人一票という原則を維持したままでも、個別の決定ごとに直接投票を行なう制度のもとで持ち票の他者への委譲を認めることにすれば、ある分野・争点への利害関心が乏しい有権者から利害関心の大きな有権者への持ち票の委譲を通じた自発的な重みづけが促され、発言力を被影響性に応じた配分へと近づけることはできると考えられる。

票の分割と委譲　ステークホルダー・デモクラシーの集計的解釈として、「液状デモクラシー（liquid democracy）」を挙げることができる（Blum and Zuber 2016; 五野井 二〇一八）。これは、インターネット上の自由などを強く訴えてきた海賊党（pirate party）が提唱したモデルであり、政治的意思決定過程における透明性や柔軟性・動態性を重視する理念に基づいて名づけられた。二〇〇六年にスウェーデンで最初に創設された海賊党は、欧州各国の地方議会に議席を得ているほか、アイスランドやチェコ、ルクセンブルクでは国政にも進出している。(10) なかでもドイツ海賊党は、「液状フィードバック」と呼ばれる仕組みを党内の意思決定手続きに導入し、液状デモクラシーを実践してきたことで知られる（浜本 二〇一三、伊槻 二〇一三）。この仕組みは、次のようなものである。まず誰でもテーマ原案を発議することができ、発議された案はオンラインでの討論を経てテスト投票にかけられる。テスト投票には、党員でない一般市民も登録してＩＤを取得することで参加できる。また、議題に詳しくない場合などは、他者に自らの票を委ねることも認められている。この段階で賛成が一定割合に満たない案は却下されるが、テスト投票をクリアした案は党内で議論と修正が行なわれ、熟慮を促す凍結期間を置いた上で、採決の対象となる。(11)

オンラインでの討論を行なう液状フィードバックには熟議的な面も存在するが、独自の特徴と言えるのはオンラインでの投票や持ち票の委譲などの面であるから、液状デモクラシーのモデルとしては、熟議を通じた選好の変容より、選好の適切な反映を重視する集計的な立場に傾いていると理解することにしたい。すなわち液状デモクラシーの基本的な理念は、第一に、従来の代表制が有権者の意思を十分に反映できていないとの不満から、意思決定過程をオープンにすることで透明性を実現する点にある。また第二に、代表選出および政策形成過程における柔軟性・動態性も重視されている。個別の争点ごとに市民の支持政党は変わりうるのであって、必ずしも固定されていないことを考慮し、テーマごとに自らの意思を示したいと考える人びとの要求を尊重しているのである。

液状デモクラシーの制度的な特徴としては、次の四点が指摘されている（Blum and Zuber 2016: 165）。まず⑴直接デモクラシー（direct democracy）であり、市民は、あらゆる政策争点に直接投票することができる。次に⑵柔軟な委譲（flexible delegation）であり、市民は、単一の政策争点についてでも、いくつかの政策分野の政策争点すべてについてでも、あらゆる政策分野の政策争点すべてについてでも、自らの票を代表者に委譲できる。第三に、⑶委譲の連鎖（meta-delegation）であり、代表者は委譲された票をさらに別の代表者へ委譲できる。最後に、⑷即時のリコール（instant recall）であり、市民は、委譲した自らの票をいつでも引き上げられる。このような制度的特徴により、液状デモクラシーにおいては、有権者のあいだで分野・争点ごとに持ち票を委譲したり委譲されたりする事態が生じ、諸個人が有する利害関心や専門性に応じた意思決定過程における表決力の重みづけが促進されると考えられる。

次に、液状デモクラシーと多くの共通点を持つモデルとして、鈴木健が提起した分人民主主義を挙げることができる。鈴木は、現実の個人が抱える内的な矛盾を認めず、不可分の個人を政治主体として抽象的に前提する従来のデモクラシーは、「人間が認知的な生命体としてもつ多様性を失わせ」るものであり、自己の合理化を強いることで「投票結果を歪める」結果を生み出すと批判する。ここから提唱されるのが、オンライン投票を通じた「伝播委任投票（propagational proxy voting）」のシステムである（鈴木 二〇一三：一三八―一三九）。このシステムはまず、⑴直接デモクラシー、⑵柔軟な委譲、⑶委譲の連鎖、⑷即時のリコールといった制度的特徴を液状デモクラシーと共有している。したがって誰もが議題ごとに直接投票することもできるし、他者に持ち票を委譲することもできる。委譲された票はさらに別の他者へと伝播していくが、自分の票を誰に委譲するかはリアルタイムで変更できる。そのためたとえば、「ある議題についてブログなどでいい意見を書いておく」と、多くの委任票を得て大きな発言力を有することになるかもしれないが、「委任した人たちを裏切るような行動」をとれば、たちまち委任票は減って発言力を失うことになるだろう（同：一三八）。

その上で、液状デモクラシーと異なる伝播委任投票システムの特徴は、(5)分割投票にある。すなわち、一人一票の原則を維持しながらも、持ち票の自由な分割と不統一行使を認めることにより、各人が自らの持つ一票のうちで好きな割合を異なる宛先に投票（委譲）することが可能になる。人びとはある争点についての異なる見解のあいだで迷い、悩み、どちらか一方を選ぶことは難しいと感じる場合があるだろうが、そうした際には、たとえば〇・六票と〇・四票を分けて、相互に矛盾する立場それぞれに投票（委譲）することができるのである。

鈴木によれば、伝播委任投票システムは固定的なメンバーシップに基づく従来型の統治とは異なり、「興味や関心に基づいた動的なステークホルダーによる統治」を可能にする（同：一六八―一六九）。彼は流域ガバナンスを例に、河川が通る「複数の自治体や国家の代表者が集まり」、「間接的な方法で調整をしてきた」従来の意思決定方法では、それらの自治体や国家の構成員に含まれる当該河川の「ステークホルダーではない人たち」の意見も反映されてしまっていたが、伝播委任投票システムを用いれば「具体的なステークホルダーしか参加しない」仮想的な意思決定機関を創出しうるとの展望を示している（同：一六九）。ここには、メンバーシップに基づく代表制デモクラシーが生み出す過大包摂を集計手法の洗練によって抑制し、ステークホルダーによる意思決定を実現しようとする志向性が見られる。そのため、分人民主主義（分人デモクラシー）をステークホルダー・デモクラシーの集計的解釈を示す第二の例として位置づけることにしたい。

それでは、液状デモクラシーや分人デモクラシーが示しうる意義は何であろうか。まず、オンラインの投票システムを介して分野・争点ごとの直接投票や票の委譲を可能にすることで、選挙と同様の集計的手段を用いながらも、地理的に区切られたデモスに基づくのでない脱領域的な代表性を実現する回路を示している点が重要だと考えられる。また、株主総会において行なわれてきたように委任投票を認める意思決定は従来からあるが、液状デモクラシーや分人デモクラシーは、票の委譲を容易にするだけでなく、リアルタイムで委譲を撤回することも可能にすることで、有権者（委譲元）から代表者（委譲先）への権限付与と権限剥奪のメカニズムを、標準的な代表制デモクラシー以上に強く働かせることができると考えられる。次に、政党や候補者が予め用意した政策パッケージのあいだで投票するのではなく、分野・争点ごとに直接投票するか他者に票を委譲するかを、自らの利害関心に従って自由に選択できる点が重要である。また、代表制デモクラシーでは提示された政策パッケージの内容に満足できる人と満足できない人とのあいだで不平等が生じるのに対して、票の委譲は自らの考えで代表を選べるので、より平等であるとの指摘もできる（Blum and Zuber 2016: 163, 170–171）。

集計的なステークホルダー・デモクラシーが抱える課題についても述べておこう。第一に、個別の争点について直接投票するか持ち票を委譲するか、また委譲する場合は誰に委譲するかといった選択を為すことは、それ自体として一定の情報や能力を必要とするのであり、特に脱領域的な投票を行なう場合には、これらを市民が適切に得られるかどうかが問題になる（*ibid.*: 171–175）。自らの票を委譲すべき相手を吟味するためには、政党やＮＧＯ、専門家、メディアなどから情報を得なければならないであろうし、これらの各主体による熟議を観察することは適切な委譲先を見つけるために役立つであろう。また、液状フィードバックにおいてオンラインでの討論機会が設けられているように、自らの利害関心や被影響性についての認識は、熟議への参加を通じて洗練されうるであろう。したがって、集計的手段を通じて被影響性に応じた発言力の重みづけに近づけるためにも、単に所与の選好に基づく集計を行なうよりも、事前に熟議の場を設けるべきだと考えられる。

第二に、個別の争点ごとに直接投票を通じた意思決定を行なう場合、同一分野の異なる争点や、異なる分野のあ

表 5-2　液状／分人デモクラシーの代表メカニズム

		〈代表制デモクラシー〉 選挙的・領域的な代表性	〈液状／分人デモクラシー〉 選挙的・脱領域的な代表性
①権威付与	a）委任	・市民との対話 ・代表者が負う責任の明確化 ・有権者による投票	・委譲先に求める選好・諸能力の明確化 ・票の分割，委譲，委譲の連鎖
	b）権限付与	・当選による法的地位の承認 ・法的地位に基づく国家諸資源への制度的アクセス	・委譲票を含む直接投票に基づく意思決定 ・委譲票による表決力の増大
②答責性	c）透明性	・代表者による業績の明確化 ・委任に照らした評価	・委譲先が有する選好ないし諸能力の明確化 ・委譲元による評価
	d）権限剥奪	・業績への不満 ・次期選挙での得票の減少 ・落選による法的地位の喪失	・委譲先への不満 ・即時のリコール ・委譲票の喪失による表決力の減少

いだで、一貫性や整合性を持たない決定が行なわれる恐れが生じる（*ibid*.: 178-179）。あらゆる政策分野に共通して関連する予算をめぐるトレード・オフは最も明白な問題であるが、それ以外にも個々の決定は相互に連動したり矛盾したりすることがあるため、異なる分野・争点での決定を調整する機会がなければ、実施の段階で問題を来たすことになるだろう。また、集計的手段を通じて被影響性に応じた発言力の重みづけに近づけるとの目的からすれば、分野Xにおける決定が分野Yにおける決定に干渉する事態は、分野Xのステークホルダーが分野Yのステークホルダーでないにもかかわらず事実上の発言力を持ってしまうことになり、望ましくない。したがって、異なる分野・争点ごとの決定を相互に調整する役割を果たす場として、集計的手段を通じた決定は事後にも熟議を必要とすることになると考えられる。以上の議論から、集計的なステークホルダー・デモクラシーにおける代表メカニズムを整理したものが表5-2である。

熟議と集計の接合　これまで、熟議的なステークホルダー・デモクラシーとしてGSD、集計的なステークホルダー・デモクラシーとして液状デモクラシーと分人デモクラシーに言及してきた。ここでは両者の差異を明確にした上で、異なる解釈がどのような関係を持ちうるのか検討したい。まず両者は、法的・領域的デモスに基づく選挙を通じた代表者によるのではない、機能的・脱領域的デモスに基づく意思決定を可能にするような、分野・争点ごとの代表メカニズムを確立しようとする点では共通している。だが、選挙によらない代表性を擁護するＧＳＤが非国家主体とステークホルダー、つまり代表者と代表者を権威づける構成母体とを二分する点で従来の代表制デモクラシーと共通しているのに対して、持ち票の委譲を通じて誰もが代表者たりうる液状デモクラシーや分人デモクラシーは、代表者と構成母体を明確に区分しないことを特色とする。また、ステークホルダー間の熟議や代表者間の熟議を重視するＧＳＤと異なり、液状デモクラシーや分人デモクラシーでは投票や持ち票の委譲に際して有権者間の熟議は必須ではないし、即時のリコールを通じた権限剝奪が容易なため、代表者と有権者とのあいだでの熟議も行なわれにくいと考えられる。

ただし、異なる二つの解釈は、必ずしも相互に排他的ではない。液状デモクラシーや分人デモクラシーにおいても、分野・争点ごとの直接投票を通じた意思決定が抱える問題を克服するためには熟議の機会が必要とされるのであり、投票による集計だけでなく何らかのかたちで熟議も行なわれることが想定されている（Blum and Zuber 2016: 179–181; 鈴木 二〇一三：一六九―一七〇）。したがって、より望ましいかたちでステークホルダー・デモクラシーを実現するためには、どのように熟議的手段と集計的手段を組み合わせるべきかを検討することが求められる。

適切な複合の可能性を考えるために、市民やステークホルダーによって代表者が選出される過程と、代表者を通じて政策決定が行なわれる過程とを区別した上で、それぞれの段階で適用しうる手段を検討することにしよう。第一に、代表者の選出過程は、ステークホルダーによる熟議または投票が行なわれる段階であり、具体的には、政党やＮＧＯの組織内部における意思決定過程やＭＳＰに参加させる非国家主体の選定過程などを想定できる。この段階では、まず、ステークホルダー共同体を代表してＭＳＰでの熟議に参加する非国家主体への権威付与を、集計的手段を用いて行なう可能性が考えられるだろう（熟議のための集計Ｉ）。ＧＳＤにおいては間接的な権限付与・権

表 5-3　異なる解釈の複合

段階	熟議的手段	集計的手段
代表選出	公共圏における熟議	ステークホルダー間の委譲および投票（正のシグナル）を通じた権威付与
	ステークホルダー共同体における熟議	
政策決定	ステークホルダー代表者間での熟議	ステークホルダーによる即時リコール（負のシグナル）を通じた答責性
	分野・争点ごとの決定を調整する熟議	

限剝奪のメカニズムしか働かないために、ステークホルダーの発言力や代表者への拘束力は限定的であったが、非国家主体の意思決定過程に液状デモクラシーや分人デモクラシーのようなオンラインの投票システムを導入し、市民がリアルタイムで投票できるようになれば、平等な参加の機会と一定の発言力を保障できる。また、委譲票を含む投票を通じて非国家主体への委任と権限付与（あるいはステークホルダーによる正のシグナルの可視化）を行なうことができれば、代表メカニズムを強化できる。ただし、適切な代表を選ぶためには、市民に情報的基礎がなければならない。そのため、この段階では、集計を通じた権威付与を適切に行なうために、公共圏における熟議やステークホルダー間の熟議を促進する機会も設けるべきだろう（集計のための熟議Ⅰ）。

　第二に政策決定過程は、代表者による熟議または投票が行なわれる段階であり、具体的には、ＭＳＰを通じた政策形成などを想定できる。この段階では、熟議に参加する代表者の答責性を、即時のリコールのような集計的手段を用いて実現する可能性が考えられる（熟議のための集計Ⅱ）。代表者による熟議の透明性を高め、熟議過程での活動内容や果たしている役割などの評価に基づいて即時のリコールを通じた権限剝奪（あるいはステークホルダーによる負のシグナルの可視化）を行なえるようになれば、熟議が抱えうる集団分極化や内的排除などの問題性や少数者支配の危険性も抑制しやすくなるだろう[12]。また、人びとは代表者による熟議過程の観察を経て、決定による被影響性についての認識を変容させうるが、即時のリコールが可能であれば、この変容を反映しやすくなる。ただし、この段階では同時に、異なる分野・争点ごとの熟議および集計による決定を、相互に調整するための熟議の機会が必要とされる（集計のための熟議Ⅱ）。以上の議論から、ステークホルダー・デモクラシーを実現するための複数の段階と手段を整理したものが表5-3である。

(3) 紛争解決過程における参加と熟議

ステークホルダー司法　ここまで主に政策決定過程を想定してきたが、社会生活の秩序づけに大きな役割を果たす決定として、司法権力を通じた紛争解決の重要性は無視できない。個人化による諸自由の拡大に伴うリスクの増幅や、社会的な流動性の高まりは、人びとの不安を惹起し、体感治安を悪化させる。(13) さらに、リスクを統御するにあたって民主政治を通じた介入可能性の存在は、一層リスクを高めうる。リスク統御における法・政治の不全への不満が生じるためである（和田 二〇〇四、本書第1章第1節も参照）。安全国家においては、市民の安全を守ることのできない無力な刑事司法は排撃の対象となる。こうして盛り上がる刑罰ポピュリズムにおいては、体感治安の向上や応報・厳罰化が強い需要となる。(14) 刑罰ポピュリズムは、善悪二元論的な道徳性を帯び、犯罪者や外国人・移民への排撃性を強めるとともに、一般市民の常識（市民感覚）を司法官僚・専門家より優先させ、専門知を批判するる（Pratt 2007: 35）。メディアを介して、当事者団体・支援者団体や「市民の代弁者」が刑事政策に影響を及ぼすようになるのである。

市民の司法参加をめぐる議論は、こうした専門知批判の文脈で登場しやすい（棚瀬 二〇〇三）。日本で裁判員制度が導入された際にも、国民が裁判過程に参加し、その感覚が裁判内容に反映されることによって、司法に対する国民の理解の増進と信頼の向上が図られるという理由が第一に挙げられており（柳瀬 二〇〇九）、司法が市民感覚と乖離しているとの批判への意識が背景に存在していた。一般に、国家が担ってきた役割のなかに市民が参入していくこと、国家権力の運用に市民が加われるようになることは、民主化の一種であると考えられがちである。また、司法参加には市民への教育効果があり、市民が公共的な関心を高めたり、政府や社会に対する信頼を高めたりする結果につながるとして、正当化が図られることも多い（柳瀬 二〇〇九、Gastil et al. 2010）。

しかしながら、デモクラシーにおける治者と被治者の同一性や被影響利害原理を重視するならば、複数の主体間で何らかの紛争が生じた場合の解決は、当事者間での交渉か、そこに重要なステークホルダーを交えた協議によって図られるのが理想となるはずである。第三者による権威的調停は、自己決定の原理に違背するものであるから、本書が前提とするデモクラシーの理念からは容易に導けない。このことは、権威的調停に携わる第三者が専門性を備えた官僚裁判官であろうが、無作為に抽出された一般市民であろうが、変わることはない。無作為抽出の市民は、裁判の対象となる事件のステークホルダーではなく、選挙によって選ばれた代表者でもない。第三者性において官僚裁判官と等しく、専門性において官僚裁判官に劣り、曖昧な市民代表としての性格を持つにとどまる。そうした立場の人間が司法権力の行使に携わることを正当化する余地は、少なくともステークホルダー・デモクラシーの観点からは存在しない。司法参加が市民に教育効果をもたらすとしても、そうした効果は他の手段によって代替できるものであり、紛争当事者が専門的知見を持たない第三者によって裁かれる不利益を正当化できる理由になるとは考えがたい。

それでは、同じ国民の司法参加を掲げるにしても、選挙を経た代表者が司法権力の行使に携わるのなら正当化できるかと言えば、そうは考えにくい。そもそも特定の個別的紛争を扱う裁判の場での決定は、広範な人びとに影響を及ぼすことが一般的である政治的決定とは性質が異なるため、地理的に区切られた選挙区から選出された代表が裁きを下すべき理由は乏しい。政治的決定とは異なり、判決によって影響を被るステークホルダーの範囲は、より限定されている。また、選挙を通じて法的・領域的なデモスから直接サンクションが与えられうる場合、検察官や裁判官は、世論の多数派から非難を受けやすい選択を避けるようになるだろう。ステークホルダー・デモクラシーの理念を司法分野に適用するならば、地域の代表者が裁きを下すよりも、当事者中心の紛争解決を専門性の備わった第三者が支援する制度の方が、より理想的である。ここから、ステークホルダー司法（stakeholder justice）の立場を導き出すことができよう（see also Christie 1977; Brooks 2013）。

近代国家は、復讐その他の自力救済を禁じ、個人や社会に本来備わっている紛争解決能力の大部分を取り上げた。このため、処罰権力が国家に一元化され、犯罪は被害者に対する犯罪ではなく、国家に対する犯罪として扱われるようになった。その結果として、刑事司法の手続きは基本的に国家と犯罪者の二者関係となり、犯罪者の権利を保護するために国家の権力濫用を防止することが重視されてきた一方、被害者が占める地位はきわめて限定的なものに留まってきた。近代的な刑事司法手続きにおいて被害者が疎外されるのは、紛争解決能力を国家に一元化した結果であった。そこでは、加害者もまた受動的な立場であるにすぎないのであって、紛争解決に主体的にかかわることができる地位は与えられていない。つまり、従来の刑事司法手続きにおいては、当該紛争の当事者である被害者と加害者、その他のステークホルダーは、当該紛争解決についての主体的な関与を制約されているのである。犯罪被害者の地位向上は本来、国家から当該紛争のステークホルダー全体に紛争解決能力を部分的に取り戻そうとする文脈のなかに位置づけられるべきである。被害者に対する国家による「保護」を求めようとする発想においては、依然として国家が独占的な紛争解決主体でありつづけるため、被害者の地位向上という課題は、国家主導の刑事司法からステークホルダー主導の刑事司法への移行という文脈で達成されるべきものと認識される必要があろう。

犯罪損害賠償　ステークホルダー司法の確立に向けて刑事分野で問わねばならないのは、刑罰の目的と必要性である。犯罪行為を当事者間で解決する展望を与える枠組みとして、犯罪損害賠償論がある。この立場によれば、犯罪行為の多くは特定の被害者に対して損害を与えるものであり、必ずしも社会全体に共通する影響を及ぼすわけではないので（Barnett 1977）、一律に公共的性格を持つと捉えるべきではない。むしろ私人間で生じる犯罪行為は基本的に私的な性格を持つものであり、当事者間での解決が望まれる。[15] したがって正義を行なうとは、加害者を罰することではなく、被害者の原状回復（restoration）を要求することであるとされる（Barnett 1998: 185=2000: 221）。このように純粋損害賠償（pure restitution）を主張する立場においては、応報（社会的非難）の観念は存在しない。

だが、刑罰を損害賠償へ一元化することを求める立場は、犯罪行為による損害の原状回復・補償を加害者のみが負う義務と考える点で適切でない。実際には、犯罪は社会に対しても損害をもたらしている（森村 二〇〇〇：四三九—四四〇、橋本 二〇〇一：三八四）。どのような原因であれ、政治社会の構成員が被る権利侵害に対する予防・補償の措置は、統治権力に義務づけられる。逆に言えば、被害者が権利の回復を要求でき、加害者が回復への貢献を強制されるのは、その権利が当該の政治社会の構成員としての地位に付随して保障されているからである。犯罪被害者の損害を回復・補償し、基本的ケイパビリティを保障するための措置は政治社会の集合的義務であり、政府はこの義務を果たすにあたって必要な役割のどの部分をどこまで加害者に義務づけるかを決定できる。同時に、犯罪によって損なわれた秩序を回復し、再び同様の事態が生じることへの予防的措置を講じることも政治社会を保全するための義務であるから、政府は犯罪の抑止、犯罪への応報、加害者への再犯予防を目的として、一定の刑罰を設けることができる。

修復的司法と裁判外紛争解決　ステークホルダー司法の実現へ向けてより重要なのは、犯罪被害者と加害者の主体的対話を中心とする修復的司法（restorative justice）を従来型の応報的司法に並立させ、被害者をはじめとするステークホルダーによる選択を可能にすることである。従来の応報的司法においては刑罰が国と加害者との対決によって決定されたのに対して、修復的司法においては、犯罪は人びとの関係の侵害と把握され、被害者・加害者・地域コミュニティの主体的関与による関係の修復が目指される（Zehr 1990）。修復的司法は、犯罪による侵害の修復という観点から被害者と加害者を能動的な紛争解決の主体と見なし、双方の継続的な対話を地域コミュニティとの協働のもとで行ない、被害者の権利回復と加害者の更生を実現するための方法についての合意形成が図られる。

修復的司法に対しては、地域コミュニティにおける秩序回復が重視されるために、当事者間の合意が被害者に犠牲を強いるものとなる危険性が指摘されている。修復的司法を、加害者と被害者の「政治的和解（political reconciliation）」と捉え、民主的政治社会の等しい構成員間での紛争解決と位置づける枠組みがあるように（宿谷 二〇〇七）、和解のために必要なことは当事者自身の悔恨や赦しではないから、当事者同士が直接に対話することは必ずしも為されなくてもよい。被害者と加害者の対話を重視する修復的司法は、被害者に「赦し」を強いるのではないかと危惧されることがあるが、応報的司法と修復的司法を制度的に並立させることによって、被害者に対する「赦しの圧力」が強まることを回避できるだろう。

また、修復的司法に対しては、加害者の更生など被害者側にとってはどうでもよく、加害者と被害者を同列に扱うことは疑問である、といった批判が向けられている。しかしながら、刑事司法は本来的に社会全体の秩序維持を目的としているのであって、道徳的非難や応報、被害者感情の慰撫といった役割を担うものではない。もちろん、加害者と対話などしたくないし会いたくもないと考える被害者の意思は尊重されるべきであるから、応報的司法を完全に放棄することはできない。そのため、被害者をはじめとするステークホルダーによって選択可能なかたちで、応報的司法手続きと並行する修復的司法手続きの制度設計を行なっていく必要がある。

応報的司法手続きは公的機関の運営によるほかないが、修復的司法手続きは、法的枠組みのなかで公的機関の協力を得ながら、民間主導で運用していくべきである。ステークホルダー間の対話を仲介するメディエーションや、ステークホルダーのケアといった役割を担うのは、非政府主体の方が適している。もっとも、紛争解決能力を国家から社会へと部分的に取り戻していくことは重要であるが、単純に中間団体や地域社会の影響力を増すことで個人への恣意的介入を招くようなことがあってはならない。国家と社会、双方からの個人への影響力を適度に制限するためには、ステークホルダー中心の司法手続きの運営を、法的に権限と役割を明確化された専門的なメディエーション機関に委ねる必要がある。ステークホルダー司法の実現のためには、こうしたメディエーション機関やメディエーターの整備・養成が急務である。ステークホルダーを中心に据えた司法手続きの設計は、国家の役割を必要最低限に限定することを求める。そこでは基本的に、被害者や加害者は「保護」されるのではなく、紛争解決に「関与」していくのである。ただし、ステークホルダー自身の意思を尊重する本旨から、積極的な関与が強いられるようなことは避けなければならない。

加えて民事分野では、裁判外紛争解決（alternative dispute resolution: ADR）の積極的活用による当事者間の問題解決を促進・支援することを通じて、ステークホルダー司法の実現に近づくことができるだろう。[16] ADRの特徴としては、その経済性・簡便性・柔軟性もさることながら、法的裁定において終結する訴訟過程と異なり、当事者間の合意後に行なわれるサポートも含まれうることが重要である。ADRの利用可能性を高めることで、市民社会内部の権利侵害への介入を非国家的に行なう道が開かれる。

第3節　決定に続く政治

(1) 応答性実現の多回路——法的・社会的・経済的問責

応答の概念　繰り返すように、現代の政治的決定においては、その影響を被るゆえに当該決定の統御権原を認められるべきデモスを、予め確定することができない。したがって、民主的正統性を実現するための回路として、予め定まったデモスに基づく選挙によって確保されるような代表性ばかりを描く想定から脱する必要がある。正統性根拠となるべきデモスが不確定である現代のガバナンスには、重大な決定に先行する代表性から、当該決定の以後にも持続していくステークホルダーとの対話によって確保しうるような民主的な応答性へと、いくらか重心を移動することが求められる。[17] 合意は拘束するが、不確実な未来に生起する合意外の事項は自由に任せられるわけではない。公共権力は、合意のあともステークホルダーへの応答性を保たねばならないのである。不確定な範囲へと参加の権原を開くステークホルダー概念は、それゆえにこそ決定に至るまでに特定の範囲への定義＝限定を迫るという意味で、すぐれて政治的な性質を持つ。しかし、決定以前の代表性のみならず決定以後の応答性を焦点化するなら、ステークホルダー分析の過程で排除された潜在的・可能的なステークホルダーにも、民主的統御に携わる途を残すことができるだろう。

公共権力の行使に与る代表者は、自身が代表する構成母体（ステークホルダー）に対して応答性を保つことを求められる。構成母体は代表者に対して報告、説明、正当化を要求できる。これは通常、「説明責任」として意識されている規範的要請を内包している。[18] 応答性の要請は、いったん制度的な代表性を確保した代表者が構成母体の意思を離れて権力を行使することを防ぎ、公共権力の民主的統御を強化するために不可欠である。応答性が問題になるのは主に、拘束性（restrictiveness）、透明性（transparency）、答責性（accountability）の三つの次元である。

拘束性と透明性による応答機能　政治システムにおける拘束性は、たとえば業務上独立性が求められる行政機関の人事に対する立法府の同意権や職務に対する質問権など、統治機構内部の複数の機関による権力分立と相互の抑制均衡を通じて保たれる。これは、国家内機関（intra-state organizations）による「水平的アカウンタビリティ」のメカニズムと呼ばれることもある（O'Donnell 1994; 粕谷・高橋 二〇一五）。水平的アカウンタビリティとは、「他の主体による、違法と見なされる行動に対して、監視から法的制裁に至る行動をとる権限を正式に与えられた、国家機関の存在」と定義される（O'Donnell 1999: 38）。水平的アカウンタビリティを左右する根本的な制度の分岐としては、執政制度における大統領制（二元代表制）と議院内閣制の違いがあるものの、ステークホルダー・デモクラシーの観点から両者のどちらかをより高く評価することは難しいだろう。

執政制度の選択がどうあれ、水平的アカウンタビリティを担う重要な機関と見なせるのが司法府である。第3章第1節(2)で述べたように、立憲デモクラシーに理論的矛盾は見出せないのであり、司法府は民主的な政治過程を確保するために積極的な役割を果たすべきである。むしろ司法府の独立性を高め、権力分立的な政治システムを実現することは、多様な民意に基づく政治的対抗と熟議を活性化し、より民主的な政治過程を出現させるための条件となる。司法府が立法府やステークホルダー委員会よりも妥当な判断を為しうるとは限らないが、個々人の自律を保護する観点から決定に再考を迫ることは、民主政治に資する役割である。司法府の民主的正統性は、その活動を通じた統治権力の応答性確保に基づくべきであり、市民の司法参加によって高められる性質のものではないのである。ただし、一見して非民主的にも映る司法府の介入が民主政治に資するものとして社会的に受容されるためには、シティズンシップ教育を通じて政治文化的な基盤を形成する必要もあるだろう。

他方、政治システムにおける透明性は、たとえば権限や根拠法令の明確化、情報公開、会計監査などの諸制度によって、責任の所在を明らかにし、ガバナンスに予測可能性をもたらす（Hood 2010; Fox 2007）。情報を公開させることは、権力を監視・抑制し、不正を防いで適正な運用を促すためにきわめて重要である。情報の自由は民主的な社会にとっての基盤であり、市民の判断材料となる重要な情報が秘密のままにされる危険は避けなければならない。とりわけ公文書は、「国民が正確な情報に自由にアクセスし、それに基づき正確な判断を行」なうための「基本的インフラ」であり、「過去・歴史から教訓を学ぶとともに、未来に生きる国民に対する説明責任を果たすために必要不可欠な国民の貴重な共有財産である」（公文書管理の在り方等に関する有識者会議 二〇〇八：二）。外交・安全保障などにおいて何らかの機密保護が必要とされるとしても、一定の期間が経過したのちに市民がアクセスできる体制を整えることにより、将来にわたる透明性を確保しなければならない（久保・瀬畑 二〇一四）。また、それが「麗しい夢」と称される古典的な理想であろうとも、財政における会計責任の貫徹、すなわち厳密な財務報告と監査、一般市民への公開による透明性の徹底が、政府と市民の信頼関係を強固にして、市民による納税への抵抗を弱めるために役立つことは確かだと考えられる（Soll 2014: 164=2015: 270–271）。

答責性による応答機能

これら二つと区別される答責性は、ステークホルダーの意思への違背に対して、法的・社会的・経済的な回路を通じた何らかのサンクションが伴うことで実現される。すなわち法的には政府機関による規制・監督や司法解決などを通じて、社会的にはメディアや世論における道徳的・社会的評価というかたちで機能する評判メカニズムを通じて、経済的には市場を介した働きかけを通じて、答責性は担保されうる（Bovens 2007）。

立法府や執政府に対しては、選挙を通じたサンクションによって政治的問責を為す回路が存在する。業績評価投票（retrospective voting）など選挙を通じたサンクションにより答責性を実現する政治的回路は、法的回路の特殊形態と位置づけられる[19]。選挙を用いた答責性の実現は、選挙を用いた代表性の確保と直接に結びつくものであるが、選挙制度を具備しているのは、主権国家の枠組み内における中央および地方の各政府など、一部の公共権力に限られる。また、これら国家的な公共権力においても、（執政府を含む）行政府や司法府は多くの場合、有権者が選挙を通じて問責可能な機会や範囲はきわめて限られている。ただし、公的異議申し立てを為しうる政治的自由の広範な保障は、選挙を通じた代表選出後も市民がさまざまな回路を通じてフォーマルな政治過程への影響力を及ぼすことを許容しており、これは代表性を補完するとともに応答性を要求するものである（Schmitter and Karl 1991; see also Schumpeter 1975）。

第4章第1節で述べたようなグローバルな民主化に向けた三つの戦略の相互補完性は、このような応答性の多元的な実現回路において明確になる。マクドナルドに見られる市民社会の民主化戦略を採るとしても、非国家主体の透明性を確保し、法的答責性を担保する上では、政府機関による規制・監督が不可欠であり、ヘルド的な「政府の／による民主化」戦略に乗り入れることになる。また、官僚制化するＮＧＯの答責性を高めるためには、その外側の市民社会において形成される評判を柔らかな圧力として活用していくことができるだろう。これはグローバル・コンパクトにおいて企業に規範遵守を促す場合にも同様であり、市民社会内部の民主化をトランスナショナルな公共圏の内部作用として促進させる点で、第二・第三の戦略が混合されている。これら複合戦略が遂行されるところでは、マルチレベル・ガバナンスにおける重層的な政治単位はステークホルダー共同体のような政策争点ごとのデモイへと多元化されており、デモイが公共権力を統御する回路もまた、代表性と応答性のそれぞれの次元において多様でありうる。ガバナンスの民主的正統性は、このようなデモクラシーの多回路化によってこそ可能となるだろう。

(2) マルチレベル・ガバナンスにおけるデモイの競合と調停

デモイの競合と調停　しかしながら、複数の政治単位によって示された異なる民意が正統性を争う事態となれば、決定を為すべき主体の所在が問題として浮上する。これに対し本書は、異なるデモイの競合を、それ自体として民主化の促進に資するものと評価したい。ヘルドが提示したフィルター原則は、EUの組織構成・政府間関係上の基本原理とされた補完性の原理を内包している。可能な限り下位の政治単位による決定を優先し、上位の政治単位による介入を最低限にとどめようとする補完性原理には、多層的決定を重視するあまり統治の効率性を損なうとの(ヘルドへの批判と共通する)批判が寄せられることがある。だが、法的な権限を制度的に割り振る基準ではなく、具体的状況における政治的な指針であるとされる補完性原理の核心は、どの政治単位も絶対化することなく、複数の政治単位のあいだでの対話を迫る点にこそ存在する(Hueglin 1999; 遠藤 二〇〇三)[20]。したがって、速やかな決定に抵抗を設けることは、補完性原理の本来的な役割の一つである。現代の政治的決定が広範囲に不確実な影響を及ぼすとすれば、明確な管轄区分によってマルチレベル・ガバナンスの全体を法的に制度化(行政化)することは、むしろ民主的正統性の欠損を押し進めかねない。そうだとすれば、デモイの相互調停方法を法的に固定せず、「そのたびごとの調停」を可能とする政治的余地を残すことこそ、民主的統治に資するであろう。

補完性原理は特定の政治単位が絶対化することを防ぎ、権力体相互の抑制均衡を図る政治指針として、民主的な応答性の確保に重要な役割を持つ。そして、最も課題解決に適した主体が対処すべきであるというその理念的核心は、「能力に応じた責任」の分担を含意しており、理論的には政府間のみならず、民間主体内／間にも適用することができる。能力に応じた責任が社会一般に適用されるなら、個別的な政策争点ごとに公共的問題の解決に最適な単位・主体が割り当てられることで、市民社会内部の自律的な問題解決能力の向上につながる。社会内の政治的決定一般に国家機能の肥大化を招かないかたちで民主的正統性を調達するという、すぐれてリベラルなプロジェクトの実現可能性は、多回路それぞれでのステークホルダーによる民主的統治を促進することで、一層高まるであろう。

中央・地方関係　なお同一国内においても、中央と地方の対立というかたちでデモイの競合がありうる。補完性原理に基づき、地方政府と中央政府は対等な政府間関係を取り結ぶべきであり、両者のあいだで生じる紛争は、下位レベルの政治社会におけるデモスの意思と上位レベルの政治社会におけるデモスの意思との競合として、デモイ間の対立という性格を持つ。このとき、下位レベルの政治社会の構成員たる市民は上位レベルの政治社会の構成員でもあることから、対立は、同じ市民の異なる側面が衝突する性質と、異なる地域の市民が相互に衝突する性質とを同時に帯びる。デモクラシーにおいては、ナショナルな政治社会における公論形成・意思決定と、ローカルな政治社会における公論形成・意思決定とがそれぞれ適切に行なわれた上で、両者が親和的な結論に達すれば最も望ましいが、当然のことながら相互に対立的な結論が導かれる場合もある。その際に紛争解決をもたらすため、どのような原理に従ってどのような枠組みを整備するべきかが検討課題となる。

そもそも政治社会の垂直的な多層性は、自生的に生じるのではなく、公共権力の構成母体を分節化する単位についての規範的な問い直しが持続的に為されるなかで実現してきた、歴史的な成果である。ある主権国家内部における地域的な政治社会がその制度的存立を認められるのは、当該国家と結びついて定まる憲法秩序を根拠とするものであって、地域集団に固有の前国家的な権利に基づくわけではない。主権国家と異なるレベルでの地域的な政治社会の規範的な根拠はむしろ、現に行使される国家的な権力の存在を前提とした上で、その一般的影響を被る地域集団を構成母体の単位として切り出すことが適切であるとの道徳的判断に求められる。この根拠ゆえに、国家内部の各地域ないし特定地域の人びとに重大な影響を及ぼす政治的決定について、中央政府による一方的決定を可能とし地方独自の意思決定可能性を認めないような憲法秩序ないし法制度・政策に対しては、その是正が求められる。

憲法秩序によって統合された（重層的な）政治社会を前提とする立場からすれば、下位レベルの政治社会における民主的統治の規範的根拠を上位レベルから独立に、前国家的な性質を持つものとして捉えるべき理由は考えられない。下位の（ローカル／ナショナルな）政治社会がどのような範囲と権能において編成されるのかは、それ自体が上位の（ナショナル／フェデラルな）政治社会における意思決定と無関係には定まらないのであって、ローカルな政治社会は、ナショナルな憲法秩序に基づいて組織される下位政府を公共権力として成立する限り、前国家的な存在ではない。自治体の存立根拠（範囲）は憲法によって定まり、デモスもそれによって確定される。自治体の権力中枢は国家権力に由来する。だが、地方公共団体は単なる地方行政組織ではない。地方政府も中央政府も統治権を持つ同じ政府であり、統治権の及ぶ範囲の広狭に相違があるに過ぎない。中央政府における議会が有する立法権は、全国民を対象とする一般的な法規範の定立にあり、地方政府においては、特定の地域のみを対象とする法規範の定立が求められる。異なる役割の分担に応じて、国家内のマルチレベルの政府間において、立法権が分有されるのである（只野 二〇一二）。

主権者の意思の多元性を前提にすると、地方レベルの意思と国レベルの意思は同等の民主的正統性を持つ。異なる単位におけるデモスの意思間の対立可能性をどう処理するか、どれが主権者の意思なのかは難問であり、より小さな単位での立法が正しいという保証はない。(21) 憲法秩序における垂直的な権力分立の枠組みを「対話型立法権分有」と理解する大津浩によれば、中央と地方の政府間関係において、一般的には中央政府が定める法律の優越が認められるとしても、具体的な紛争についての司法判断のなかで地方政府が定める条例が部分的・暫定的に法律に抵

表5-4　ステークホルダー・デモクラシーのモデル

モデルの要約：ステークホルダー・デモクラシー
正当化の諸原理 政治社会は，自律的存在たる諸個人により，彼らの自律を共通に脅かしうる公共権力のもとで構成される。各人が自律を妨げられず多様な利害関心を最大限に追求しうるため，公共権力の行使は，個別の争点にかかわる決定ごとに，決定の被影響性に応じて認識されるステークホルダーの意思に従って統御されるべきである。
鍵となる諸特徴 ・公共権力とそのステークホルダーによる政治社会の多元的生起 ・政策分野・政策争点ごとのステークホルダー分析を通じたデモスの再編成 ・政策分野・政策争点ごとのステークホルダー共同体を通じた代表と参加 ・対等な政治主体としての自律のための基本権保障（ステークホールディング） ・企業および市民社会組織のMSPを通じた民主的統御 ・資産ベース福祉，当初分配，責任ある投資，政治的消費を通じた市場の変革 ・当事者間の損害賠償，交渉，和解を中心としたステークホルダー司法による紛争解決
一般的諸条件 ・科学技術と資本主義経済の高度発展に基づくグローバルな相互依存 ・ポスト福祉国家における制度化された個人主義，リスクの普遍化・個別化 ・政治の断片化（遍在化・脱領域化・周辺化），ポスト政治（反政治・過政治・脱政治） ・国家 - 市民社会の相互浸透，ネットワーク型ガバナンスを通じた統治能力の追求

触することも認められうる（大津 二〇一一）。このような立場に従えば、地方政府が独自に創出可能な制度・権限・事務は、法律による義務づけ・枠づけの限界を超えて格段に拡がることになる。また司法判断においては、憲法上の基本権をよりよく保障するための手段としての妥当性を問う観点から、地域的特質のある事例の場合は、たとえ当該法律の趣旨・目的・内容・効果の重要な部分で条例がこれに抵触するとしても、憲法に反しない抵触と解される余地がある（同）。実質的な対話のプロセス保障の観点から、下位レベルの政治社会における意思に対抗力が与えられ、その意思の方が妥当であることの立証に基づき、中央政府による立法の最高性は否定されうる。一部の地方政府が提起する強い切実な要求には、一時的であれ中央の議会における立法意思への対抗力が保障されなければならない。部分的・暫定的な立法権同士の抵触が続くなかで、国と地方との対話によってよりよい新たな法が形成されることを期待するところに、対話型立法権分有の意義が見出される[22]。

本章では、前章までの議論を踏まえてステークホルダー・デモクラシーのモデルを構築するとの目的から、ステークホルダーの代表性を確保する方策、ステークホルダーが合意形成や意思決定を為す過程、決定以後の応答性を確保する方策について論じた。これまでの検討をもとに、ステークホルダー・デモクラシーのモデルを要約したものが表5-4である。これを第1章で示した暫定的なモデル（表1-4）と比較することで、本書の主要な成果を確認できるであろう。

註

（1）無作為抽出に基づく統計的な代表性を重視する場合、世論調査もまた代表メカニズムの一種として再評価すべきかもしれない。くじ引きによって公職者を選出することが望ましいと考えるならば、大規模な世論調査を頻繁に実施し、その結果に基づいて政策決定を行なう統治の手続きも、より真剣な検討に値するのではないだろうか。

（2）決定に影響力を持つ小集団への参加は、合理的無知に陥ることを避ける上で有効である（Fishkin 2009: 11–12=2011: 28）。また、従来のように政策がパッケージ化されている場合、公式の政治過程において影響力を行使しうる機会は一回的な投票に限られがちであるが、諸個人が複数のステークホルダー共同体に属して多元的に政治的影響力を行使することができるようになれば、政治システムへの入力機会が多様化され、政治的有効性感覚は高まると期待される。

（3）諮問的なミニ・パブリックスでは、「熟議的代表」としての性格から、その外側の公衆による熟慮も促され、フォーマルな意思決定へと結びつくことを期待しなければならないが（内田 二〇一三）、ステークホルダー代表は機能的デモスに対してのみ責任を負い、その限りで決定権限を付与されるため、そのような期待は不要と考えられる。

（4）政党システムが多党制の場合、「複数の政党に対してポジティブな党派性をもつことが十分に考えられる」のであって（西澤 一九九八：一〇）、ある政党に対する肯定的態度は、必ずしも他の政党に対する否定的態度を意味するわけではない。したがって政党への（投票に限らない）支持は、複数政党間での相対的評価を示すものであり、有権者は政党についても複数の帰属意識を持つことがありうる。

（5）他の選挙制度を用いる場合でも、より適切に民意を反映するために望ましい投票ルールとして、有権者が候補者に選好順位を付けることができ、一位に三点、二位に二点、三位に一点といった配点を行なうボルダルールの採用が考えられる。ボルダルールは最も得点数が高い候補者を当選させるため、幅広い有権者から一定以上の支持を受けている候補者が選ばれることになり、一位だけを選ばせる標準的な多数決方式よりも有権者のコンセンサスに近いかたちで代表者を選出できる（坂井二〇一六：二章）。

（6）財政に対する立憲主義的・民主的な統御を確保する観点からすれば（吉田一九八八、石川二〇一八）、財源調達と財政管理が原則として地理的に区切られた政治社会（国家や自治体）を単位として行なわれる以上は、同じ単位を選出基盤とする議会が、課税、債務負担、予算、決算など財政にかかわる事項を審議し、監視・承認を行なう権限を当然に有するべきだと言えよう。

（7）仮に原発から放出された放射性物質が気流や海流に乗り、現地語しか話せない異国の住民に甚大な影響を及ぼした場合、彼らとのコミュニケーションに困難が伴うとしても、対話しなくてよいことにはならないであろう。

（8）ＥＵ理事会では加盟各国の人口を考慮した特別多数決の制度を設けている。他方、国連総会では加盟各国の人口とかかわりなく一国一票を定めているが、これは国家主権という特定の利害関係を考慮した重みづけの一種と解釈できる。

（9）また、各投票者にその被影響性を忠実に反映した重みをどのように与えるかだけでなく、重みづけによって投票結果を左右できる発言力を被影響性に比例した配分で実現可能であるかは、別の重要な論点である（Brighouse and Fleurbaey 2010: 145）。

（10）国際組織である海賊党インターナショナルの公式ホームページ（https://pp-international.net/about-ppi/ 二〇一九年五月五日最終閲覧）によれば、同組織は四三カ国にメンバーを有している。ただし、同組織に加盟していない団体も含めれば、海賊党を名乗る団体は世界で六〇カ国以上に存在すると見込まれる。

（11）ドイツ海賊党における液状デモクラシーの試みには、意思決定まで時間がかかりすぎる、液状フィードバックに参加している党員は半数にも満たない、外交や人権問題などグローバルなテーマには関心が集まりにくい、実際に議会で活動する議員は専門的な知識が不足している、などといった多くの批判も寄せられている。なお、一部の地方自治体が液状フィードバックを採用しているように、自由な政策提案をオンラインで討論・修正することで議会での議案提起に結びつける仕組みは、新しい住民発議としての性格に強みを見出せる可能性がある。

（12）情報技術を用いた「一般意志２・０」の出現可能性を提起する東浩紀は、議員やステークホルダーによる熟議の過程をインターネット上に公開し、観衆による自由なコメントがリアルタイムで熟議の参加者たちの目に触れるようにすることで、不定形な「みんなの均された望み」が政治的意思決定の大まかな方向性を統御しうると主張する（東二〇一一、また空井二〇一二も参照）。この立場が示すような、「当事者の専横は、非当事者の欲望によって自ずと限界づけられる」との期待は（東二〇一一：一六二）、ステークホルダーの合意形成に外部の観衆への応答性を備えさせることで、少数者による支配を防ごうとするものだと言える。

(13) 内閣府が二〇〇六年および二〇一二年に行なった世論調査では、最近一〇年間で治安は「悪くなったと思う」と答えた人の割合が、ともに八割を超えている（内閣府 二〇〇七、二〇一二）。この割合は二〇一七年の調査で六割へと低下しているが、依然として高いと言えよう（内閣府 二〇一七）。

(14) 北欧諸国など政府信頼が高い国では、こうしたリスクは防圧可能で、刑罰ポピュリズムは起こりにくいとされる（Lappi-Seppälä 2008; Pratt 2007: 161ff.）。

(15) ここから、犯罪の被害者および加害者についての実名による報道の必要性も否定される。犯罪にかかわる公論形成の条件として事件関係者の人格存在の開示を要請するような考え方の妥当性を否定しないとしても、仮名の使用を以て十分に代替が可能であり、実名の公表を要請・許容する理由にはならない。社会全体を震撼させるような例外的な事件の場合であっても、事情は同じである。

(16) 日本では、「紛争の当事者がその解決を図るのにふさわしい手続きを選択することを容易に」するため、民間事業者による和解の仲介業務について認証制度を設けるなどしたＡＤＲ法（裁判外紛争解決手続の利用の促進に関する法律）が二〇〇四年に成立した。

(17) 特に、選挙に基づく代表性に依拠しにくい国境横断的なガバナンスの正統化にあたっては、答責性が重視される傾向にある（Urbinati and Warren 2008: 404; 興津 二〇一四、二〇一六）。民主的な応答性を重視する近年の議論として、アンドリュー・クーパー、ロザンヴァロン、ジョン・キーンのものが注目される（Kuper 2004; ロザンヴァロン 二〇一七、Keane 2009）。

(18) 関連研究の詳細なレビューに基づく理論的整理によれば、決定およびその背景についての報告義務を課す answerability は、accountability 概念にとって不可欠の構成要素である（粕谷・高橋 二〇一五：二七―三〇）。

(19) 代表者の過去の実績への考慮に基づく投票行動を意味する業績評価投票は（遠藤 二〇〇九）、実際には、将来への期待可能性に基づく投票行動（prospective voting）との区別が困難である。有権者が政党・政治家の実績（または経歴）を重視する主な理由は、それが選挙後の政治活動に対する期待の確からしさを導くシグナルとして捉えられているからであろう。選挙は「審判」とも表現されるが、有権者にとって有意味な業績評価は絶えず期待の形成に動機づけられており、もっぱら回顧的観点から行なわれる純粋な懲罰投票の優先順位は低いと考えられる。たとえ政権の業績が悪くても、期待可能な代替的選択肢が存在しなければ、有権者は投票行動を変更することができない。二〇〇九年に日本の衆議院議員選挙で民主党が勝利し政権交代が実現した理由は、多くの有権者が与党に懲罰を与えようとしたことだけでなく、民主党を期待可能な投票先と考えるようになっていた点にも求めなければならない。

(20) 補完性は、ときに行政需要を満たせないとの理由による権限吸い上げの根拠ともなりうる（大津 二〇一一）。あくまで大きな方向性を示す原理である補完性からは、具体的な権限配分をどのように行なうべきかが直ちに導かれるわけではないため、運用によっては、より上位の政府権限を強化する帰結をもたらす可能性がないわけではない（野口 二〇一一）。

(21) たとえば当該地域における少数者の権利保護の観点からは、地域から一定の距離を有する上位レベルにおいて決定が下される方が望ましい帰結をもたらせるかもしれないから、近接性は必ずしも望ましい権力行使のあり方を帰結するわけではない。一般的に言えば、そのような距離の遠近を含んだ両者の意思の調停の場が設けられることによって、より望ましい結論への道が開かれうる。

(22) 大津は、熟議デモクラシーに基づく憲法理論を地方自治に適用することによって、以下のような視点を導き出している（大津 二〇一一：三〇）。すなわち第一に、「日常政治の最高決定権を与えられている国会の立法についても、その立法過程において国会議員のみならず多様な利害関係者が多様な過程で立法に参加することを通じて、より良い民主的な決定としての立法がなされるという視点（この意味では立法に関する国と地方の協議の場の制度化が重要である）」。次に、「現状において最良の民主的決定で作られたはずの国会の法律であっても、なおそれは暫定的な最高性と正当性しか認められないのであって、その執行過程でも多様な利害関係者がその妥当性を問いなおす道が保障されているべきであるという視点」。そして、「地域住民すべてを代表する議会による決定という意味で、国会の立法と同等に民主的正統性を強く有する条例については、それが国会の法律の趣旨・目的・内容・効果の点で部分的・暫定的な抵触・阻害をすることを通じて、かえって実質的な「対話」を国の立法意思との間で行いうるという視点」である。

結語　織り成されるヴィジョン

本書は、デモクラシーの新しいヴィジョンを示すべく書かれた。これまでの議論によって何が得られたのであろうか。各章の成果を要約しておこう。

第1章では、社会の個人化のために政治が断片化し、脱政治的な統治へとシフトしつつある現代のポスト政治状況において、非国家主体を含む多元的な公共権力を民主的に統御するには、公共権力の行使によって影響を被りうるステークホルダーを政治主体に据えるステークホルダー・デモクラシーが有望であるとの作業仮説を得た。ここから本書は、デモクラシー理論におけるモデル化研究のアプローチにしたがって、この作業仮説を多面的に検討し、より体系化・洗練化した規範的モデルの構築を目指して議論を進めた。

第2章では、モデルが前提とする主体像と、主体を把握するステークホルダー分析の具体的な手法、政策決定過程における分析の制度化可能性について検討することで、ステークホルダーを民主政治のアリーナへ導くために必要な認識枠組みが得られた。ステークホルダー・デモクラシーにおける主体は何らかの利害関心を持ちうる自律的な存在に限定されるが、意思決定時点で発言が不可能な存在の利害関心も、言説的代表などのかたちで、ある程度まで考慮することが可能である。実際の分析においては、権力・利害関心・関係性の各観点から調査を指導することと（ＰＩＣフレームワーク）により、意思決定過程に包摂すべきステークホルダーを、カテゴリ依存的でない方法で把握可能になる。ステークホルダー分析は政策影響評価として意思決定過程に組み込まれるべきであるが、分析が位置する特定の政治的文脈を明示すること（限定化モデル）、および、分析が依拠する専門知を公共圏における批判的討議にさらすこと（競合モデル）により、包摂されるステークホルダーの境界を絶えず異議申し立てに開いておかなければならない。

第3章では、ステークホルダーとしての地位に伴う持ち分を配るステークホールディングが含意する理念と、そこから導かれる制度体系を論じることにより、個別多様なステークホルダーが民主政治における自由かつ平等な主体として活動するための経済的・社会的基盤を明らかにできた。集合的自己決定としてのデモクラシーは個別の意思決定による被影響性に応じてデモスを構成するべきであり、それぞれ能力や立場の異なる諸個人に意思決定過程における対等な発言力の行使機会を保障するためには、憲法上の基本権をはじめとする自律追求の制度的な支援が必要とされる。個人化により戦後福祉国家のような集団主義的な連帯が困難になった現代では、ともに政治社会を運営する政治主体の持ち分として基礎的な資産形成を万人に保障する、普遍主義的な資産ベース福祉を中核とした複合的な制度体系を通じてステークホールディングを実現することが望ましい。

第4章では、マルチレベル・ガバナンスにおいて脱領域的に活動する多元的な統治主体の意思決定過程をステークホルダー間の合意に基づかせるマルチステークホルダー・プロセスを複数の手段により実現する可能性を論じることで、企業やNGOなどの非国家主体も行使しうる公共権力を、ステークホルダーが民主的に統御する回路を示すことができた。ガバナンスにおける統治能力と民主的正統性のジレンマを解消するために急務であるのは、市民社会セクターそのものの民主化であり、民間主体が担うべき公共的役割をステークホルダーとの対話を通じて明確化することは、実情に応じて公私を再定義する意義がある。特に企業は、その強大な経済権力を正統化するために、出資者や従業員に限られない多様なステークホルダーの利害関心に基づく意思決定を行なうべきであり、そうした企業統治構造は経営戦略上も妥当性を持ちうる。また、企業内部の意思決定過程に包摂されないステークホルダーであっても、市民社会内部の評判メカニズムや、市場における責任ある投資／消費などを通じて、企業権力を民主的に統御するための有力な手段を持つことができる。

第5章では、これらの検討の成果を踏まえ、ステークホルダーの代表性・主体性・応答性を確保しながら合意形成を為すための過程を論じることによって、ステークホルダー・デモクラシーのモデルを体系的に示すことができた。多元的な公共権力は機能的・脱領域的デモスとしてのステークホルダー共同体を代表し、その活動を通じて、この構成母体に応答的でありつづけなければならないが、同時に主権国家秩序に沿った法的・領域的デモスを代表する統治機構が果たすべきメタ・ガバナンスの役割も改めて明確化される。異なる文脈に応じて複数のデモスに帰属することで、諸個人が多元的な集合的意思決定の機会に参加できるようになることは、ポスト政治期において減衰しつづける政治的有効性感覚を再び取り戻させるのみならず、断片化した個々別々の政治と私たちが向き合っていくための新たな様式を指し示すであろう。

以上のように、多くの面でステークホルダー・デモクラシーのモデルを洗練化して描き出した本書であるが、一方で限界も有している。本書は規範的政治理論におけるデモクラシーのモデル化研究に則って議論を進めたため、モデルが要請され作動する一般的な諸条件については論及したものの、実際にモデルを適用する場合の実現可能性や、適用により解決を期待できる具体的な問題の事例、他のモデルと比較して妥当性を明示しうる実証的根拠などについて、十分に掘り下げられたわけではない。ステークホルダー分析の認識枠組みや制度的配置については具体的実践のなかで適宜修正を加えていくことが必要であろうし、多元的な政治社会においてステークホールディングやＭＳＰを制度化し、実効的に機能させていくためには、より経験的研究に立ち入りながら個別の事例を採り上げ、モデルの検証と更なる洗練を図っていかねばならないだろう。いずれも、本書の延長上で今後に取り組むべき重要な課題である。

あるいは、本書は異なる分野や文脈における雑多な議論を寄せ集めたパッチワーク的な立論にすぎず、質の低い研究にとどまっている、との批判も寄せられるかもしれない。研究水準の評価は読者に委ねるほかないが、「パッチワーク的」な研究であること自体を悪しざまに言うべき理由がない点だけは、確認しておきたい。現にパッチワークの手法に基づく製品を多くの人が好んで利用しているように、一貫した目的と適切な手順に基づけば、パッチワーク的な研究もまた価値ある業績を生み出せるはずである。本書は、パッチワーク的な研究であることを喜んで自認する。したがって本書の読者には、それは、パッチワーク的であるか否かではなく、良いパッチワークであるか否かとという尺度を用いた評価を求めたい。それは、高みから見下ろすアナロジーに基づくような棟梁性や全体性によって政治理論を特徴づけることから脱却し、さまざまに異なるものを織り、編むことを通じて結びつけていくような、新たな政治理論のあるべき姿を焦点化するためにも有益ではないだろうか。

ステークホルダー・デモクラシーの大きな意義は、政治システム外に広がる小政治群の民主的統御可能性を射程に収めている点にある。ポスト政治状況において多元的な統治権力がますます強大化していくなかで、その視座は重要性を増すばかりであろう。本書が織り成しえたモデルは、今後さらに発展させていくことが求められる。それは同時に、ポスト政治の政治理論を追究する道のりでもある。ここに新たな政治のヴィジョンを見出せることを確認して、本書を締めくくることにしたい。

あとがき

他者や世界のことなどどうでもよい。できることなら、愛する誰か・何かのためにだけ生き、死にたい。このような「エゴイズム（Egoismus）」の立場に由来して書かれたデモクラシー論が本書である。エゴイストは、実のところデモクラシーの理念を支持しない。しかし同時に、デモクラシーによって政治社会を枠づけることに比類なき利用価値を見出す。デモクラシーの有用性を最大限に引き出すための理路を追究する本書の試みは、エゴイストを自認しない読者の思考と実践のためにも役立つはずである。

本書は、二〇一六年九月に法政大学大学院政治学研究科に提出し、二〇一七年三月に博士号を授与された学位申請論文に加筆修正を施したものである。審査の労を取って頂いた犬塚元先生、細井保先生をはじめ、事あるごとにご指導・ご助力を頂いた政治学専攻の先生方に心より御礼を申し上げたい。出版にあたっては、第五回法政大学出版局学術図書刊行助成を受けることができた。同社および編集を担当して頂いた奥田のぞみ氏に深く感謝申し上げる。また、校正の段階で貴重なご助言をくださった岡﨑晴輝先生にも深謝申し上げる。

執筆にあたっては既発表論文の着想と内容を大いに活かしたが、議論の再構成と加筆修正を重ねたため、いずれも原形はとどめていない。主なものを挙げれば、「権力と自由——「自然の暴力」についての政治学」（法政大学大学院『大学院紀要』第六七号、二〇一一年）、「政治／理論——政治的なものについて語ること」（法政大学大学院政治学専攻委員会『政治をめぐって』第三一号、二〇一二年）、「理性・情念・利害――政治の賭け金について」（法政大学大学院『大学院紀要』第六九号、二〇一二年）、「関係と制度――規範の存立において特別の地位を占めうる事実についての政治理論的探究」（法政大学大学院『大学院紀要』第七二号、二〇一四年）、「マルチレベル・ガバナンスにおける民主的正統性と公私再定義――ステークホルダー・デモクラシーのグローバルな実現へ向けて」（東京大学社会科学研究所『社会科学研究』第六五巻第二号、二〇一四年）、「辟易するエゴイスト――政治理論における利己主義の射程」（法政大学大学院政治学専攻委員会『政治をめぐって』第三四号、二〇一五年）、「ステークホールディング論の史的展開と批判的再構成――普遍主義的な資産ベース福祉によるシティズンシップ保障の構想」（政治思想学会『政治思想研究』第一五号、二〇一五年）、「影響を受ける者が決定せよ――ステークホルダー・デモクラシーの規範的正当化」（日本政治学会『年報政治学』二〇一六年第II号、二〇一六年）などである。

私がステークホルダーという言葉を明確に認識し、ステークホルダーによるデモクラシーというアイデアに魅力を覚えたのは、一橋大学社会学部に在学中の二〇〇四年頃であった。二〇〇六年に提出した卒業論文は「利害関係者による討議と決定」、二〇〇八年に提出した修士論文は「利害関係理論の基礎――利害関係概念の再構成と利害関係の機能についての理論的考察」と題している。この点からも明らかなように、修士課程までを過ごした一橋大学は、私と本書の土台が形成された場である。そこで出会った数少ない友人は社会生活への係留点となってくれたし、多くの先輩は研究を志す上で絶えず参照点にさせてもらった。とりわけお世話になった先輩として、鵜飼健史さんに御礼申し上げる。修士課程を修了して数年が経った後も、大学院ゼミへの出席をお許し頂き、度々ご助言・ご助力をくださった田中拓道先生には、感謝の念が堪えない。田中ゼミを通じては、母校のさまざまな後輩と出会う機会も得られ、大いに刺激となった。

博士後期課程を過ごした法政大学政治学専攻では、多彩な先輩・同輩・後輩との対話や共同作業を重ねる経験を通じ、研究者として鍛えられたように思う。最もお世話になった先輩として、濱野靖一郎さんに御礼申し上げる。

また、二〇一四年から五年間リサーチ・アシスタントなどを務めた法政大学サステイナビリティ研究所では、故・船橋晴俊先生、長谷部俊治先生をはじめとする多くの方々にお世話になった。記して感謝申し上げたい。院生生活を終えた後、二〇一七年度秋学期に担当した法政大学法学部専門科目「政治体制論II」では、本書の議論の一部を展開して意見を求めた。多くの鋭い批判を寄せてくれた受講生にも感謝を伝えたい。

他にも数えきれない個人や団体の手助けを得てきたが、ここでは特に、読書会・研究会・学会やインターネットを介して学びと対話の機会を与えてくれたすべての人びとへの感謝を述べておきたい。

私のような者が学術書を世に送り出せたのは、加藤哲郎と杉田敦という二人の恩師の存在によるところが大きい。学部ゼミ以来の遍歴を見守りつづけて頂いている加藤先生、博士後期課程進学以来ご指導を仰いでいる杉田先生は、お二人とも私にとって「この人でしかありえなかった」先生である。本書を一つの区切りとして両先生のお手元に届けられることは、何よりの喜びである。

本書は、私にとって思いがけず延び延びとなった「長い二〇代」における試行錯誤の産物でもある。暗中模索の歩みを物心両面で支えてくれた家族には感謝の言葉もない。これまでに夢見たいくつかの未来に、本書を捧げる。

二〇一九年八月

松尾隆佑

著者紹介

松尾隆佑（まつお・りゅうすけ）

一橋大学社会学部卒業，法政大学大学院政治学研究科博士後期課程修了。博士（政治学）。現在，法政大学兼任講師。専門は，政治学，政治理論。主な論文に「エゴイズムの思想的定位――シュティルナー像の再検討」『情況』（2010 年），「原発事故避難者と二重の住民登録――ステークホルダー・シティズンシップに基づく擁護」『政治思想研究』（2018 年）がある。

ポスト政治の政治理論
ステークホルダー・デモクラシーを編む

2019 年 9 月 1 日　初版第 1 刷発行

著　者　松尾隆祐
発行所　一般財団法人 法政大学出版局
〒102-0071 東京都千代田区富士見 2-17-1
電話 03（5214）5540 振替 00160-6-95814
印刷：平文社　製本：誠製本
装幀：奥定泰之

Printed in Japan

ISBN978-4-588-62541-1

人名索引

ま　行

や　行

ら　行

事項索引

あ 行

か 行

さ　行

た　行

な　行

文献一覧

Aaltonen, Kirsi［2011］"Project Stakeholder Analysis as an Environmental Interpretation Process." *International Journal of Project Management*, 29(2): 165–183.

Abizadeh, Arash［2012］"On the Demos and Its Kin: Nationalism, Democracy, and the Boundary Problem." *American Political Science Review*, 106(4): 867–882.

Ackerman, Bruce［2007］"Inherit the Windfall." *The Guardian*, Oct 11, 2007, <http://www.guardian.co.uk/commentisfree/2007/oct/11/inheritthewindfall>.

Ackerman, B. and Alstott, A.［1999］*The Stakeholder Society*. Yale University Press.

Ackerman, B. and Alstott, A.［2006］"Why Stakeholding?" In Wright (eds.)［2006: ch. 2］.

Ackerman, B. and Fishkin, J. S.［2004=2015］*Deliberation Day*. Yale University Press. 川岸令和ほか訳『熟議の日——普通の市民が主権者になるために』早稲田大学出版部。

Adler, Peter［2014］*A User's Guide to Effective "Joint Fact Finding"*. The *ACCORD3.0* Network.

Almond, G. A. and Verba, S.［1989(1963)=1974］*The Civic Culture: Political Attitudes and Democracy in Five Nations*. Sage. 石川一雄訳『現代市民の政治文化——五ヵ国における政治的態度と民主主義』勁草書房。

Alvaredo, F., Chancel, L., Piketty, Th., Saez, E., and Zucman, G. (eds.)［2018=2018］*World Inequality Report 2018*. World Inequality Lab. 徳永優子・西村美由起訳『世界不平等レポート 2018』みすず書房。

Anderson, Elizabeth［1999=2018］"What is the Point of Equality?" *Ethics*, 109(2): 287–337. 森悠一郎訳「平等の要点とは何か」広瀬巌編・監訳『平等主義基本論文集』勁草書房，3 章。

Anderson, Elizabeth［2017］*Private Government: How Employers Rule Our Lives (and Why We Don't Talk about It)*. Princeton University Press.

Archibugi, Daniele［2008=2010］*The Global Commonwealth of Citizens: Toward Cosmopolitan Democracy*. Princeton University Press. 中谷義和ほか訳『グローバル化時代の市民像——コスモポリタン民主政へ向けて』法律文化社。

Archibugi, D., Koenig-Archibugi, M., and Marchetti, R. (eds.)［2012］*Global Democracy: Normative and Empirical Perspectives*. Cambridge University Press.

Arendt, Hannah［1958=1994(1973)］*The Human Condition*. University of Chicago Press. 志水速雄訳『人間の条件』筑摩書房。

Atkinson, Anthony B.［1996］"A Case for a Participation Income." *Political Quarterly*, 67(1): 67–70.

Atkinson, Anthony B.［2015=2015］*Inequality: What Can Be Done?* Harvard University Press. 山形浩生・森本正史訳『21 世紀の不平等』東洋経済新報社。

Barber, Benjamin R.［2007=2015］*Consumed: How Markets Corrupt Children, Infantilize Adults, and Swallow Citizens Whole*. W. W. Norton & Company. 竹井隆人訳『消費が社会を滅ぼす ?! ——幼稚化する人びとと市民の運命』吉田書店。

Barnett, Anthony［1997］"Towards a Stakeholder Democracy." In Kelly et al. (eds.)［1997: ch. 9］.

Barnett, M. L. and Pollock, T. G. (eds.) [2014] *The Oxford Handbook of Corporate Reputation*. Oxford University Press.

Barnett, Randy E. [1977] "Restitution: A New Paradigm of Criminal Justice." *Ethics*, 87(4): 279–301.

Barnett, Randy E. [1998=2000] *The Structure of Liberty*. Clarendon Press. 嶋津格・森村進監訳『自由の構造——正義・法の支配』木鐸社。

Barney, J. B. and Harrison, J. S. [2018] "Stakeholder Theory at the Crossroads." *Business & Society*, published online: Sep 7, 2018, <https://doi.org/10.1177/0007650318796792>.

Barry, Brian [1989] *Democracy, Power and Justice: Essays in Political Theory*. Oxford University Press.

Barry, A., Osborne, T., and Rose, N. (eds.) [1996] *Foucault and Political Reason: Liberalism, Neo-Liberalism and Rationalities of Government*. University of Chicago Press.

Bartelson, Jens [2001=2006] *The Critique of the State*. Cambridge University Press. 小田川大典ほか訳『国家論のクリティーク』岩波書店。

Bauböck, Rainer [2005] "Expansive Citizenship: Voting beyond Territory and Membership." *PS: Political Science and Politics*, 38(4): 683–687.

Bauböck, Rainer [2007] "Stakeholder Citizenship and Transnational Political Participation: A Normative Evaluation of External Voting." *Fordham Law Review*, 75(5): 2393–2448.

Beck, Ulrich [1986=1998] *Risikogesellschaft auf dem Weg in eine andere Moderne*. Suhrkamp Verlag. 東廉・伊藤美登里訳『危険社会——新しい近代への道』法政大学出版局。

Beck, Ulrich [1993=1997] *The Reinvention of Politics: Rethinking Modernity in the Global Social Order*. Translated by Mark Ritter. Polity.

Beck, Ulrich [1999=2014] *World Risk Society*. Polity. 山本啓訳『世界リスク社会』法政大学出版局。

Beck, Ulrich [2000] "Living Your Own Life in a Runaway World: Individualisation, Globalisation and Politics." In A. Giddens and W. Hutton (eds.) *Global Capitalism*. The New Press.

Beck, U. and Beck-Gernsheim, E. [2001] *Individualization: Institutionalized Individualism and Its Social and Political Consequences*. Sage.

Bell, Daniel [1988(1960)=1969] *The End of Ideology: On the Exhaustion of Political Ideas in the Fifties*. Harvard University Press. 岡田直之訳『イデオロギーの終焉—— 1950 年代における政治思想の涸渇について』東京創元新社。

Benhabib, Seyla [1994] "Deliberative Rationality and Models of Democratic Legitimacy." *Constellations*, 1: 26–52.

Benhabib, Seyla [2004=2006] *The Rights of Others: Aliens, Residents, and Citizens*. Cambridge University Press. 向山恭一訳『他者の権利——外国人・居留民・市民』法政大学出版局。

Berle Jr., Adolf A. [1959=1960] *Power without Property*. Harcourt, Brace and Comany. 加藤寛ほか訳『財産なき支配——アメリカ経済の新しい発展』論争社。

Berle Jr., A. A. and Means, G. C. [1968(1932)=2014] *The Modern Corporation and Private Property*. Revised ed., Harcourt. 森杲訳『現代株式会社と私有財産』北海道大学出版会。

Besson, Samantha [2006] "Deliberative Demoi-cracy in the European Union: Towards the Deterritorialization of Democracy." In S. Besson and J. L. Martí (eds.) *Deliberative Democracy and Its Discontents*. Ashgate, ch. 9.

Biesta, Gert [2011=2014] *Learning Democracy in School and Society: Education, Lifelong Learning, and the Politics of Citizenship*. Sense Pub. 上野正道ほか訳『民主主義を学習する——教育・生涯学習・シティズンシップ』勁草書房。

Blair, Tony [1996] *New Britain: My Vision of a Young Country*. Fourth Estate.

Blount, Justin [2016] "Creating a Stakeholder Democracy under Existing Corporate Law." *University of Pennsylvania Journal of Business Law*, 18: 365–417.

Blum, C. and Zuber, C. I. [2016] "Liquid Democracy: Potentials, Problems, and Perspectives." *Journal of Political Philosophy*, 24(2): 162–182.

Bohman, James [1996] *Public Deliberation: Pluralism, Complexity and Democracy*. The MIT Press.

Bohman, James [2007] *Democracy across Borders: From Dêmos to Dêmoi*. The MIT Press.

Bohman, James [2012] "Representation in the Deliberative System." In J. Parkinson and J. Mansbridge (eds.) *Deliberative Systems: Deliberative Democracy at the Large Scale*. Cambridge University Press, ch. 4.

Bollen, K. A. and Jackman, R. W. [1989] "Democracy, Stability, and Dichotomies." *American Sociological Review*, 54(4): 612–621.

Bonoli, Giuliano [2006] "New Social Risk and the Politics of Post-Industrial Social Policies." In K. Armingeon and G. Bonoli (eds.) *The Politics of Post-Industrial Welfare States: Adapting Post-War Social Policies to New Social Risks*. Routledge, ch. 1.

Borjas, George J. [2016=2018] *We Wanted Workers: Unraveling the Immigration Narrative*. W. W. Norton. 岩本正明訳『移民の政治経済学』白水社。

Bortolotti, Lisa [2014] *Irrationality*. Polity.

Bovens, Mark [2007] "Analysing and Assessing Accountability: A Conceptual Framework." *European Law Journal*, 13(4): 447–468.

Brighouse, H. and Fleurbary, M. [2010] "Democracy and Proportionality." *Journal of Political Philosophy*, 18(2): 137–155.

Brooks, Thom [2013] "Stakeholder Sentencing." In J. Ryberg and J. V. Roberts (eds.) *Popular Punishment on the Normative Significance of Public Opinion*. Oxford University Press, ch. 9.

Brown, Wendy [2015=2017] *Undoing the Demos: Neoliberalism's Stealth Revolution*. Zone Books. 中井亜佐子訳『いかにして民主主義は失われていくのか——新自由主義の見えざる攻撃』みすず書房。

Brubaker, Rogers [1992=2005] *Citizenship and Nationhood in France and Germany*. Harvard University Press. 佐藤成基・佐々木てる監訳『フランスとドイツの国籍とネーション——国籍形成の比較歴史社会学』明石書店。

Brugha, R. and Varvasovszky, Z. [2000] "Stakeholder Analysis: A Review." *Health Policy and Planning*, 15(3): 239–246.

Bryson, John M. [2004] "What to Do When Stakeholders Matter: Stakeholder Identification and Analysis Techniques." *Public Management Review*, 6(1): 21–53.

Burchell, G., Gordon, C., and Miller, P. (eds.) [1991] *The Foucault Effect: Studies in Govenmentality*. Harvester.

Bäckstrand, Karin [2006a] "Multi-Stakeholder Partnerships for Sustainable Development: Rethinking

Legitimacy, Accountability and Effectiveness," *European Environment*, 16(5): 290–306.

Bäckstrand, Karin [2006b] "Democratizing Global Environmental Governance? Stakeholder Democracy after the World Summit on Sustainable Development." *European Journal of International Relations*, 12(4): 467–498.

Bäckstrand, K. and Kuyper, J. W. [2017] "The Democratic Legitimacy of Orchestration: The UNFCCC, Non-State Actors, and Transnational Climate Governance." *Environmental Politics*, 26(4): 764–788.

Bäckstrand, K., Kuyper, J. W., Linnér, B.-O., and Lövbrand, E. [2017] "Non-State Actors in Global Climate Governance: From Copenhagen to Paris and Beyond." *Environmental Politics*, 26(4): 561–579.

Büthe, T. and Mattli, W. [2011=2013] *The New Global Rulers: The Privatization of Regulation in the World Economy*. Princeton University Press. 小形健介訳『国際ルールの形成メカニズム――IASB/ISO/IEC』中央経済社。

Caney, Simon [2005] *Justice beyond Borders: A Global Political Theory*. Oxford University Press.

Carens, Joseph [1987] "Aliens and Citizens: The Case for Open Borders." *The Review of Politics*, 49(2): 251–273.

Cavallero, Eric [2009] "Federative Global Democracy." *Metaphilosophy*, 40(1): 42–64.

Cenek, M., and Částek, O. [2015] "A Survey of Stakeholder Visualization Approaches." *Central European Journal of Management*, 2(1/2): 5–23.

Cheffins, Brian R. [2013] "The History of Corporate Governance." In M. Wright et al. (eds.) *The Oxford Handbook of Corporate Governance*. Oxford University Press, ch. 3.

Christiano, Thomas [1996] *The Rule of the Many: Fundamental Issues in Democratic Theory*. Westview Press.

Christie, Nils [1977=2003] "Conflicts as Property." *British Journal of Criminology*, 17(1): 1–15. 平松毅・寺澤比奈子訳「社会の共有財産としての紛争」『法と政治』54巻4号，59–79頁。

Ciepley, David [2013] "Beyond Public and Private: Toward a Political Theory of the Corporation." *American Political Science Review*, 107(1): 139–158.

Coen, D., Grant, W., and Wilson, G. (eds.) [2010] *The Oxford Handbook of Business and Government*. Oxford University Press.

Cohen, Joshua [2009] *Philosophy, Politics, Democracy: Selected Essays*. Harvard University Press.

Copeland, Lauren [2014] "Conceptualizing Political Consumerism." *Political Studies*, 62(s1): 172–186.

Cornell, Drucilla [1995=2006] *The Imaginary Domain: Abortion, Pornography & Sexual Harassment*. Routledge. 仲正昌樹監訳『イマジナリーな領域――中絶，ポルノグラフィ，セクシュアル・ハラスメント』御茶の水書房。

Crane, A., Driver, C., Kaler, J., Parker, M., and Parkinson, J. [2005] "Stakeholder Democracy: Towards a Multi-Disciplinary View." *Business Ethics: A European Review*, 14(1): 67–75.

Crick, Bernard R. [2005(1962)=1969] *In Defence of Politics*. 5th ed., Continuum. 前田康博訳『政治の弁証』岩波書店。

Crick, Bernard [2000=2011] *Essays on Citizenship*. Continuum. 関口正司監訳『シティズンシップ

教育論——政治哲学と市民』法政大学出版局。

Crosby, Benjamin L. [1991] "Stakeholder Analysis: A Vital Tool for Strategic Managers." A Publication of USAID's Implementing Policy Change Project, No. 2.

Crouch, Colin [2004=2007] *Post-Democracy*. Polity. 近藤隆文訳『ポスト・デモクラシー——格差拡大の政策を生む政治構造』山口二郎監修，青灯社。

Crouch, Colin [2011] *The Strange Non-Death of Neoliberalism*. Polity.

Crozier, M., Huntington, S. P., and Watanuki, J. [1975=1976] *The Crisis of Democracy: Report on the Governability of Democracies to the Trilateral Commission*. New York University Press. 綿貫譲治監訳『民主主義の統治能力——その危機の検討』サイマル出版会。

Currie, R. R., Seaton, S., and Wesley, F. [2009] "Determining Stakeholders for Feasibility Analysis." *Annals of Tourism Research*, 36(1): 41–63.

Dahl, Robert A. [1956=1970] *A Preface to Democracy Theory*. University of Chicago Press. 内山秀夫訳『民主主義理論の基礎』未來社。

Dahl, Robert A. [1957] "The Concept of Power." *Behavioral Science*, 2(3): 202–203.

Dahl, Robert A. [1959] "Business and Politics: A Critical Appraisal of Political Science." *American Political Science Review*, 53(1): 1–34.

Dahl, Robert A. [1990(1970)] *After the Revolution?* Revised ed., Yale University Press.

Dahl, Robert A. [1971=2014(1981)] *Polyarchy*. Yale University Press. 高畠通敏・前田脩訳『ポリアーキー』岩波書店。

Dahl, Robert A. [1985=1988] *A Preface to Economic Democracy*. University of California Press. 内山秀夫訳『経済デモクラシー序説』三嶺書房。

Dahl, Robert A. [1989] *Democracy and Its Critics*. Yale University Press.

Dahl, Robert A. [1994] "A Democratic Dilemma: System Effectiveness versus Citizen Participation." *Political Science Quarterly*, 109(1): 23–34.

Dahl, Robert A. [1998=2001] *On Democracy*. Yale University Press. 中村孝文訳『デモクラシーとは何か』岩波書店。

Dahl, Robert A. [1999] "Can International Organizations be Democratic? A Skeptic's View." In I. Shapiro and C. Hacker-Cordón (eds.) *Democracy's Edges*. Cambridge University Press, ch. 2.

Dahl, Robert A. [2001] "A Right to Workplace Democracy? Response to Robert Mayer." *The Review of Politics*, 63(2): 249–253.

Dahl, Robert A. [2005] "Is International Democracy Possible? A Critical View." In Sergio Fabbrini (ed.) *Democracy and Federalism in the European Union and the United States: Exploring Post-National Governance*. Routledge, ch. 13.

Dany, Charlotte [2012] *Global Governance and NGO Participation: Shaping the Information Society in the United Nations*. Routledge.

Daring, Alistair [1997] "A Political Perspective." In Kelly et al. (eds.) [1997: ch. 2].

Dawson, R. E., Prewitt, K., and Dawson, K. S. [1977(1969)=1989] *Political Socialization: An Analytic Study*. 2nd ed., Little, Brown. 加藤秀治郎ほか訳『政治的社会化——市民形成と政治教育』芦書房。

Delanty, Gerard [2000=2004] *Citizenship in a Global Age: Society, Culture, Politics*. Open University Press. 佐藤康行訳『グローバル時代のシティズンシップ――新しい社会理論の地平』日本経済評論社。

deLeon, Peter [1990] "Participatory Policy Analysis: Prescriptions and Precautions." *Asian Journal of Public Administration*, 12: 29–54.

deLeon, Peter [1997] *Democracy and the Policy Sciences*. State University of New York Press.

Demeny, Paul [1986] "Pronatalist Polices in Low-Fertility Countries: Patterns, Performance, and Prospects." *Population and Development Review*, 12(s): 335–358.

DeNardis, Laura [2014=2015] *The Global War for Internet Governance*. Yale University Press. 岡部晋太郎訳『インターネットガバナンス――世界を決める見えざる戦い』河出書房新社。

Dewey, John [1954(1927)=2014(1969)] *The Public and Its Problems*. Swallow Press. 阿部齊訳『公衆とその諸問題――現代政治の基礎』筑摩書房。

Diamond, Larry [2015] "Facing Up to the Democratic Recession." *Journal of Democracy*, 26(1): 141–155.

Dobson, Andrew [2003=2006] *Citizenship and the Environment*. Oxford University Press. 福士正博・桑田学訳『シチズンシップと環境』日本経済評論社。

Domini, Amy L. [2001=2002] *Socially Responsible Investing: Making a Difference and Making Money*. Dearborn Trade. 山本利明訳『社会的責任投資――投資の仕方で社会を変える』木鐸社。

Donaldson, S. and Kymlicka, W. [2011=2016] *Zoopolis: A Political Theory of Animal Rights*. Oxford University Press. 青木人志・成廣孝監訳『人と動物の政治共同体――「動物の権利」の政治理論』尚学社。

Dowding, K., Wispelaere, J. D., and White, S. (eds.) [2004] *The Ethics of Stakeholding*. Palgrave Macmillan.

Doyal, L. and Gough, I. [1991=2014] *A Theory of Human Need*. Macmillan. 馬嶋裕・山森亮監訳『必要の理論』勁草書房。

Drucker, Peter F. [1993(1950)=1957] *The New Society: The Anatomy of the Industrial Order*. Transaction Publishers. 現代経営研究会訳『新しい社会と新しい経営』ダイヤモンド社。

Drucker, Peter F. [1996(1976)=1996] *The Pension Fund Revolution*. Transaction Publishers. 上田惇生訳『見えざる革命――年金が経済を支配する』ダイヤモンド社。

Dryzek, John S. [2000] *Deliberative Democracy and Beyond: Liberals, Critics, Contestations*. Oxford University Press.

Dryzek, John S. [2006] *Deliberative Global Politics: Discourse and Democracy in a Divided World*. Polity.

Dryzek, John S. [2009] "Democratization as Deliberative Capacity Building." *Comparative Political Studies*, 42(11): 1379–1402.

Dryzek, John S. [2010] *Foundations and Frontiers of Deliberative Governance*. Oxford University Press.

Dryzek, John S. [2017] "The Meanings of Life for Non-State Actors in Climate Politics." *Environmental Politics*, 26(4): 789–799.

Durning, Dan [1993] "Participatory Policy Analysis in a Social Service Agency." *Journal of Policy Analysis and Management*, 12: 297–322.

Dworkin, Ronald［1977=2003］*Taking Rights Seriously*. Harvard University Press. 木下毅ほか訳『権利論』増補版，木鐸社。

Easton, David［1971(1953)=1976］*The Political System: An Inquiry into the State of Political Science*. 2nd ed., Alfred A. Knopf. 山川雄巳訳『政治体系——政治学の状態への探求』ぺりかん社。

Easton, David［1965=1968］*A Framework for Political Analysis*. Prentice-Hall. 岡村忠夫訳『政治分析の基礎』みすず書房。

Eckersley, Robyn［2004=2010］*The Green State: Rethinking Democracy and Sovereignty*. The MIT Press. 松野弘監訳『緑の国家——民主主義と主権の再考』岩波書店。

Eden, C. and Ackermann, F.［1998］*Making Strategy: The Journey of Strategic Management*. Sage.

Eisenberg, Avigail［2015］"Voting Rights for Non-citizens: Treasure or Fool's Gold?" *Journal of International Migration and Integration*, 16(1): 133–151.

Elster, Jon［1999=2008］*Strong feelings: Emotion, Addiction, and Human Behavior*. The MIT Press. 染谷昌義訳『合理性を圧倒する感情』勁草書房。

Erman, Eva［2013a］"Political Equality and Legitimacy in a Global Context." in Erman and Näsström (eds.)［2013: ch. 4］.

Erman, Eva［2013b］"In Search of Democratic Agency in Deliberative Governance." *European Journal of International Relation*, 19(4): 847–868.

Erman, E. and Näsström, S. (eds.)［2013］*Political Equality in Transnational Democracy*. Palgrave Macmillan.

Esping-Andersen, Gøsta［1990=2001］*The Three Worlds of Welfare Capitalism*. Polity. 岡沢憲芙・宮本太郎監訳『福祉資本主義の三つの世界——比較福祉国家の理論と動態』ミネルヴァ書房。

Esping-Andersen, Gøsta［1999=2000］*Social Foundations of Post-Industrial Economies*. Oxford University Press. 渡辺雅男・渡辺景子訳『ポスト工業経済の社会的基礎——市場・福祉国家・家族の政治経済学』桜井書店。

Etzioni, Amitai［2011］"Is China A Responsible Stakeholders?" *International Affairs*, 87(3): 539–553.

European Commission［2001］*European Governance*. White Paper, COM (2001) 428 final.

European Commission［2011］*A Renewed EU Strategy 2011-14 for Corporate Social Responsibility*. Communication from the Commission to the European Parliament, the Council, the European Economic and Social Committee and the Committee of the Regions, COM (2011) 681 final.

Evan, W. E. and Freeman, R. E.［1988］"Stakeholder Theory of the Modern Corporation: A Kantian Capitalism." In T. L. Beauchamp and N. E. Bowie (eds.) *Ethical Theory and Business*, 3rd ed., Prentice-Hall, pp. 97–106.

FAO, IFAD, UNICEF, WFP, and WHO［2018］*The State of Food Security and Nutrition in the World 2018: Building Climate Resilience for Food Security and Nutrition*. FAO.

Fassin, Yves［2012］"Stakeholder Management, Reciprocity and Stakeholder Responsibility." *Journal of Business Ethics*, 109(1): 83–96.

Fawcett, P., Flinders, M., Hay, C., and Wood, M. (eds.)［2017］*Anti-Politics, Depoliticization, and Governance*. Oxford University Press.

Field, Frank［2001(1995)］*Making Welfare Work: Reconstructing Welfare for the Millenium*. Transaction

Publishers.

Fikit, I., et al. [2011] "Deliberation under Conditions of Language Pluralism: Insight from the Europolis Deliberative Polling Experiment." ARENA Working Paper, No. 9, Oct 2011.

Fishkin, James S. [2009=2011] *When the People Speak: Deliberative Democracy and Public Consultation*. Oxford University Press. 岩木貴子訳『人々の声が響き合うとき——熟議空間と民主主義』曽根泰教監修，早川書房。

Fitzpatrick, T. [1999=2005] *Freedom and Security: An Introduction to the Basic Income Debate*. Macmillan. 武川正吾・菊地英明訳『自由と保障——ベーシック・インカム論争』勁草書房。

Flinders, Matthew [2012] *Defending Politics: Why Democracy Matters in the Twenty-First Century*. Oxford University Press.

Flinders, M. and Wood, M. [2014] "Depoliticisation, Governance and the State." *Policy & Politics*, 42 (2): 135–149.

Foa, R. S. and Mounk, Y. [2016=2017] "The Democratic Disconnect." *Journal of Democracy*, 27(3): 5–17. 浜田江里子訳「民主主義の脱定着へ向けた危険——民主主義の断絶」『世界』891号，144–155頁。

Foa, R. S. and Mounk, Y. [2017] "The Signs of Deconsolidation." *Journal of Democracy*, 28(1): 5–16.

Fox, Jonathan [2007] "The Uncertain Relationship between Transparency and Accountability." *Development in Practice*, 17(4/5): 663–671.

Franklin, Mark N. [2004] *Voter Turnout and the Dynamics of Electoral Competition in Established Democracies since 1945*. Cambridge University Press.

Fraser, Nancy [1997=2003] *Justice Interruptus: Critical Reflections on the "Postsocialist" Condition*. Routledge. 仲正昌樹監訳『中断された正義——「ポスト社会主義的」条件をめぐる批判的省察』御茶の水書房。

Fraser, Nancy [2008=2013] *Scales of Justice: Reimagining Political Space in a Globalizing World*. Polity. 向山恭一訳『正義の秤——グローバル化する世界で政治空間を再想像すること』法政大学出版局。

Freedom House [2019] *Freedom in the World 2019: Democracy in Retreat*. <https://freedomhouse.org/report/freedom-world/freedom-world-2019/democracy-in-retreat>.

Freeman, R. Edward [1984] *Strategic Management: A Stakeholder Approach*. Pitman.

Freeman, R. E. et al. [2010] *Stakeholder Theory: The State of The Art*. Cambridge University Press.

Friedman, Milton [1962=2008] *Capitalism and Freedom*. University of Chicago Press. 村井章子訳『資本主義と自由』日経 BP 社。

Friedman, Milton [1970] "The Social Responsibility of Business is to Increase its Profits." *New York Times Maganine*, Sep 13, 1970.

Fung, Archon [2013] "The Principle of Affected Interests: An Interpretation and Defense." In J. Nagel and R. Smith (eds.) *Representation: Elections and Beyond*. University of Pennsylvania Press, ch. 11.

Galbraith, John Kenneth [2007(1967)=1980] *The New Industrial State*. With a New Foreword by James K. Galbraith, Princeton University Press. 都留重人監訳『新しい産業国家』TBS ブリタニカ。

Galtung, Johan [1969=1991] "Violence, Peace and Peace Research." *Journal of Peace Research*, 6(3):

167–191. 高柳先男ほか訳「暴力，平和，平和研究」ヨハン・ガルトゥング『構造的暴力と平和』中央大学出版部。

Gamble, Andrew［2000=2002］*Politics and Fate*. Polity. 内山秀夫訳『政治が終わるとき？——グローバル化と国民国家の運命』新曜社。

Ganghof, Steffen［2013］"Equality-Based Comparison: How to Justify Democratic Institutions in the Real World." *Politics*, 33(2): 101–111.

Gastil, J. et al.［2010=2016］*The Jury and Democracy: How Jury Deliberation Promotes Civic Engagement and Political Participation*. Oxford University Press. 佐伯昌彦ほか訳『市民の司法参加と民主主義——アメリカ陪審制の実証研究』日本評論社。

Giddens, Anthony［1991=2005］*Modernity and Self-Identity: Self and Society in the Late Modern Age*. Polity. 秋吉美都ほか訳『モダニティと自己アイデンティティ——後期近代における自己と社会』ハーベスト社。

Giddens, Anthony［1992=1995］*The Transformation of Intimacy: Sexuality, Love and Eroticism in Modern Societies*. Polity. 松尾精文・松川昭子訳『親密性の変容——近代社会におけるセクシュアリティ，愛情，エロティシズム』而立書房。

Giddens, Anthony［1994=2002］*Beyond Left and Right: The Future of Radical Politics*. Stanford University Press. 松尾精文・立松隆介訳『左派右派を超えて——ラディカルな政治の未来像』而立書房。

Giddens, Anthony［2000=2003］*The Third Way and its Critics*. Polity. 今枝法之・千川剛史訳『第三の道とその批判』晃洋書房。

Gladwell, Malcolm［2005=2006］*Blink: The Power of Thinking without Thinking*. Little, Brown and Co. 沢田博・阿部尚美訳『第１感——「最初の２秒」の「なんとなく」が正しい』光文社。

Global Justice Now［2018］"69 of the Richest 100 Entities on the Planet Are Corporations, Not Governments, Figures Show." Oct 17, 2018, <https://www.globaljustice.org.uk/news/2018/oct/17/69-richest-100-entities-planet-are-corporations-not-governments-figures-show>.

Goodin, Robert E.［1988］"What is So Special about Our Fellow Countrymen?" *Ethics*, 98(4): 663–686.

Goodin, Robert E.［1996］"Enfranchising the Earth, and Its Alternatives." *Political Studies*, 44(5): 835–849.

Goodin, Robert E.［2007］"Enfranchising All Affected Interests, and Its Alternatives." *Philosophy & Public Affairs*, 35(1): 40–68.

Goodin, Robert E.［2008］*Innovating Democracy: Democratic Theory and Practice after the Deliberative Turn*. Oxford University Press.

Goodpaster, K. E.［1991］"Business Ethics and Stakeholder Analysis." *Business Ethics Quarterly*, 1(1): 53–73.

Gould, Carol C.［2004］*Globalizing Democracy and Human Rights*. Cambridge University Press.

Gould, Carol C.［2014］*Interactive Democracy: The Social Roots of Global Justice*. Cambridge University Press.

Gourevitch, P. A. and Shinn, J. J.［2005=2008］*Political Power and Corporate Control: The New Global*

Politics of Corporate Governance. Princeton University Press. 林良造監訳『コーポレートガバナンスの政治経済学』中央経済社。

Grimble, Robin［1998］*Stakaeholder Methodologies in Natural Resource Management*. Natural Resources Institute.

Grimble, R. and Chan, M-K［1995］"Stakeholder Analysis for Natural Resource Management in Developing Countries: Some Practical Guidelines for Making Management More Participatory and Effective." *Natural Resources Forum*, 19(2): 113–124.

Grimble, R. and Wellard, K.［1997］"Stakaeholder Methodologies in Natural Resource Management: A Review of Principles, Contexts, Experiences and Opportunities." *Agricultural Systems*, 55(2): 173–193.

Gutmann, Amy［1999(1987)=2004］*Democratic Education: With a New Preface and Epilogue*. Princeton University Press. 神山正弘訳『民主教育論——民主主義社会における教育と政治』同時代社。

Gutmann, A. and Thompson, D.［1996］*Democracy and Disagreement: Why Moral Conflict Cannot Be Avoided in Politics, and What Should Be Done about It*. Belknap Press.

Habermas, Jürgen［1994］"Three Normative Models of Democracy." *Constellations*, 1: 1–10.

Hacker, Jacob S.［2011］"The Institutional Foundations of Middle Class Democracy." In Policy Network (ed.) *Priorities for a New Political Economy: Memos to the Left*, pp. 33–37.

Hacker, J., Jackson, B., O'Neill, M.［2013］"Interview: The Politics of Predistribution." *Renewal*, 21 (2/3): 54–64.

Hall, P. and Soskice, D. (eds.)［2001=2007］*Varieties of Capitalism: The Institutional Foundations of Comparative Advantage*. Oxford University Press. 遠山弘徳ほか訳『資本主義の多様性——比較優位の制度的基礎』ナカニシヤ出版。

Hammar, Tomas［1990=1999］*Democracy and the Nation State: Aliens, Denizens and Citizens in a World of International Migration*. Avebury, Gower Pub. Co. 近藤敦監訳『永住市民と国民国家』明石書店。

Haq, M. u., Kaul, I., and Grunberg, I. (eds.)［1996］*The Tobin Tax: Coping with Financial Volatility*. Oxford University Press.

Harsanyi, John C.［1955］"Cardinal Welfare, Individualistic Ethics, and Interpersonal Comparisons of Utility." *The Journal of Political Economy*, 63(4): 309–321.

Hay, Colin［2007=2012］*Why We Hate Politics*. Polity. 吉田徹訳『政治はなぜ嫌われるのか——民主主義の取り戻し方』岩波書店。

Hazan, R. Y. and Rahat, G.［2010］*Democracy within Parties: Candidate Selection Methods and Their Political Consequences*. Oxford University Press.

Heater, Derek［1999=2002］*What is Citizenship?* Polity. 田中俊郎・関根政美訳『市民権とは何か』岩波書店。

Held, David［2006(1987)=1998］*Models of Democracy*. 3rd ed., Polity. 中谷義和訳『民主政の諸類型』御茶の水書房。

Held, David［1995a=1996］"Democracy and the New International Order." In D. Archibugi and D. Held (eds.) *Cosmopolitan Democracy: An Agenda for a New World Order*. Polity, ch. 4. 三輪博樹訳「民主主義と新国際秩序」『レヴァイアサン』1996 年冬号，146–164 頁。

Held, David [1995b=2002] *Democracy and the Global Order: From the Modern State to Cosmopolitan Governance*. Polity. 佐々木寛ほか訳『デモクラシーと世界秩序——地球市民の政治学』NTT 出版。

Held, David [2004=2005] *Global Covenant: The Social Democratic Alternative to the Washington Consensus*. Polity. 中谷義和・柳原克行訳『グローバル社会民主政の展望——経済・政治・法のフロンティア』日本経済評論社。

Held, D. et al. [1999=2006] *Global Transformations: Politics, Economics and Culture*. Polity. 古城利明ほか訳『グローバル・トランスフォーメーションズ』中央大学出版部。

Helgesson, K. S. and Mörth, U. (eds.) [2013] *The Political Role of Corporate Citizens: An Interdisciplinary Approach*. Palgrave Macmillan.

Hemmati, Minu [2002] *Multi-Stakeholder Processes for Governance and Sustainability*. Earthscan.

Hendriks, Carolyn [2011] *The Politics of Public Deliberation: Citizen Engagement and Interest Advocacy*. Palgrave Macmillan.

Hermans, H. J. M. and Kempen, Harry J. G. [1993=2006] *The Dialogical Self: Meaning as Movement*. Academic Press. 溝上慎一ほか訳『対話的自己——デカルト/ジェームズ/ミードを超えて』新曜社。

Higashijima, M. and Kasuya, Y. [2016] "The Peril of Parliamentarism? Executive-Legislative Relations and the Transition to Democracy from Electoral Authoritarian Rule." EUI Working Papers MWP 2016/01, <http://hdl.handle.net/1814/39147>.

Hill, C. W. and Jones, Th. M. [1992] "Stakeholder-Agency Theory." *Journal of Management Studies*, 29(2): 131–154.

Hirschman, Albert O. [1980(1945)] *National Power and the Structure of Foreign Trade*. Expanded ed., University of California Press. 飯田敬輔監訳『国力と外国貿易の構造』勁草書房。

Hirschman, Albert O. [1970=2005] *Exit, Voice, and Loyalty: Responses to Decline in Firms, Organizations, and States*. Harvard University Press. 矢野修一訳『離脱・発言・忠誠——企業・組織・国家における衰退への反応』ミネルヴァ書房。

Hirschman, Albert O. [1997(1977)=1985] *The Passions and the Interests: Political Arguments for Capitalism Before Its Triumph*. 20 Aniv. Sub ed., Princeton University Press. 佐々木毅・旦祐介訳『情念の政治経済学』法政大学出版局。

Hirschman, Albert O. [1994] "Social Conflicts as Pillars of Democratic Market Society." *Political Theory*, 22(2): 203–218.

Hirst, Paul [1994] *Associative Democracy: New Forms of Economic and Social Governance*. Polity.

Hirst, Paul [2000] "Democracy and Governance." in Pierre (ed.) [2000: ch. 2].

Hobbes, Thomas [1991(1651)=1992(1954)] *Leviathan*. Edited by Richard Tuck, Cambridge University Press. 水田洋訳『リヴァイアサン』改訳版, 1巻, 岩波書店。

Hood, Christopher [2010] "Accountability and Transparency: Siamese Twins, Matching Parts, Awkward Couple?" *West European Politics*, 33(5): 989–1009.

Hueglin, Thomas [1999] *Early Modern Concepts for a Late Modern World*. Wilfrid Laurier University Press.

Hume, David［2007(1739–40)=2012］*A Treatise of Human Nature*. The Clarendon Edition of The Works of David Hume, vol. 1: Texts, edited by D. F. Norton and M. J. Norton, Clarendon Press. 伊勢俊彦ほか訳『人間本性論 第3巻 道徳について』法政大学出版局。

Hurrell, A. and Macdonald, T.［2012］"Global Public Power: The Subject of Principles of Global Political Legitimacy." *Critical Review of International Social and Political Philosophy*, 15(5): 553–571.

Hutton, Will［1996］*The State We're in*. Fully Revised ed., Vintage.

Hutton, Will［1997］"An Overview of Stakeholding." In Kelly et al.（eds.）［1997: ch. 1］.

Hutton, Will［2010］*Them and Us: Changing Britain – Why We Need a Fair Society*. Abacus.

Ignatieff, Michael［2001(1984)=1999］*The Needs of Strangers*. Picador. 添谷育志・金田耕一訳『ニーズ・オブ・ストレンジャーズ』風行社。

Ihnen Jory, Constanza［2016］"Negotiation and Deliberation: Grasping the Difference." *Argumentation*, 30(2): 145–165.

Inglehart, Ronald［1977=1978］*The Silent Revolution: Changing Values and Political Styles among Western Publics*. Princeton University Press. 三宅一郎ほか訳『静かなる革命——政治意識と行動様式の変化』東洋経済新報社。

Inglehart, Ronald［1990=1993］*Culture Shift in Advanced Industrial Society*. Princeton University Press. 村山皓ほか訳『カルチャーシフトと政治変動』東洋経済新報社。

Jackson, Ben［2005］"Revisionism Reconsidered: Property-Owning Democracy and Egalitarian Strategy in Post-War Britain." *Twentieth Century British History*, 16(4): 416–440.

Jackson, Ben［2012］"Property-Owning Democracy: A Short History." In M. O'Neill and Th. Williamson（eds.）*Property-Owning Democracy: Rawls and Beyond*. Wiley-Blackwell, ch. 2.

Jessop, Bob［2002=2005］*The Future of Capitalist State*. Polity. 中谷義和監訳『資本主義国家の未来』御茶の水書房。

Jessop, Bob［2011］"Metagovernance." in Mark Bevir（ed.）*The SAGE Handbook of Governance*. Sage, ch. 8.

Johnson, Genevieve Fuji［2008=2011］*Deliberative Democracy for the Future: The Case of Nuclear Waste Management in Canada*. University of Toronto Press. 舩橋晴俊・西谷内博美監訳『核廃棄物と熟議民主主義——倫理的政策分析の可能性』新泉社。

Johnson, G., and Scholes, K.［2002(1984)］*Exploring Corporate Strategy: Text and Cases*. 6th ed., Prentice Hall.

Johnson, James［1998］"Arguing for Deliberation: Some Skeptical Considerations." In Jon Elster（ed.）*Deliberative Democracy*. Cambridge University Press, ch. 7.

Joppke, Christian［2010=2013］*Citizenship and Immigration*. Polity. 遠藤乾ほか訳『軽いシティズンシップ——市民，外国人，リベラリズムのゆくえ』岩波書店。

Julius, Deanne［1997］"Globalization and Stakeholder Conflicts: A Corporate Perspective." *International Affairs*, 73(3): 453–468.

Karlsson Schaffer, Johan［2012］"The Boundaries of Transnational Democracy: Alternatives to the All-Affected Principle." *Review of International Studies*, 38(2): 321–342.

Keane, John［2009=2013］*The Life and Death of Democracy*. Simon & Schuster. 森本醇訳『デモクラ

シーの生と死』上下巻，みすず書房。
Kelly, G., Kelly, D., and Gamble, A. ［1997］ “Conclusion: Stakeholder Capitalism.” In Kelly et al. (eds.) ［1997: ch. 20］.
Kelly, G., Kelly, D., and Gamble, A. (eds.) ［1997］ *Stakeholder Capitalism*. Palgrave Macmillan.
Kenen, Peter B. ［1996］ “The Feasibility of Taxing Foreign Exchange Transactions.” In Haq et al. (eds.) ［1996: ch. 4］.
Keohane, R. O. and Nye, J. S. ［2001(1977)=2012］ *Power and Interdependence*. 3rd ed., Longman. 滝田賢治監訳『パワーと相互依存』ミネルヴァ書房。
Kickert, Walter J. M. ［1997］ “Public Governance in the Netherlands: An Alternative to Anglo-American “Managerialism”.” *Public Administration*, 75(4): 731–752.
Kiloh, Margaret ［1986］ “Industrial Democracy.” In Held and Pollitt (eds.) ［1986: ch. 2］.
Kitschelt, Herbert ［1994］ *The Transformation of European Social Democracy*. Cambridge University Press.
Koenig-Archibugi, Mathias ［2012］ “Fuzzy Citizenship in Global Society.” *Journal of Political Philosophy*, 20(4): 456–480.
Kuper, Andrew ［2004］ *Democracy beyond Borders: Justice and Representation in Global Institutions*. Oxford University Press.
Kuyper, Jonathan ［2015］ “Global Democracy.” In Edward N. Zalta (ed.) *The Stanford Encyclopedia of Philosophy*, Spring 2015 ed., <http://plato.stanford.edu/archives/spr2015/entries/global-democracy/>.
Kuyper, Jonathan W. ［2016］ “Systemic Representation: Democracy, Deliberation, and Nonelectoral Representatives.” *American Political Science Review*, 110(2): 308–324.
Kymlicka, Will ［2001=2012］ *Politics in the Vernacular: Nationalism, Multiculturalism, and Citizenship*. Oxford University Press. 岡﨑晴輝ほか監訳『土着語の政治――ナショナリズム・多文化主義・シティズンシップ』法政大学出版局。
Labour Party ［1997］ *New Labour: Because Britain Deserves Better*.
Laclau, Ernest ［2005=2018］ *On Populist Reason*. Verso. 澤里岳史・河村一郎訳『ポピュリズムの理性』明石書店。
Landemore, H. and Ferreras, I. ［2016］ “In Defense of Workplace Democracy: Towards a Justification of the Firm-State Analogy.” *Political Theory*, 44(1): 53–81.
Lappi-Seppälä, Tapio ［2008=2009］「Explaining National Differences in the Use of Imprisonment」『犯罪社会学研究』33: 93–121. 平井秀幸訳「拘禁刑（Imprisonment）の活用をめぐる国家間の差異を説明する」日本犯罪社会学会編『グローバル化する厳罰化とポピュリズム』現代人文社，5 章。
Levinson, Meira ［1999］ *The Demands of Liberal Education*. Oxford University Press.
Levitsky, S. and Ziblatt, D. ［2018=2018］ *How Democracies Die*. Crown. 濱野大道訳『民主主義の死に方――二極化する政治が招く独裁への道』新潮社。
Lijphart, Arend ［2012(1999)=2014(2005)］ *Patterns of Democracy: Government Forms and Performance in Thirty-Six Countries*. 2nd ed., Yale University Press. 粕谷祐子・菊池啓一訳『民主主義対民主主義――多数決型とコンセンサス型の 36 カ国比較研究』原著第 2 版，勁草書房。
Lindblom, Charles E. ［1977］ *Politics and Markets: The World's Political-Economic Systems*. Basic Books.

Lipset, Seymour Martin [1981(1959)=1963] *Political Man: The Social Bases of Politics*. Expanded ed., Johns Hopkins University Press. 内山秀夫訳『政治のなかの人間――ポリティカル・マン』東京創元新社。

López-Guerra, Claudio [2005] "Should Expatriates Vote?" *Journal of Political Philosophy*, 13(2): 216–234.

Lord, Christopher [2007] "Parliamentary Representation in a Decentered Polity." In B. Kohler-Koch and B. Rittberger (eds.) *Debating the Democratic Legitimacy of the European Union*. Rowman & Littlefield, ch. 6.

Lowi, Theodore J. [1979=1981] *The End of Liberalism: The Second Republic of the United States*. W. W. Norton. 村松岐夫監訳『自由主義の終焉――現代政府の問題性』木鐸社。

Lyon, David [2001=2002] *Surveillance Society: Monitoring Everyday Life*. Open University Press. 河村一郎訳『監視社会』青土社。

Lyon, David [2007=2011] *Surveillance Studies: An Overview*. Polity. 田島泰彦・小笠原みどり訳『監視スタディーズ――「見ること」「見られること」の社会理論』岩波書店。

Lührmann, A., Mechkova, V., Dahlum, S., Maxwell, L., Olin, M., Petrarca, C. S., Sigman, R., Wilson, M. C., and Lindberg, S. I. [2018] "State of the World 2017: Autocratization and Exclusion?" *Democratization*, 25(8): 1321–1340.

MacArthur, John [1997] "Stakeholder Roles and Stakeholder Analysis in Project Planning: A Review of Approaches in Three Agencies -- World Bank, ODA and NRI." University of Bradford, Development and Project Planning Centre, <http://hdl.handle.net/10454/4880>.

Macdonald, Terry [2003] "Boundaries Beyond Borders: Delineating Democratic 'Peoples' in a Globalizing World." *Democratization*, 10(3): 173–194.

Macdonald, Terry [2008a] *Global Stakeholder Democracy: Power and Representation Beyond Liberal State*. Oxford University Press.

Macdonald, Terry [2008b] "What's So Special about States? Liberal Legitimacy in a Globalising World." *Political Studies*, 56(3): 544–565.

Macdonald, Terry [2012] "Citizens or Stakeholders? Problems of Exclusion and Inequality in Global Stakeholder Democracy." In Archibugi et al. (eds.) [2012: ch. 3].

Macdonald, T. and Macdonald, K. [2006] "Non-Electoral Accountability in Global Politics: Strengthening Democratic Control within the Global Garment Industry." *European Journal of International Law*, 17(1): 89–119.

McCubbins, M. D. and Thies, M. F. [1996=1996] "Rationality and the Foundations of Positive Political Theory." Available at: <http://ssrn.com/abstract=1002963>. 福井治弘訳「合理性と実証主義政治理論の基礎」『レヴァイアサン』19 号, 7–32 頁。

McMahon, Christopher [1994] *Authority and Democracy: A General Theory of Government and Management*. Princeton University Press.

Mackie, Gerry [2014] "The Reception of Social Choice Theory by Democratic Theory." In S. Novak and J. Elster (eds.) *Majority Decisions: Principles and Practices*. Cambridge University Press, ch. 5.

Macpherson, C. B. [1973=1978] *Democratic Theory: Essays in Retrieval*. Oxford University Press. 西尾

敬義ほか訳『民主主義理論』青木書店。

Macpherson, C. B. [1977=1978] *The Life and Times of Liberal Democracy*. Oxford University Press. 田口富久治訳『自由民主主義は生き残れるか』岩波書店。

Malleson, Tom [2014] *After Occupy: Economic Democracy for the 21st Century*. Oxford University Press.

Manin, Bernard [1995=1997] *The Principles of Representative Government*. Cambridge University Press.

Mansbridge, Jane [1999] "Everyday Talk in the Deliberative System." In Stephen Macedo (ed.) *Deliberative Politics: Essays on Democracy and Disagreement*, Oxford University Press, pp. 211–239.

Mansbridge, Jane [2015] "Should Workers Represent Workers?" *Swiss Political Science Review*, 21(2): 261–270.

Mansbridge, J. et al. [2010] "The Place of Self-Interest and the Role of Power in Deliberative Democracy." *Journal of Political Philosophy*, 18(1): 64–100.

Marchetti, Raffaele [2012] "Models of Global Democracy: In Defence of Cosmo-Federalism." In Archibugi et al. (eds.) [2012: ch. 2].

Margalit, A. and Raz, J. [1990] "National Self-Determination." *Journal of Philosophy*, 87: 439–461.

Marshall, T. H. [1992(1950)=1993] "Citizenship and Sociall Class." In T. H. Marshall and T. Bottomore, *Citizenship and Social Class*. Pluto Press, part 1. 岩崎信彦・中村健吾訳「シティズンシップと社会的階級」『シティズンシップと社会的階級』法律文化社。

Mason, Ronald M. [1982] *Participatory and Workplace Democracy: A Theoretical Development in Critique of Liberalism*. Southern Illinois University Press.

Matsuura, M. and Schenk, T. (eds.) [2016] *Joint Fact-Finding in Urban Planning and Environmental Disputes*. Routledge.

Matten, D. and Crane, A. [2005] "What Is Stakeholder Democracy? Perspectives and Issues." *Business Ethics: A European Review*, 14(1): 6–13.

Mayer, Robert [2000] "Is There a Moral Right to Workplace Democracy?" *Social Theory and Practice*, 26(2): 301–325.

Mayer, Robert [2001a] "Robert Dahl and the Right to Workplace Democracy." *The Review of Politics*, 63(2): 221–247.

Mayer, Robert [2001b] "Michael Walzer, Industrial Democracy, and Complex Equality." *Political Theory*, 29(2): 237–261.

McGrew, Anthony [1997=2003] "Democracy beyond Borders? Globalization and the Reconstruction of Democratic Theory and Practice." In A. McGrew (ed.) *The Transformation of Democracy? Globalization and Territorial Democracy*. Polity, ch. 2. 松下冽監訳「民主主義は国境を越えるか——民主主義理論・民主政治の再構築とグローバリゼーション」『変容する民主主義——グローバル化のなかで』日本経済評論社，10章。

McMillan, John [2002=2007] *Reinventing the Bazaar: A Natural History of Markets*. W. W. Norton. 瀧澤弘和・木村友二訳『市場を創る——バザールからネット取引まで』NTT出版。

Melucci, Alberto [1989=1997] *Nomads of the Present: Social Movements and Individual Needs in Contemporary Society*. Edited by J. Keane and P. Mier, The Random House. 山之内靖ほか訳『現代に生きる遊牧民——新しい公共空間の創出に向けて』岩波書店。

Micheletti, Michele［2003］*Political Virtue and Shopping: Individuals, Consumerism, and Collective Action*. Palgrave Macmillan.

Milanović, Branko［2016=2017］*Global Inequality: A New Approach for the Age of Globalization*. Belknap Press of Harvard University Press. 立木勝訳『大不平等――エレファントカーブが予測する未来』みすず書房。

Mill, John Stuart［1909(1848)=1959–63］*Principles of Political Economy with some of their Applications to Social Philosophy*. 7th ed., edited by William James Ashley, Longmans, Green and Co., <http://oll.libertyfund.org/titles/101>. 末永茂喜訳『経済学原理』岩波書店。

Miller, David［1995=2007］*On Nationality*. Oxford University Press. 富沢克ほか訳『ナショナリティについて』風行社。

Miller, P. and Rose, N.［2008］*Governing the Present*. Polity.

Mitchell Neil J.［1989=2003］*The Generous Corporation: A Political Analysis of Economic Power*. Yale University Press. 松野弘・小阪隆秀監訳『社会にやさしい企業――経営思想の革新と企業的社会政策の展開』同友館。

Mitchell, R. K., Agle, B. R., and Wood, D. J.［1997］"Toward a Theory of Stakeholder Identification and Salience: Defining the Principle of Who and What Really Counts." *The Academy of Management Review*, 22(4): 853–886.

Mouffe, Chantal［1993=1998］*The Return of the Political*. Verso. 千葉眞ほか訳『政治的なるものの再興』日本経済評論社。

Mouffe, Chantal［2000=2006］*The Democratic Paradox*. Verso. 葛西弘隆訳『民主主義の逆説』以文社。

Mouffe, Chantal［2005=2008］*On the Political*. Routledge. 酒井隆史監訳『政治的なものについて――闘技的民主主義と多元主義的グローバル秩序の構築』明石書店。

Mouffe, Chantal［2018=2019］*For a Left Populism*. Verso. 山本圭・塩田潤訳『左派ポピュリズムのために』明石書店。

Mudde, C. and Kaltwasser, C. R.［2017=2018］*Populism: A Very Short Introduction*. Oxford University Press. 永井大輔・髙山裕二訳『ポピュリズム――デモクラシーの友と敵』白水社。

Munck, G. L. and Verkuilen, J.［2002］"Conceptualizing and Measuring Democracy: Evaluating Alternative Indices." *Comparative Political Studies*, 35(1): 5–34.

Murphy, L. B. and Nagel, Th.［2002=2006］*The Myth of Ownership: Taxes and Justice*. Oxford University Press. 伊藤恭彦訳『税と正義』名古屋大学出版会。

Müller, Jan-Werner［2007=2017］*Constitutional Patriotism*. Princeton University Press. 斎藤一久ほか監訳『憲法パトリオティズム』法政大学出版局。

Müller, Jan-Werner［2016=2017］*What is Populism?* University of Pennsylvania Press. 板橋拓己訳『ポピュリズムとは何か』岩波書店。

Nasiritousi, N., Hjerpe, M., and Bäckstrand, K.［2016］"Normative Arguments for Non-State Actor Participation in International Policymaking Processes." *European Journal of International Relations*, 22(4): 920–943.

Neave, Guy［2012］*The Evaluative State, Institutional Autonomy and Re-engineering Higher Education in*

Western Europe: The Prince and His Pleasure. Palgrave Macmillan.
Norris, Pippa［2011］*Democratic Deficit: Critical Citizens Revisited*. Cambridge University Press.
Norris, Pippa（ed.）［1999］*Critical Citizens: Global Support for Democratic Governance*. Oxford University Press.
Nussbaum, Martha C.［2006=2012］*Frontiers of Justice: Disability, Nationality, Species Membership*. Harvard University Press. 神島裕子訳『正義のフロンティア——障碍者・外国人・動物という境界を越えて』法政大学出版局。
Näsström, Sofia［2011］"The Challenge of the All-Affected Principle." *Political Studies*, 59(1): 116–134.
Näsström, Sofia［2015］"Democratic Representation beyond Election." *Constellations*, 22(1): 1–12.
O'Donnell, Guillermo［1994］"Delegative Democracy." *Journal of Democracy*, 5(1): 55–69.
O'Donnell, Guillermo［1999］"Horizontal Accountability in New Democracies." In A. Schedler et al.（eds.）*The Self-Restraining State: Power and Accountability in New Democracies*. Lynne Rienner.
OECD［2018］*A Broken Social Elevator? How to Promote Social Mobility*. OECD Publishing.
Offe, Claus［1984］*Contradictions of the Welfare State*. Edited by John Keane, Hutchinson.
Offe, Claus［1985］"New Social Movements: Challenging the Boundaries of Institutional Politics." *Social Research*, 52(4): 817–868.
Offe, Claus［2015］"Ungovernability." In A. Azmanova and M. Mihai（eds.）*Reclaiming Democracy: Judgment, Responsibility and the Right to Politics*. Routledge, ch. 4.
Okin, Susan Moller［1989=2013］*Justice, Gender, and the Family*. Basic Books. 山根純佳ほか訳『正義・ジェンダー・家族』岩波書店。
Olson, Mancur［1965=1996(1983)］*The Logic of Collective Action: Public Goods and the Theory of Groups*. Harvard University Press. 依田博・森脇俊雅訳『集合行為論』新装版，ミネルヴァ書房。
O'Neill, M. and Williamson, Th.［2012］"The Promise of Pre-distribution." Policy Network, Sep 28, 2012, <http://www.policy-network.net/pno_detail.aspx?ID=4262&title=The-promise-of-pre-distribution>.
Owen, David［2012］"Constituting the Polity, Constituting the Demos: On the Place of the All Affected Interests Principle in Democratic Theory and in Resolving the Democratic Boundary Problem." *Ethics & Global Politics*, 5(3): 129–153.
Owen, David［2014］"Dilemmas of Inclusion: The All-Affected Principle, the All-Subjected Principle, and Transnational Public Spheres." In Kate Nash（ed.）*Transnationalizing the Public Sphere*. Polity, ch. 6.
Parfit, Derek［1984=1998］*Reasons and Persons*. Oxford University Press. 森村進訳『理由と人格——非人格性の倫理へ』勁草書房。
Pateman, Carole［1970=1977］*Participation and Democratic Theory*. Cambridge University Press. 寄本勝美訳『参加と民主主義理論』早稲田大学出版部。
Pateman, Carole［1985(1979)］*The Problem of Political Obligation: A Critique of Liberal Theory*. Polity.
Pateman, Carole［1989=2014］*The Disorder of Women: Democracy, Feminism, and Political Theory*. Polity. 山田竜作訳『秩序を乱す女たち？——政治理論とフェミニズム』法政大学出版局。
Pateman, Carole［2006］"Democratizing Citizenship: Some Advantages of a Basic Income." In Wright（eds.）［2006: ch. 5］.
Paxton, W., White, S., and Maxwell, D.（eds.）［2006］*The Citizen's Stake: Exploring the Future of*

Universal Asset Policies. Policy Press.

Pettit, Philip［1997］*Republicanism: A Theory of Freedom and Government*. Oxford University Press.

Pharr, S. and Putnam, R. D.（eds.）［2000］*Disaffected Democracies: What's Troubling the Trilateral Democracies?* Princeton University Press.

Phillips, Robert［2003］*Stakeholder Theory and Organizational Ethics*. Berrett-Koehler Publishiers.

Pierre, Jon（ed.）［2000］*Debating Governance: Authority, Steering, and Democracy*. Oxford University Press.

Piketty, Thomas［2016］"Capital, Predistribution and Redistribution." Crooked Timber, Jan 4, 2016, <http://crookedtimber.org/2016/01/04/capital-predistribution-and-redistribution/>.

Pitkin, Hanna Fenichel［1967=2017］*The Concept of Representation*. University of California Press. 早川誠訳『代表の概念』名古屋大学出版会。

Plamenatz, John Petrov［1968(1938)=1988］*Consent, Freedom and Political Obligation*. 2nd ed., Oxford University Press. 森本哲夫・萬田悦生訳『政治理論とことば』昭和堂。

Pogge, Thomas W.［2008(2002)=2010］*World Poverty and Human Rights: Cosmopolitan Responsibilities and Reforms*. 2nd ed., Polity. 立岩真也監訳『なぜ遠くの貧しい人への義務があるのか――世界的貧困と人権』生活書院。

Poguntke, Th. and Webb, P.［2005=2014］"The Presidentialization of Politics in Democratic Societies: A Framework for Analysis." In Poguntke and Webb（eds.）［2005: ch. 1=2014: 1 章］.

Poguntke, Th. and Webb, P.（eds.）［2005=2014］*The Presidentialization of Politics: A Comparative Study of Modern Democracies*. Oxford University Press. 岩崎正洋監訳『民主政治はなぜ「大統領制化」するのか――現代民主主義国家の比較研究』ミネルヴァ書房。

Powell, Benjamin（ed.）［2015=2016］*The Economics of Immigration: Market-Based Approaches, Social Science, and Public Policy*. Oxford University Press. 藪下史郎監訳『移民の経済学』東洋経済新報社。

Power, Michael［1997=2003］*The Audit Society: Rituals of Verification*. Oxford University Press. 國部克彦・堀口真司訳『監査社会――検証の儀式化』東洋経済新報社。

Prabhakar, Rajiv［2003］*Stakeholding and New Labour*. Palgrave Macmillan.

Pratt, John［2007］*Penal Populism*. Routledge.

Putnam, Robert D.［2015=2017］*Our Kids: The American Dream in Crisis*. Simon & Schuster. 柴内康文訳『われらの子ども――米国における機会格差の拡大』創元社。

Putnam, Robert D.（ed.）［2002=2013］*Democracies in Flux: The Evolution of Social Capital in Contemporary Society*. Oxford University Press. 猪口孝訳『流動化する民主主義――先進 8 カ国におけるソーシャル・キャピタル』ミネルヴァ書房。

Rawls, John［1999a(1971)=2010(1979)］*A Theory of Justice*. Revised ed., Harvard University Press. 川本隆史ほか訳『正義論』改訂版，紀伊國屋書店。

Rawls, John［1999b=2006］*The Law of Peoples*. Harvard University Press. 中山竜一訳『万民の法』岩波書店。

Rawls, John［2001=2004］*Justice as Faireness: A Restatement*. Edited by E. Kelly, Harvard University Press. 田中成明ほか訳『公正としての正義 再説』岩波書店。

Raymond, M. and DeNardis, L. [2015] "Multistakeholderism: Anatomy of an Inchoate Global Institution." *International Theory*, 7(3): 572–616.

Rhodes, R. A. W. [1996] "The New Governance: Governing without Government." *Political Studies*, 44(4): 652–667.

Rhodes, R. A. W. [1997] *Understanding Governance: Policy Networks, Governance, Reflexivity and Accountability*. Open University Press.

Rhodes, R. A. W. [2000] "Governance and Public Administration." In Pierre (ed.) [2000: ch. 4].

Rodrik, Dani [2011=2013] *The Globalization Paradox: Democracy and the Future of the World Economy*. W. W. Norton. 柴山桂太・大川良文訳『グローバリゼーション・パラドクス――世界経済の未来を決める三つの道』白水社。

Rose, Nikolas [1999(1990)=2016] *Governing the Soul: The Shaping of the Private Self*. 2nd ed., Free Association Books. 堀内進之介・神代健彦監訳『魂を統治する――私的な自己の形成』以文社。

Ruggie, John Gerard [2002] "The Theory and Practice of Learning Networks: Corporate Social Responsibility and the Global Compact." *Journal of Corporate Citizenship*, 5: 27–36.

Sandel, Michael J. [1998(1982)=2009(1999)] *Liberalism and the Limits of Justice*. 2nd ed., Cambridge University Press. 菊池理夫訳『リベラリズムと正義の限界』勁草書房。

Sandel, Michael J. [1996=2010–11] *Democracy's Discontent: America in Search of a Public Philosophy*. Belknap Press of Harvard University Press. 金原恭子・小林正弥監訳『民主政の不満――公共哲学を求めるアメリカ』上下巻，勁草書房。

Sassen, Saskia [1998=2004] *Globalization and Its Discontents*. New Press. 田淵太一ほか訳『グローバル空間の政治経済学――都市・移民・情報化』岩波書店。

Saward, Michael [2006] "Representation." In A. Dobson and R. Eckersley (eds.) *Political Theory and the Ecological Challenge*. Cambridge University Press, ch. 11.

Scammell, Margaret [2014] *Consumer Democracy: The Marketing of Politics*. Cambridge University Press.

Scharpf, Fritz [1999] *Governing in Europe: Effective and Democray?* Oxford University Press.

Scherer, A. G., Baumann-Pauly, D., and Schneider, A. [2013] "Democratizing Corporate Governance: Compensating for the Democratic Deficit of Corporate Political Activity and Corporate Citizenship." *Business & Society*, 52(3): 473–514.

Schmitter, Philippe C. [2009] "Re-Presentig Representation." *Government and Opposition*, 44(4): 476–490.

Schmitter, Ph. C. and Karl, T. [1991] "What Democracy is ... and is not." *Journal of Democracy*, 2(3): 75–88.

Schumpeter, Joseph A. [1975(1942)=2016] *Capitalism, Socialism and Democracy*. Harper & Row. 大野一訳『資本主義，社会主義，民主主義』日経 BP 社。

Schäfer, A. and Streeck, W. (eds.) [2013] *Politics in the Age of Austerity*. Polity.

Sen, Amartya K. [1977=1989] "Rational Fools: A Critique of the Behavioral Foundations of Economic Theory." *Philosophy & Public Affairs*, 6(4): 317–344. 大庭健・川本隆史訳『合理的な愚か者――経済学＝倫理学的探究』勁草書房。

Sen, Amartya [1985=1988] *Commodities and Capabilities*. Elsevier. 鈴村興太郎訳『福祉の経済学――財と潜在能力』岩波書店。

Sen, Amartya [1992=1999] *Inequality Reexamined*. Oxford University Press. 池本幸生ほか訳『不平等の再検討――潜在能力と自由』岩波書店。

Sen, Amartya [1999] "Democracy as a Universal Value." *Journal of Democracy*, 10 (3): 3–17.

Sen, Amartya [2006=2011] *Identity and Violence: The Illusion of Destiny*. W. W. Norton. 大門毅監訳『アイデンティティと暴力――運命は幻想である』勁草書房。

Sen, A. and Nussbaum, M. [1989] "Internal Criticism and Indian Rationalist Traditions." In M. Krausz (ed.) *Relativism: Interpretation and Confrontation*. University of Notre Dame Press.

Shapiro, Ian [1996] *Democracy's Place*. Cornell University Press.

Shapiro, Ian [1999] *Democratic Justice*. Yale University Press.

Shapiro, Ian [2003] *The Moral Foundations of Politics*. Yale University Press.

Simon, Herbet A. [1997 (1947) =2009] *Administrative Behavior: A Study of Decision-Making Processes in Administrative Organizations*. 4th ed., Free Press. 二村敏子ほか訳『経営行動――経営組織における意思決定過程の研究』新版，ダイヤモンド社。

Simon, Herbert A. [1983=2016 (1987)] *Reason in Human Affairs*. Stanford University Press. 佐々木恒男・吉原正彦訳『意思決定と合理性』筑摩書房。

Singer, Peter [1993 (1979) =1999] *Practical Ethics*. 2nd ed., Cambridge University Press. 山内友三郎・塚崎智監訳『実践の倫理』新版，昭和堂。

Skocpol, Theda [2003=2007] *Diminished Democracy: From Membership to Management in American Civic Life*. University of Oklahoma Press. 河田潤一訳『失われた民主主義――メンバーシップからマネージメントへ』慶應義塾大学出版会。

Soll, Jacob [2014=2015] *The Reckoning: Financial Accountability and the Rise and Fall of Nations*. Basic Books. 村井章子訳『帳簿の世界史』文藝春秋。

Song, Sarah [2012] "The Boundary Problem in Democratic Theory: Why the Demos Should Be Bounded by the State." *International Theory*, 4 (1): 39–68.

Soskice, David [1997] "Stakeholder Yes; the German Model No." In Kelly et al. (eds.) [1997: ch. 18].

Standing, Guy [2017=2018] *Basic Income: And How We Can Make It Happen*. Pelican. 池村千秋訳『ベーシックインカムへの道――正義・自由・安全の社会インフラを実現させるには』プレジデント社。

Steinmo, Sven [2010=2017] *The Evolution of Modern States: Sweden, Japan, and the United States*. Cambridge University Press. 山崎由希子訳『政治経済の生態学――スウェーデン・日本・米国の進化と適応』岩波書店。

Steiner, Jürg [2012] *The Foundations of Deliberative Democracy*. Cambridge University Press.

Stoker, Gerry [2006=2013] *Why Politics Matters: Making Democracy Work*. Palgrave Macmillan. 山口二郎訳『政治をあきらめない理由――民主主義で世の中を変えるいくつかの方法』岩波書店。

Strange, Susan [1996=2011 (1998)] *The Retreat of the State: The Diffusion of Power in the World Economy*. Cambridge University Press. 櫻井公人訳『国家の退場――グローバル経済の新しい主役たち』岩波書店。

Sunstein, Cass R. [2002] "The Law of Group Polarization." *Journal of Political Philosophy*, 10(2): 175–195.

Sunstein, Cass R. [2017=2018] *#Republic: Divided Democracy in the Age of Social Media*. Princeton University Press. 伊達尚美訳『# リパブリック——インターネットは民主主義になにをもたらすのか』勁草書房。

Susskind, L. E. and Cruikshank, J. [2006=2008] *Breaking Robert's Rules: The New Way to Run Your Meeting, Build Consensus, and Get Results*. Oxford University Press. 城山英明・松浦正浩訳『コンセンサス・ビルディング入門——公共政策の交渉と合意形成の進め方』有斐閣。

Susskind, L. and Thomas-Larme, J. [1999] "Conducting a Conflict Assessmentt." In L. Susskind et al. (eds.) *The Consensus Building Handbook*. Sage, pp. 99–136.

Stolle, D., Hooghe, M., and Micheletti, M. [2005] "Politics in the Supermarket: Political Consumerism as a Form of Political Participation." *International Political Science Review*, 26(3): 245–269.

Stolle, D. and Micheletti, M. [2013] *Political Consumerism: Global Responsibility in Action*. Cambridge University Press.

Sørensen, E and Torfing, J. [2009] "Making Governance Networks Effective and Democratic through Metagovernance." *Public Administration*, 87(2): 234–258.

Taylor, Alan D. [1995] *Mathematics and Politics: Strategy, Voting, Power and Proof*. Springer-Verlag.

Taylor, Frederick Winslow [2003(1911)=1988(1957)] *Scientific Management*. Edited by Kenneth Thompson, Routledge. 上野陽一編訳『科学的管理法』新版，産業能率大学出版部。

Taylor-Gooby, Peter (ed.) [2004] *New Risks, New Welfare?* Oxford University Press.

Thaler, R. H. and Sunstein, C. R. [2009(2008)=2009] *Nudge: Improving Decisions about Health, Wealth, and Happiness*. Revised and Expanded ed., Penguin. 遠藤真美訳『実践 行動経済学——健康，富，幸福への聡明な選択』日経 BP 社。

Tobin, James [1974=1976] *The New Economics: One Decade Older*. Princeton University Press. 矢島鈞次・篠塚慎吾訳『インフレと失業の選択——ニュー・エコノミストの反証と提言』ダイヤモンド社。

Torgerson, Douglas [1986] "Between Knowledge and Politics: Three Faces of Policy Analysis." *Policy Sciences*, 19: 33–59.

TRAC [2000] *Tangled up in Blue: Corporate Partnership at the United Nations*. Transnational Resource and Action Center.

Tribe, Keith [1995=1998] *Strategies of Economic Order: German Economic Discourse, 1750–1950*. Cambridge University Press. 小林純ほか訳『経済秩序のストラテジー——ドイツ経済思想史 1750–1950』ミネルヴァ書房。

Turnbull, Shann [1994] "Stakeholder Democracy: Redesigning the Governance of Firms and Bureaucracies." *The Journal of Socio-Economics*, 23(3): 321–360.

Tversky, A. and Kahneman, D. [1974] "Judgment under Uncertainty: Heuristics and Biases." *Science*, 185: 1124–1131.

United Nations [2005] "2005 World Summit Outcome." UN Document, A/RES/60/1, Oct 24, 2005.

Urbinati, N. and Warren, M. E. [2008] "The Concept of Representation in Contemporary Democratic

Theory." *Annual Review of Political Science*, 11: 387–412.

Van Biezen, I., Mair, P., and Poguntke, Th. [2012] "Going, Going, ... Gone? The Decline of Party Membership in Contemporary Europe." *European Journal of Political Research*, 51: 24–56.

Van Parijs, Philippe [1995=2009] *Real Freedom for All: What (If Anything) Can Justify Capitalism?* Clarendon Press. 後藤玲子・齊藤拓訳『ベーシック・インカムの哲学——すべての人にリアルな自由を』新装版，勁草書房。

Vogel, David [1996] *Kindred Strangers: The Uneasy Relationship between Politics and Business in America*. Princeton University Press.

Walters, William [2012=2016] *Governmentality: Critical Encounters*. Routledge. 阿部潔ほか訳『統治性——フーコーをめぐる批判的な出会い』月曜社。

Walzer, Michael [1983=1999] *Spheres of Justice: A Defence of Pluralism and Equality*. Basic Books. 山口晃訳『正義の領分——多元性と平等の擁護』而立書房。

Walzer, Michael [1994=2004] *Thick and Thin: Moral Argument at Home and Abroad*. University of Notre Dame Press. 芦川晋・大川正彦訳『道徳の厚みと広がり——われわれはどこまで他者の声を聴き取ることができるか』風行社。

Webb, P. and Poguntke, Th. [2005=2014] "The Presidentialization of Contemporary Democratic Politics: Evidence, Causes, and Consequences," In Poguntke and Webb (eds.) [2005: ch. 15=2014: 15 章].

Whelan, Frederick G. [1983] "Prologue: Democratic Theory and the Boundary Problem." In J. Roland Pennock and J. W. Chapman (eds.) *Liberal Democracy*. New York University Press, pp. 13–47.

White, Stuart [1997] "Liberal Equality, Exploitation, and the Case for an Unconditional Basic Income." *Political Studies*, 45(2): 312–326.

White, Stuart [1999] "'Rights and Responsibilities': A Social Democratic Perspective." *The Political Quarterly*, 70(s1): 166–180.

Willetts, Peter [2006] "The Cardoso Report on the UN and Civil Society: Functionalism, Global Corporatism, or Global Democracy?" *Global Governance*, 12(3): 305–324.

Williams, Raymond [1985(1976)=2011(2002)] *Keywords: A Vocabulary of Culture and Society*. Revised ed., Oxford University Press. 椎名美智ほか訳『完訳キーワード辞典』平凡社。

Wilson, Timothy D. [2002=2005] *Strangers to Ourselves: Discovering the Adaptive Unconscious*. Belknap Press of Harvard University Press. 村田光二監訳『自分を知り，自分を変える——適応的無意識の心理学』新曜社。

Wright, Eric Olin (eds.) [2006] *Redesigning Redistribution: Basic Income and Stakeholder Grants as Alternative Cornerstones for a More Egalitarian Capitalism*. Verso.

Wolin, Sheldon S. [2004(1960)=2007(1994)] *Politics and Vision: Continuity and Innovation in Western Political Thought*. Expanded ed., Princeton University Press. 尾形典男ほか訳『政治とヴィジョン』福村出版。

Wolin, Sheldon S. [1968=1988] "Political Theory: Trends and Goals." In David L. Sills (ed.) *International Encyclopedia of the Social Sciences*. Vol. 12, Macmillan, pp. 318–331.「政治理論の史的展開」千葉眞ほか編訳『政治学批判』みすず書房，1 章。

Wolin, Sheldon S. [1969=1988] "Political Theory as a Vocation." *The American Political Science Review*,

63(4): 1062–1082.「職業としての政治理論」『政治学批判』, 3章。
Wolin, Sheldon S. [1989=2006] *The Presence of the Past: Essays on State and the Constitution*. Johns Hopkins University Press. 千葉眞ほか訳『アメリカ憲法の呪縛』みすず書房。
Wolin, Sheldon S. [2008] *Democracy Incorporated: Managed Democracy and the Specter of Inverted Totalitarianism*. Princeton University Press.
Wolkenstein, F. [2016] "A Deliberative Model of Intra-Party Democracy." *Journal of Political Philosophy*, 24(3): 297–320.
World Bank [1992] *Governance and Development*. The World Bank, <http://documents.worldbank.org/curated/en/604951468739447676/Governance-and-development>.
World Bank [1994] *The World Bank and Participation*. The World Bank, <http://documents.worldbank.org/curated/en/627501467990056231/The-World-Bank-and-Participation>.
World Bank [1996] *The World Bank Participation Sourcebook*. The World Bank, <http://documents.worldbank.org/curated/en/289471468741587739/The-World-Bank-participation-sourcebook>.
Wren, Daniel A. [1994(1972)=2003] *The Evolution of Management Thought*. 4th ed., Wiley. 佐々木恒男監訳『マネジメント思想の進化』文眞堂。
Young, Iris Marion [2000] *Inclusion and Democracy*. Oxford University Press.
Young, Iris Marion [2011=2014] *Responsibility for Justice*. Oxford University Press. 岡野八代・池田直子訳『正義への責任』岩波書店。
Young, Jock [1999=2007] *The Exclusive Society: Social Exclusion, Crime and Difference in Late Modernity*. Sage. 青木秀男ほか訳『排除型社会——後期近代における犯罪・雇用・差異』洛北出版。
Zehr, Howard [1990=2003] *Changing Lenses: A New Focus for Crime and Justice*. Herald Press. 西村春夫ほか監訳『修復的司法とは何か——応報から関係修復へ』新泉社。
Zoellick, Robert B. [2005] "Whither China: From Membership to Responsibility?" Remarks to National Committee on United States-China Relations, Sep 21, 2005, <https://2001-2009.state.gov/s/d/former/zoellick/rem/53682.htm>.
Zucman, Gabriel [2014] "Taxing across Borders: Tracking Personal Wealth and Corporate Profits." *Journal of Economic Perspectives*, 28(4): 121–148.
アガンベン, ジョルジョ [2009(2007)=2010]『王国と栄光——オイコノミアと統治の神学的系譜学のために』高桑和巳訳, 青土社。
秋吉貴雄 [2002]「NIMBY問題の解決手法としての参加型政策分析に関する考察」『熊本法学』100号, 161–185頁。
足立忠夫 [1992(1971)]『行政学』新訂版, 日本評論社。
阿部彩 [2010]「ワーキング・プア対策としての給付つき税額控除」埋橋孝文・連合総合生活開発研究所編『参加と連帯のセーフティネット——人間らしい品格ある社会への提言』ミネルヴァ書房, 10章。
網谷龍介 [2003]「EUにおける「市民社会」とガヴァナンス——「ヨーロッパ公共空間の共有」は可能か?」『神戸法学雑誌』53巻1号, 33–67頁。
網谷龍介 [2014]「「ポスト・デモクラシー」論と「戦後デモクラシー」の間」『生活経済政策』204号, 31–36頁。

アリストテレス［2018］『アリストテレス全集 17　政治学　家政論』神崎繁ほか訳，岩波書店。

安藤馨［2007］『統治と功利――功利主義リベラリズムの擁護』勁草書房。

青木昌彦［2008（1995）］『比較制度分析序説――経済システムの進化と多元性』講談社。

浅野有紀［2002］『法と社会的権力――「私法」の再編成』岩波書店。

東浩紀［2007（2003–05）］「crypto-survival noteZ」『文学環境論集――東浩紀コレクション L』講談社。

東浩紀［2011］『一般意志 2.0 ――ルソー，フロイト，グーグル』講談社。

有賀弘・阿部斉・斎藤眞［1994（1967）］『政治――個人と統合』2 版，東京大学出版会。

飯田隆ほか編［2009］『岩波講座哲学 10 社会／公共性の哲学』岩波書店。

池田謙一編［2016］『日本人の考え方 世界の人の考え方――世界価値観調査から見えるもの』勁草書房。

石川健治［2007（1999）］『自由と特権の距離――カール・シュミット「制度体保障」論・再考』増補版，日本評論社。

石川健治［2018］「「真ノ立憲」と「名義ノ立憲」」木村草太ほか『「改憲」の論点』集英社，8 章。

石川健治・瀬川信久・只木誠・町村泰貴・後藤巻則［2008］「法における人間像を語る」『法律時報』80 巻 1 号，4–32 頁。

イーストン，デイビッド［1971］「理論的研究における代替的戦略」イーストン編『現代政治理論の構想』大森彌ほか訳，勁草書房。

伊槻雅裕［2013］「広がるデジタル・デモクラシーの波――ドイツ海賊党の光と影」西田亮介『ネット選挙とデジタル・デモクラシー』NHK 出版，付章。

伊藤修一郎・近藤康史［2010］「ガバナンス論の展開と地方政府・市民社会――理論的検討と実証に向けた操作化」辻中豊・伊藤修一郎編『ローカル・ガバナンス――地方政府と市民社会』木鐸社，1 章。

伊藤昌司［1981］『相続法の基礎的諸問題』有斐閣。

伊藤恭彦［2010］『貧困の放置は罪なのか――グローバルな正義とコスモポリタニズム』人文書院。

稲葉振一郎［2016］『宇宙倫理学入門――人工知能はスペース・コロニーの夢を見るか？』ナカニシヤ出版。

井上彰［2017］『正義・平等・責任――平等主義的正義論の新たなる展開』岩波書店。

井上拓也［2012］「日本の消費者団体のシステム――顧客消費者と市民消費者の間で」『年報政治学』2012 年度 2 号，19–41 頁。

井堀利宏［2016］『消費増税は，なぜ経済学的に正しいのか――「世代間格差拡大」の財政的研究』ダイヤモンド社。

今井貴子［2018］『政権交代の政治力学――イギリス労働党の軌跡 1994–2010』東京大学出版会。

今井真士［2017］『権威主義体制と政治制度――「民主化」の時代におけるエジプトの一党優位の実証分析』勁草書房。

今里滋［2000］『アメリカ行政の理論と実践』九州大学出版会。

今西宏次［2006］『株式会社の権力とコーポレート・ガバナンス――アメリカにおける議論の展開を中心として』文眞堂。

ウェーバー，マックス［1922=1960］『支配の社会学』全2巻，世良晃志郎訳，創文社。

ウェーバー，マックス［1922=1970］『支配の諸類型』世良晃志郎訳，創文社。

ヴェーバー，マックス［1922=1972］『社会学の根本概念』清水幾太郎訳，岩波書店。

上神貴佳・堤英敬［2011］「民主党の形成過程，組織と政策」上神貴佳・堤英敬編『民主党の組織と政策――結党から政権交代まで』東洋経済新報社，1章。

上村達男［2002］『会社法改革――公開株式会社法の構想』岩波書店。

上村雄彦［2009］『グローバル・タックスの可能性――持続可能な福祉社会のガヴァナンスをめざして』ミネルヴァ書房。

上村雄彦編［2015］『グローバル・タックスの構想と射程』法律文化社。

上野千鶴子［2008］「当事者とは誰か？――ニーズ中心の福祉社会のために」上野千鶴子・中西正司編『ニーズ中心の福祉社会へ――当事者主権の次世代福祉戦略』医学書院，1章。

鵜飼健史［2013］『人民主権について』法政大学出版局。

内田智［2013］「熟議デモクラシー，国境横断的なその制度化の課題と可能性――欧州における討論型世論調査の試みを一例として」『年報政治学』2013年度2号，208–229頁。

宇沢弘文［2000］『社会的共通資本』岩波書店。

埋橋孝文［2011］『福祉政策の国際動向と日本の選択――ポスト「三つの世界」論』法律文化社。

ヴァン・レイブルック，ダーヴィッド［2013=2019］『選挙制を疑う』岡﨑晴輝／ディミトリ・ヴァンオーヴェルベーク訳，法政大学出版局。

衛藤幹子［2017］『政治学の批判的構想――ジェンダーからの接近』法政大学出版局。

NHK放送文化研究所編［2004］『現代日本人の意識構造』6版，日本放送出版協会。

NHK放送文化研究所編［2015］『現代日本人の意識構造』8版，NHK出版。

遠藤晶久［2009］「業績評価と投票」山田真裕・飯田健編『投票行動研究のフロンティア』おうふう，7章。

遠藤乾［2003］「日本における補完性原理の可能性」山口二郎ほか編『グローバル化時代の地方ガバナンス』岩波書店，10章。

遠藤知子［2011］「社会的協働と民主主義の境界」『年報政治学』2011年度1号，187–207頁。

大江洋［2004］『関係的権利論――子どもの権利から権利の再構成へ』勁草書房。

大澤津［2011］「分配の原理と分配の制度――ロールズの財産所有制民主主義をめぐって」『政治思想研究』11号，279–307頁。

大沢秀介［2007］「現代社会の自由と安全」『公法研究』69号，1–20頁。

大嶽秀夫［1996a（1979）］『現代日本の政治権力経済権力』増補新版，三一書房。

大嶽秀夫［1990］『政策過程』東京大学出版会。

大嶽秀夫［1994］『戦後政治と政治学』東京大学出版会。

大嶽秀夫［1996b］『戦後日本のイデオロギー対立』三一書房。

大嶽秀夫［2003］『日本型ポピュリズム――政治への期待と幻滅』中央公論新社。

大竹弘二［2009］『正戦と内戦――カール・シュミットの国際秩序思想』以文社。

大竹弘二［2014］「シュミット」杉田敦編『岩波講座政治哲学 4 国家と社会』岩波書店。

大竹弘二［2018］『公開性の根源――秘密政治の系譜学』太田出版。

大津浩［2011］「「対話型立法権分有」の事務配分論と「分権型法治主義」」大津編［2011: 6 章］。

大津浩［2012］「「対話型立法権分有」の法理に基づく「目的効果基準」論の新展開――神奈川県臨時特例企業税条例の合憲性・合法性についての一考察」『成城法学』81 号，416–368 頁。

大津浩編［2011］『地方自治の憲法理論の新展開』敬文堂。

大塚直［2010］「リスク社会と環境法――環境法における予防原則について」『法哲学年報』2009 年度号，54–71 頁。

大橋昭一［1999］『ドイツ経済民主主義論史』中央経済社。

大橋昭一・奥田幸助・奥林康司［1979］『経営参加の思想』有斐閣。

大庭大［2018］「事前分配（pre-distribution）とは何か――政策指針と政治哲学的構想の検討」『年報政治学』2018 年度 2 号，246–270 頁。

大屋雄裕［2004］「情報化社会における自由の命運」『思想』965 号，212–230 頁。

大屋雄裕［2006］「他者は我々の暴力的な配慮によって存在する――自由・主体・他者をめぐる問題系」『RATIO』1 号，240–260 頁。

岡﨑晴輝［2012］「選挙制度とデモクラシー」齋藤・田村編［2012: 9 章］。

岡田与好［1975］『独占と営業の自由――ひとつの論争的研究』木鐸社。

岡田昌也・永田誠・吉田修［1980］『ドイツ経営学入門』有斐閣。

小方信幸［2016］『社会的責任投資の投資哲学とパフォーマンス―― ESG 投資の本質を歴史からたどる』同文舘出版。

小川有美［2003］「ヨーロッパ化と政治的正統性の行方」『日本比較政治学会年報』5 号，1–24 頁。

小川有美［2005］「新しい統治としての OMC（開放的協調）とヨーロッパ化する政党政治」中村民雄編『EU 研究の新地平――前例なき政体への接近』ミネルヴァ書房，3 章。

小川有美［2011］「EU が変える政治空間――「民主主義の赤字」か「民主主義の多様化」か」田村哲樹・堀江孝司編『模索する政治――代表制民主主義と福祉国家のゆくえ』ナカニシヤ出版，9 章。

小川有美［2013］「社会をとりもどすガバナンス選択の政治」『生活経済政策』199 号，6–10 頁。

興津征雄［2014］「グローバル行政法とアカウンタビリティ――国家なき行政法ははたして，またいかにして可能か」『社会科学研究』65 巻 2 号，57–88 頁。

興津征雄［2016］「グローバル化社会と行政法――グローバル・ガバナンスへの日本の学説の対応」『法律時報』88 巻 2 号，79–85 頁。

小沢修司［2002］『福祉社会と社会保障改革――ベーシック・インカム構想の新地平』高菅出版。

小野耕二［2011］「「新しい政治学」への展望――「政治変容」と「政治学の変容」との架橋」『名古屋大學法政論集』242 号，69–110 頁。

海道ノブチカ・深山明編［1994］『ドイツ経営学の基調』中央経済社。

海道ノブチカ［2001］『現代ドイツ経営学』森山書店。

梶田孝道［1988］『テクノクラシーと社会運動――対抗的相補性の社会学』東京大学出版会。

粕谷祐子・高橋百合子［2015］「アカウンタビリティ研究の現状と課題」高橋百合子編『アカウンタビリティ改革の政治学』有斐閣，1 章。

片岡信之［1990］『日本経営学史序説――明治期商業諸学から経営学への胎動へ』文眞堂。

片上孝洋［2011］「「代表なければ課税なし」の再考」『ソシオサイエンス』17 号，143–158 頁。

金井利之［2010］『実践 自治体行政学――自治基本条例・総合計画・行政改革・行政評価』第一法規。

金井利之［2012］「原子力発電所と地元自治体同意制」『生活経済政策』188 号，15–19 頁。

鎌原勇太［2011］「民主主義指標の現状と課題」『法学政治学論究』90 号，103–136 頁。

鎌倉治子［2009］「諸外国の課税単位と基礎的な人的控除」『レファレンス』59 巻 11 号，103–130 頁。

上林正矩［1966］『世界の証券市場』千倉書房。

神山弘行［2015］「贈与税と相続税の関係に関する覚書」『税研』31 巻 4 号，30–37 頁。

萱野稔人［2007］『権力の読みかた――状況と理論』青土社。

川崎修［2012（2006）］「権力」川崎修・杉田敦編『現代政治理論』新版，有斐閣，2 章。

川崎修［2010］『「政治的なるもの」の行方』岩波書店。

川中豪［2018］「「民主主義の後退」をめぐる理論」川中豪編『後退する民主主義，強化される権威主義――最良の政治制度とは何か』ミネルヴァ書房，1 章。

菊澤研宗［2004］『比較コーポレート・ガバナンス論――組織の経済学アプローチ』有斐閣。

菊澤研宗［2010］「コーポレート・ガバナンス・システムの多様性と収束性――ステークホルダー・ガバナンスへの収束説」法政大学比較経済研究所・鈴木豊編『ガバナンスの比較セクター分析――ゲーム理論・契約理論を用いた学際的アプローチ』法政大学出版局，4 章。

菊池馨実［2010］「社会保障法の基本理念としての自由」宮本編［2010: 56–80］。

岸見太一［2014］「移民選別とデモクラシー――法的強制を基準とする境界画定論の検討」『年報政治学』2013 年度 2 号，252–273 頁。

北田暁大［2003］『責任と正義――リベラリズムの居場所』勁草書房。

木部尚志［2001］「方法論的個人主義とその諸問題――合理選択モデルの批判的考察」『社会科学ジャーナル』46 号，1–20 頁。

木部尚志［2015］『平等の政治理論――〈品位ある平等〉にむけて』風行社。

金慧［2011］「自律と所有――自己尊重の社会的基盤をめぐって」須賀・齋藤編［2011: 7 章］。

京極純一［1987］『日本人の秩序像――大きな政治と小さな政治』日本放送出版協会。

楠戸伊緒里［2012］『放射性廃棄物の憂鬱』祥伝社。

國枝繁樹［2010］「税制改革の論点」『租税研究』733 号，41–52 頁。

久保亨・瀬畑源［2014］『国家と秘密――隠される公文書』集英社。

経営学史学会編［2012（2002）］『経営学史事典』2 版，文眞堂。

毛塚勝利［1992］「わが国における従業員代表法制の課題――過半数労働者代表制度の法的整備のための検討課題」『日本労働法学会誌』79 号，129–157 頁。

毛塚勝利［2008］「企業統治と労使関係システム――ステークホルダー民主主義論からの労使関係の再構築」石田眞・大塚直編『労働と環境』日本評論社，3 章。

毛塚勝利［2016］「日本における労働者代表制度の整備とその方法――ドイツの経験と日本の議論をふまえて」『経営民主主義』63 号，6–17 頁。

厚生労働省［2018］「平成 30 年労働組合基礎調査」2018 年 12 月 19 日，<https://www.mhlw.go.jp/toukei/itiran/roudou/roushi/kiso/18/index.html>.

河野勝［2006］「ガヴァナンス概念再考」河野勝編『制度からガヴァナンスへ――社会科学における知の交差』東京大学出版会，序章。

公文書管理の在り方等に関する有識者会議［2008］『最終報告「時を貫く記録としての公文書管理の在り方」～今，国家事業として取り組む～』2008 年 11 月 4 日，<https://www.cas.go.jp/jp/seisaku/koubun/hokoku.pdf>.

小林傳司［2004］『誰が科学技術について考えるのか――コンセンサス会議という実験』名古屋大学出版会。

小林傳司［2007］『トランス・サイエンスの時代――科学技術と社会をつなぐ』NTT 出版。

小堀眞裕［2005］『サッチャリズムとブレア政治――コンセンサスの変容，規制国家の強まり，そして新しい左右軸』晃洋書房。

小山裕［2015］『市民的自由主義の復権――シュミットからルーマンへ』勁草書房。

近藤康史［2008］『個人の連帯――「第三の道」以後の社会民主主義』勁草書房。

後藤道夫［2010］「「必要」判定排除の危険――ベーシックインカムについてのメモ」『POSSE』8 号，27–41 頁。

後藤玲子［2002］『正義の経済哲学――ロールズとセン』東洋経済新報社。

後藤玲子［2006］「正義と公共的相互性――公的扶助の根拠」『思想』983 号，82–99 頁。

五野井郁夫［2011］「グローバル・デモクラシー論――国境を越える政治の構想」小田川大典ほか編『国際政治哲学』ナカニシヤ出版，5 章。

五野井郁夫［2018］「代表制民主主義と直接民主主義の間――参加民主主義，熟議民主主義，液体民主主義」『社会科学ジャーナル』85 号，5–22 頁。

権泰吉［1984］『アメリカ経営学の展開』白桃書房。

西條辰義編［2015］『フューチャー・デザイン――七世代先を見据えた社会』勁草書房。

齋藤純一［1992］「批判的公共性の可能性をめぐって――親密圏のポテンシャル」小野紀明ほか『モダーンとポスト・モダーン――政治思想史の再発見 I』木鐸社，189–224 頁。

齋藤純一［2000］『公共性』岩波書店。

齋藤純一［2005］『自由』岩波書店。

齋藤純一［2007］「排除に抗する社会統合の構想――ロールズとハーバーマスにおける相互承認をめぐって」『年報政治学』2007 年度 2 号，103–121 頁。

齋藤純一［2008］『政治と複数性――民主的な公共性にむけて』岩波書店。

齋藤純一［2009］「感情と規範的期待――もう一つの公私区分の脱構築」飯田ほか編［2009: 109–127］。

齋藤純一［2010a］「政治的空間における理由と情念」『思想』1033 号，14–34 頁。

齋藤純一［2010b］「公共的空間における政治的意思形成――代表とレトリック」齋藤純一編

『公共性の政治理論』ナカニシヤ出版，6章。

齋藤純一［2011］「制度化された連帯とその動機づけ」齋藤純一編『支える――連帯と再分配の政治学』風行社，4章。

齋藤純一［2012］「デモクラシーにおける理性と感情」齋藤・田村編［2012: 8章］。

齋藤純一［2017］『不平等を考える――政治理論入門』筑摩書房。

齋藤純一・田村哲樹編［2012］『アクセス デモクラシー論』日本経済評論社。

齊藤拓［2006a］「ベーシックインカムとベーシックキャピタル」『Core Ethics』2号，115–128頁。

齊藤拓［2006b］「福祉国家改革の一方向性――各国に見る資産ベース福祉への移行」『Core Ethics』2号，259–270頁。

齊藤拓［2010］「政治哲学的理念としてのベーシック・インカム」立岩真也・齊藤拓『ベーシックインカム――分配する最小国家の可能性』青土社，189–281頁。

坂井豊貴［2016］『「決め方」の経済学――「みんなの意見のまとめ方」を科学する』ダイヤモンド社。

阪井裕一郎［2012］「家族の民主化――戦後家族社会学の〈未完のプロジェクト〉」『社会学評論』63巻1号，36–52頁。

佐久間信夫［2003］『企業支配と企業統治――コーポレートコントロールとコーポレートガバナンス』白桃書房。

佐々木寛［1998］「「グローバル・デモクラシー」の構成とその課題――D・ヘルドの理論をめぐって」『立教法学』48号，142–182頁。

佐々木寛［2010］「「グローバル・シティズンシップ」の射程」『立命館法学』333/334号，2141–2169頁。

佐藤滋・古市将人［2014］『租税抵抗の財政学――信頼と合意に基づく社会へ』岩波書店。

佐藤正弘［2010］「新時代のマルチステークホルダー・プロセスとソーシャル・イノベーション」『季刊 政策・経営研究』15号，109–132頁。

塩野谷祐一［1984］『価値理念の構造――効用対権利』東洋経済新報社。

篠田英朗［2012］『「国家主権」という思想――国際立憲主義への軌跡』勁草書房。

篠原一［2004］『市民の政治学――討議デモクラシーとは何か』岩波書店。

宿谷晃弘［2007］「修復的正義と真実和解委員会の理論的基礎――Villa-Vicencioの理論の検討」『比較法学』41巻1号，87–130頁。

シュトレーク，ヴォルフガング［2013=2016］『時間かせぎの資本主義――いつまで危機を先送りできるか』鈴木直訳，みすず書房。

シュミット，カール［1923=2015］『現代議会主義の精神史的状況 他一篇』樋口陽一訳，岩波書店。

シュミット，カール［1932=1970］『政治的なものの概念』田中浩・原田武雄訳，未來社。

シュミット，R.-B.［1969/73/78=1974/78/86］『企業経済学』全3巻，海道ノブチカ訳，千倉書房。

白藤博行［2007］「「安全の中の自由」論と警察行政法」『公法研究』69号，45–68頁。

白川俊介［2012］『ナショナリズムの力――多文化共生世界の構想』勁草書房。

城山英明［2010］「グローバル化における国家機能の行方——メタガバナンスはいかにして可能か」『世界』809号，161–167頁。

新川敏光［2002a］「福祉国家の改革原理——生産主義から脱生産主義へ」『季刊社会保障研究』38巻2号，120–128頁。

新川敏光［2002b］「グローバル社会は国家能力を減退させる？——税収構造からみた福祉国家の変容」『現代思想』30巻15号，76–85頁。

新川敏光［2010］「基本所得は福祉国家を超えるか」『現代思想』38巻8号，165–181頁。

新川敏光［2011］「ベーシック・インカムというラディカリズム」『大原社会問題研究所雑誌』634号，45–57頁。

新川敏光［2014］『福祉国家変革の理路——労働・福祉・自由』ミネルヴァ書房。

ジュタン，ブリュノ［2002=2006］『トービン税入門——新自由主義的グローバリゼーションに対抗するための国際戦略』和仁道郎訳，社会評論社。

須賀晃一・齋藤純一編［2011］『政治経済学の規範理論』勁草書房。

菅原慎悦［2010］「原子力安全協定の現状と課題——自治体の役割を中心に」『ジュリスト』1399号，35–43頁。

菅原慎悦・寿楽浩太［2010］「高レベル放射性廃棄物最終処分場の立地プロセスをめぐる科学技術社会学的考察——原発立地問題からの「教訓」と制度設計の「失敗」」『年報科学・技術・社会』19号，25–51頁。

杉田敦［2015c(2005)］『境界線の政治学』増補版，岩波書店。

杉田敦［2009］『政治への想像力』岩波書店。

杉田敦［2013］『政治的思考』岩波書店。

杉田敦［2015a］『両義性のポリティーク』風行社。

杉田敦［2015b］『権力論』岩波書店。

鈴木健［2013］『なめらかな社会とその敵—— PICSY・分人民主主義・構成的社会契約論』勁草書房。

鈴木謙介［2007］『ウェブ社会の思想——〈遍在する私〉をどう生きるか』日本放送出版協会。

鈴村興太郎・後藤玲子［2001］『アマルティア・セン——経済学と倫理学』実教出版株式会社。

砂原庸介［2005］「ガバナンス論の射程」『相関社会科学』15号，70–85頁。

ズックマン，ガブリエル［2013=2015］『失われた国家の富——タックス・ヘイブンの経済学』林昌宏訳，NTT出版。

盛山和夫［2000］『権力』東京大学出版会。

関嘉彦［1963］「産業民主主義の現代的意義」民主社会主義研究会議産業民主主義研究委員会編『産業民主主義——現代の労使関係』ダイヤモンド社，1章。

善教将大［2013］『日本における政治への信頼と不信』木鐸社。

空井護［2012］「現代民主政1・5 ——熟議と無意識の間」『アステイオン』77号，38–51頁。

高木晶弘［2006］「「国際連帯税」——開発資金調達をめぐる新しい展開」『国際文化研究紀要』13号，67–92頁。

高田洋［2001］「横断的国家分析における民主主義の指標とその問題点」『人文学報・社会福祉学』319号，77–98頁。

高橋良輔［2015］「国境を越える代表は可能か？」山崎・山本編［2015: 2 章］。

高畠通敏［2009（1963–64）］「アメリカ近代政治学の基礎概念」栗原彬・五十嵐暁郎編『高畠通敏集 1 政治理論と社会運動』岩波書店。

高畠通敏［2012（1976）］『政治学への道案内』講談社。

瀧川裕英［2017］『国家の哲学——政治的責務から地球共和国へ』東京大学出版会。

武川正吾［1991］「社会政策における〈Privatisation〉（中）」『季刊社会保障研究』27 巻 1 号，83–93 頁。

武川正吾［1999］「住宅政策」毛利編［1999: 4 章］。

武川正吾［2007］『連帯と承認——グローバル化と個人化のなかの福祉国家』東京大学出版会。

武川正吾［2008］「21 世紀社会施策の構想のために——ベーシック・インカムという思考実験」武川編［2008: 1 章］。

武川正吾［2011］「ベーシック・インカムの理論と実践——日本の社会政策の場合」『大原社会問題研究所雑誌』634 号，16–28 頁。

武川正吾・宮本太郎・小沢修司［2004］「ワークフェアとベーシック・インカム」『海外社会保障研究』147 号，3–18 頁。

武川正吾編［2008］『シティズンシップとベーシック・インカムの可能性』法律文化社。

竹澤祐丈［2002］「シヴィック・ヒューマニズムと経済学の成立」『調査と研究』25 号，22–48 頁。

只野雅人［2011］「自治体の立法権をめぐる「国家の型」の理論——立法権の「分有」と条例制定権についての素描」大津編［2011: 4 章］。

田中愛治［2012］「無党派層のこれまでと現在」nippon.com，2012 年 7 月 18 日，<https://www.nippon.com/ja/in-depth/a01104/>.

田中拓道［2004］「フランス福祉国家論の思想的考察——「連帯」のアクチュアリティ」『社会思想史研究』28 号，53–68 頁。

田中拓道［2006］『貧困と共和国——社会的連帯の誕生』人文書院。

田中拓道［2011］「脱商品化とシティズンシップ——福祉国家の一般論のために」『思想』1043 号，145–163 頁。

田中拓道［2017］『福祉政治史——格差に抗するデモクラシー』勁草書房。

棚瀬孝雄［2003］『訴訟動員と司法参加——市民の法主体性と司法の正統性』岩波書店。

田辺俊介［2010］『ナショナル・アイデンティティの国際比較』慶應義塾大学出版会。

田辺俊介［2011］「ナショナリズム その多元性と多様性」田辺俊介編『外国人へのまなざしと政治意識——社会調査で読み解く日本のナショナリズム』勁草書房，1 章。

谷本寛治［2002］『企業社会のリコンストラクション』千倉書房。

谷本寛治［2003］『SRI 社会的責任投資入門——市場が企業に迫る新たな規律』日本経済新聞社。

谷本寛治［2007］『SRI と新しい企業・金融』東洋経済新報社。

谷本寛治編［2004］『CSR 経営——企業の社会的責任とステイクホルダー』中央経済社。

田畑真一［2011］「熟議デモクラシーにおけるミニ・パブリックスの位置づけ」須賀・齊藤編［2011: 15 章］。

田畑真一［2017］「代表関係の複数性——代表論における構築主義的転回の意義」『年報政治学』2017年度1号，181–202頁。

田村哲樹［2007］「シティズンシップと福祉改革」『名古屋大学法政論集』217号，333–368頁。

田村哲樹［2008a］『熟議の理由——民主主義の政治理論』勁草書房。

田村哲樹［2008b］「民主主義のための福祉——「熟議民主主義とベーシック・インカム」再考」『思想地図』2号，115–142頁。

田村哲樹［2008c］「シティズンシップとベーシック・インカム」武川編［2008: 4章］。

田村哲樹［2010］「ベーシック・インカム，自由，政治的実現可能性」宮本編［2010: 146–170］。

田村哲樹［2015］「「民主的家族」の探究——方法論的ナショナリズムのもう一つの超え方」『名古屋大学法政論集』262号，15–37頁。

田村哲樹［2017］『熟議民主主義の困難——その乗り越え方の政治理論的考察』ナカニシヤ出版。

田村哲樹［2018a］「グローバル・ガバナンスと民主主義——方法論的国家主義を超えて」グローバル・ガバナンス学会編『グローバル・ガバナンス学I——理論・歴史・規範』法律文化社，3章。

田村哲樹［2018b］「分断社会と熟議民主主義——熟議システム論の適用と再考を通じて」日本比較政治学会編『日本比較政治学会年報20　分断社会の比較政治学』ミネルヴァ書房，1章。

千葉眞［1996］「デモクラシーと政治の概念——ラディカル・デモクラシーにむけて」『思想』867号，5–24頁。

辻中豊［1988］『利益集団』東京大学出版会。

辻村みよ子［1989］『「権利」としての選挙権——選挙権の本質と日本の選挙問題』勁草書房。

土谷岳史［2013］「EU政体における領域性とデモス——デモイクラシーと市民の境界」『日本EU学会年報』33号，143–162頁。

恒川恵市［1996］『企業と国家』東京大学出版会。

手島孝［1995（1964）］『アメリカ行政学』復刻版，日本評論社。

手島孝［1982］『行政概念の省察』学陽書房。

テッティンガー，ペーター・J.［2002］「安全の中の自由」小山剛訳，『警察学論集』55巻11号，144–162頁。

デリダ，ジャック［1994=1999］『法の力』堅田研一訳，法政大学出版局。

遠山隆淑［2011］『「ビジネス・ジェントルマン」の政治学——W・バジョットとヴィクトリア時代の代議政治』風行社。

富山慶典・熊田禎宣［1988］「強比例加重投票システムの一構成法」『公共選択の研究』12号，61–64頁。

豊永郁子［2010（1998）］『サッチャリズムの世紀——作用の政治学へ』新版，勁草書房。

豊永郁子［2008］『新保守主義の作用——中曽根・ブレア・ブッシュと政治の変容』勁草書房。

内閣府［2007］「治安に関する世論調査（平成18年12月調査）」2007年2月，<https://survey.gov-online.go.jp/h18/h18-chian/index.html>.

内閣府［2012］「治安に関する特別世論調査（平成 24 年 7 月）」2012 年 9 月，<https://survey.gov-online.go.jp/tokubetu/h24/h24-chian.pdf>.

内閣府［2017］「治安に関する世論調査（平成 29 年 9 月調査）」2017 年 11 月，<https://survey.gov-online.go.jp/tokubetu/h29/h29-chiang.pdf>.

内閣府［2019］「社会意識に関する世論調査（平成 31 年 2 月調査）」2019 年 4 月，<https://survey.gov-online.go.jp/h30/h30-shakai/index.html>.

中河伸俊［1999］『社会問題の社会学――構築主義アプローチの新展開』世界思想社。

中澤高師［2009］「廃棄物処理施設の立地における受苦の「分担」と「重複」――受益圏・受苦圏論の新たな視座への試論」『社会学評論』59 巻 4 号，787–804 頁。

中澤高師［2010］「受苦の集中と分散をめぐる紛争過程――町田市廃プラスチック中間処理施設問題を事例として」『一橋社会科学』2 号，1–15 頁。

中村宏［1989］「サッチャー政権と福祉国家イギリスの変容――住宅政策を中心に」『年報政治学』39 号，21–35 頁。

中山竜一［2008］「予防原則と憲法の政治学」『法の理論』27 号，77–93 頁。

中山竜一［2009］「リスク社会における公共性」飯田ほか編［2009: 129–149］。

永井均［2011(2003)］『倫理とは何か――猫のアインジヒトの挑戦』筑摩書房。

長浜政寿［1959］「ドイツ官房学的行政学の成立」『行政学序説』有斐閣，補論 1。

永松伸吾［2011］『キャッシュ・フォー・ワーク――震災復興の新しいしくみ』岩波書店。

成原慧［2016］『表現の自由とアーキテクチャ――情報社会における自由と規制の再構成』勁草書房。

成瀬龍夫［2011］「ベーシック・インカムの魅惑と当惑」『大原社会問題研究所雑誌』634 号，1–15 頁。

西尾勝［2001(1993)］『行政学』新版，有斐閣。

西岡晋［2015］「コーポレート・ガバナンスの政治学――「三つの I」のアプローチ」『年報政治学』2014 年度 2 号，110–134 頁。

西澤由隆［1998］「選挙研究における「政党支持」の現状と課題」『選挙研究』13 号, 5–16 頁。

西谷真規子［2005］「規範カスケードにおける評判政治（上）」『国際協力論集』12 巻 3 号，145–180 頁。

西原博史［2008］「リスク社会・予防原則・比例原則」『ジュリスト』1356 号，75–81 頁。

西原博史［2009］『自律と保護――憲法上の人権保障が意味するものをめぐって』成文堂。

仁平典宏［2011］「被災者支援から問い直す「新しい公共」」『POSSE』11 号，88–96 頁。

日本学術会議［2012］『高レベル放射性廃棄物の処分について』2012 年 9 月 11 日。

日本学術会議［2014］『高レベル放射性廃棄物問題への社会的対処の前進のために』日本学術会議高レベル放射性廃棄物の処分に関するフォローアップ検討委員会暫定保管と社会的合意形成に関する分科会報告，2014 年 9 月 19 日。

日本犯罪社会学会編［2009］『グローバル化する厳罰化とポピュリズム』現代人文社。

根本志保子［2014］「消費――消費者は環境に責任があるのか」橋本努編『現代の経済思想』勁草書房，315–339 頁。

野口貴公美［2011］「ホームルール理念の「汎用性」」大津編［2011: 7 章］。

野崎亜紀子［2014］「規範的関係論・序説」『千葉大学法学論集』29 巻 1/2 号，149–174 頁。

野崎綾子［2003］『正義・家族・法の構造変換――リベラル・フェミニズムの再定位』勁草書房。

橋本祐子［2001］「刑罰から損害賠償へ―― R・バーネットの「純粋損害賠償」論」『同志社法學』52 巻 6 号，370–392 頁。

長谷部俊治［2012］「制度的なリスク制御の破綻――原発事故の制度問題」長谷部俊治・舩橋晴俊編『持続可能性の危機――地震・津波・原発事故災害に向き合って』御茶の水書房，3 章。

ハーバーマス，ユルゲン［1990（1962）=1994］『公共性の構造転換――市民社会の一カテゴリーについての探究』2 版，細谷貞雄・山田正行訳，未來社。

ハーバーマス［1973=2018］『後期資本主義における正統化の問題』山田正行・金慧訳，岩波書店。

ハーバーマス，ユルゲン［1992=2002–03］『事実性と妥当性――法と民主的法治国家の討議理論にかんする研究』河上倫逸・耳野健二訳，上下巻，未來社。

ハーバーマス，ユルゲン［1996=2012（2004）］『他者の受容――多文化社会の政治理論に関する研究』高野昌行訳，新装版，法政大学出版局。

濱口桂一郎［2009］『新しい労働社会――雇用システムの再構築へ』岩波書店。

濱口桂一郎［2015］「労働者代表法制のあり方」仁田道夫・日本労働組合総連合会編『これからの集団的労使関係を問う――現場と研究者の対話』エイデル研究所，28–45 頁。

浜本隆志［2013］『海賊党の思想――フリーダウンロードと液体民主主義』白水社。

早川誠［2001］『政治の隘路――多元主義の 20 世紀』創文社。

早川誠［2009］「熟議デモクラシーとグローバル化の諸側面」『思想』1020 号，250–267 頁。

早川誠［2014a］「多元的国家論――伝統と革新による自由の実現」杉田敦編『岩波講座政治哲学 4 国家と社会』岩波書店，4 章。

早川誠［2014b］『代表制という思想』風行社。

原科幸彦［2011］『環境アセスメントとは何か――対応から戦略へ』岩波書店。

原田久［2011］『広範囲応答型の官僚制――パブリック・コメント手続の研究』信山社。

原田泰［2015］『ベーシック・インカム――国家は貧困問題を解決できるか』中央公論新社。

馬場健司［2003］「意思決定プロセスにおけるアクターの役割―― NIMBY 施設立地問題におけるハイブリッド型住民参加の可能性」『都市計画 別冊 都市計画論文集』38 巻 3 号，217–222 頁。

馬場健司・松浦正浩・谷口真人［2015］「科学と社会の共創に向けたステークホルダー分析の可能性と課題――福井県小浜市における地下水資源の利活用をめぐる潜在的論点の抽出からの示唆」『環境科学会誌』28 巻 4 号，304–315 頁。

馬場健司・松浦正浩［2016］「木質バイオマス利用推進策検討に向けたステークホルダー分析――対馬のフィールドワークからの知見とその検証」『社会技術研究論文集』13 号，66–76 頁。

平林紀子［2014］『マーケティング・デモクラシー――世論と向き合う現代米国政治の戦略技術』春風社。

廣瀬幹好［2005］『技師とマネジメント思想――アメリカにおけるマネジメント思想の生成，1880 年～1920 年』文眞堂。

広田真一［2012］『株主主権を超えて――ステークホルダー型企業の理論と実証』東洋経済新報社。

広田照幸［2015］『教育は何をなすべきか――能力・職業・市民』岩波書店。

広渡清吾［2014］「国籍・市民権・民族所属性――「人と国家の関係」の法的形象をめぐって」『専修法学論集』120 号，103–164 頁。

裴富吉［1996(1994)］『経営学の生成――日本経営学史序説』増補版，白桃書房。

ピケティ，トマ［2013=2014］『21 世紀の資本』山形浩生ほか訳，みすず書房。

福士正博［2009］『完全従事社会の可能性――仕事と福祉の新構想』日本経済評論社。

福島智・星加良司［2006］「〈存在の肯定〉を支える二つの〈基本ニーズ〉――障害の視点で考える現代社会の「不安」の構造」『思想』983 号，117–134 頁。

福田歓一［1971］『近代政治原理成立史序説』岩波書店。

福田歓一［1977］『近代民主主義とその展望』岩波書店。

福原宏幸［2007］「社会的排除／包摂論の現在と展望――パラダイム・「言説」をめぐる議論を中心に」福原宏幸編『社会的排除／包摂と社会政策』法律文化社，1 章。

福原正人［2017］「移民の倫理学をめぐる一試論――国家に個人を排除する道徳的権利はあるのか」『立命館言語文化研究』29 巻 2 号，105–116 頁。

福原正人［2018］「民主主義の境界画定――正当性と正統性」『年報政治学』2018 年度 2 号，224–245 頁。

フーコー，ミシェル［1975=1977］『監獄の誕生――監視と処罰』田村俶訳，新潮社。

フーコー，ミシェル［1976=1986］『知への意志』渡辺守章訳，新潮社。

フーコー，ミシェル［1977=2006］「真理と権力」北山晴一訳，小林康夫ほか編『フーコー・コレクション 4　権力・監禁』筑摩書房，326–372 頁。

フーコー，ミシェル［1981=2006］「全体的なものと個的なもの」北山晴一訳，小林康夫ほか編『フーコー・コレクション 6　生政治・統治』筑摩書房，303–361 頁。

フーコー，ミシェル［1997=2007a］『社会は防衛しなければならない――コレージュ・ド・フランス講義 1975–1976 年度』石田英敬・小野正嗣訳，筑摩書房。

フーコー，ミシェル［2004=2007b］『安全・領土・人口――コレージュ・ド・フランス講義 1977–1978 年度』高桑和巳訳，筑摩書房。

藤田省三［1997(1995)］「「安楽」への全体主義――充実を取戻すべく」『藤田省三著作集 6　全体主義の時代経験』みすず書房，29–42 頁。

藤森克彦［2002］『構造改革ブレア流』TBS ブリタニカ。

舩橋晴俊［2010］「受益圏・受苦圏」日本社会学会社会学事典刊行委員会編『社会学事典』丸善株式会社，752–753 頁。

舩橋晴俊［2013］「高レベル放射性廃棄物問題の取り組み態勢について，考えるべき論点」『学術の動向』18 巻 6 号，40–45 頁。

舩橋晴俊・長谷川公一・飯島伸子［2012(1998)］『核燃料サイクル施設の社会学――青森県六ヶ所村』有斐閣。

古川栄一［1959］『アメリカ経営学』経林書房。

古谷由紀子［2015］「「社会的責任に関する円卓会議」の意義と課題――マルチステークホルダー・プロセスによる社会的課題解決モデルとして」『日本経営倫理学会誌』22号，95–108頁。

ベック，ウルリッヒ［1994=1997］「工業社会の自己解体と自己加害――それは何を意味するのか？」ウルリッヒ・ベック／アンソニー・ギデンズ／スコット・ラッシュ『再帰的近代化――近現代における政治，伝統，美的原理』松尾精文ほか訳，而立書房，318–334頁。

ベック，ウルリッヒ［2002=2008］『ナショナリズムの超克――グローバル時代の世界政治経済学』島村賢一訳，NTT出版。

堀田和宏［2005］「非営利組織のガバナンスとアカウンタビリティ――経営機関の統制と規制の強化」『非営利法人研究学会誌』7号，37–55頁。

ボルタンスキー，リュック／シャペロ，エヴ［2013］『資本主義の新たな精神』三浦直希ほか訳，上下巻，ナカニシヤ出版。

真木悠介［2012］『定本真木悠介著作集3 自我の起原』岩波書店。

正木久司［1967］「「人民資本主義」と企業所有・支配」『証券経済』90号，8–43頁。

待鳥聡史［2015a］『政党システムと政党組織』東京大学出版会。

待鳥聡史［2015b］『代議制民主主義――「民意」と「政治家」を問い直す』中央公論新社。

町村敬志［2016］「「評価国家」における統治の構造――政治的合理性・プログラム・テクノロジー」遠藤薫ほか編『社会理論の再興』ミネルヴァ書房，8章。

松井茂記［1993］「福祉国家の憲法学」『ジュリスト』1022号，69–75頁。

松井茂記［1994］『二重の基準論』有斐閣。

松井茂記［2007（1999）］『日本国憲法』3版，有斐閣。

松井秀征［2010］『株主総会制度の基礎理論――なぜ株主総会は必要なのか』有斐閣。

松浦正浩［2010］『実践！交渉学――いかに合意形成を図るか』筑摩書房。

松浦正浩［2014］「参考人意見陳述」衆議院原子力問題調査特別委員会，2014年6月5日。

松浦正浩・城山英明・鈴木達治郎［2008］「ステークホルダー分析手法を用いたエネルギー・環境技術の導入普及の環境要因の構造化」『社会技術研究論文集』5号，12–23頁。

松尾隆佑［2018］「原発事故避難者と二重の住民登録――ステークホルダー・シティズンシップに基づく擁護」『政治思想研究』18号，140–168頁。

松下圭一［1957］「「巨大社会」における集団理論」『年報政治学』8号，3–28頁。

松下圭一［1987］『ロック『市民政府論』を読む』岩波書店。

松下圭一［1995］『現代政治の基礎理論』東京大学出版会。

松元雅和［2007］『リベラルな多文化主義』慶應義塾大学出版会。

松元雅和［2015］『応用政治哲学――方法論の探究』風行社。

真渕勝［2009］『行政学』有斐閣。

丸山眞男［2014a（1947）］「科学としての政治学」松本礼二編注『政治の世界 他十篇』岩波書店，11–42頁。

丸山眞男［2014b（1952）］「政治の世界」『政治の世界 他十篇』岩波書店，69–154頁。

丸山眞男［1996a（1959）］「民主主義の歴史的背景」松沢弘陽・植手通有編『丸山眞男集』8

巻，岩波書店。

丸山眞男［1996b（1968）］「個人析出のさまざまなパターン――近代日本をケースとして」松沢弘陽・植手通有編『丸山眞男集』9巻，岩波書店，377–424頁。

丸山眞男［1996c（1989）］「戦後民主主義の原点」松沢弘陽・植手通有編『丸山眞男集』15巻，岩波書店。

万仲脩一［2001］『企業体制論――シュタインマン学派の学説』白桃書房。

マンハイム［1929=2006］『イデオロギーとユートピア』高橋徹・徳永恂訳，中央公論新社。

三浦聡［2003］「国連グローバル・コンパクト――グローバル・ガバナンスの新たなモデル」『ジュリスト』1254号，106–113頁。

三浦聡［2009］「国連グローバル・コンパクトの意義――ガバナンス論からの考察」『日本国際経済法学会年報』18号，1–35頁。

三浦文夫［1985］『社会福祉政策研究――社会福祉経営論ノート』全国社会福祉協議会。

三浦まり［2015］『私たちの声を議会へ――代表制民主主義の再生』岩波書店。

水口剛［2013］『責任ある投資――資金の流れで未来を変える』岩波書店。

水口剛［2017］『ESG投資――新しい資本主義のかたち』日本経済新聞出版社。

水島治郎［2016］『ポピュリズムとは何か――民主主義の敵か，改革の希望か』中央公論新社。

水村典弘［2004］『現代企業とステークホルダー――ステークホルダー型企業モデルの新構想』文眞堂。

水村典弘［2008］『ビジネスと倫理――ステークホルダー・マネージメントと価値創造』文眞堂。

宮川公男・山本清編［2002］『パブリック・ガバナンス――改革と戦略』日本経済評論社。

宮坂純一［1999］『ビジネス倫理学の展開』晃洋書房。

宮坂純一［2003］『企業は倫理的になれるのか』晃洋書房。

宮寺晃夫［2014］『教育の正義論――平等・公共性・統合』勁草書房。

宮本太郎［2002］「福祉国家再編の規範的対立軸――ワークフェアとベーシックインカム」『季刊社会保障研究』38巻2号，129–137頁。

宮本太郎［2004］「ワークフェア改革とその対案 新しい連携へ？」『海外社会保障研究』147号，29–40頁。

宮本太郎［2006］「ポスト福祉国家のガバナンス 新しい政治的対抗」『思想』983号，27–47頁。

宮本太郎［2013］『社会的包摂の政治学――自立と承認をめぐる政治対抗』ミネルヴァ書房。

宮本太郎［2017］『共生保障――〈支え合い〉の戦略』岩波書店。

宮本太郎編［2010］『社会保障――セキュリティの構造転換へ』岩波書店。

毛利健三［1990］『イギリス福祉国家の研究――社会保障発達の諸画期』東京大学出版会。

毛利健三［1999］「社会政策と戦後政治」毛利編［1999: 序章］。

毛利健三編［1999］『現代イギリス社会政策史 1945–1990』ミネルヴァ書房。

森英樹［2008］「「戦う安全国家」と個人の尊厳」『ジュリスト』1356号，57–65頁。

森政稔［2006］「討論 アカウンタビリティにおける理論と実証――コメント」『早稲田政治経済学雑誌』364号，52–58頁。

森政稔［2008］『変貌する民主主義』筑摩書房。

森政稔［2014］『〈政治的なもの〉の遍歴と帰結——新自由主義以後の「政治理論」のために』青土社。

森岡正博［2003］『無痛文明論』トランスビュー。

森岡正博［2010］「パーソンとペルソナ——パーソン論再考」『人間科学：大阪府立大学紀要』5号，91–121頁。

森岡正博［2014］「サステイナビリティ学において何がサステイナブルであるべきなのか——持続可能性概念の批判的考察序説」『人間科学：大阪府立大学紀要』9号，35–61頁。

森信茂樹編［2008］『給付つき税額控除——日本型児童税額控除の提言』中央経済社。

森村進［1989］『権利と人格——超個人主義の規範理論』創文社。

森村進［2000］「リバタリアニズムの刑罰理論」三島淑臣ほか編『ホセ・ヨンパルト教授古稀祝賀 人間の尊厳と現代法理論』成文堂，435–453頁。

森村進［2013］『リバタリアンはこう考える——法哲学論集』信山社。

森村進［2014］「移民の規制は正当化できるか？」宇佐美誠編『グローバルな正義』勁草書房，5章。

柳瀬昇［2009］『裁判員制度の立法学——討議民主主義理論に基づく国民の司法参加の意義の再構成』日本評論社。

山縣正幸［2014］「経営維持から企業発展へ——ドイツ経営経済学におけるステイクホルダー思考とWertschöpfung」『経営学史学会年報』21号，16–32頁。

山縣正幸［2015］「ステイクホルダー型企業理論としてのニックリッシュ・モデル——その現代的意義と可能性」『日本経営学会誌』36号，49–61頁。

山口二郎［2012］『政権交代とは何だったのか』岩波書店。

山口定［1984］「ネオ・コーポラティズムと政策形成」『年報政治学』34号，157–184頁。

山口定［1989］『政治体制』東京大学出版会。

山口定［2004］『市民社会論——歴史的遺産と新展開』有斐閣。

山崎望［2007］「民主主義対民主主義？——EUにおける熟議デモクラシーの限界と可能性」小川有美編『ポスト代表制の比較政治——熟議と参加のデモクラシー』早稲田大学出版部，8章。

山崎望・山本圭編［2015］『ポスト代表制の政治学——デモクラシーの危機に抗して』ナカニシヤ出版。

山下健次［1988］「財産権——いわゆる「生存」財産と「独占」財産をめぐって」芦部信喜編『憲法の基本問題』有斐閣，249–256頁。

山田真裕［2018］「投票外参加と価値観」池田謙一編『「日本人」は変化しているのか——価値観・ソーシャルネットワーク・民主主義』勁草書房，7章。

山田竜作［2010a］「グローバル・シティズンシップの可能性——地球時代の「市民性」をめぐって」藤原孝・山田竜作編『シティズンシップ論の射程』日本経済評論社，7章。

山田竜作［2010b］「フェミニズムとデモクラシー理論——キャロル・ペイトマンの再検討を中心に」『政治思想研究』10号，98–129頁。

山田竜作［2010c］「現代社会における熟議／対話の重要性」田村哲樹編『語る——熟議／対話の政治学』風行社，1章。

山本清［2013］『アカウンタビリティを考える——どうして「説明責任」になったのか』NTT 出版。

山本圭［2012］「ポピュリズムの民主主義的効用——ラディカル・デモクラシー論の知見から」『年報政治学』2012 年度 2 号，267–287 頁。

山本圭［2016］『不審者のデモクラシー——ラクラウの政治思想』岩波書店。

山本啓［2014］『パブリック・ガバナンスの政治学』勁草書房。

山森亮［1998］「必要と福祉——福祉のミクロ理論のために(1)」『季刊家計経済研究』38 号，56–62 頁。

山森亮［2002］「市場・脱商品化・基本所得——福祉国家論の規範的含意」小笠原浩一・武川正吾編『福祉国家の変貌——グローバル化と分権化のなかで』東信堂，53–71 頁。

山森亮［2009］『ベーシック・インカム入門——無条件給付の基本所得を考える』光文社。

山森亮［2011］「「生きていることは労働だ」——運動の中のベーシック・インカムと「青い芝」」中川清・埋橋孝文編『生活保障と支援の社会政策』明石書店。

吉田修［1994］『ドイツ企業体制論』森山書店。

吉田徹［2011］『ポピュリズムを考える——民主主義への再入門』NHK 出版。

吉田徹［2016］「「空っぽの乗り物」？——政党組織〈開放〉の力学」宮本太郎・山口二郎編『リアル・デモクラシー——ポスト「日本型利益政治」の構想』岩波書店，7 章。

吉田善明［1988］「財政立憲主義」芦部信喜編『憲法の基本問題』有斐閣，127–133 頁。

湯浅陽一［2005］『政策公共圏と負担の社会学——ごみ処理・債務・新幹線建設を素材として』新評論。

リクール，ポール［1985=2004(1990)］『時間と物語 3 物語られる時間』久米博訳，新装版，新曜社。

「倫理的消費」調査研究会［2017］『「倫理的消費」調査研究会 取りまとめ～あなたの消費が世界の未来を変える～』，<http://www.caa.go.jp/policies/policy/consumer_education/consumer_education/ethical/study_group/pdf/region_index13_170419_0002.pdf>.

ルーマン，ニクラス［1991=2014］『リスクの社会学』小松丈晃訳，新泉社。

労働政策研究・研修機構［2018］『データブック国際労働比較 2018』。

ロザンヴァロン，ピエール［1995=2006］『連帯の新たなる哲学——福祉国家再考』北垣徹訳，勁草書房。

ロザンヴァロン，ピエール［2006=2017］『カウンター・デモクラシー——不信の時代の政治』嶋崎正樹訳，岩波書店。

和田仁孝［2004］「「個人化」と法システムのゆらぎ」『社会学評論』54 巻 4 号，413–430 頁。